Bulgarien entdecken

Unterwegs zwischen Schwarzmeerküste, Balkan und Donau
Aufgezeichnet von Beate Kirchner, Bettina Poteschil, Jonny Rieder und Stefan Zölch

Trescher
Reihe Reisen

1. Auflage 2004

Trescher Verlag Berlin
Reinhardtstr. 9
10117 Berlin
www.trescherverlag.de
post@trescherverlag.de

ISBN 3-89794-047-7

Trescher Reihe Reisen
Herausgegeben von Sabine Fach
und Bernd Schwenkros

Reihenentwurf: Robert Schumann
Redaktionelle Konzeption:
Detlev von Oppeln
Satz und Bildbearbeitung:
Martina Sailer; Farbteil: Bernd Chill
Lektorat: Hinnerk Dreppenstedt
Lektorale Mitarbeit:
Annette Helmrich von Elgott
Stadtpläne und Karten:
Johann Maria Just

Gedruckt auf chlorfrei gebleichtem Papier

Printed in Germany

Inhalt

Coca-Cola

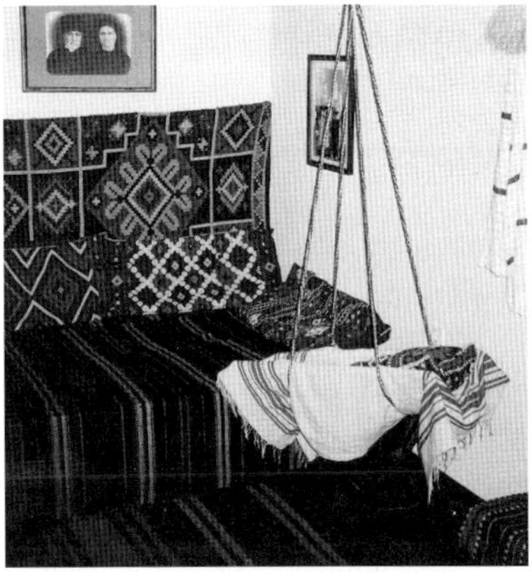

Vorwort

›Bulgarien – ein vergessenes Land?‹ So war im Jahr 2003 ein Beitrag des Fernsehsenders arte über eine der am wenigsten bekannten Ecken Europas betitelt. ›Nicht mehr lange‹, müßte die Antwort heißen, denn im selben Jahr besuchten bereits drei Millionen ausländische Urlauber Bulgarien und machten den Balkanstaat zum europäischen Urlaubsnewcomer. Kamen die Gäste vor einigen Jahren noch fast ausschließlich aus den ehemaligen Ostblockstaaten, so lockt das Land nun zunehmend Westeuropäer an seine Strände.

›Ballermann am Balkan‹ kommentieren Zeitschriften den Auftritt der Pauschaltouristen, die zu ungemein günstigen Schnäppchenpreisen an die Schwarzmeerküste jetten. In der Tat sind der Goldstrand bei Varna und der Sonnenstrand bei Nesebăr eine preiswerte Adresse für Badeurlauber, denen das Mittelmeer zu teuer geworden ist – auch wenn so mancher Ort den unvergeßlichen Charme des Sozialismus pflegt und hegt.

Nur wenig abseits der Sandbuchten verbirgt der Balkanstaat große Kulturschätze: Varnas römische Bäder, Nesebărs byzantinische Kirchen und thrakische Kuppelbauten zählen beispielsweise dazu. Wer weiter ins Landesinnere reist, trifft auf die ehemalige Hauptstadt Veliko Tărnovo. Dort zeugen die Festungsruinen auf dem Tsaravets-Hügel und die von Koljo Fitscheto, dem Begründer des Baustils der nationalen Wiedergeburt, erbauten Häuser in felsiger Hanglage noch von jahrhundertealter Zarenherrschaft.

Wanderer können sich weite Teile des Balkangebirges zu Fuß erschließen. Sie werden fasziniert sein von den wildromantischen Landschaften und der Gastfreundschaft der Bulgaren. Auf dem Land scheint vielerorts die Zeit stehengeblieben zu sein. Man begegnet Eselsfuhrwerken, traditionellem Handwerk und altem Brauchtum, das sich besonders bei den zahlreichen Festen in seiner ganzen Pracht darbietet. Zu den Höhepunkten gehören die großen Feste der Rosenernte in Kazanlăk und Karlovo. Die offensichtlichen Mängel bei der touristischen Infrastruktur – Fremdenverkehrsämter sind eine Seltenheit, zudem spricht kaum jemand Englisch – macht das Land mit der Freundlichkeit seiner Menschen und deren erstaunlicher Improvisationskunst wett.

Im Südwesten locken das Rilagebirge, das Piringebirge und die Rhodopen mit weit über zweitausend Meter hohen Gipfeln, den charakteristischen Gebirgsseen und typischen Bergdörfern. Mittendrin das berühmte Rila-Kloster – UNESCO-Weltkulturerbe und Publikumsmagnet.

Die Hauptstadt Sofja mit vielen sehenswerten historischen Gebäuden und der größten Kathedrale auf dem Balkan erstrahlt in neuem Glanz. In nächster Nähe liegt Sofias Hausberg, der Naturpark Vitoŝha, der ein Ausflugsziel für jede Jahres-

Charakteristisch für das Landesinnere sind die Mittelgebirge

zeit ist. Und in den Naturreservaten an der Donau im Norden lassen sich Vögel aus nächster Nähe beobachten.

Es gibt also viel zu entdecken in Bulgarien. Die ausgewählten Routen durch das Land sind detailliert beschrieben, es wurde viel Wert auf Informationen gelegt, die fernab der großen Touristenrouten von großem Nutzen sind. Bulgarien ist ein Land im Umbruch, vieles ist im Entstehen, zahlreiche neue Dienstleister haben das wirtschaftliche Abenteuer Tourismus gewagt, nicht alle sind bei den schwierigen Bedingungen erfolgreich. Die Fluktuation der Anbieter ist daher groß, die Schwierigkeiten für den Reisenden mitunter ebenso.

Doch wer es wagt, den erwarten interessante und abwechslungsreiche Ferien in einem beeindruckenden Land, dessen Bewohner trotz vieler Probleme das Feiern nicht verlernt haben.

Viel Spaß dabei wünscht das Autorenteam
Beate Kirchner
Bettina Poteschil
Jonny Rieder
Stefan Zölch

Hinweise zur Benutzung dieses Reiseführers

Im ersten Teil des Buches gibt es allgemeine Informationen über das Land und seine Bewohner, der zweite Teil stellt das Land ausführlich vor. Die in diesem Abschnitt vorgenommene Gliederung des Landes folgt den allgemein verwendeten Bezeichnungen für die Regionen.

Die Serviceinformationen schließen sich an die beschreibenden Textteile an, mitunter sind mehrere kleine Orte und sehenswerte Einzelobjekte unter einer Überschrift zusammengefaßt.

Es folgen praktische Reisetips von A bis Z, die der Vorbereitung und der Orientierung vor Ort dienen. Abschließend gibt es einige Tips zu weiterführenden Büchern, Filmen sowie aktuellen Internetseiten.

Das Bulgarische nutzt das kyrillische Alphabet, für das es aber unterschiedliche gebräuchliche Transkriptionen gibt, was erfahrungsgemäß zu Verwirrungen führen kann. Das Buch folgt der sich langsam durchsetzenden wissenschaftlichen Transliteration, da diese keinen Zweifel über die Schreibweise des Originals aufkommen läßt und jeder Begriff problemlos ›rekonstruiert‹ werden kann. Diese Transliteration ist in jedem Rechtschreibduden zu finden.

Die Stadtpläne sind zwecks besserer Orientierung vor Ort zweisprachig beschriftet – kyrillisches Original und Transliteration –, die Übersichtskarten nur in der Transliteration. Sie dienen der ersten Orientierung; für das Reisen im Land empfehlen wir, eine gute Straßenkarte mitzunehmen.

Alle Angaben basieren auf aktuellen Recherchen; dennoch ist es natürlich möglich, daß sich bis zur nächsten Auflage dieses Reiseführers Angaben ändern können. Autoren und der Verlag sind Ihnen für Hinweise jeglicher Art dankbar.

Häufig verwendete Abkürzungen

pl. (ploštad): Platz
ul. (ulica): Straße

Häufig vorkommende Bezeichnungen für Sehenswürdigkeiten

Čerkva: Kirche
Ezero: See
Kăšta: Haus
Malko: Klein
Manastir: Kloster
Planina: Gebirge
Reka: Fluß
Selo: Dorf
Sveti/Sveta: Heiliger/Heilige
Varoš: Altstadt
Veliko: Groß

Zeichenlegende

- Allgemeine touristische Informationen
- Fahrverbindungen mit eigenem Fahrzeug
- Postamt
- Bank, Wechselstube
- Internetcafé
- Busverbindungen, allgemeine innerstädtische Verkehrsverbindungen
- Bahnverbindungen
- Flugverbindungen
- Schiffsverbindungen, Fähren, Ausflugsfahrten
- Unterkünfte
- Campingplätze
- Lokalitäten
- Bars und Clubs
- Ausstellungen und weitere Sehenswürdigkeiten
- Kulturelle Veranstaltungen und Feste
- Weingut, Degustation, Weinverkauf
- Fahrradverleih
- Sport und Erholung, Sporteinrichtungen
- Wandermöglichkeiten
- Strände, Wassersportmöglichkeiten
- Reitmöglichkeiten
- Einkaufsmöglichkeiten
- Ärztliche Versorgung

Bulgarien ist ein Land der Kontraste. In dem Gebiet zwischen Schwarzmeerküste, den Gebirgen im Süden und Donauebene begegnen sich Moderne und Tradition unmittelbar.

In allen Landesteilen haben die vielen Völker, die das Land prägten, ihre Spuren hinterlassen, laden Kunstschätze und Naturschönheiten zu Entdeckungen ein.

Land und Leute

Geographie

Bulgarien läßt sich geographisch in fünf unterschiedliche Regionen einteilen. Die bulgarischen Gebirge, die das Land von Westen nach Osten durchziehen, gliedern das Land, von Norden nach Süden betrachtet, wie folgt: Die Donauebene; das Balkangebirge; die Thrakische Ebene; die Gebirgszüge Vitoša, Rila, Pirin und Rhodopen, die unter dem geologischen Begriff der Thrakischen Masse zusammengefaßt werden können. Die fünfte Region ist die Schwarzmeerküste, die im Osten die natürliche Grenze des Landes bildet.

Die Landschaft im Norden Bulgariens ist bestimmt durch die breite Donauebene. Auf 470 Kilometern Länge bildet der Strom die natürliche Grenze zwischen Bulgarien und Rumänien. Die Donau ist der einzige schiffbare Fluß des Landes. In südlicher Richtung geht die Donauebene in das Donauhügelland über, das Höhen von 400 Metern erreicht. Die Donauebene und das Donauhügelland sind aufgrund ihrer lößhaltigen Böden sehr fruchtbare Gebiete. Zusammen bilden sie aus geologischer Sicht die älteste Region des Landes.

Das Donauhügelland steigt nach Süden immer mehr an, geht dann in den Vorbalkan, der schon Höhen von 1500 Metern erreicht, und schließlich in den Balkan über. Im zentralen Teil des Balkans, der auch als Stara Planina (altes Gebirge) bezeichnet wird, erreichen die Gipfel Höhen von weit über 2000 Metern. Höchster Berg im Balkan ist der Botev mit 2376 Metern. Der Balkan – ein Ausläufer der Karpaten – durchzieht Bulgarien vollständig, von der Region Montana im äußersten Nordwesten des Landes bis hin zur Schwarzmeerküste. Damit teilt der durchschnittlich 50 Kilometer breite Gebirgszug auf einer Gesamtlänge von über 550 Kilometern das Land in zwei Hälften. Einzig der Fluß Iskär durchbricht diesen Gebirgszug von Süden nach Norden. 32 Paßstraßen gewährleisten, daß der Balkan für den Straßenverkehr kein unüberwindbares Hindernis darstellt. Im Süden trifft der Balkan auf die Mittelgebirgslandschaft der Sredna Gora.

Südlich der Sredna Gora liegt die Thrakische Ebene, die südöstlich von Sofija beginnt und bis zur Schwarzmeerküste reicht. Benannt ist die Ebene nach den Thrakern, die hier im zweiten Jahrtausend v. Chr. die ersten Siedler waren. Die größtenteils unbewaldete Thrakische Ebene wird von vielen Flüssen wie beispielsweise der Marica – dem größten Fluß Südbulgariens – durchzogen, die die Region zu einem höchst fruchtbaren Gebiet machen. Heute ist sie das bedeutendste Wein-, Obst- und Getreideanbaugebiet des Landes. In der relativ dicht besiedelten Region liegt mit Plovdiv auch die zweitgrößte Stadt Bulgariens.

Über den gesamten Südwesten des Landes erstrecken sich mit dem Vitoša-, dem Rila- und dem Piringebirge sowie den Rhodopen vier Bergregionen. Das Rila- und das Piringebirge sind Massive mit Hochgebirgscharakter, deren Gipfel

Höhen von annähernd 3000 Metern erreichen. Im Rilagebirge steht mit dem Musala (2925 Meter) nicht nur der höchste Berg Bulgariens, sondern auch der höchste Berg der gesamten Balkanhalbinsel. Im Piringebirge ist der 2914 Meter hohe Vichren die höchste Erhebung. Die landschaftliche Besonderheit in diesen beiden Bergregionen sind die unzähligen Bergseen, die in den Hochlagen zu finden sind. Weniger gewaltig sind das Vitošagebirge und die Rhodopen, deren höchste Gipfel nicht mehr als 2300 Meter erreichen. Die vier Gebirgszüge bilden eine natürliche Barriere zwischen dem westlichen Teil Bulgariens und Griechenland. Diese kann aber durch die Nutzung des breiten Tals des Flusses Struma, durch das auch die wichtigsten Bahn- und Straßenverbindungen der beiden Länder führen, problemlos umgangen werden.

Im Osten wird Bulgarien auf einer Länge von 380 Kilometern vom Schwarzen Meer begrenzt. An der bulgarischen Schwarzmeerküste findet man überwiegend Sandstrände vor, seltener Fels- oder Kiesstrände. Auch die Küstenregion wird vom Balkangebirge nördlich von Burgas in eine nördliche und eine südliche Hälfte geteilt. Im Süden ist das Hinterland bewaldet, im Norden größtenteils versteppt. Mit Ausnahme der Ballungsgebiete Varna und Burgas ist die Küstenregion nur dünn besiedelt. Als wichtigster Wirtschaftszweig hat sich der Tourismus etabliert. Das Schwarze Meer ist als Transportweg zwischen den Anrainerstaaten Rumänien, Ukraine, Rußland, Georgien, Türkei und Bulgarien von großer Bedeutung.

Klima und Reisezeit

Bulgarien wird hauptsächlich von einem gemäßigt kontinentalen Klima bestimmt. In den südlichen Landesteilen und an der Schwarzmeerküste sind aber auch mediterrane Klimaeinflüsse spürbar. In den Hochgebirgsregionen des Rila- und Piringebirges herrscht ab etwa 2000 Höhenmetern Hochgebirgsklima.

Prägend für die klimatischen Verhältnisse innerhalb Bulgariens und Grund für klimatische Unterschiede in einzelnen Landesteilen sind vor allem die Bergregionen Balkan und Rhodopen. Als Wetterscheide zwischen Nord- und Südbulgarien verhindert der Balkan häufig, daß kalte Luftmassen aus dem Norden nach Südbulgarien vordringen, wodurch das Klima dort insgesamt milder ist als in den nördlichen Landesteilen. Die Rhodopen, die sich entlang der südlichen Grenze Bulgariens ziehen, begrenzen einen stärkeren mediterranen Einfluß auf das Klima des Landes.

Etwas genauer läßt sich Bulgarien dadurch in vier verschiedene Klimazonen einteilen: In Nordbulgarien – also den Landesteilen nördlich des Balkans – herrscht ein typisch gemäßigt kontinentales Klima. Charakteristisch dafür sind heiße, trockene Sommer und kalte, schneereiche Winter. Während die durch-

Die Schwarzmeerküste ist noch immer Bulgariens wichtigstes Tourismusgebiet

schnittliche Lufttemperatur im Sommer mit 22 Grad Celsius in etwa den Werten der anderen Landesteile entspricht, liegt sie im Winter mit –2 Grad Celsius deutlich darunter. Die Schneedecke kann hier 50 Tage und länger geschlossen sein. Niederschläge fallen in dieser Region hauptsächlich im Winter.

In Südbulgarien – also in Strumatal, in der Thrakischen Ebene und den südlichen Grenzregionen zu Griechenland und der Türkei – herrscht übergangskontinentales Klima. Die Sommer sind lang und heiß, die Winter mild. Im Sommer kann es zu über drei Monate dauernden Dürreperioden kommen, im Winter beträgt die durchschnittliche Lufttemperatur nicht unter 2 Grad Celsius. Schnee bleibt hier nur selten liegen, Niederschläge fallen hauptsächlich im Frühling und im Herbst.

Eine Ausnahme zu den vorherrschenden klimatischen Verhältnissen in Südbulgarien stellen die beiden im südwestlichen Teil des Landes gelegen Hochgebirgsregionen – Rila- und Piringebirge – dar. Hier herrscht ab einer Höhe von 2000 Metern Hochgebirgsklima. Die durchschnittlichen Lufttemperaturen sind ganzjährig niedriger als in den anderen Landesteilen. Auf dem höchsten Gipfel Bulgariens, dem Musala im Rilagebirge, sind im Winter Lufttemperaturen von unter –10 Grad Celsius keine Seltenheit. Im Skigebiet von Borovec, am Fuße des Musala, ist meist von Dezember bis Mai Skibetrieb möglich. Die Schneedecke hält 150 Tage und länger. In den Hochgebirgsregionen werden mit Jahresniederschlägen von über 1200 Millimetern die Höchstwerte in Bulgarien erreicht.

In der Küstenregion wird auf einem Streifen von etwa 50 Kilometern Breite das in den angrenzenden Regionen vorherrschende kontinentale oder übergangskontinentale Klima deutlich abgeschwächt, da das Schwarze einen spürbaren Einfluß ausübt. Der Frühling ist in dieser Region oft recht kurz, der Herbst dagegen lang und mild. Im Sommer liegen die durchschnittlichen Tagestemperaturen bei 26 Grad Celsius. Die wenigen Niederschläge – die Jahresniederschlagsmengen in der Küstenregion liegen bei nur 400 Millimetern – fallen hauptsächlich im Winter. Die Wassertemperaturen des Schwarzen Meeres liegen im Sommer zwischen 19 und 23 Grad Celsius.

Bulgarien ist nicht zuletzt dank dieser günstigen klimatischen Verhältnisse ein ganzjähriges Reiseziel. An der Schwarzmeerküste ist von Mai bis Oktober Urlaubszeit, Hochsaison ist im Juli und im August. Für Aktivurlaube, Städte- und Kulturreisen an der Küste und im Hinterland sind der Früh- und Spätsommer sowie der Frühherbst die günstigsten Reisezeiten: Es herrschen dann angenehmere Tagestemperaturen als im Hochsommer und geringere Niederschlagswahrscheinlichkeiten als im Frühling oder im Spätherbst. Für Wanderungen und Bergtouren in den bulgarischen Hochgebirgsregionen hat man im Hochsommer die sichersten – weil beständigsten – Wetterverhältnisse. Die Wintersportzentren in den bulgarischen Bergen haben von Dezember bis März Saison und sind in dieser Zeit auch schneesicher.

Die Gebirge bieten zahlreiche Möglichkeiten für den Wintersport

Flora und Fauna

Die geographische Vielfalt des Landes und das höchst unterschiedliche Klima in den einzelnen Regionen haben dazu geführt, daß sich in Bulgarien eine sehr reiche Flora und Fauna mit ungefähr 4000 verschiedenen Tier- und Pflanzenarten entwickelt hat.

Etwa ein Drittel des Landes ist bewaldet. Während in tieferen Lagen hauptsächlich Eichen und Buchen zu finden sind, dominieren in höheren Lagen – ab 1500 Höhenmetern – Kiefern, Fichten und Tannen. Die Wälder in den Ebenen wurden zwischen dem 15. und 19. Jahrhundert zum großen Teil gerodet. Der drohenden Versteppung dieser Gebiete wurde seit den 1950er Jahren zum Teil mit der Aufforstung von Mischwäldern entgegengewirkt.

Auch der Wald in den Mittelgebirgen ist meist noch sehr jung. Das Alter der Bäume liegt zumeist unter 100 Jahren. Nur in schwer zugänglichen Bergregionen finden sich Schwarzkiefern, die über 500 Jahre alt sind. Entlang der Donau im Norden Bulgariens finden sich typische Auwälder mit Pappeln, Eschen, Weiden und Ulmen. Mehrere Feuchtgebiete im Donautal weisen einen außergewöhnlich großen Bestand an Schilf- und Sumpfgewächsen auf.

In den südlichen Teilen des Landes und an der Schwarzmeerküste wachsen, dem regionalen Klima entsprechend, auch mediterrane Pflanzen, darunter typische Macchia-Gewächse wie Rosmarin, Ginster und Myrte. In den Höhenregionen der Gebirge – ab 2100 Metern – wächst vorwiegend Nadelbuschwerk, vor

Königskerzen im Piringebirge

Die Seen bei Burgas bieten zahlreichen Vogelarten Lebensräume

allem Wacholder und Bergkiefer. Teilweise trifft man hier auch auf alpine Vegetationsformen wie Alpenrosen oder Edelweiß. Die bulgarischen Gebirgsregionen sind zudem bekannt für die große Zahl verschiedenster Heilpflanzen. Vor allem im Piringebirge ist endemische, also nur hier vorkommende, und seltene eiszeitliche Reliktflora heimisch.

Bulgariens Tierwelt ist vor allem als Vogelparadies bekannt: Mit fast 400 verschiedenen Arten nimmt das Land innerhalb Europas eine Spitzenposition ein. Am größten ist die Vielfalt dabei in der südlichen Küstenregion, da hier mitteleuropäische genauso wie mediterrane Vogelarten nisten. Außergewöhnlich viele verschiedene Reiher-, Möwen- und Seeschwalbenarten können in dieser Gegend beobachtet werden. Beliebte Brutplätze bietet auch die Donauebene, wo zum Beispiel die seltenen Krauskopfpelikane nisten. In den abgelegenen Gebirgsregionen im Südwesten des Landes sind Steinadler und Bartgeier heimisch. Im Frühling und Herbst ziehen unzählige Schwärme von Zugvögeln, darunter Pelikane, Kraniche oder Störche, auf dem Zugweg ›Via pontica‹ über Südost-Bulgarien. In jedem Herbst überfliegt beispielsweise die beeindruckende Menge von durchschnittlich 135 000 Störchen die Region.

Auch bei den Kriech- und Säugetieren weist Bulgarien eine hohe Artenzahl auf. In den weitläufigen Wäldern des Landes lebt ein großer Bestand an Rehen, Hirschen, Auerhühnern, Dachsen und Mardern, in den abgelegenen Bergregionen finden Wölfe, Luchse, Wildkatzen und auch vereinzelt Braunbären einen Lebensraum. In den Landesteilen mit mediterranen Klimaeinflüssen, also der Küstenregion und dem Süden, trifft man auf wärmeliebende Tierarten wie Schildkröte, Natter oder Ameisenlöwe.

Im Schwarzen Meer sind Delphine und Robben leider eine Seltenheit geworden, vor allem wegen der enormen Verschmutzung dieses Gewässers. Typische Schwarzmeerfische sind Sprotten, Makrelen, Thunfische und Steinbutte. In den Flüssen, Seen und Stauseen des Landes finden sich Saiblinge, Hechte und Karpfen, in den Gebirgsbächen und -seen vor allem Forellen.

Umweltschutz und Ökologie

Wie in den meisten anderen ehemaligen sozialistischen Staaten Osteuropas steht auch in Bulgarien der Umweltschutzgedanke deutlich hinter wirtschaftlichen Interessen zurück. Der sozialistische Staat, der sich durch eine jahrzehntelange Ignoranz gegenüber Umweltschutz auszeichnete, hat ein schweres Erbe hinterlassen. Leider wurden bis heute nur die allerdringlichsten Maßnahmen durchgeführt, um den Umweltproblemen zu begegnen, etwa bei der Reaktorsicherheit. Auf anderen Gebieten wie dem Gewässerschutz zeigen sich nur geringe Fortschritte.

Als große Gefahr für die Umwelt galt noch vor wenigen Jahren das einzige bulgarische Atomkraftwerk Kosloduj, etwa 200 Kilometer nördlich von Sofija. Die Europäische Union forderte Mitte der neunziger Jahre vehement, diese Anlage, die als eine der unsichersten der Welt galt, umgehend zu schließen. Dagegen sprach die große Bedeutung des Werks für die bulgarische Energieversorgung. Hier wurde immerhin etwa ein Viertel des Energiebedarfs des Landes produziert. Mittlerweile wurden auf internationalen Druck hin zumindest zwei der fünf Reaktoren stillgelegt und die restlichen so weit modernisiert, daß das Werk heute als sicher gilt.

Weitere schwerwiegende Umweltprobleme entstehen durch veraltete Industrieanlagen, vor allem der chemischen Industrie: Schadstoffe gelangen ungefiltert und ungeklärt in Luft und Böden. Da sowohl von Privathaushalten als auch von der Industrie überwiegend fossile Brennstoffe als Heizmittel oder Energieträger benutzt werden, ist die Luftverschmutzung in den Ballungsräumen und Industriezentren sehr hoch. Die Abwasserentsorgung, die häufig darauf basiert, Abwässer ungeklärt abzuleiten, belastet einige Gewässer enorm, vor allem Donau und Schwarzes Meer.

Das Schwarze Meer ist so stark kontaminiert, daß es umzukippen droht. Ehemals typische Lebewesen dieses Gewässers wie Schwarzmeerrobbe, Delphin oder Steinbutt sind selten geworden oder schon verschwunden. Die Hälfte der Schadstoffe fließt über die Donau in das Schwarze Meer ein. Dazu kommen Verschmutzungen durch Ölteppiche, die bei Schiffstransporten zwischen den Anrainerstaaten entstehen, und direkt von den Anrainerstaaten ins Meer geleitete Abwässer. Durch die stark verschmutzte Donau sind auch die einzigartigen Auenlandschaften der nordbulgarischen Donauebene bedroht.

Der Ornithologe Ljubomir Profirov vom Umweltprojekt ›Burgas Wetlands‹ bei der Inventur

Natürlich hat der Gewässerschutz in Bezug auf Donau und Schwarzes Meer eine internationale Dimension. Alle Donauländer beziehungsweise alle Anrainerstaaten des Schwarzen Meeres stehen in der Pflicht. Auch internationale Schutzprojekte und grenzüberschreitende Maßnahmen sind gefordert. Auf Initiative der internationalen Umweltschutzorganisation World Wildlife Fund (WWF) verpflichteten sich im Jahr 2000 beispielsweise die Regierungen von Bulgarien, Moldawien, Rumänien und der Ukraine zum Schutz und zur Renaturierung der Feuchtgebiete entlang der Unteren Donau. Man begann bereits mit der Umsetzung dieser Vereinbarungen, und der entstehende sogenannte ›Grüne Korridor‹ wird dabei zum größten grenzüberschreitenden Naturschutzgebiet Europas.

Auf nationaler Ebene scheint Bulgarien im Landschaftsschutz sehr engagiert zu sein: Zwölf Gebiete des Landes wurden zu Nationalparks oder Naturparks erklärt und stehen dadurch unter besonderem Schutz. Zwei der zwölf bulgarischen National- und Naturparks liegen in der Donauebene (Rusenski Lom, Persina), drei in der Küstenregion (Zlatni Pjasăci, Šumensko Plato, Strandža) und sieben in den Gebirgen (Vitoša, Rila, Rila manastir, Pirin, Zentral Balkan, Vračanski Balkan, Sinite Kamăni). Der Nationalpark Vitoša wurde schon im Jahr 1934 gegründet und ist damit der älteste des Landes. In den Parks sind jegliche Tätigkeiten untersagt, die den Erhalt der Naturlandschaft sowie der Tier- und Pflanzenwelt gefährden. In der Praxis tritt der Umweltschutzgedanke allerdings oft hinter wirtschaftliche Interessen zurück. So entsteht derzeit im Nationalpark Pirin, der als Weltnaturerbe in die Liste der UNESCO eingetragen ist, ein überdimensionales Skigebiet. Auch sind einige bedeutende Naturräume des Landes, wie beispielsweise die Rhodopen, bisher noch in keiner Weise unter Schutz gestellt.

Leben als Minderheit – Zigeuner in Bulgarien

›Roma im Dounkin Donuts am Vitoša nicht bedient‹ – diese Schlagzeile, die in der Zeitschrift ›De facto‹ – Roma in Bulgarien zu lesen war, ist kein Einzelfall. Das Internetmagazin, das die Roma-Gemeinde herausbringt, wird monatlich aktualisiert und berichtet über Probleme, Hintergründe und Initiativen der Roma in Sofija und ganz Bulgarien. Da wird zum Beispiel ›Amalipe‹ vorgestellt, ein kulturelles Programm, das den ethnischen Dialog und die Toleranz fördern soll. Auch das bulgarische Ministerium für Erziehung und die Vereinigung ›offene Gesellschaft‹ unterstützen Projekte dieser Art.

Das ist auch notwendig. Der Anteil der Roma an der Gesamtbevölkerung ist gering – offiziell sind es 4 Prozent –, ihr Ansehen jedoch miserabel: Auf einer entsprechenden Skala von 0 bis 100 erreichen sie minus 50. Abfällige Bemerkungen über die Roma kann man von allen Bevölkerungsgruppen hören, vom Tabakarbeiter ebenso wie vom Chefarzt oder dem Politologiestudenten.

Viel Mißgunst entsteht, weil die Roma oft Analphabeten sind. Staatliche Förderprogramme versuchen, die Kinder in die Schulzimmer zu bekommen, doch von 100 Roma, die eine Schule besuchen, absolvieren nur fünf die Mittelschule, und von ihnen nur ein verschwindend geringer Teil einen Universitätsabschluß. Die Strukturen der Roma-Gemeinschaft passen offenbar nicht zu denen des postmodernen Wirtschaftssystems.

Haupteinnahmenquelle der seit den Zeiten Ivan Šišmansists Ende des 14. Jahrhunderts auf bulgarischem Boden ansässigen Cigani (Zigeuner), wie sie sich selbst nennen, sind die klassischen Berufe des Schaustellergewerbes: Händler, Musikant, Wahrsagerin.

Die nomadische Lebensweise haben sie zum Großteil aufgegeben. In kommunistischen Zeiten wurden breit angelegte Förderprogramme zur Seßhaftmachung der Roma durchgeführt und Kredite für den Eigenheimbau vergeben. Oft wurde jedoch nur er Rohbau des Hauses vollendet, ein Zimmer ausgebaut. Dann zog die Großfamilie ein. Ihre Nachbarn waren von diesem Gestaltungsprinzip wenig begeistert, Probleme blieben nicht aus.

Trotzdem sind mittlerweile die meisten Roma in den großen Städten – Plovdiv, Stara Zagora, Sliven und Sofija – ansässig, wo sie im Zentrum der Stadt leben. Fakultäta heißt ihr Reich in der bulgarischen Hauptstadt. Im Balkangebirge sind vereinzelt noch Gemeinschaften anzutreffen, die den Sommer über dort, wie es dem traditionellen Lebensbild entspricht, mit ihren Pferden leben und umherziehen.

Geschichte

Ein Blick auf die geographische Lage Bulgariens allein erklärt, warum das Land zu einem bedeutenden Grenzgebiet zwischen Orient und Okzident wurde. Hier trafen die unterschiedlichsten Kulturen aufeinander. Von der Volga nach Griechenland oder vom Bosporus in den Alpenraum wanderten Volksstämme, Heere und Händler entlang der Routen des Balkangebirges. Und an diesem Gebirge entstanden die ersten Zentren bulgarischer Kultur.

Ur- und Frühgeschichte

Nördlich des Balkangebirges bildet in etwa 70 Kilometer Entfernung die Donau (römisch: Danubius, griechisch: Ister, bulgarisch: Dunav) eine natürliche Landesgrenze. Schon in der Steinzeit verband sie die Welten Mitteleuropas mit denen des Schwarzen Meeres. Funde, die man in mehreren Höhlen der Niederungen zwischen Balkangebirge und Donau gemacht hat – darunter Felle und Werkzeuge aus Stein und Knochen – bezeugen die einstige Anwesenheit von Menschen der Altsteinzeit. Zeugnisse aus der Jungsteinzeit fanden sich an den südlichen Ausläufern des Balkangebirges. So wurden beispielsweise in einer 8000 Jahre alten Siedlung bei Stara Zagora Getreidemühlen und Vorratsgefäße aus Ton gefunden. Berühmtestes Beispiel der Kupfersteinzeit ist das 7000 Jahre alte Gräberfeld im Nordosten bei Varna, dessen Funde – zahllose Gold- und Bronzeobjekte – die Kunstfertigkeiten höher entwickelter Kulturen verdeutlichen.

Zu Beginn des Bronzezeitalters, also vor rund 6000 Jahren, begannen indogermanische Stämme das gesamte Gebiet der östlichen Balkaninsel zu besiedeln. Bis zum 2. Jahrtausend v. Chr. wurden zwischen den Karpaten und der Ägäis etwa 90 Stämme seßhaft, darunter die Geten, Bessen, Thynen, Asten und Odrysen. Diese Stämme bildeten in dem historischen Gebiet Thrakien, das sich über das heutige Bulgarien sowie Nordgriechenland und die nordwestliche Türkei erstreckte, die sprachliche, ethnologische und kulturelle Einheit der Thraker. Die thrakischen Stämme betrieben Landwirtschaft mit Ackerbau und Viehzucht und verstanden sich besonders gut auf Metallgewinnung und -verarbeitung, Weinanbau und Pferdezucht, lebten aber in ständiger Fehde miteinander.

An der Spitze ihrer Stammesverbände standen Priesterkönige, die in großen Kuppelgräbern bestattet wurden. Die Thraker glaubten an ein Leben nach dem Tod, verehrten die Kräfte der Natur und entwickelten ihre eigene Mythologie auch durch die Übernahme griechischer Gottheiten, darunter Ares, der Kriegsgott, und Dionysos, der Gott des Weines. Die meisten Forscher vermuten jedoch einen

Reitergott als höchste Gottheit der Thraker, denn auf fast allen Steinplatten ihrer heiligen Stätten sind Reiter abgebildet.

Während der vergangenen 100 Jahre brachten viele Ausgrabungen in Bulgarien die Spuren der thrakischen Kultur zutage. Die bekanntesten Beispiele hierfür sind die Goldschätze von Valčitran, Rogozen und Panagjurište sowie die Grabstätte bei Kazanlăk. In den vergangenen sechs Jahren wurde bei Starosel eine Tempelanlage mit sechs Tempeln unterschiedlicher Bauweise ans Tageslicht befördert, die auf eine gemeinsame Kultstätte mehrerer Stämme schließen lassen.

Griechen, Mazedonier, Römer

Ab dem 7. Jahrhundert v. Chr. entstanden an der Schwarzmeerküste griechische Kolonien. Hellenistischen Ursprungs sind zum Beispiel die Orte Dionysopolis (Balčik), Odessos (Varna), Pirgos (Burgas), Apollonia (Sozopol) und Messambria (Nesebăr). Die Thraker zogen sich daraufhin mehr ins Landesinnere zurück und bildeten aus einigen Stammesverbänden das Odrysenreich mit einem König vom Stamm der Odrysen an der Spitze. In dieser Gesellschaftsform gelangten sie im 5. Jahrhundert v. Chr. auf den Höhepunkt ihrer Kultur. Doch an der Schwelle zur Staatsbildung kündigte sich schon der Niedergang an. Denn westlich von Thrakien hatte ein Volk illyrisch-thrakisch-griechischer Herkunft Anfang des 4. Jahrhunderts v. Chr. einen eigenen Staat gebildet: Mazedonien. Der mazedonische König Philipp II. (382–336) erkämpfte die Vorherrschaft über Griechenland, und bald darauf unterwarf sein Sohn Alexander – oft ›Der Große‹ genannt – alle thrakischen Stämme.

Die Balkanhalbinsel wurde häufig zum Schlachtfeld für Reitervölker aus der eurasischen Steppe und für Imperien, die ihre Reiche am Mittelmeer sichern wollten. Nachdem im 1. und 2. vorchristlichen Jahrhundert die Römer Mazedonien und Griechenland erobert hatten, wurden aus den Ebenen nördlich und südlich des Balkangebirges die römischen Provinzen Moesien und Thracia. Von 106 bis 117 unserer Zeit erfuhr das Römische Reich seine größte Ausdehnung, konnte sich aber gegen einfallende Westgoten, Vandalen und Hunnen zur Zeit der Völkerwanderungen ab dem 4. Jahrhundert kaum noch zur Wehr setzen. Anfang des 4. Jahrhunderts formten die römischen Kaiser Diokletian (240–313) und Konstantin I. (280–337) das Herrschaftssystem im Römischen Reich zum Dominat um, einem absoluten Kaisertum mit einem auf Zwang beruhenden Verwaltungs- und Militärsystem. Konstantin I. förderte das Christentum, das unter Diokletian noch verboten war, und gründete im Jahr 330 die zweite Reichshauptstadt Konstantinopel, das heutige Istanbul. Ab Ende des 4. Jahrhunderts wurde das Christentum unter Kaiser Theodosius I. (347–395), für alle Reichsangehörigen verbindlich. Nach dessen Tod im Jahr 395 wurde das Römische Reich unter seine beiden Söhne Honorius (384–423) und Arcadius (377–408) in ein west- und ein oströmisches Reich aufgeteilt. Der gesamte Balkanraum fiel an das Oströmische Reich, das offiziell Byzanz hieß, mit der Hauptstadt Konstantinopel.

Das Erste Bulgarische Reich

Auf der Suche nach neuen Siedlungsgebieten zogen ab dem 5. Jahrhundert viele slawische Stämme aus Osteuropa mit den Goten und Hunnen in Richtung Südwesten. Südlich des Donaudeltas wurden von Jagd und Fischfang lebende Slawen in Moesien, dem heutigen Nordbulgarien, seßhaft und konnten ihre Landnahme auch gegen byzantinische Angreifer verteidigen. Als im 7. Jahrhundert das militärisch besser organisierte Turkvolk der Urbulgaren aus Zentralasien dort eintraf, schlossen die beiden Volksgruppen einen Pakt, um sich gemeinsam gegen Byzanz zu behaupten. Anführer des Turkvolks war Khan Asparuch, Nachfahre des mächtigen Khan Kubrat aus dem Bulgarenreich an der Volga. Nach einigen Kämpfen mußte Byzanz schließlich 681 das Reich der Bulgaren (bulg, türkisch: mischen, vermischen) in einem Friedensvertrag offiziell anerkennen. Die Führungsschicht setzte sich aus Urbulgaren zusammen, an dessen Spitze der Khan regierte. Er residierte in der Hauptstadt Pliska.

In vielen kriegerischen Auseinandersetzungen mit den Nachbarvölkern Franken und Awaren konnte Khan Kroum (802–814) im 9. Jahrhundert die Landesgrenzen festigen. Er eroberte Teile Mazedoniens und schuf eine strenge Rechtsordnung für Bulgarien, in dem sich eine feudalistische Struktur entwickelte. Das byzantinische Heer besiegte er, indem er es in eine Gebirgsfalle lockte, in der auch der byzantinische Kaiser den Tod fand. Seinen anschließenden Versuch, Konstantinopel zu erobern, mußte Khan Kroum jedoch im Jahr 814 mit dem Leben bezahlen. Ihm folgte Khan Omurtag (814–831), der mit Byzanz Frieden schloß.

Zar Boris I. (852–889) ließ sich im Jahr 864 von einem byzantinischen Bischof taufen und führte das Christentum als Staatsreligion ein. Die Religion mit Zugehörigkeit zur orthodoxen Kirche ab dem Jahr 870 ermöglichte eine eigene Rechtsprechung, die auf der Kirchenordnung basierte. Zwei Schüler der Slawenapostel Kyrill und Method verbreiteten unter der Herrschaft Boris I. im ganzen Land das slawische Alphabet und begründeten 886 zwei kirchlich-literarische Zentren: Preslav in Ostbulgarien und Ohrid in Mazedonien. Mit der gemeinsamen Schriftsprache fanden die slawischen und bulgarischen Volksgruppen eine einheitliche Basis, auf der sich eine nationale Identität entwickeln konnte. 893 wurde Preslav, heute Veliki Preslav, neue Hauptstadt. Der Herrschertitel Khan wurde durch Zar ersetzt und dadurch aufgewertet.

Unter der Regentschaft Zar Simeon I. des Großen (893–927) führten mehrere erfolgreiche Eroberungsfeldzüge gegen den mächtigen Nachbarn Byzanz zu Bulgariens größter territorialen Ausdehnung. Es reichte nun im Norden über die Karpaten hinaus und im Süden bis zur Ägäis, grenzte östlich ans Schwarze Meer und gewann im Westen Zugang zur Adria. Das Land erlebte eine kulturelle Blüte: Es wurden Festungen, Städte und Kirchen gebaut, die slawische Sprache verbreitete sich durch Gottesdienste und Literatur. 927 erlangte die bulgarische Kirche Unabhängigkeit von Konstantinopel, das den Erzbischof von Preslav als Patriarchen anerkannte.

Während der Regentschaft Zar Petars (927–970) setzte der Verfall des Ersten Bulgarischen Reichs ein. Aus der ungarischen Steppe fielen fortwährend Magyaren sowie turkstämmige Reitervölker, zum Beispiel Petschenegen und Kumanen aus Zentralasien, in Südosteuropa ein und stellten dort eine ständige Bedrohung für Bulgarien und andere von Byzanz umkämpfte Gebiete dar. Zu dieser Zeit begannen die Bojaren, adelige Gefolgsleute etablierter Fürstentümer Zentralasiens, in Bulgarien als politische Drahtzieher wirksam zu werden. Viele Bojaren waren kumanischer Abstammung und hatten Erfahrung im Umgang mit wilden Reitervölkern. Es bildete sich die Tradition, dem Zaren einen Bojarenrat zur Seite zu stellen, der ermächtigt war, bei Erlöschen einer Dynastie einen neuen Zaren zu wählen.

Die separatistischen Tendenzen der Bojaren wirkten sich für die Einheit des jungen bulgarischen Staates verhängnisvoll aus. 967 wurde Preslav von Byzanz erobert. Unter den Zaren Boris II. (970–971) und Roman (977–991) litt das Zarenhaus unter machtpolitischen Intrigen und angespannten außenpolitischen Beziehungen. Zudem waren nicht alle Teile der Bevölkerung damit einverstanden, daß große Ländereien in Kirchenbesitz übergingen oder für militärische Zwecke genutzt wurden, und so traten viele Bulgaren den religiösen Rückzug in abgelegene Klöster oder Sekten wie die der Bogomilen an, die ihre Forderungen nach Reinheit des Glaubens mit dem Verlangen nach sozialer Gerechtigkeit verbanden.

Der Bojarensohn Zar Samuel (991–1014) verlegte die Hauptstadt aus Sicherheitsgründen in das Erzbistum Ohrid, seinerzeit bedeutendes geistig-literarisches Zentrum, eroberte den Osten Bulgariens zurück und führte einige zähe Kämpfe gegen die Byzantiner. Aber Byzanz machte im Jahr 1014 in einer Schlacht im Strumatal den entscheidenden Schritt zur Eroberung Bulgariens.

Zar Samuel konnte zwar fliehen, aber er starb an Herzversagen, als er bald darauf die 15 000 gefangengenommenen Bulgaren sah: Der byzantinische Kaiser Basil II. hatte sie blenden lassen und nur jedem hundertsten ein Auge gelassen, damit der Rückzug in die Hauptstadt angeführt werden konnte. Nachdem die gesamte bulgarische Führungsschicht in verschiedene Orte des byzantinischen Reichs umgesiedelt worden war, verlor Bulgarien seine Unabhängigkeit und wurde ab 1018 wieder von Byzanz beherrscht.

Das Zweite Bulgarische Reich

In dem 1018 vom byzantinischen Kaiser errichteten bulgarischen Erzbistum wurde wieder ein feudalistisches System installiert. Im Auftrag von Byzanz erhoben die Landesfürsten Tribute, rekrutierten Soldaten, verlangten Frondienste und steigende Abgaben von der Bevölkerung. Zusätzlich war das Land den Plünderungen durch Magyaren und Petschenegen ausgesetzt. Auch Konstantinopel war durch Angriffe dieser Reitervölker geschwächt und wurde immer machtloser gegen die Aufstände im bulgarischen Erzbistum, an denen sich auch Serben, Albaner und Walachen beteiligten. Von Erfolg gekrönt war schließlich der Aufstand der Bojaren-Brüder Peter und Assen im Jahr 1185 in Tarnovo, der zur Gründung des Zweiten Bulgarischen Reichs führte. Tarnovo wurde Hauptstadt.

Zar Kalojan (1197–1207) nutzte die Folgezeit ungehindert zur territorialen Gebietserweiterung Bulgariens und stabilisierte es durch ein Bündnis mit dem Papst. So wurde Bulgarien Mitte des 13. Jahrhunderts zum mächtigsten südosteuropäischen Staat und erlebte wieder eine Blütezeit.

Durch geschickte Heiratsdiplomatie konnte sein Nachfolger Zar Ivan Assen II. (1218–1241) das Reich noch vergrößern, in das aber bald die Tataren einfielen. Nach seinem Tod im Jahr 1241 entstand ein Machtvakuum, und das Reich wurde

Bulgarien im 13. Jahrhundert

wieder zum Spielball der Feudalherren. Es folgten 70 Jahre, in denen die Bojaren 14 verschiedene Zaren an die Spitze setzten, von denen keiner die anarchischen Zustände im Land unter Kontrolle bringen konnte. Erst ein vom Hirten Ivajlo organisierter Aufstand konnte die Tataren aus dem Land vertreiben. Ivaljo führte einige erfolgreiche Schlachten und konnte das Amt des Zaren bekleiden, nachdem er die Witwe des Zaren Konstantin geheiratet hatte; er regierte ab 1277. Seiner niederen Herkunft wegen wurde er aber 1280 als Zar von den Bojaren verbannt und von ihnen gezwungen, ausgerechnet bei den Tataren Zuflucht zu suchen. Allerdings konnten sich die in der Folgezeit von Bojaren ernannten Zaren auch nicht erfolgreich gegen Angriffe der Tataren und der starken serbischen Nachbarn durchsetzen.

Mit Serbien einigte sich Zar Ivan Aleksandăr (1331–1371) auf heiratsdiplomatischem Wege. Unter seiner 40jährigen Regentschaft zu Beginn des 14. Jahrhunderts erlebte Bulgarien wieder eine Blütezeit, in der sich bulgarische Literatur und Musik entfalten konnten. Die nationale Einheit basierte auf der orthodoxen Kirchenordnung, viele Kirchen und Felsenklöster wurden gebaut.

Doch neue Spannungen zum Nachbarstaat Serbien sowie auseinanderstrebende Interessen der Bojaren brachten wieder Unruhe ins Land. Die staatliche Einheit zerbrach in viele lokale Herrschaftsgebiete und litt unter heftigen Angriffen der Osmanen, die Zar Ivan Šišman (1371–1393) schließlich zu ihrem Vasallen machten. 1393 zerstörten sie die Hauptstadt Tarnovo und töteten fast die gesamte Führungsschicht. Für die Bulgaren begann eine lange Zeit der Fremdherrschaft, die in ihre Geschichte als ›Türkisches Joch‹ eingegangen ist.

500 Jahre Osmanenherrschaft

In Kleinasien hatte sich seit dem 12. Jahrhundert unter den eingewanderten islamischen Turkstämmen das Reich der Rum-Seldschuken gebildet. Auch den Horden einfallender Tataren hielten die Truppen von Osman I. Ghasi (1288–1326) stand, der wie später seine Nachfolger das osmanische Herrschaftsgebiet stetig ausdehnte. In weniger als 20 Jahren gelang es den Osmanen, die drei mächtigsten südosteuropäischen Länder zu unterwerfen: Bulgarien, Serbien und Byzanz. Aus Bulgarien wurde die Provinz Rumelien mit Sofija als Hauptstadt.

Der Erfolg dieser systematischen Eroberungszüge beruhte auf dem Prinzip des obersten Sultans, Gefangene zu professionellen Soldaten auszubilden. Später rekrutierte man für diese Janitscharen (deutsch: neue Truppe) auch junge Knaben aus den eroberten christlichen Gebieten, die streng islamisch erzogen wurden und schließlich die Elitetruppen des osmanischen Heeres bildeten. Den besten unter ihnen standen Karrieren am Hof des Sultans offen.

Bulgarien im 13. bis 15. Jahrhundert

Hoffnung auf Befreiung von den osmanischen Unterdrückern verloren die Bulgaren 1453: Konstantinopel, die letzte Bastion der orthodoxen Welt und letztes Überbleibsel des Oströmischen Reiches, fiel an das neu gegründete Osmanische Reich und hieß von nun an Istanbul. Von hier aus regelte fortan ein ökumenischer Patriarch alle kirchlichen Angelegenheiten. Dabei konnten sich die Provinzen nach dem Millet-System (Millet, türkisch: Volk) weitgehend selbst verwalten, das heißt, ob griechisch-christlich, slawisch- oder rumänisch-orthodox geprägt, die Verwaltung der jeweiligen Einheiten blieb autonom, aber die Rechtsprechung oblag dem Patriarchen in Konstantinopel. Jede der Verwaltungseinheiten, die aus Provinzen, Bezirken, Kreisen und Gemeinden bestanden, hatte ihren eigenen Vorsteher, der über Abgaben und Frondienste wachte. Ganze Sippschaften wurden innerhalb des Reiches gewaltsam umgesiedelt. Nicht-Moslems hatten in diesem System viele Repressalien zu erdulden: Zwar waren Christen vom Militärdienst befreit, das Bekenntnis zum Islam wurde aber oft durch Verleumdung oder Folter erzwungen. Statt Kirchen wurden Moscheen gebaut.

Von den christlich-orthodoxen Bulgaren war fortan auch eine Kopfsteuer zu entrichten und eine Art Blutzoll: Jedes zehnte Kind wurde entführt, junge Knaben zu den Janitscharen, Mädchen in die Harems der Feudalherren. Oft erhielten verdiente Kavalleristen des Osmanischen Heeres als Gegenleistung Ländereien inklusive der Bauern. In den Genuß von Privilegien kamen aber auch Polizisten und Paßwächter, Fährleute oder beispielsweise Großbauern, die den von Osmanen eingeführten Reis anbauten.

Ende des 15. Jahrhunderts erlebte das Osmanische Reich einen Handelsaufschwung durch Verbindungen, die von Händlern im bis kurz vor Wien reichenden riesigen osmanischen Reich geknüpft wurden. Händler und Großbauern wurden zunehmend mächtiger, einflußreicher – und auch korrupter. Als im 17. Jahrhundert das Osmanische Reich erste militärische Niederlagen erlitt und die Janitscharen an Ansehen verloren, beuteten lokale Machthaber ihre Gebiete immer rücksichtsloser aus. Die Heiducken-Bewegung formierte sich in den Balkanländern. Es waren Banden nationalistischer Freiheitskämpfer, die zahlreiche Raubüberfälle auf Besitzende verübten. Ursprünglich war Heiducken die Bezeichnung für ungarische Hirten, Ende des 15. Jahrhunderts und im 16. Jahrhundert für Söldner – ungarisch: Hajdú – und für Freischärler, die unter osmanischer Herrschaft gegen türkische Machthaber vorgingen. Ab dem 18. Jahrhundert unterstützten bulgarische Heiducken die Idee der Nationalen Wiedergeburt in Bulgarien.

Die Nationale Wiedergeburt

Bis zum Zeitalter der Aufklärung im 18. Jahrhundert festigten einige privilegierte Vojnik-Dörfer im Balkangebirge wie Panagjurište, Koprivštica, Kotel ihren autonomen Status. Das waren Dörfer, die Waffenrechte besaßen, um die Gebirgspässe zu verteidigen. Dort waren Viehhändler, Paßwächter, Handwerker und weitgereiste Kaufleute zu Wohlstand gelangt und engagierten sich für Bulgariens erste Bildungsstätten. Sie konnten ihren Söhnen einen höheren Bildungsweg finanzieren, beispielsweise ein Studium in Odessa oder Griechenland. Daraus gingen später die Revolutionäre hervor, die in der zweiten Hälfte des 19. Jahrhunderts zusammen mit Exilbulgaren aus Belgrad und Bukarest den Widerstand gegen die Herrschaft der Osmanen planten und für eine unabhängige bulgarische Republik eintraten. Die bekanntesten Revolutionäre waren Georgi Rakovski, Panajot Chitov, Chadži Dimităr, Stefan Karadža, Vasil Levski, Ljuben Karavelov, Christo Botev, Georgi Benkovski und Stefan Stambolov. Ihr landesweit vorbereiteter Aufstand im April/Mai 1876 wurde von den Osmanen jedoch brutal niedergeschlagen. In dieser Zeit wurden bereits erste literarische Werke und Zeitschriften in slawischer Sprache herausgegeben und Lehrpläne für die inzwischen etwa 1500 Schulen Bulgariens gestaltet.

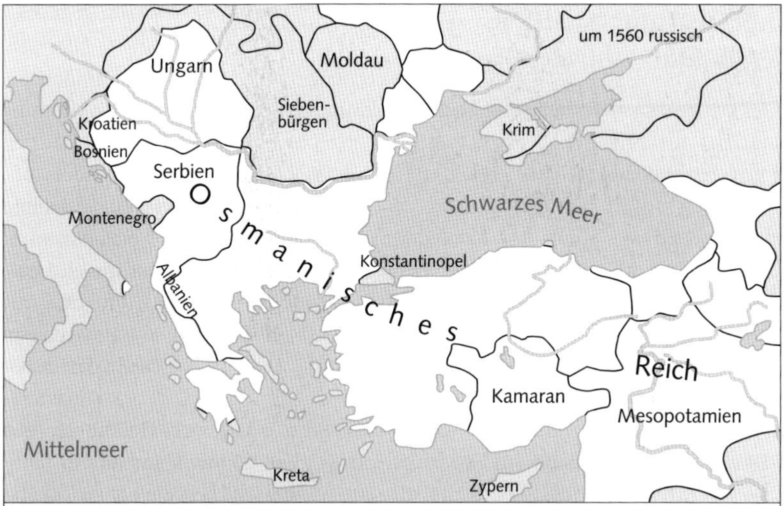

Das Osmanische Reich am Ende des 17. Jahrhunderts

Große Unterstützung in seinen Unabhängigkeitsbestrebungen fand Bulgarien im christlich-orthodoxen Rußland, das das Land im Hinblick auf eigenen größeren Machteinfluß und mögliche Gebietserweiterungen nur allzu gerne unter seine Fittiche nahm. Zeitgleich kämpfte die bulgarische Kirche um Autonomie und erreichte sie 1870 mit dem Exarchat des Sultans in Istanbul. Er sagte Bulgarien vom griechisch-orthodoxen Patriarchat in Istanbul los und unterstellte es einem byzantinischen Statthalter. Seitdem war die Gleichstellung von Christen und Moslems gewährleistet, und es durften wieder Gottesdienste in slawischer Sprache gehalten werden.

Das in seinen Strukturen erstarrte Osmanische Reich sah sich zunehmend dem Druck europäischer Großmächte ausgesetzt und versuchte vergebens seine Macht durch eine Reihe von Reformen aufrecht zu erhalten. 1877 führte schließlich der russische Zar im Namen der Orthodoxie und des Slawentums einen siegreichen Krieg gegen die Osmanen. Erst auf Druck der englischen Regierung, die Kriegsschiffe ins Marmara-Meer entsandt hatte, willigte Rußland, dessen Truppen schon vor Konstantinopel standen, in einen Waffenstillstand ein. In dem Ort San Stefano (türkisch: Yesilköy) bei Konstantinopel wurde am 3. März 1878 ein Friedensvertrag geschlossen, der in seinen Artikeln 1 bis 5 Montenegro, Serbien und Rumänien die Unabhängigkeit garantierte, während er in den Artikeln 6 bis 12 das nördliche Bulgarien als autonomes Fürstentum mit christlicher Regierung und Volksmiliz anerkannte, das dem Sultan tributpflichtig sein sollte.

Territoriale Kämpfe – zwischen Mächten und Nachbarn

Der stetige Machtverlust des Osmanischen Reichs warf seit Mitte des 19. Jahrhunderts die Frage nach einer Neuaufteilung der Balkanregion auf – bei den Betroffenen ebenso wie bei den europäischen Großmächten, die nach Vergrößerung ihrer Einflußspähren trachteten. Mit dem Vertrag von San Stefano konnte sich Rußland über einen umfangreichen Gebietszuwachs freuen. Seine wachsende Einflußsphäre auf dem Balkan wirkte wie ein Alarmsignal auf die europäischen Konkurrenten und veranlaßte sie, 1878 in Berlin eine Konferenz einzuberufen. Als Folge des Berliner Kongresses wurden Rußland und den Balkanstaaten neue Grenzen gesetzt, und das Osmanische Reich verlor die meisten seiner europäischen Gebiete. Der Süden Bulgariens blieb osmanische Provinz, genannt Ostrumelien, allerdings mit einer von verschiedenen europäischen Großmächten gestalteten Gesetzgebung. Im Norden entstand das autonome Fürstentum Bulgarien mit vorwiegend russischer Unterstützung. Dort berief im Februar 1879 Fürst Dondukov-Korsakov eine verfassungsgebende Versammlung ein. Sie bestand aus 88 gewählten Volksvertretern, 117 Vertretern der Zünfte, fünf Vertretern staatlicher Einrichtungen und im übrigen aus 19 Vertretern, die der Fürst ernannt hatte.

Der Balkan am Ende des 19. Jahrhunderts

Nach zweimonatigen Diskussionen einigten sich die Beteiligten in Tarnovo auf eine Verfassung des bulgarischen Fürstentums, die bis 1947 Gültigkeit besaß. Erster Landesfürst war Prinz Alexander von Battenberg, ein Neffe des russischen Zaren.

Aber im neuen kleinen Fürstentum Bulgarien drängten nationale Kreise von Anfang an zur Erweiterung des Staates auf alle von Bulgaren bewohnten Gebiete.

Es wurde zum Zentrum der Agitation, das Aufstände in Mazedonien und Ostrumelien provozierte, wo im September 1885 ein vom Volk getragener Militärputsch den Generalgouverneur Gavril Pascha stürzte. Die neu gebildete Regierung proklamierte die Vereinigung mit Bulgarien und ernannte Alexander von Battenberg als Fürst, der diese Wahl annahm.

Österreich-Ungarn trat gegen die Vereinigung auf und wollte verhindern, daß diese Bewegung auf Mazedonien übergriff. Es ermutigte die panslawistischen Kreise in Serbien und drängte Anfang November 1885 zum Angriff auf Bulgarien.

Doch mit Hilfe vieler Freiwilligenverbände gelang Bulgarien schon Ende November in der entscheidenden Schlacht bei Slivniza der Sieg über die serbischen Truppen und es rückte vor bis in die serbische Stadt Nis. Erst nachdem Österreich-Ungarn Bulgarien den Einsatz seiner Armee angedroht hatte, kam es zum Waffenstillstand.

Im Friedensvertrag von Bukarest 1886 von gegenseitigen Gebietsforderungen Abstand genommen, und die Türkei erkannte die Vereinigung Bulgariens mit Ostrumelien an. Alexander von Battenberg wurde im August 1886 von russischen Verschwörern gestürzt.

Der von der bulgarischen Nationalversammlung 1887 neu gewählte Ferdinand von Sachsen-Coburg entzog sich dem russischen Einfluß, indem er zusammen mit seinem Ministerpräsidenten Stefan Stambolow Maßnahmen zur Modernisierung in Wirtschaft und Verwaltung nach westlichem Vorbild ergriff. 1908 erklärte er die völlige Unabhängigkeit Bulgariens, ernannte sich zum Zaren und begann über die Expansion Bulgariens nachzudenken. Das führte 1912 zum Ersten Balkankrieg: Gemeinsam mit den Verbündeten Serbien, Griechenland und Montenegro stürzte sich Bulgarien auf das benachbarte Mazedonien, die letzte osmanische Provinz auf dem Balkan. Während Bulgarien den Zugang zur Ägäis erkämpfte und die Osmanen an der Grenze wochenlang in Schach hielt, bis sie sich ergaben, eroberten Griechen und Serben große Gebiete Mazedoniens. Wieder traten europäische Großmächte als Vermittler auf und klärten die Fronten mit dem Londoner Friedensvertrag im Mai 1913. Dabei wurde Bulgarien in seine Schranken gewiesen, denn es erhielt lediglich die Pirin-Region, während der größte Teil Mazedoniens Serbien zugesprochen wurde.

Serbien war aber noch immer nicht zufrieden, da es keinen Zugang zum Meer gewonnen hatte, und schloß unverzüglich mit Griechenland ein Bündnis gegen

Bulgarien, dem sich auch Rumänien und die Osmanen anschlossen. Dagegen war Bulgarien machtlos und bat schon nach dreiwöchiger Kriegszeit um Waffenstillstand. Das Ende dieses Zweiten Balkankriegs wurde mit dem Friedensabkommen in Bukarest im August 1913 besiegelt und war für das Land mit großen Gebietsverlusten in Mazedonien verbunden.

Mit erneuter Aussicht auf mazedonisches Gebiet stellte sich Bulgarien 1915 im Ersten Weltkrieg auf die Seite der Mittelmächte Deutschland und Österreich. Absurderweise führte dies zu bulgarisch-türkischen Stellungskriegen gegen russische Einheiten, woraus wiederum Soldatenaufstände resultierten. Die Armee brach ebenso wie die Truppen der Mittelmächte zusammen, Bulgarien mußte im September 1918 kapitulieren. Zar Ferdinand I. dankte daraufhin zugunsten seines Sohnes Boris III. ab. Der Friedensvertrag von Neuilly verpflichtete Bulgarien zu hohen Reparationszahlungen. Außerdem verlor es den Zugang zur Ägäis an Griechenland, die Süddobrudža an Rumänien und mazedonische Gebiete an das neu entstandene Jugoslawien.

Von der Konstitutionellen Monarchie zur Volksrepublik

Bei den Nachkriegswahlen 1919 erhielt die kommunistische Partei (BKP), die 1903 als sozialdemokratische Partei gegründet worden war und sich nun umbenannt hatte, in einigen bulgarischen Städten die Stimmenmehrheit. Sie orientierte ihre Politik aber zu sehr an der KPDSU in Moskau, als daß sie zunächst in Bulgarien wirksam werden konnte. Hier proklamierte schon seit 1908 Aleksandăr Stambolijski, der charismatische Anführer der Bauernunion, seine Vision eines landwirtschaftlichen Modellstaates. In dem durch die letzten Kriege völlig ausgebluteten Land fand sein Programm den größeren Anklang. Während seiner Amtszeit als Ministerpräsident von 1920 bis 1923 setzte Stambolijski entgegen den Vorstellungen des Bürgertums eine Agrarreform durch, die den überwiegenden Teil bulgarischer Bauern zu Eigentümern machte.

Gleichzeitig bildeten konservativ-militante Kräfte den Konstitutionellen Block, zu dem auch Mitglieder der in sich zerstrittenen mazedonischen Bewegung der Freiheitskämpfer IMRO gehörten, die den Anschluß an Bulgarien anstrebten. Sie fürchteten Stambolijskis Initiative zur Verständigung mit Jugoslawien, dem der serbische Teil Mazedoniens angegliedert war. Im Juni 1923 unterstützten sie einen Militärputsch und ermordeten Stambolijski. Dadurch kam die Demokratische Eintracht an die Macht, die aus Mitgliedern des Konstitutionellen Blocks entstanden war. Ihr Vorsitzender Aleksandăr Zankov ließ die Bauernunion und die BKP per Gesetz verbieten. Die Kommunisten rächten sich: In Sofija verübten sie einen Anschlag auf Zar Boris III. Der Zar überlebte, 150 Kirchenbesucher aber starben bei diesem Attentat. Den von Kommunisten im September desselben Jahres organisierten antifaschistischen Aufstand ließ Cankov grausam niederschlagen. Seine Regierung wurde zwar 1927 vom links orientierten Volksblock abgelöst, der zu demokratischen Prinzipien zurückkehren wollte – BKP, Gewerkschaften und Pressefreiheit waren wieder zugelassen –, aber 1934 folgte ein neuer Putsch: Rechtsradikale Ideologien hatten sich in der Gruppe Zveno erhalten, die nun zusammen mit ehemaligen bulgarischen Offizieren nach dem Vorbild des italienischen Faschismus regierte. Das fand bei Zar Boris III., der seit 1929 mit der italienischen Königstochter Giovanna verheiratet war, keine Zustimmung. Zar Boris III. bildete eine Regierung mit seinen engsten Vertrauten und übernahm das Regime ab 1935. Zu dieser Zeit bestand die bulgarische Gesellschaft zum größten Teil aus Landbevölkerung, und nur etwa sieben Prozent gehörten zum Bürgertum.

Zu Beginn des Zweiten Weltkriegs gab Bulgarien eine Neutralitätserklärung ab. Von seiten des Deutschen Reichs wuchs aber der Druck, dem Dreimächtepakt beizutreten, denn Deutschland wollte Bulgarien als Militärstützpunkt nutzen, um Griechenland zu erobern. Da sich für Bulgarien die Möglichkeit zu eröffnen schien, ehemals bulgarische Gebiete zurückzuerobern, trat Bulgarien dem Pakt bei. Zar Boris III. ernannte den deutschfreundlichen Kunsthistoriker Bogdan Filov zum Ministerpräsidenten. Sobald der Teil mazedonischen Gebiets, dem die einstige Hauptstadt Ohrid angehörte, sowie die zu Rumänien gehörende Süddobrudža von deutschen Truppen erobert war, marschierte Bulgarien dort ein.

Das Drängen von deutscher Seite, Rußland anzugreifen, lehnte Bulgarien ab und erklärte statt dessen England und den USA den Krieg, im Vertrauen darauf, daß diese Truppen strategisch viel zu weit entfernt waren. Zwar war auch Bulgarien alles andere als eine tolerante Demokratie, das Land gab aber dem deutschen Drängen, 50 000 bulgarische Juden zu deportieren, nicht zuletzt aufgrund kirchlicher Einwände nicht nach.

Im Jahr 1943 kam Zar Boris III. nach einem Besuch bei Hitler auf ungeklärte Weise ums Leben. Sein erst sechsjähriger Sohn Simeon II. übernahm daraufhin offiziell die Regierungsgeschäfte, natürlich unter der Obhut von Verwandten und Bekannten, darunter Bogdan Filov. Kommunisten kehrten aus dem russischen Exil zurück und infiltrierten verschiedene Parteien, beispielsweise die Vaterländische Front. Am 8. September 1944 erklärte Rußland Bulgarien den Krieg und marschierte bereits am nächsten Tag ein. Seither wurde der 9. September als Tag der Befreiung zum nationalen Feiertag erhoben.

Nach dem Zweiten Weltkrieg wurde Mazedonien autonome Teilrepublik Jugoslawiens, während die Süddobrudža Bulgarien zugesprochen wurde. Damit erhielt Bulgarien seine bis heute bestehenden Grenzen. Bei den ersten Nachkriegswahlen 1946 erhielt die Vaterländische Front, eine Einheitsliste, 88 Prozent der Stimmen, Kommunisten besetzten daraufhin alle Schlüsselpositionen der neu gebildeten Regierung. In einer Volksabstimmung entschieden sich die Bulgaren für die Abschaffung der Monarchie. Zar Simeon II. mußte mit seiner Mutter ins Exil flüchten, die Volksrepublik wurde ausgerufen.

Die sozialistische Republik und die Ära Živkov

Nach über 20 Jahren kehrte der in Abwesenheit zum Tode verurteilte Kommunist Georgi Dimitrov aus Moskau zurück und wurde 1946 Ministerpräsident. Kurze Zeit später legte eine neue Verfassung, die sich stark an der Verfassung der UdSSR orientierte, die Verstaatlichung aller Betriebe sowie das Verbot privaten Handels fest. Sie erlaubte keine Entwicklung, die nicht hundertprozentig mit der BKP-Parteilinie konform ging. Verhaftungen, Massenverurteilungen und Todesurteile unter anderem für Nikola Petkov, den Vorsitzenden der Bauernunion, die die Opposition stellte, waren die Folge.

Die politischen und wirtschaftlichen Strukturen des Landes wurden systematisch nach sowjetischem Vorbild umgewandelt. So wurde ein Fünf-Jahres-Plan verabschiedet und Bulgarien 1949 Gründungsmitglied des Rats für gegenseitige Wirtschaftshilfe (RGW). In der Folgezeit forcierte die Regierung vor allem den Ausbau der Schwerindustrie, zahlreiche Fabriken entstanden oder wurden erweitert.

Nach Dimitrovs Tod 1949 regierten seine Nachfolger mit stalinistischen Methoden. Unter dem Stalin blind ergebenen Ministerpräsident Valkov Cervenkov wurden weitere Säuberungsaktionen und Schauprozesse durchgeführt, tausende tatsächlicher oder vermeintlicher Regimegegner ermordet oder in Arbeitslagern interniert. Gleichschaltungsmaßnahmen schränkten die Rechte der Minderheiten immer weiter ein, und bis 1951 wurden insgesamt über 200 000 Bulgaren türkischer Abstammung abgeschoben.

Nach Stalins Tod 1953 rückte Todor Živkov ins Rampenlicht. Er hatte sich innerhalb der BKP nach oben gedient und war einer der jüngsten Parteiführer in einem sozialistischen Staat, als er 1956 Ministerpräsident wurde. Nach chinesischem Vorbild forderte er mit seinem Programm ›Der Große Sprung vorwärts‹ die Kollektivierung der Landwirtschaft und die Erfüllung des Fünf-Jahres-Plans in der Hälfte der Zeit. Damit verlegte sich für große Teile der Bevölkerung der Arbeitsplatz von der landwirtschaftlichen in die industrielle Produktion, wodurch Bulgarien in den 60er Jahren innerhalb der RGW-Staaten ein enormes industrielles Wachstum verzeichnen konnte. Dieser forcierte Ausbau ging auf Kosten der Konsumgüterindustrie und anderer Bereiche wie Wohnungsbau und Infrastruktur.

Das öffentliche Leben wurde von der Geheimpolizei DS kontrolliert, und viele Bulgaren erduldeten den Verlust persönlicher Freiheiten allein wegen der Aussicht auf Schulbildung, garantierte Arbeitsplätze und medizinische Versorgung. Den ethnischen Minderheiten des Landes drohte jedoch der Ausschluß dieser sozialen Vorteile. Walachen, Zigeuner und Türken wurden genötigt, ihre Namen und Sprachen dem Bulgarischen anzupassen.

Die Gründung des bulgarischen Reichs, die 1300 Jahre zurücklag, bejubelte der kommunistische Staat 1983 noch mit opulenten Feierlichkeiten und umfangreichen Investitionen zur Erhaltung und Errichtung monumentaler historischer Denkmäler. Aber wirtschaftlich sah es für Bulgarien zu Zeiten der Perestroika sehr schlecht aus, denn die in den 70er Jahren noch großzügig zugestandenen Vergünstigungen in Form von verbilligtem Rohöl, Strom und anderen Wirtschaftsgütern verband die Sowjetunion jetzt zunehmend mit Forderungen nach ökonomischer Eigenständigkeit Bulgariens.

Die Marktwirtschaft setzte allerdings Gewerbe- und Vertragsfreiheiten voraus, die unter Živkov nicht gegeben waren. Auch die Bemühungen vieler neu entstandener Vereinigungen, die für Freiheit und Demokratie kämpften, blieben erfolglos.

Živkovs Minderheitenpolitik führte im Winter 1984/85 zu Aufständen türkischer Einwohner, die blutig niedergeschlagen wurden. Diese repressive Politik setzte sich auch in den darauffolgenden Jahren fort und löste schließlich im Sommer 1989 eine Massenflucht von 300 000 Türken in die Türkei aus und gleichzeitig den Protest von Menschenrechtsgruppen in aller Welt.

Der schwierige Weg in die Demokratie

Die Veränderungen, die Ende der 80er Jahre in ganz Mittel- und Osteuropa zum Sturz der kommunistischen Herrschaften führten, ergiffen auch Bulgarien. Im November 1989 wurde Todor Živkov von einer Fraktion innerhalb der BKP gestürzt.

Nach Massendemonstrationen ging aus den verschiedenen Oppositionsgruppen Ende 1989 die Union der Demokratischen Kräfte (SDS) hervor. Der verfassungsrechtliche Führungsanspruch der BKP wurde annulliert, andere unabhängige Parteien durften nun gegründet werden. Man einigte sich auf freie Wahlen im Sommer 1990. Die BKP benannte sich in Bulgarische Sozialistische Partei (BSP) um und erhielt in den ersten freien Wahlen seit Ende des Zweiten Weltkriegs wieder die absolute Mehrheit. Die Gesichter der neuen Politiker waren wohl zu wenig bekannt, wie auch ihre Programme. Neuer Ministerpräsident wurde Andrej Lukanov von der BSP, Želju Želev von der SDS wurde Präsident. Im November 1990

Die Europäische Fahne weht schon vor dem Rathaus in Burgas

beschloß das Parlament die Umbenennung des Landes: aus der Volksrepublik Bulgarien wurde die Republik Bulgarien, die sich im Juli 1991 eine neue Verfassung gab.

Nach den deswegen erforderlichen Neuwahlen im Oktober 1991 konnte die SDS nur gemeinsam mit der Bewegung für Rechte und Freiheiten (DPS), die die Interessen der türkischen Minderheit vertritt, eine Regierung bilden. Erklärtes Ziel des grünen Ministerpräsidenten Filip Dimitrov war, die Wirtschaft nach dem Zusammenbruch der alten Wirtschaftsstrukturen zu reformieren. Das Eigentum der BSP wurde verstaatlicht, Andrej Lukanov wegen Verdachts auf persönliche Bereicherung verhaftet. Die landwirtschaftlichen Produktionsgenossenschaften (LPGs) wurden per Gesetz aufgelöst und Betriebe und Ländereien an frühere Eigentümer zurückgegeben, aber es folgte dennoch eine neue Auswanderungswelle vieler, die in der Landwirtschaft tätig waren.

Das Verhältnis zwischen SDS und DPS war sehr angespannt. Der SDS mangelte es an Selbstbewußtsein, um sich ihren Gegnern zu widersetzen. Sie fürchtete Gewerkschaften und Geheimdienst und warf der orthodoxen Kirche Kollaboration mit den Kommunisten vor. Filip Dimitrov mußte schon ein knappes Jahr nach Regierungsantritt die Vertrauensfrage stellen und verlor.

Ab Ende 1992 machte sich eine parteilose Expertenregierung mit Ljuben Berov von der BSP als Ministerpräsident die Privatisierung staatlicher Betriebe zur vorrangigen Aufgabe. Zu dem Zweck wurden neue Ministerien geschaffen und ein Privatisierungsgesetz verabschiedet. Eine weitere Maßnahme war die Haftentlassung von Andrej Lukanov, der sich fortan als Wirtschaftsexperte betätigte. Dabei kamen ihm die Kontakte aus seiner Zeit als Minister für Außenwirtschaftsbeziehungen in der Živkov-Ära sehr zugute, und er nutzte sie, indem er für sich und für die aus maroden Industriebetrieben neu entstandenen Energiefirmen Kapital herausschlug.

Auf vielen Verwaltungsebenen war Korruption an der Tagesordnung, organisierte Kriminalität breitete sich aus, die Staatsverschuldung wuchs, und der neue potentielle Kreditgeber, der Internationale Währungsfond (IWF), stellte Bedingungen, die Bulgarien nicht erfüllen konnte.

Im September 1994 trat Ljuben Berov zurück und wurde nach einer zweimonatigen Übergangsregierung im Januar 1995 vom BSP-Kandidaten Žan Videnov abgelöst, der vorgab, Bulgariens Beitritt in EU und NATO anzustreben, um das Vertrauen ausländischer Kreditgeber zu erlangen. Während seiner zweijährigen Regierungszeit expandierte der private Sektor und machte Profite, die knapp 50 Prozent vom Bruttoinlandsprodukt ausmachten, dann jedoch ins Ausland gebracht wurden. Die Arbeitslosigkeit wuchs, während die Preise stiegen und die Währung verfiel. Das Volk versank in Armut. Kriminalität breitete sich weiter aus, betrügerische Konkurse und Schutzgelderpressungen nahmen zu: Die Schattenwirtschaft florierte – aber nur vier Prozent aller Verbrechen konnten aufgeklärt werden. Andrej Lukanov, inzwischen Leiter der Energieimportfirma Topenergy, wurde im Oktober 1996 auf offener Straße erschossen und von Ilija Pavlov ersetzt, dem Präsidenten der Finanz- und Industrieholding Multigroup, der später ebenfalls einem Attentat zum Opfer fiel.

Im November 1996 wählten 60 Prozent der bulgarischen Bevölkerung den SDS-Kandidaten Petăr Stojanov zum neuen Präsidenten. Im Winter 1996/97 erzwangen Massenproteste, die teils gewalttätige Formen annahmen, den Rücktritt der Regierung Žan Videnovs und vorgezogene Neuwahlen. Dabei errang das von der SDS dominierte Bündnis Vereinigte Demokratische Kräfte (ODS) im April 1997 die absolute Mehrheit. Ihr Ministerpräsident Ivan Kostov strebte marktwirtschaftliche Reformen sowie die Mitgliedschaft in EU und NATO an. Zudem versprach er die Bekämpfung von Kriminalität und Korruption im Land. Kurz nach ihrer Ernennung verabschiedete die neue Regierung ein Gesetz zur Öffnung der Archive des kommunistischen Geheimdienstes (DS), um deren ehemalige Mitglieder an einer Kandidatur für politische Ämter zu hindern. Sofort gaben mehrere Abgeordnete aus Furcht vor Aufdeckung ihrer Vergangenheit ihr Mandat zurück. Der Regierung Kostovs gelang es, die Zahl der Beschäftigten zu erhöhen und die Währung zu stabilisieren. Im Juli 1997 wurde der Lev an die Deutsche Mark gebunden (1 Lev = 1 DM). Mehr als 3000 Staatsbetriebe konnten verkauft werden, die Staatseinnahmen stiegen an. Verhandlungen mit dem IWF verliefen positiv und gingen einher mit Unterstützung seitens der EU und der Weltbank. 1998 erhielt Bulgarien vom IWF 1,6 Milliarden Dollar für Wirtschaftsreformen, die offenbar erwartungsgemäß angelegt wurden, denn im Jahr 2000 konnten die Verhandlungen über Bulgariens Beitritt in die EU fortgesetzt werden. Aber die Verflechtungen zwischen Politik und organisierter Kriminalität blieben bestehen, und bald hatte die Bevölkerung wieder unter einem belasteten Staatshaushalt zu leiden: Zusammenbruch des staatlichen Gesundheitswesens, Arbeitslosigkeit, häufiger Ausfall der Wasser- und Stromversorgung, für breite Schichten unerschwingliche Lebenshaltungskosten.

In der Bevölkerung bestand eine große Sehnsucht nach einem schnellen und qualitativen Wandel des Lebensstandards. Vor diesem Hintergrund ist das Ergebnis der Parlamentswahlen vom Juli 2002 leicht erklärbar. Nach über 50 Jahren war der frühere König Simeon II. aus dem Exil zurückgekehrt, um im April 2001 die Partei Nationale Bewegung zu gründen. Sie versprach eine rasche und durchgreifende Verbesserung der Lebensverhältnisse und erhielt mit diesem schlichten Programm auf Anhieb fast 50 Prozent der abgegebenen Stimmen, während die ODS nur noch auf 18 Prozent kam. Daraufhin gab Ivan Kostov sein Amt auf, und Simeon II. wurde unter seinem bürgerlichen Namen Simeon Sakskoburggotski Ministerpräsident. Er reiste im ganzen Land herum, und schüttelte – die traditionellen Werte und Ideale der bulgarischen Nation hochhaltend und um Volksnähe bemüht – vor allem unzählige Hände.

Als vier Monate später, im November 2001, ein neuer Präsident zur Wahl stand, entschieden sich die Bulgaren nach einer Stichwahl für den BSP-Kandidaten Georgi Parvanov, der als lachender Dritter die Wahl knapp gewann. Denn sowohl SDS-Kandidat Petăr Stojanov als auch Bogomil Bonev, Vorsitzender der neu gegründeten Bürgerpartei für Bulgarien, die mit der Partei Nationale Bewegung paktiert, hatten sich als Kandidaten gute Chancen für das Amt des Präsidenten ausgerechnet.

Nun müssen ein Ex-Monarch und ein Ex-Kommunist miteinander auskommen. Über die wichtigsten Ziele besteht aber Einigkeit: Auch Parvanov setzte sich für einen baldigen EU- und Nato-Beitritt Bulgariens ein. Ende 2002 wurde die Aufnahme Bulgariens in die NATO ab Mai 2004 beschlossen, die Aufnahme in die EU wird für das Jahr 2007 angestrebt.

Die krumme Nase nicht krumm genommen – Harry Potter und die Bulgaren

Der Slogan der Fremdenverkehrs-Werbung scheint zu stimmen: ›Europas bestgehütetes Geheimnis‹. Harry Potter kennt jeder, Bulgarien nur die wenigsten. Da könnte es den Bulgaren zu Ehre und Bekanntheit gereichen, daß ihr Land im vierten Band der Bestsellerreihe mehrfach Erwähnung findet. Doch die bulgarischen Figuren in ›Harry Potter und der Feuerkelch‹ dürften ihnen wenig Freude bereiten. Zwar hat sich Bulgarien für das Endspiel der Quidditch-Weltmeisterschaft qualifiziert und ihr bester Spieler Viktor Krum ist ein ›Genie‹ und ›Held‹, den Harrys Freundin Hermine nach näherem Kennenlernen ›wirklich nett‹ findet. Aber abgesehen davon wirken die Bulgaren eher unheimlich: ›Viktor Krum war schlank, dunkelhaarig und fahlgesichtig, hatte eine lange krumme Nase und dichte schwarze Augenbrauen. Er sah aus wie ein übergroßer Raubvogel.‹ An einer anderen Stelle lesen wir von seinem ›sehr bärbeißigen Gesicht‹, das ›finster‹ drein schaute. Einmal sieht er sogar ›noch miesepetriger drein als sonst‹, und schließlich: ›Er watschelte ein wenig und ließ unverkennbar die Schultern hängen.‹

Der bulgarische Zaubereiminister hat selbst für britische Verhältnisse einen recht merkwürdigen Humor:

Nachdem er die ganze Zeit so getan hat, als verstünde er nur Bulgarisch, spricht er seinen Kollegen Fudge plötzlich auf Englisch an: ›Sie sprechen ja Englisch!‹, sagte Fudge empört. ›Und ich habe den ganzen Tag lang den Kasper für Sie gemacht!‹ ›Jaha, es ware jedefalls serr lustik‹, sagte der bulgarische Minister achselzuckend.‹ Dabei hat Fudge ohnehin keine gute Meinung über die bulgarische Delegation: ›Diese bulgarischen Mistkerle haben versucht, sich die besten Plätze allesamt unter den Nagel zu reißen.‹

Fies und hinterhältig erweisen sich die Bulgaren auch auf dem Spielfeld: Krum täuscht seinen irischen Gegenspieler Lynch mit dem ›Wronski-Bluff‹, und die Treiber scheren sich wenig um Spielregeln: ›Vor allem Volow und Vulkanow schwangen so heftig ihre Stöcke, als wäre es ihnen gleich, ob Mensch oder Klatscher getroffen wurde. Dimitrov schoß direkt auf Moran zu, die den Quaffel hatte, und schlug sie fast vom Besen.‹

Die Bulgaren selbst scheinen Joanne K. Rowling dies nicht krumm zu nehmen. Zu hunderten kamen bulgarische Teenager Anfang 2004 nach Sofija, um sich für die Filmrolle Viktor Krums zu bewerben. Das macht sie eigentlich sehr sympathisch.

Politik und Verwaltung

Bulgarien ist seit 1991, als die derzeit gültige Verfassung in Kraft trat, eine parlamentarische Republik. Die Verfassungsväter orientierten sich an der französischen, der deutschen und der spanischen Verfassung. Die bulgarische Verfassung wurde maßgeblich von den Postkommunisten gestaltet, die damals die Mehrheit hatten. Sie brachten darin ihre Forderung unter, daß Ausländer kein Eigentumsrecht an Grund und Boden erwerben durften. Das wirkt sich bis heute negativ auf die potentielle internationale Investitionsbereitschaft aus. Immer wieder wird an Verfassungsänderungen zu diesem Punkt gearbeitet, doch vor dem Verfassungsgericht scheitert das Ergebnis oft an der Begründung, daß einer Invasion türkischer Investoren entgegen gewirkt werden muß.

Das Parlament, genannt Volksversammlung (Narodno Săbranie), besteht aus 240 Abgeordneten, die auf vier Jahre vom Volk gewählt werden. Dem Parlament mit dem Regierungschef an der Spitze obliegt die Legislative. Die Volksversammlung wählt den Ministerpräsidenten, der als Vorsitzender des Kabinetts das höchste Organ der Exekutive bildet.

Staatsoberhaupt ist der Präsident. Er wird in Direktwahl vom Volk für fünf Jahre gewählt. Das Amt des Präsidenten wurde wie in den meisten exkommunistischen Staaten mit besonderen Vollmachten ausgestattet. Die Position des bulgarischen Präsidenten liegt etwa in der Mitte zwischen den starken Präsidentschaften wie in Rußland und den eher schwachen wie etwa in Ungarn. Der bulgarische Präsident hat nicht nur repräsentative Aufgaben, sondern ist oberster Befehlshaber der Streitkräfte und Vorsitzender des Rates für nationale Sicherheit. In Krisenzeiten hat er größere Kompetenzen: Er kann eine Interimsregierung (služebno pravitelstvo) einsetzen und Neuwahlen ausschreiben.

In Bulgarien gilt allgemeines Wahlrecht ab 18 Jahren. Bei den Präsidentschaftswahlen im November 2001 hatte Bulgarien die niedrigste Wahlbeteiligung seiner Geschichte mit nur noch 41,5 Prozent.

Bulgarien gliedert sich in 9 Regierungsbezirke (Oblast): Stadt Sofija, Region Sofija, Region Plovdiv, Region Chaskovo, Region Burgas, Region Varna, Region Ruse, Region Loveč, Region Montana.

Bulgarien ist ein Zentralstaat. Es existieren 28 Verwaltungsgebiete, die durch staatlich ernannte Gouverneure geleitet werden, sowie 5312 Gemeinden, in denen der Bürgermeister über Direktwahl bestimmt wird und die finanziell von der Zentralregierung abhängig sind.

Bulgarien ist Mitglied in folgenden internationalen Organisationen und Unterorganisationen: IWF (seit 1992), Europarat, WTO (1996), NATO (2004). Seit 1995 besteht ein Assoziierungsabkommen mit der EU, der Beitritt wird für das Jahr 2007 angestrebt.

Die Parteienlandschaft

Seit der politischen Wende 1989 sind zahlreiche politische Gruppierungen und Parteien entstanden, etwa 150 insgesamt, doch nur ein Bruchteil davon hat nationale Bedeutung. In den ersten Jahren war die Parteienlandschaft durch Instabilität und große Veränderungen gekennzeichnet. Am 26. April 2000 erklärte das Parlament unter Ministerpräsident Ivan Kostov (SDS) per Gesetz das kommunistische System für kriminell und die kommunistische Partei (BKP) zu einer ›verbrecherischen Organisation‹. Die BKP war als totalitäre Staatspartei seit 1948 an der Macht gewesen und hatte sich kurz nach der Wende in Bulgarische Sozialistische Partei (BSP, Bălgarska socialističeska partija) umbenannt. Sie gewann die ersten freien Wahlen 1990. Der BSP gehört etwa die Hälfte der früheren BKP-Mitglieder an. Unter den Mitgliedern sind überzeugte Sozialisten, Opportuniste und auch Führungskräfte aus der Wirtschaft. Die Wählerklientel rekrutiert sich vor allem aus Rentnern und Bauern.

Als Gegenpol zur BSP bildete sich die Union Demokratischer Kräfte (SDS, Săjuz na Demokratičnite Sili), die rechte, linke und grüne Kräfte bündelt. 1996 wurde sie zu einer christlich-demokratischen Volkspartei nach westeuropäischem Vorbild, die mit drei weiteren Parteien das Bündnis Vereinigte Demokratische Kräfte (ODS = Obedineni demokratični sili) einging. Zuspruch findet sie vor allem in den Großstädten und bei jungen Menschen mit höherer Bildung.

Bei den Wahlen 1990 erreichte die Bewegung für Rechte und Freiheiten (DPS, Dviženie za prava i svobodi) über fünf Prozent der Stimmen und schaffte damit die Hürde in das Parlament. Sie war 1989 in der Allgemeinen Aufbruchsstimmung entstanden, hauptsächlich als Vertretung der türkischen Minderheit, die sich nach der erlittenen Zwangsbulgarisierung unter der Živkov-Regierung zu schützen suchte. Nach verschiedenen Allianzen und häufigem Richtungswechsel bildete die DPS mit einer gemischten Gruppe von Politikern 1997 die Vereinigung zur Nationalen Rettung (ONS, Obedinenie za nacionalno spasenie).

Zuletzt gründete 2001 der nach 50 Jahren aus dem Exil zurückgekehrte frühere König Simeon II. die Nationale Bewegung Simeon II. (NDSV, Nacionalno dviženie Simeon II.). Simeon besuchte Bulgarien erstmals 1996 und wurde begeistert empfangen, kehrte aber nach Spanien zurück. Erst im April 2001 kündigte Simeon II. seine Teilnahme an den Parlamentswahlen an. Bei der Wahl im Juni 2001 erreichte seine Partei auf Anhieb fast die absolute Mehrheit und stellte mit ihm unter seinem bürgerlichen Namen Simeon Sakskoburggotski den Regierungschef.

Die seit 2001 amtierende Regierung ist eine Koalition aus NDSV (115 Sitze im Parlamant) und DPS (21), in der Oppositon mit 52 Sitzen ist die ODS , die dominiert wird durch die Union der Demokratischen Kräfte (SDS).

Religion

Die Verbreitung der christlich-orthodoxen Kirche ist eine Folge des Aufstiegs von Byzanz nach dem Untergang des Weströmischen Reiches im 5. Jahrhundert. Der Patriarch von Konstantinopel, Oberhaupt der griechisch-orthodoxen Kirche, war dem Papst in Rom bald gleichgestellt. Im 6. Jahrhundert dehnte sich die orthodoxe Kirche auf den slawischen Raum aus. Erst der Bilderstreit, der sogenannte Ikonoklasmus, den Gegner und Befürworter der Verehrung von Heiligenbildern austrugen, und später das Vordringen des Islam schwächten die orthodoxe Kirche. Im 9. Jahrhundert erklärte Zar Boris den christlichen Glauben zur bulgarischen Staatsreligion. Dabei bediente er sich typisch christlicher Methoden: Die Kultstätten der Heiden wurden zerstört und durch Kirchen ersetzt. Hilfreich für die Bindung der Menschen an die christliche Religion erwies sich die Erfindung der glagolithischen Schrift (Glagolica) durch die Gelehrten Kyrill und Method, aus der später die kyrillische Schrift hervorging. Mit der Glagolica konnten die Bibel und andere Kirchenschriften ins Slawische übertragen werden und so breitere Schichten der Bevölkerung erreichen.

Nach der Eroberung Konstantinopels durch die Türken verlagerte sich das Zentrum der orthodoxen Bewegung nach Moskau und formierte sich zur russisch-orthodoxen Kirche. In Bulgarien bestand während der türkischen Herrschaft eine enge Verbindung zwischen Kirche und nationaler Befreiungsbewegung. Viele Klöster versteckten nicht nur Revolutionäre, sie entwickelten sich zu Keimzellen des Widerstandes. Dies führte zu einer engen Verknüpfung von orthodoxer Kirche und nationaler Identität.

Ikonen spielen auch im heutigen Bulgarien eine wichtige Rolle: Immer noch sind die meisten Kirchen reich verziert und mit einem wahren Arsenal an Heiligenbildern ausgestattet. Auch im Repertoire moderner Künstler finden sich immer wieder Ikonen oder an die Ikonenmalerei angelehnte Werke.

Das Verhältnis zwischen den Bulgaren und ihrer bulgarisch-orthodoxen Kirche erinnert an das Verhältnis zwischen Polen und katholischer Kirche. Selbst im atheistisch ausgerichteten Kommunismus gelang es den Machthabern nicht, sich über die tief verwurzelte Religiosität der Menschen hinwegzusetzen. Allerdings akzeptierte der kommunistische Staat keineswegs die freie Religionsausübung. Zwar wurde die Kirche als Institution akzeptiert, ebenso Kirchen und Klöster als touristische Attraktionen erhalten, doch Bürger, die an religiösen Ritualen teilnahmen, mußten mit Gängelungen durch den Staat rechnen.

Nach dem Ende des Kommunismus erlebte die Kirche eine Renaissance. Nach Schätzungen zählen über 80 Prozent der Bevölkerung formal zur bulgarisch-orthodoxen Kirche, während etwas über 10 Prozent Muslime sind.

Kunstvoll errichtetete Kirchen finden sich allerorten und zeugen von der wichtigen Rolle der Religion im Alltag

Die orthodoxe Kirche

Zar Boris I. bekannte sich zum Christentum und erklärte es zur Staatsreligion. Für die unterschiedlichen Volksgruppen schuf er so eine gemeinsame Identität und gleichzeitig die Basis für eine einheitliche Rechtsprechung. Zwischen den rivalisierenden Kirchenoberhäuptern in West und Ost lavierte er einige Jahre geschickt hin und her, um für Bulgarien einen Patriarchen zu gewinnen. Rom ließ jedoch nicht nach, die fehlende Kirchenstruktur in seinem Land zu bemängeln, und so wurde 870 die bulgarische Eparchie – das orthodoxe Pendant zum Bistum der römisch-katholischen Kirche – der Jurisdiktion Konstantinopels unterstellt. Ein griechischer Erzbischof mit seinem Gefolge hielt in Bulgarien Einzug, Kirchen und Klöster wurden gebaut. Die Brüder Kyrill und Method setzten sich auf ihren Reisen auch dafür ein, daß Kirchenpredigten in der jeweiligen Landessprache gehalten wurden.

Nachdem Simeon der Große, Sohn Boris I., das byzantinische Heer 918 besiegt hatte, erlangte der bulgarische Erzbischof den Rang eines Patriarchen. Die Kirche bekam damit ein eigenes Oberhaupt und konnte eine von Konstantinopel unabhängige Verwaltung bilden. Daß die bulgarisch-orthodoxe Kirche eine große Rolle im Verständnis der nationalen Identität spielt, zeigt die Geschichte noch deutlicher. Denn während der 500jährigen Osmanenherrschaft wurde das Christentum zugunsten

Osterprozession in der Aleksandă-Nevski-Kathedrale in Sofia

des Islam verdrängt. Wenn überhaupt Kirchen gebaut wurden, durften sie die Moscheen an Höhe nicht überragen. Letztlich konnten nur die Klöster die Kenntnisse und Riten der bulgarisch-orthodoxen Kirche sicher erhalten. Sie erhielt ihre Eigenständigkeit erst 1870 zurück, zur Zeit der Nationalen Wiedergeburt. Nach der Wiederherstellung des bulgarischen Patriarchats 1953 wurde die orthodoxe Kirche während der kommunistischen Ära erneut diskriminiert.
Die bulgarische Kirche verlangt keine Steuer, sondern finanziert sich aus Spenden und staatlichen Subventionen. Von der traditionellen Kirchengemeinde des seit der Živkov-Ära herrschenden Patriarchen Maksim spaltete sich 1995 aufgrund politischer Differenzen eine Synode ab und bestimmte Bischof Pimen als alternativen Patriarchen. Etwa 80 Prozent der Bulgaren gehören der orthodoxen Kirche an, die seit 1990 wieder starken Zulauf hat. Das mag zum einen an der engen Verknüpfung von orthodoxer Kirche und Nationalbewußtsein liegen, zum anderen aber auch an der menschenfreundlichen und gesellschaftskompatiblen Praxis der orthodoxen Kirche: Priester dürfen heiraten, und Predigten haben nicht den hohen Stellenwert der Westkirche. Mit Aufgaben, die eher heilende als strafende Funktionen haben, kommt sie menschlichen Schwächen entgegen.
Sie weckt das Vertrauen ihrer Besucher, indem sie deren Sinne anspricht. Bei Eintritt in die Kirche wird man von würzigem Weihrauchduft empfangen. Der Gläubige entzündet eine Kerze für seinen Lieblingsheiligen, um sie einem der stets flakkernden Kandelaber hinzuzufügen. Bunte Teppiche auf Steinfliesen oder Parkett weisen den Weg zur Ikonostase, vom Gewölbe baumeln glitzernde Kronleuchter. Oft spiegelt sich der versunkene Ausdruck des in seine Arbeit vertieften Künstlers in den farbenfrohen Ikonen. Gesang begleitet den Gottesdienst, der auf dominante Instrumente wie die Kirchenorgel verzichtet. Statt dessen erklingen mehrstimmige Choräle.
Ein schönes Beispiel für den Frohsinn der orthodoxen Kirche bildet das Osterfest (Velikden), das in Bulgarien eine ganze Woche lang nach alten Riten gefeiert wird: Liedertexte und Melodien verströmen Zuversicht in die Auferstehung Christi. Die Leute auf der Straße stecken einander Kerzen an und beschenken sich mit Osterkuchen und gefärbten Eiern.
Oft sind die Eier präpariert, denn das stabilste Ei entscheidet den Wettstreit um mehr Glück in der Zukunft unter den Zweikämpfern, die präparierte Ostereier aneinanderschlagen, und bringt dem Sieger ein ganzes Jahr lang Glück. Überall begrüßt man sich mit ›Christos voskrese‹, das bedeutet ›Christus ist auferstanden‹. Es klingt stets wie ein optimistischer Neuanfang.

Die wirtschaftliche Entwicklung seit der Wende

Bereits zu Zeiten Todor Živkovs in den achtziger Jahren hatte die Ökonomie Bulgariens große Probleme. Doch alle Reformversuche blieben halbherzig, da das ineffiziente System der Planwirtschaft grundsätzlich nie in Frage gestellt wurde.

Bedeutende Wirtschaftszweige waren die chemische Industrie, Nahrungsmittelproduktion und - verarbeitung, Tabakindustrie, Metallindustrie, Maschinenbau, Textilindustrie, Glas- und Porzellanindustrie, Kohleförderung, Stahlproduktion, Energiewirtschaft und Tourismus.

Stärker als die anderen Staaten innerhalb des RGW war die bulgarische Wirtschaft auf den Austausch mit diesen Ländern fixiert. Zum Zeitpunkt des Umbruchs 1989 hatten den Löwenanteil der Handelsbeziehungen Bulgariens der Außenhandel mit der UdSSR (60 Prozent) ausgemacht, der Rest wurde mit den anderen RGW-Mitgliedsstaaten abgewickelt. Der plötzliche Zusammenbruch dieser Märkte in Verbindung mit der Abhängigkeit von russischen Rohstofflieferungen – besonders von Erdgas – brachte dem Land eine besonders schwere Wirtschaftskrise. So kletterte die Arbeitslosenquote bereits 1990/1991 auf 10,5 Prozent. Sie liegt heute bei über 16 Prozent.

Eine zusätzliche Hypothek für den Transformationsprozess bildeten die enormen Auslandsschulden, die sich noch kommunistischen Zeiten angehäuft hatten. Experten vermuten, daß Parteigrößen zudem noch vor 1989 riesige Beträge ins Ausland schafften, um sich so eine bessere Startposition im zu erwartenden Wahlkampf zu sichern.

Mit dem Rücken an der Wand versuchte die Regierung Filip Dimitrov ab 1991 eine radikale Wirtschaftsreform durchzuführen. Sie schaffte die Planwirtschaft ab und gab nahezu alle Konsumgüterpreise frei. Ferner wurden Grundlagen für die Rückgabe von Grund und Boden geschaffen sowie Außenhandelsschranken abgebaut. Doch das führte nicht zu Besserung. Die ökonomische Situation Bulgariens litt nicht zuletzt unter den Wirtschaftssanktionen, die ab 1992 im Krieg im ehemaligen Jugoslawien von der UN gegen die Handelspartner Serbien und Montenegro – und Nachbarn Bulgariens – verhängt worden waren. Durch das Transitverbot wurde so ein Großteil der bulgarischen Wirtschaft von den westlichen Märkten abgeschnitten. Außerdem war das ehemalige Jugoslawien der bedeutendste Handelspartner gewesen. Auch der Güterverkehr auf der Donau kam durch Boykott und zerstörte Brücken fast völlig zum Erliegen.

Noch 1996 kontrollierte der Staat 85 Prozent der Industrieproduktion. Er bezuschußte die Betriebe, wann immer sie mehr Geld benötigten, obwohl 1994 ein neues Konkursgesetz für Betriebe mit Defizit in Kraft getreten war. Die dazu aufgenommenen Kredite zahlte der Staat nicht zurück. Mitte 1996 stand das Land vor dem wirtschaftlichen Kollaps: Die Verschuldung der öffentlichen Hand hatte Bulgarien an den Rand der Zahlungsunfähigkeit getrieben, die rechtzeitige Auflösung von Verlustbetrieben durch Privatisierung und Budgetbeschränkungen war versäumt worden. Es entstand ein Machtvakuum, das sogenannte Kreditmillionäre aus den Reihen der früheren Kader für sich nutzten, um durch illegale Privatisierungen ihr Machtzentrum von der Politik in die Wirtschaft zu verlagern. In der Folge brach das Bankensystem wegen der unbegrenzten Kreditvergabe an marode Betriebe zusammen, die Preise kletterten in astronomische Höhen und stiegen 1996 um 300 Prozent. Die bulgarische Notenbank versuchte, die Inflation durch Anwerfen der Notenpresse zu finanzieren. Bis Mitte 1997 betrug die Inflationsrate über 1000 Prozent. Die gesamtwirtschaftliche Versorgung brach zusammen.

Die 1991 begonnene Zerschlagung der agro-industriellen Komplexe endete in der Zersplitterung in kleine ineffiziente Ländereien. Das Agrarland Bulgarien mußte Getreide importieren, damit die Bevölkerung nicht verhungerte. Das Lohnniveau der Beschäftigten im Staatssektor fiel von monatlich 55 US-Dollar im

Die Zeichen des wirtschaftlichen Wandels sind unübersehbar: zwei Beispiele aus Plovdiv

Jahresdurchschnitt 1996 auf 25 US-Dollar im März 1997. Mit dem gesetzlichen Mindestlohn von zwölf US-Dollar konnten die Grundbedürfnisse nicht mehr gedeckt werden.

Der dramatische wirtschaftliche Verfall rief im Herbst Protestbewegungen der bulgarischen Bevölkerung hervor, die im Dezember 1996 zur Abdankung der sozialistischen Regierung Videnov und zur Festsetzung von Neuwahlen für den April 1997 führten.

Der neu gewählte Ministerpräsident Ivan Kostov, Vorsitzender im Bündnis Vereinigte Demokratische Kräfte (ODS), bat offiziell die Staaten der internationalen Gemeinschaft um Hilfe. Aber das vom IWF und der Weltbank ausgearbeitete Stabilisierungs- und Reformprogramm hatte schwere soziale Härten zur Folge. Im Zuge der Privatisierung ineffizienter Staatsbetriebe wurden viele Menschen arbeitslos, die verordnete Sparpolitik führte zu Einschnitten im sozialen Netz, die Freigabe der Preise bewirkte einen spürbaren Anstieg der Lebenshaltungskosten.

Im Gegenzug räumte der IWF Bulgarien Kredite in Milliardenhöhe ein. Zusätzlich wurde die Einrichtung eines unabhängigen Currency Board vereinbart. Dieser sollte anstelle der bulgarischen Notenbank die Stabilisierung des Lev-Kurses und der Preise herbeiführen. Hierdurch geriet Bulgarien unter den Einfluß des IWF und der Weltbank.

1997 äußerte die Europäische Kommission starke Bedenken zum Antrag Bulgariens auf Beitritt zur EU: ›Bulgariens Fortschritt beim Aufbau einer Marktwirtschaft ist durch das Fehlen einer Verpflichtung zu einer marktwirtschaftlich ausgerichteten Politik begrenzt worden. Es ist mittelfristig nicht in der Lage, dem Wettbewerbsdruck und den Marktkräften in der Union standzuhalten‹. Doch 2001 war die EU bereits überzeugt: ›Bulgarien wird bald über eine funktionierende Marktwirtschaft verfügen.‹

In der Tat lassen die Zahlen hoffen. Bulgariens Wirtschaft verzeichnete Zuwächse von 5,4 Prozent (im Jahr 2000) und 4,0 Prozent (im Jahr 2001). Die Inflationsrate, die 1997 noch über 1000 Prozent betragen hatte, sank im Jahr 2001 auf 7,4 Prozent. Die offizielle Arbeitslosigkeit war 2001 zwar mit 19,9 Prozent sehr hoch, aber 2003 mit rund 17,5 Prozent bereits etwas zurückgegangen. Dennoch beträgt die tatsächliche Arbeitslosigkeit in ländlichen Gebieten bis zu 70 Prozent. Das Bruttoinlandsprodukt pro Kopf beträgt momentan etwa 6500 Euro und erreicht damit ein Volumen von 28 Prozent des EU-Durchschnitts. Die ausländischen Direktinvestitionen sind in den vergangenen Jahren deutlich gestiegen.

Seit 2002 konnten viele große Unternehmen privatisiert werden, beispielsweise Chemiekonzerne oder Versicherungen. Das Verfahren zur Privatisierung des Tabakmonopolisten Bulgartabak im Jahr 2003 machte die grundlegende Problematik deutlich: Ein Käufer war gefunden, doch die Regierung sprang in letzter

Minute ab, da sich der Käufer weigerte, die Erhaltung der Arbeitsplätze für Einheimische sowie die Verwendung bulgarischen Tabaks zu garantieren. Da zirka eine halbe Million Menschen in Bulgarien vom Tabakbau leben, würden mögliche Massenentlassungen jeden zwanzigsten Bulgaren betreffen. Und die Tabakpflanzer sind ein wichtiges Wählerpotential – daher agiert die Politik vorsichtig.

Ein großer Teil des Wirtschaftslebens wird von keiner Statistik berücksichtigt: die Schattenwirtschaft. Schätzungen gehen davon aus, daß sie zwischen 30 und 50 Prozent des Bruttoinlandsproduktes ausmacht. Die Schattenwirtschaft stellt für eine große Zahl von Menschen die einzige Möglichkeit dar, unter den sehr schwierigen wirtschaftlichen Bedingungen zu überleben. Bedenklich ist, daß sie sich zu einem großen Teil in den Händen der organisierten Kriminalität befindet. In diesen Bereich gehört der Drogen- und Menschenschmuggel sowie der Handel mit Waffen und die Waffenproduktion. Das niedrige Einkommensniveau treibt viele Menschen in die Illegalität. Nach Weltbank-Untersuchungen lebt derzeit etwa eine Million Bulgaren in Armut.

Nahezu jeder Bulgare verfügt über sein eigenes Stück Land. Das ermöglicht vielen, deren Gehalt oder Rente zum Leben nicht reicht, sich wenigstens teilweise mit Lebensmitteln selbst zu versorgen, vor allem mit Obst und Gemüse. Die Zucht von Schweinen, Hühnern und Schafen wird oft zu einer zusätzlichen Erwerbstätigkeit, damit die Grundversorgung gesichert ist.

Daneben wird das Budget häufig durch Mieteinnahmen aufgebessert. In Bulgarien gehört fast jedem Bürger mindestens eine Wohnung, die er entweder selbst bewohnt oder vermietet. So zahlt er entweder keine Miete oder hat über die Vermietung ein zusätzliches Einkommen.

Der Wirtschaftssektor, der sich in Bulgarien am besten entwickelt, ist der Dienstleistungssektor. Gute Aussichten bestehen im Tourismusbereich, in dem Bulgarien gegen den internationalen Trend starkes Wachstum verzeichnen kann. Ausbaufähig erscheint besonders der Bereich Individualtourismus, insbesondere Öko-, Wander-, und Bäderreisen. Für ein stärkeres internationales Engagement hat die Regierung eine Agentur zur Förderung ausländischer Investitionen eingerichtet, die zum Beispiel beim Immobilienkauf beratende Funktionen erfüllt. Jährlich steigende Umsatzzahlen lassen für die Zukunft hoffen.

Computergenies aus Bulgarien

›Kann man noch eine Erfindung machen, ohne sich davor zu fürchten?‹ Elias Canetti formulierte diese Frage und sprach das damit ein weit verbreitetes Unbehagen an. Sicherlich dachte Canetti dabei nicht an die Erfindung des kyrillischen Alphabets im 9. Jahrhundert oder an die Entdeckung der gesundheitsfördernden Joghurtbakterien Lactobacillus Bulgaricus. Vielleicht kreisten Canettis Gedanken um die Methode des Superlearning, die 1967 von Professor Georgi Lozanov an der Universität von Sofija entwickelt worden ist, oder um den ABC-Computer, den sein bulgarischer Zeitgenosse Dr. John Atanasov 1942 erfand. Anerkennung fand Atanasov dafür erst nach einen Rechtsstreit 30 Jahre später, als die Computerindustrie bereits weltweit boomte.

Bulgarien hatte in den 1960er Jahren als einziges Ostblockland Fünfjahrespläne für die Computerindustrie aufgestellt. Das ehrgeizige Ziel war, innerhalb der Wirtschaftsgemeinschaft der kommunistischen Staaten (Rat für Gegenseitige Wirtschaftshilfe, RGW) Bester zu werden. Dafür gründete die Regierung elitäre Computerclubs, zu denen nur besonders erfindungsreiche EDV-Talente Zugang hatten. Ihre Aufgabe bestand darin, nach dem ›Trial-and-Error‹-Prinzip westliche Computer zu analysieren und nachzubauen, wobei ihnen weder Fachbücher noch andere schriftliche Vorlagen zur Verfügung standen. Das Re-Engineering gelang sehr gut, elektronische Komponenten von IBM- und Macintosh-Computern wurden in Asien, Europa und USA eingekauft, und schließlich ging als erfolgreichstes Modell dieser Arbeit der ›Pravez 8‹ hervor, eine Kopie des ›Apple 2E‹. Die bulgarische Computerindustrie erreichte in den 80er Jahren mit 300 000 Beschäftigten ihren Höhepunkt und deckte die Nachfrage der RGW-Staaten zu 40 Prozent ab. Deren wirtschaftlicher Zusammenbruch traf auch die Computerbranche hart.

Im Westen wurde man auf die EDV-Experten aus Bulgarien erst aufmerksam, als Stimmen laut wurden, die Computerviren ›Darth Vader‹, ›Virus Exchange BBS‹ und ›Dark Avenger‹ stammten aus dem Balkanstaat. In den Medien wurden sie oft mit Veselin Boncev in Verbindung gebracht, dem Leiter des nationalen Labors für Computervirologie an der bulgarischen Akademie der Wissenschaften. Beweise gab es jedoch nie.

Nach der Wende hat sich auf legislativer Ebene einiges im EDV-Bereich getan. Seit 1993 ist geistiges Eigentum rechtlich durch ein Gesetz geschützt, das die bulgarische Regierung nach europäischem Standard verabschiedet hat. Doch die Geschäfte sind weiterhin durch Bürokratie und Korruption beeinträchtigt. Als Gegenmaßnahme wurde erstmals 2003 der Big-Brother-Award, eine

Erfindungsreichtum ohne fruchtbaren Boden

Art Negativpreis, verliehen. Unter www.bigbrotherawards.de ist nachzulesen, daß die Big-Brother-Awards dem gesamten bulgarischen Ministerrat für seine Geheimverträge eine Auszeichnung zukommen ließen, darunter für einen 13,6 Millionen-Dollar-Vertrag mit Microsoft für 30 000 Kopien zum doppelten Einzelhandelspreis. Dabei profitierte Microsoft schon mehrfach von dem bulgarischen Bugjäger Georgi Guninski, der darauf spezialisiert ist, Lücken und Fehler in den Produkten des Software-Konzerns zu entdecken.
Für die Zukunft Bulgariens, das nicht über große Bodenschätze verfügt, wäre die High-Tech-Industrie eine wirtschaftliche Chance. In der Tat konnte das Land im Jahr 2000 einen Exportzuwachs von 40 Prozent in der EDV-Branche verzeichnen, der in den Folgejahren aber wieder abfiel. Es mangelt an Köpfen, die nicht nur gute Ideen haben, sondern sie auch vermarkten und vertreiben können.
In den Cafés auf den Hauptstraßen der Großstädte sind weder Chorgesang noch Folklorepop zu hören, sondern elektronische Sounds aus dem Computer wie Techno und verschiedene Dancefloor-Varianten. Deren weltweit erfolgreiche Vermarktung ist ein spannendes Phänomen für die Studenten, die auf der Suche nach neuen Identifikationsmustern sind. Da wird ein starkes Selbstwertgefühl, verbunden mit dem Wunsch nach ästhetischer Neuorientierung, angesprochen. Die junge Internet-Generation fühlt sich trotz ihres hohen Bildungsstandes und ihrer Begabung vernachlässigt und nimmt jede Gelegenheit wahr, in den Westen auszuwandern – schlechte Aussichten für die Computerbranche.

Kunst und Kultur

Nicht alle Westeuropäer wissen mittlererweile, wo Bulgarien auf der Landkarte zu finden ist, und über die Kultur dieses Landes ist noch weniger bekannt. Die Schriftstellerin Rumjana Zacharieva weiß ein Lied davon zu singen: ›Die Eigentümer der Fremdsprache Deutsch kannten kein einziges Wort Bulgarisch, von Russisch hatten sie keine Ahnung, und die kyrillische Schrift erschien ihnen rätselhafter als die chinesische. Und sie behaupteten, daß die bulgarische Hauptstadt Sofija in der Türkei liege, und von der 500jährigen Osmanenherrschaft hatten sie noch nie gehört.‹ In ihren Begegnungen mit den Deutschen ›lief es Mila kalt über den Rücken‹, schreibt Zacharieva in ihrem autobiographischen Roman ›Bärenfell‹ – sicherlich kein Einzelfall.

Dabei ist es durchaus möglich, sich auf die bulgarische Kultur auch nahe den Pauschalurlaubsanlagen an der Schwarzmeerküste einzulassen. Auch hier findet man beispielsweise Zeugnisse der Architektur von den kunstvoll bemalten Hügelgräbern der Thraker bis zu den rustikal-romantischen Holzhäusern aus der Zeit der Nationalen Wiedergeburt.

Im ganzen Land findet man eine tief verwurzelte, oft lokal oder regional gefärbte Folkloreszene, an der sich auch junge Leuten mit Begeisterung beteiligen. Selbst die DJs der angesagten Großstadt-Clubs unterlegen die modernen Tanzrhythmen mit Melodien alter Volkslieder. Etwas getrübt wird der Blick auf den kulturellen Reichtum Bulgariens von der Sorge, daß viele gebildete und kreative junge Leute dem Land den Rücken kehren. Das ist nicht nur aus wirtschaftlicher Sicht ein Verlust. Es wäre äußerst schade, wenn dem Land die Kräfte verloren gingen, die auf eine Jahrhunderte alte Tradition aufzubauen wissen.

Architektur

Zu den eindrucksvollsten Zeugnissen thrakischer Kultur gehören die über tausend Jahre alten Hügelgräber. Zwei davon – eines in Kazanlăk und eines in Sveštari (östlich von Ruse) – stehen unter dem Schutz der UNESCO. Besonders imponieren den Archäologen die gut erhaltenen Wandmalereien, wie sie nur ganz selten entdeckt wurden. Die thrakischen Gräber bestehen meist aus kunstvoll gemauerten, bemalten und mit Grabbeigaben versehenen dreiteiligen Grabkammern, über die ein Erdhügel aufgeschüttet wurde. An einigen Orten hatten die Thraker ganze Totenstädte (Nekropolen) errichtet.

Auch die Römer haben ihre Spuren hinterlassen. Die interessantesten und vollständigsten Bauwerke befinden sich in Plovdiv – darunter das Amphitheater und ein Stadion für Schaukämpfe –, und in Varna, wo die Römer auf einer Fläche von 7000 Quadratmetern ein opulent ausgestattetes Thermalbad errichtet hatten.

Die für Bulgarien typische Wiedergeburtsarchitektur findet sich in allen Landesteilen

Schon bevor Zar Boris im 9. Jahrhundert das Christentum zur Staatsreligion erklärte, waren in Bulgarien frühchristliche Kirchen entstanden. Vom 9. Jahrhundert bis zum Beginn der türkischen Besatzung am Ende des 14. Jahrhunderts entstand eine erstaunlich große Anzahl an Klöstern und Basiliken, zunächst fast immer in der Nähe der wirtschaftlichen und kulturellen Zentren des Landes. Steinerne Zeugnisse aus den Jahrhunderten osmanischer Herrschaft sind verhältnismäßig wenige erhalten. Nach dem Befreiungskrieg gegen die Türken zerstörten die Bulgaren die meisten Moscheen und muslimischen Klöster, während sie viele von den Türken zerstörte Klöster in dieser Zeit wieder aufbauten. Dabei erhielten auch einige der berühmtesten und prächtigsten Klöster ihr heutiges Aussehen, beispielsweise das Rila-, das Bačkovo-, das Preobraženski- und das Trojan-Kloster.

In jener Epoche der Nationalen Wiedergeburt wurden viele ›Gedächtniskirchen‹ errichtet, aus Dank für die Befreiung und zum Gedenken an die Gefallenen. Die bekanntesten Beispiele sind die Kathedralen Maria Empfängnis in Varna und Aleksandăr Nevski in Sofija. Typisch für die Kirchen jener Zeit sind die mit Ikonen und Schnitzereien reich verzierte Seiten- und Altarwände.

Nur in Bulgarien, dort aber in großer Zahl und in vielen Varianten, gibt es die Bürgerhäuser im Wiedergeburtsstil. Das sind meist zweigeschossige, freistehende Wohnhäuser, die entfernt an Bauernhäuser im Schwarzwald oder in den Alpen erinnern. Es gibt sie in zahlreichen regionalen Varianten, mal schlichter, mal reicher verziert, manchmal mit einem steinernen, manchmal mit einem hölzernen Fundament. Typisch für diesen Architekturstil ist das überstehende Obergeschoß. Besonders schöne Exemplare dieser Häuser stehen unter anderem in Plovdiv, Nesebăr, Sozopol, Koprivštica, Kotel und Žeravna.

Kunst und Kunsthandwerk

Nach der Einführung des Christentums als Staatsreligion unter Zar Boris wuchs der kulturelle Einfluß von Byzanz. Zu dieser Zeit entstanden viele bedeutende Kunstwerke in Kirchen und Klöstern, insbesondere Ikonen und kirchliche Wandmalereien. Sehr einflußreich war die im 13. Jahrhundert gegründete Kunstschule in Tarnovo (heute Veliko Tărnovo). Einige ihrer herausragenden Malereien sind im Museum in der Kirche Bojana vor den Toren Sofijas zu sehen, die 1979 von der UNESCO zum Weltkulturerbe ernannt wurde.

Während der türkischen Besatzung vom 15. bis zum 19. Jahrhundert konnte sich die religiös inspirierte Kunst nur in geringem Umfang entfalten und weiter entwickeln, zumal auch kaum neue Kirchen und Klöster entstanden. Umso stärker blühte die Kunst während der Nationalen Wiedergeburt: Es schien, als habe sich all die über Jahrhunderte unterdrückte und aufgestaute Produktivität und Kreativität schlagartig entladen. Vielerorts entstanden neue Kunstschulen, Klöster und Kirchen wurden errichtet, zerstörte Bauwerke wieder aufgebaut. Gleichzeitig sah man sich einem Europa gegenüber, dessen Kunst in der fünf Jahrhunderte währenden Besatzungszeit weit fortgeschritten war. Einige bulgarische Künstler versuchten Anschluß zu gewinnen, indem sie aktuelle europäische Strömungen wie die Präraffaeliten oder Expressionisten, zum Beispiel durch Vladimir Dimitrov (1882–1960) hastig kopierten.

Neue Kunst in alten Mauern: Galerie Pantokrator in Nesebăr

Der prominenteste aus Bulgarien stammende Gegenwartskünstler ist Christo Vladimirov Javačev, besser bekannt als Christo. 1956, noch vor Ende seines Studiums an der Kunstakademie in Sofija, floh der 21-Jährige über Prag nach Wien. Seine ersten Arbeiten entstanden in Paris. Dort traf Christo auch seine Frau und künftige Partnerin Jeanne-Claude. Die wichtigsten Grundsätze ihrer aufwendigen Freiluft-Installationen sind Freiheit, Schönheit und zeitliche Begrenzung. Spätestens seit ihrer umstrittenen Verhüllung des Berliner Reichstags gehört das Paar zu den bekanntesten zeitgenössischen Künstlern der Welt.

Wie sehr die Befreiung von den Türken die Schaffenskraft der Bulgaren beflügelte, zeigt sich auch an der Vielzahl von Kunsthandwerkszentren und -schulen, die während der bulgarischen Renaissance entstanden sind oder ausgebaut wurden. Die Balkanstädte Gabrovo, Teteven und Trojan profilierten sich mit Keramikkunst, während die Dörfer Kotel und Čiprovci bei Sofija für ihre hochwertigen Teppiche bekannt wurden. Einige der Ikonenteppiche, wie sie beispielsweise in der Galater Schule in Kotel ausgestellt werden, sind so kunstfertig und komplex, daß man in ganz Bulgarien nur vier oder fünf Frauen findet, die einen solchen Teppich herzustellen vermögen. Nach dem kommunistischen Intermezzo, in dem Bulgarien mehr auf industrielle Produktion setzte, ist das Handwerk vor allem auf dem Land heute wieder sehr gefragt.

Literatur

Das Pathos der Nationalen Wiedergeburt ergriff auch die bulgarischen Poeten und Literaten: Zu seiner Zeit einer der bekanntesten war der Dichter und Revolutionär Christo Botev (1848–1876). Nach dem Sieg über die Türken galt es, die osmanische Besatzung aufzuarbeiten, die 500 Jahre gedauert hatte. So verwundert es nicht, daß Ivan Vazovs (1850–1922) Roman ›Unter dem Joch‹ (1889) heute noch zu den bekanntesten Werken der bulgarischen Literatur zählt. Es beschreibt Leben und Alltag in einer Kleinstadt während der April-Aufstände 1876. Ein weiterer bekannter Roman über jene Zeit ist ›Das Ziegenhorn‹ von Nikolai Haitov, das zweimal verfilmt wurde.

Auch einen Literaturnobelpreisträger hat Bulgarien hervorgebracht – zumindest verbrachte er am Donauhafen Rusčuk (heute Ruse), damals noch ein Tor zur Welt namens Europa seine frühen Jahre: Elias Canetti (1905–1994). Seine Erinnerungen an jene Kindheitserlebnisse verarbeitete er in ›Die gerettete Zunge. Geschichte einer Jugend‹.

Den Alltag während des Kommunismus und in den auf andere Weise nicht minder schwierigen Jahren danach haben mehrere deutschsprachige Autoren sehr eindringlich beleuchtet: Angelika Schrobsdorff (Jahrgang 1927), die mit ihrer

Mutter vor den Nazis nach Sofija geflohen war, kehrte während des Kommunismus und nach dessen Ende in ihre einstige Exil-Heimat zurück. Die Reiseberichte ›Grandhotel Bulgaria‹ und ›Die Reise nach Sofia‹ leben von ihren genauen Beobachtungen und amüsanten, bisweilen auch scharfzüngigen Bemerkungen der Autorin.

Eine ähnliche Reise unternimmt der in Sofija geborene Weltenbummler Ilija Trojanov (Jahrgang 1965), der aus Bulgarien nach Deutschland auswanderte. Nach der politischen Wende bereist er seine alte Heimat. ›Hundezeiten. Heimkehr in ein fremdes Land‹ befaßt sich vor allem mit den neuen Lebensbedingungen der Menschen nach 1989. Trojanov spürt die neuen Eliten auf, die zugleich die alten sind und sich auf Kosten einer betrogenen Mehrheit bereichern. Mit einfachen Erklärungen nach dem Muster ›die typischen Übergangsprobleme bei einem so fundamentalen Systemwechsel‹ gibt sich Trojanov nicht zufrieden, sein Bulgarienbild ist weitaus düsterer: Eine kriminelle Allianz aus Staatsapparat und Mafia, die wie in Symbiose voneinander profitieren, habe das Land ruiniert und tue dies immer noch.

Die neu gewonnene künstlerische Freiheit konnte die Literatur offensichtlich nicht beflügeln. Ähnlich wie beim Film schienen den Bulgaren nach der Wende die Worte abhanden gekommen zu sein. Während sich im 19. und frühen 20. Jahrhundert noch beinahe jeder, der schreiben konnte, dazu berufen fühlte, das türkische Joch zu beklagen, lockte die Erinnerung an die Zeit der kommunistischen Herrschaft niemanden mehr an die Schreibmaschine. Vielleicht liegt es daran, daß die meisten Menschen – also jene, die weder zur Mafia noch zu den neuen Eliten gehörten – alle Hände voll mit den Alltagsmühen zu tun hatten.

Nach 1989 erschienen einige während des Kommunismus verbotene Werke, aber neue Literatur war kaum in Sicht, und wenn, stammte sie zumeist von Bulgaren, die ihre Heimat verlassenen hatten und aus sicherer Distanz einen kritischen Blick zurück wagten. Der unter den Kommunisten verbotene Roman ›Der gehäutete Hund‹ gelangte sogar zu Ruhm: Christo Saprjanov erhielt dafür 1992 den Nationalen Literaturpreis. Das Buch erzählt von einem bulgarischen Lehrer, der sich in Russland Geld mit Straßenbau verdient, um seinem Sohn eine dringende Augenoperation finanzieren zu können. Doch die trostlosen Bedingungen in Rußland lassen ihn genauso abstumpfen wie seine Umwelt. Exilliteratur scheint symptomatisch für dieses ungastliche Land mit seinen oft so gastfreundlichen Bewohnern. Die 1950 geborene Rumjana Zacharieva, aus ›privaten Gründen‹ nach Deutschland ausgewandert, vergleicht in ihrem Roman ›Das Bärenfell‹ die zwei Arten der Fremdheit; jene in ihrer alten, und jene in ihrer neuen Heimat.

In Österreich sehr erfolgreich war jüngst Dimitre Dinev mit ›Engelszungen‹ (2003), einem Roman über zwei Bulgaren, die – wie der Autor – ihr Glück in Wien versuchen. Sein Blick zurück wirkt auf den Leser höchst amüsant, bisweilen sarkastisch. Dinev scheint einen Schlüssel gefunden zu haben, sich der finsteren Vergangenheit zu nähern, ohne in Bitterkeit zu versinken. Durch ›Engelszungen‹ schimmert etwas, das den meisten Bulgaren abhanden gekommen scheint: Hoffnung.

Film

Noch unbekannter als das Reiseland Bulgarien ist das Filmland Bulgarien. Nur selten gelangen bulgarische Filme in westliche Kinos, zumeist nur auf internationalen Filmfestivals mit Osteuropa- oder Balkanschwerpunkt. Bulgarische Filme hatten es nie wirklich leicht: Während des Kommunismus engagierte sich die Zensurbehörde als Spaßbremse, obwohl der Staat andererseits Filmproduktionen nach Kräften förderte – sofern sie ideologisch korrekt oder wenigstens unbedenklich waren. Im post-kommunistischen, neokapitalistischen Bulgarien fehlte das Geld für Filme. Der Staat war pleite, und an privat finanzierte Filme mit Marktpotential war keine Sekunde zu denken. In kurzer Zeit hatte die übermächtige Konkurrenz aus dem Westen den bulgarischen Filmmarkt erobert. In den bulgarischen Kinos sind heute weitgehend dieselben Filme zusehen wie überall – mit dem Unterschied, daß einheimische Produktionen noch wesentlich seltener zu sehen sind als beispielsweise in Deutschland oder Österreich. Seit 2001 unterstützt die Europäische Union jährlich verschiedene Filmproduktionen der Beitrittskandidaten, darunter Bulgarien, mit Förderungsgeldern.

Seine aktivste Phase hatte der bulgarische Film in den 60er und 70er Jahren. Die Themen waren meist klassisch sozialistisch, aber nicht zwangsläufig propagandistisch. Typisch waren Kritik an der Konsumgier wie in ›Elfenreigen‹ (Samodivsko horo, 1976), ein Film von Ivan Adonov über das Desinteresse der Menschen an Kunst zu Gunsten von Gebrauchsgütern. Erst mit dem Bild einer nackten Frau, die einer Dorfbewohnerin ähnelt, erweckt er Aufsehen. Ein anderes beliebtes Thema war die schwere Last des Gewissens, an der gute Menschen oft zu Grunde gehen, wie in Vulo Radevs ›Schwarze Engel‹ (Černite angeli, 1970), der von einer Gruppe junger Kommunisten handelt, die während des Zweiten Weltkriegs bulgarische Faschisten töten sollen. Ihre Skrupel verleiten sie zu Fehlern, für die sie selbst mit dem Leben bezahlen. Auch das alte Türkentrauma kam nicht zu kurz. Andonov Metodis ›Das Ziegenhorn‹ (Kozijat rog, 1972) ist eine Verfilmung von Nikolai Haitovs gleichnamigem Roman über eine junge Frau im 17. Jahrhundert, die mit ansehen muß, wie Türken ihre Mutter töten. Ihr Vater bildet sie aus, um eines Tages den Mord zu rächen. Aber ihre Liebe ist stärker als ihr Haß. Und so kommt es zur Katastrophe, als sie sich ausgerechnet in einen türkischen Hirten verliebt. 1994 drehte Nikolai Volev ein schrilles Remake.

Den besten Eindruck vom State of the Art des zeitgenössischen bulgarischen Kinos bekommt man jährlich im März beim ›Internationalen Filmfest Sofija‹. Zu den interessantesten Beiträgen der letzten Jahre gehören Rumjana Petkovas ›Unsere anderen möglichen Leben‹ (2004) und Ljudmil Todorovs ›Emigranten‹ (2002). Petkovas Film erinnert ein wenig an Margarethe von Trottas Ost-West-Film ›Das Versprechen‹, bei dem die Berliner Mauer eine Liebe zerstört. ›Unsere anderen möglichen Leben‹ erzählt vom Wiedersehen zweier Menschen, die einst eine Jugendliebe verband. Nach langer Trennung begegnen sich die beiden im post-kommunistischen Bulgarien wieder. Die gesellschaftlichen und wirtschaftlichen Veränderungen in Bulgarien haben die beiden jedoch weit von ihren ursprünglichen Lebensentwürfen entfernt. Wie viel Platz bleibt da noch für alte Gefühle? Eine Geschichte über den Platz der Liebe im Leben, schwere Entscheidungen und das ›Wo stünde ich heute, wenn ich mich damals anders entschieden hätte?‹

Die Tragik-Komödie ›Emigranten‹ greift die Orientierungslosigkeit und Perspektivlosigkeit vieler junger Menschen im heutigen Bulgarien auf: Drei Freunde, die sich mit Mühe und Not über Wasser halten, beschließen eines Tages zu emigrieren. Aber anstatt auszuwandern, gelingt ihnen nur die innere Emigration.

Musik

Hirten-Folklore und orthodoxe Kirchengesänge – das wären wohl typische Antworten, wenn man Bewohner in den Popmusikländern fragen würde, was ihnen zum Thema ›Musik aus Bulgarien‹ einfällt. Die Antworten sind zwar nicht wirklich falsch, aber sie geben wie viele Klischees natürlich nur einen Ausschnitt wieder. Der dünn besiedelte, sehr ländlich und religiös geprägte und lange Zeit von westlichen Einflüssen abgeschottete Balkanstaat Bulgarien ist in der Tat immer noch sehr stark in seinen musikalischen Traditionen verankert. Die Gaida, eine Variante des Dudelsacks, die Gadulka, ein Vorläufer der Violine, und der Kaval, eine Hirtenflöte gehören heute noch zu den dominanten Instrumenten in vielen Regionen Bulgariens. Die Kirchenmusik wird von Chören dominiert. Berühmt wurde der Frauenchor ›Le Mystère des Voix Bulgares‹, deren erste CD es in vielen Ländern in die Weltmusik-Charts schaffte. Der berühmteste bulgarische Musiker gehört allerdings dem Reich der (griechischen) Mythologie an: Es ist der Sänger Orpheus, den die Legende in den Rhodopen beheimatet.

Bis in die 30er Jahre des 20. Jahrhunderts spielte die Musik eine bedeutende Rolle im Landleben. Sie war eine der wenigen Ablenkungen vom harten Alltag. Während die Frauen sangen, weil ihre Hände meist beschäftigt waren, konnten die männlichen Hirten beim Hüten der Schafe und Ziegen problemlos ein Instrument spielen. Die bulgarische Renaissance nach dem Ende der osmanischen Herrschaft fand auch im Wiederaufblühen der Musik ihren Ausdruck: In vielen Städten gründete man Chöre und Ensembles, vereinzelt auch Orchester; 1890 eröffnete in Sofija die Nationaloper. Während des Kommunismus wurde besonders die intellektuelle und disziplinierte klassische Musik gefördert, die als fortschrittlicher angesehen wurde. Zu den wichtigsten Vertretern der modernen klassischen Musik zählen die Komponisten Dimitar Nenov (1901–1953), Petko Stajnov (1896–1977) und Pančo Vladigerov (1899–1978).

Ankündigung für das berühmte Jazzfestival in Bansko

Obgleich der Jazz von den spießigen Kommunisten gerne mit dem Klassenfeind in Verbindung gebracht wurde, brachte Bulgarien einige innovative Jazzmusiker hervor. Das Besondere des bulgarischen Jazz ist seine starke Verwurzelung in der Volksmusik. Der 1970 in die USA emigrierte Pianist Milcho Leviev (Jahrgang 1937) bereicherte etwa den amerikanischen Jazz mit folkloristischen Elementen seiner Heimat, die Musik von Ivo Papazov (Jahrgang 1952) ist von Zigeunermusik inspiriert. Wer die blecherne Hochzeitsmusik der Zigeunerkapellen (Bras) mag, findet in Bulgarien ähnlich wie in Rumänien und Serbien-Mazedonien eine große Auswahl interessanter Bands. Eines der charismatischsten Ensembles ist Karandila, deren Aufnahmen das kleine, aber sehr feine Label ›Kuker Music‹ in Sofija verlegt.

Brauchtum und Tradition

Die Bulgaren sind ein pragmatisches Volk. Wenn das Leben schon vom Alltag dominiert wird, so soll dieser wenigstens so schön und abwechslungsreich wie möglich gestaltet werden: Feste, Musik und Tänze gehören genauso dazu wie die kunstvolle Gestaltung der Häuser und die Wohnräume mit handgefertigten Teppichen, geschnitzten Türrahmen und edlen Keramikkrügen. Das Leben in den Städten sieht heute ganz anders aus, aber die Verbindung zu den Dörfern, in denen sich

Frauen im Rilagebirge in typischer Tracht

die Traditionen erhalten haben, ist nie abgebrochen. Trotz des starken Einflusses der christlich-orthodoxen Kirche sind viele Feste und Bräuche heidnischen Ursprungs, zum Beispiel das karnevalsähnliche Kukeri-Fest oder der Neujahrsbrauch Survakane. Tausende mit dem Brauchtum verbundene Riten haben Ethnographen gezählt, dazu über 70 000 Volkslieder.

Brauchtümer, Trachten und Feste haben ihre regionalen Varianten, manche gibt es nur in einigen wenigen Orten. Die Feuertänze (Nestinari), bei dem die Tänzer sich barfuß über glühende Kohlen bewegen, sind einigen wenigen Dörfern im Gebiet Strandža vorbehalten. Das größte regionale Ereignis sind die Nationalen Folkloretage in Koprivštica. Das Fest, bei dem über dreitausend Tänzer auftreten, wird alle fünf Jahre im August gefeiert.

Die wichtigsten Feiertage sind die christlich-orthodoxen Feste Ostern und Weihnachten sowie das heidnisch inspirierte Neujahrsfest, das sich aus einer ganzen Reihe verschiedener Bräuche zusammensetzt: Survakane, bei dem Kinder nachts mit einem geschmückten Zweig von Haus zu Haus ziehen und Glück und

Im Nationalpark Sinite Kamani
Blick auf das Piringebirge; Sandsteinfelsen bei Melnik

Gesundheit wünschen, erinnert an unsere Sternsinger; beim Brauch des Ringdeutens (Laduvane) tanzen Mädchen des Nachts um einen Kessel voll Quellwasser und deuten mit ihren an einen Blumen- oder Kräuterstrauß gebundenen Ringen die Zukunft.

An unseren Karneval erinnern die Maskenumzüge (Kukeri), die den Winter vertreiben sollen. Maske und Kostüm sind vom Träger handgefertigt. Häufige Bestandteile der aufwendigen und individuell ganz verschiedenen Verkleidungen sind Federn, Fransen und Felle. Nur in Bulgarien ist das Fest Martenica verbreitet, bei dem rote und weiße Wollfäden (Martenici) oder Stoffstücke verschenkt oder verstreut werden. Dieser Brauch, der am 1. März gefeiert wird, geht auf die Thraker zurück. Er soll Gesundheit und Fruchtbarkeit bringen.

Sport

Wie fast überall in Europa ist Fußball die Nummer Eins unter den Sportarten. In der ersten Liga (Visša Liga) spielen 14 Teams, darunter vier aus der Hauptstadt. Den Titel holten sich in den letzten drei Saisons ZSKA Sofija (2002/03) und Levski Sofija (2001/02 und 2000/01). Die bulgarischen Nationalspieler sind größtenteils Legionäre – viele von ihnen spielen und spielten in der deutschen Bundesliga, darunter die legendären Krasimir Balakov (VfB Stuttgart) und Jordan Letchkov (HSV), der in Bulgarien so berühmt ist, daß er auf Anhieb parteiloser Bürgermeister der Stadt Sliven wurde. In der Bundesliga spielten in der Saison 2003/04 unter anderem Dimitar Berbatov (Bayer Leverkusen), Martin Petrov (VfL Wolfsburg), Daniel Borimirov (1860 München) und Marian Hristov (1. FC Kaiserslautern). Größter Erfolg des Fußballnationalteams war ein 4. Platz bei der Weltmeisterschaft 1994 in den USA.

Einer der international erfolgreichsten Sportler ist der ehemalige Ringer Valentin Jordanov, der 1996 in Atlanta olympisches Gold gewann, außerdem in seiner Gewichtsklasse jeweils sieben Mal Welt- und Europameister wurde. Bei den letzten Olympischen Spielen taten sich die bulgarischen Athleten vor allem im Kraftsport hervor, der eine starke traditionelle Verwurzelung hat: Besonders Ringen, Gewichtheben und Boxen. Ferner verbuchte das Land Erfolge im Rudern – auch in den Kanu- und Kajakwettbewerben – und Schießen sowie in den klassischen sowjetischen Sportarten wie Gerätturnen und Sportgymnastik. Bei den Olympischen Winterspielen 1998 im japanischen Nagano, erreichte Ekaterina Dafovs-

Schwarzes Meer bei Sozopol; Hütte im Piringebirge
In Sozopol

ka eine Goldmedaille im 15-Kilometer-Biathlon. Im Beachvolleyball haben sich die in den USA lebenden Schwestern Lina und Petia Yanchulova (Jahrgang 1975 und 1978) hervorgetan. Als einzige bulgarische Mannschaft überhaupt hatten sie sich für die Olympischen Spiele 2002 in Sydney qualifiziert. Indes bemüht sich der Bulgarische Volleyballverband, die Schwarzmeerküste mit ihren zahlreichen Sandstränden als Austragungsort Internationaler Tuniere zu promoten.

Eine interessante Anekdote über die Rolle der Sportler während des Kommunismus berichtet Ilija Trojanov in seinem Buch ›Hundezeiten‹: Anfang der 50er Jahre ließen sich zahlreiche Athleten von einem korrupten Sportminister zum Schmuggel einspannen. Als die Machenschaften 1953 publik wurden, ›wurden massenhaft Sportler verhaftet, darunter die halbe Fußballmannschaft von Levski Sofija sowie Gewichtheber, Boxer, Ringer und Leichtathleten.‹ Im April 2003 machten vier Schiedsrichter der ersten bulgarischen Fußballliga von sich reden: Wie das Sportblatt ›kicker‹ berichtete, wurden die Unparteiischen von der Bulgarischen Fußball-Union (BFU) ›wegen schlechter Leistung‹ gesperrt.

Essen und Trinken

Bulgarien ist traditionell ein Agrarland. Und so verwundert es nicht, daß die Eßgewohnheiten deutlich saisonal beeinflußt sind. So ist frisches Obst und Gemüse aus der bulgarischen Küche nicht wegzudenken. Der Klassiker schlechthin ist der Šopska-Salat, dessen Hauptbestandteile frische Tomaten, Gurken und Schafskäse sind. Man reicht dazu frisches Brot aus dem Backofen und dünn geschnittene, luftgetrocknete Wurst oder verschiedene Käsesorten. Man merkt sofort, daß der Werbeslogan ›Die Tomate schmeckt wirklich nach Tomate‹ einen erstaunlich hohen Wahrheitsgehalt hat. Zum Salat als Vorspeise wird in der Regel Schnaps als Aperitif gereicht, zumeist Obstschnaps.

Bulgarien befindet sich in einer Klimazone, in der die vier Jahreszeiten sehr ausgeprägt sind. Was als Hauptgericht auf den Mittagstisch kommt, wird stark von der Jahreszeit bestimmt. Im Frühling wird Lamm bevorzugt – gegrillt oder gesotten –, im Sommer eher leichteres Fleisch, hauptsächlich Kalb- und Hühnerfleisch, aber auch viel Vegetarisches. Im späten Herbst und während des ganzen Winters ißt man gern Schweinefleisch in allen Varianten. Oft werden die frischen Zutaten in der kalten Jahreszeit durch Eingelegtes ersetzt, etwa saure Gurken. Die Tradition verbietet es, Fisch in den Monaten zu konsumieren, die nicht den Buchstaben R beinhalten.

Als Beilage empfiehlt es sich, Kartoffeln zu wählen. Die schmecken gut und sind bis zum richtigen Punkt gargekocht, was bei Reis oder Nudeln meist stark übertrieben wird. Zum Hauptgericht wird in der Regel Wein getrunken.

Auch Milcherzeugnisse sind fester Bestandteil der bulgarischen Küche. Der bulgarische Joghurt ist weltweit bekannt, weißer Schafskäse ist auf jeder bulgarischen Tafel zu finden, ob in Salaten oder als Füllung für die Blätterteige.

Der Balkan verbindet Orient und Okzident. Daher haben sowohl mitteleuropäische Traditionen als auch Gewürze und Rezepte aus dem Orient Einzug in die bulgarische Küche gefunden.

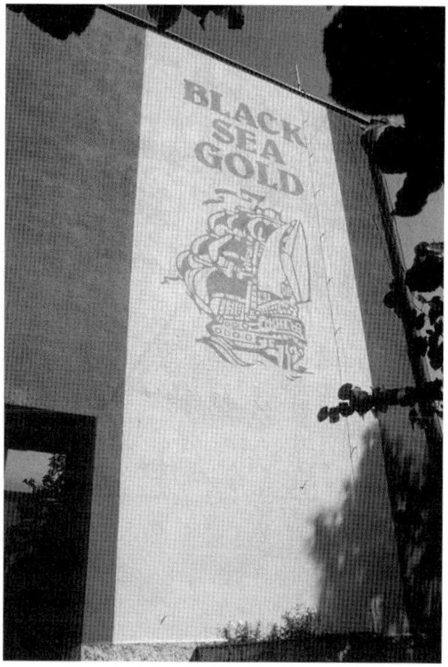

Die berühmte Wein- und Brandyfabrik bei Pomorie

Spezialität der bulgarischen Küche ist es, schwere Speisen leichter verdaulich zu machen. So werden die Fleischgerichte mit Beilagen, das Gemüseallerlei mit Fleischstückchen, das im Backofen im Tontopf gebacken wird, die fetten Bratenarten und die pikanten bis scharfen Kebabs (ein Wort arabischen Ursprungs) mit Zutaten und Gewürzen wie Petersilie, Dill, Krauseminze, Bohnenkraut (Pfefferkraut) bekömmlicher, auch Waldkräuter fehlen nicht. Die Hausmacherwürste Nadenica, Sudšuk, Lukanka, Tumbe, Bachur, Blutwurst, Sušenica Babek viele andere mehr – die meisten davon als Dauerwürste zubereitet – gelten als Delikatessen.

Zum Nachtisch gibt es Pfannkuchen mit Honig und Walnüssen oder die beliebte Backware Banica, unter türkischem Namen als Bjurek bekannt. Das ist ein Blätterteig, der mit Schafskäse und manchmal auch mit Schokolade gefüllt ist.

In fast allen Restaurants ist das Standardangebot zu finden: Salate, gegrilltes Fleisch, Spieße mit Beilagen. Alles ist einfach zubereitet. Dazu wird in der Regel Wein oder Bier serviert.

In den letzten Jahren ist die Qualität des Weins deutlich besser geworden. Burgas, Pomori und Varna sind die drei Hauptzentren des bulgarischen Weinanbaus. Im Norden des Landes werden vorwiegend Weißweine gekeltert, im Süden dominiert der Rotwein. Leichter Weißer, der Misket (Muskatel), kommt aus dem Rosental, schwerer Roter aus Melnik. Reine Dessertweine hingegen sind der Mavrud aus Asenovgrad und der Misket Slavjanska.

Essengehen ist in Bulgarien äußerst preiswert – rund drei Euro pro Person –, solange man sich von neu eröffneten In-Kneipen fernhält, die in den Großstädten

Heimische Produkte auf dem Frauenmarkt in Sofia

gerade großen Zulauf finden. Doch selbst dort gibt man für deutsche Verhältnisse wenig aus, meist nicht mehr als 15 Euro inklusive Getränke für zwei Personen.

Daneben gibt es kleine Wirtshäuser (chan, chance), die in rustikalem Ambiente auch einfache Speisen (Gegrilltes) anbieten, die meist ausgesprochen lecker schmecken. Selbstbedienungsrestaurants (ekspres restorant) ersparen dem Gast zwar den Kampf mit der Speisekarte in kyrillischen Lettern, bieten aber selten einen erfreulichen Standard. Reguläre Kneipen (Mechana) werden oft nur zum Trinken aufgesucht, in den traditionellen Cafés (Sladkarnica) werden verschiedene Kaffees sowie Back- und Süßwaren serviert. In allen großen Hotels gibt es zudem Restaurants mit internationaler Küche.

Kleiner kulinarischer Führer

Tarator: Kaltsuppe aus gequirltem Joghurt mit fein geschnittenen Gurkenstückchen, gemahlenen Walnüssen, die mit Dill, Knoblauch, Weinessig und Öl gewürzt ist.

Šopska-Salat: Salat aus frischen geschnittenen Gurken und Tomaten, feingeschnittenen Zwiebeln, gerösteten roten Paprikaschoten und geriebenem Schafskäse.

Kavarma: Hammel- oder Schweinefleisch, das mit Gemüse im Tontopf zubereitet wird.

Čomlek: Lammfleisch mit weißen Bohnen im Tontopf.

Musaka: Auflauf aus Hackfleisch mit Kartoffelstückchen und Auberginen, der im Backofen zubereitet wird.

Kebabčeta: Handgeformte längliche Hackfleischröllchen, die vor allem mit Kreuzkümmel gewürzt sind.

Banica: Blätterteig mit unterschiedlichen Füllungen.

Bansko Kapama: Eintopf mit Fleisch und Gemüse.

Dobroudjanska: Suppe aus Donaufischen und Miesmuscheln.

Pasti: Verschiedene sehr süße Kuchen.

Rezepte

Šopska-Salat

Zutaten:
3 bis 4 Tomaten, 1 grüne Gurke,
3 bis 4 Pfefferschoten, eine Zwiebel,
150 g geriebener Schafskäse,
Petersilie, Essig,
Sonnenblumenöl und Salz.

Alles wird in kleine Stücke geschnitten, mit Salz, Öl und Essig angemacht und dann mit fein gehackter Petersilie bestreut. Vor dem Verzehr wird der Schafskäse über den Salat gestreut.

Bohnensuppe nach Mönchsart

Zutaten:
200 g weiße Bohnen, 2 bis 3 Karotten,
1/2 Sellerie, eine Zwiebel, 1 bis 2 Tomaten,
1 bis 2 Pfefferschoten, 1 bis 2 Paprika nach Wahl,
Petersilie, Minze, Sonnenblumenöl, Salz.

Die Bohnen für 3 bis 4 Stunden in kaltes Wasser einlegen. In der Zwischenzeit die Karotten, Paprika, Zwiebeln und den Sellerie kleinhacken, die Tomaten zerreiben. Das Wasser abgießen und durch frisches Wasser ersetzen, die Bohnen in einem Tontopf zum Kochen bringen und das Öl, die fein gehackten Karotten, die Zwiebeln und den Sellerie dazuzufügen. Die geschnittenen Pfefferschoten werden später hinzugegeben. Die zerriebenen Tomaten und die Minze kommen hinein, wenn die Bohnen weich gekocht sind. Dann wird die Suppe mit Salz abgeschmeckt und weitere 15 bis 20 Minuten gekocht. Das fertige Gericht mit fein gehackter Petersilie garnieren.

Banica mit Spinatfüllung

Zutaten:
1 kg Mehl, 1 kg Spinat,
300 g weißer Käse in Salzlake (›Sirene‹),
1 1/2 Tassen Joghurt, 200 g Butter,
1 Löffel Sonnenblumenöl,
1 Löffel Essig, Salz.

Spinat waschen, kleinhacken und in der Butter kochen. Nach dem Abkühlen den zerkrümelten Käse und den Joghurt unterrühren. Aus Mehl, Öl, Essig, Salz und Wasser einen Teig rühren und ihn kneten, bis er hart wird. Den Teig in fünf Stücke ausrollen. Eine Backform mit Butter einreiben und das erste Teigstück hineinlegen, darauf eine erste Schicht der Spinatfüllung streichen. Diese mit einer Lage Teig abdecken, die wiederum mit der Füllung bestrichen wird. Den Vorgang wiederholen, bis die Form gefüllt ist. Als abschließende Lage kommt die letzte Teigschicht obenauf. Diese mit geschmolzener Butter begießen. Die Form nun in einen vorgeheizten Backofen stellen und das Gericht bei mäßiger Hitze fertigbacken.

Kavarma

Zutaten:
800 g Schweinefleisch, 500 g Kalbsleber,
5 Pfefferschoten, 4 bis 5 Zwiebeln, 1 bis 2 Tomaten,
ein Tasse Pilze, 1/3 Tasse Weißwein,
Bohnenkraut, Paprika, Pfeffer, Petersilie,
eine halbe Tasse Schweineschmalz
oder Sonnenblumenöl, Salz.

Leber gar kochen und diese in kleine Würfel schneiden. Das Fleisch in kleine Stücke schneiden und es in Öl oder Schmalz und in etwas Wasser anbraten. Die Zwiebeln hinzufügen. Wenn diese glasig geworden sind, die gekochte und gewürfelte Leber, dann die kleingeschnittenen Pilze, Pfeffer, Tomaten, Paprika, Bohnenkraut, Wein, Salz und etwas warmes Wasser hinzugeben. Alles umrühren, die Masse in eine hitzebeständige Schüssel füllen und alles in Backofen bei großer Hitze backen. Nach dem Backen mit fein gehackter frischer Petersilie garnieren.

Kebabčeta

Zutaten:
1 kg Hackfleisch (60% Schweinefleisch und 40% Kalbfleisch),
2 Zwiebeln, je einen halben Teelöffel Kümmel und Pfeffer,
etwas Salz.

Fleisch salzen und 1 bis 2 Stunden kaltstellen, die Zwiebeln kleinschneiden. Das Fleisch mit Kümmel und Pfeffer würzen, die fein gehackten Zwiebeln und etwas Wasser hinzugeben. Fleisch weitere zwei Stunden ziehen lassen. Fleischmasse zu rechteckig länglichen Frikadellen formen und braten. Die durchgebratenen Frikadellen heiß mit Gemüsen servieren.

Bulgarische Hirtensuppe

Eine außergewöhnliche Suppe, beliebt auf allen Parties. Der Clou ist die ›Soße‹ in der Suppe.

Zutaten:
2 große Zwiebeln, 2 EL Öl,
250g Rinderhack,
2 EL Tomatenmark,
1 EL Paprikapulver, 2 Gewürzgurken,
4 EL Sauerkraut, Kümmelpulver,
Salz, Pfeffer, 1 Liter Instantbrühe,
1 gepreßte Knoblauchzehe,
1 Eigelb, 1 TL scharfer Senf,
2 EL Mayonnaise,
tiefgefrorene Kräuter (Petersilie/Schnittlauch).

Zwiebeln würfeln, in Öl andünsten. Rinderhack, Tomatenmark, Paprikapulver, kleingewürfelte Gewürzgurken, Sauerkraut, Kümmelpulver, Salz und Pfeffer dazugeben, kräftig anbraten. Mit Instantbrühe auffüllen, 20 Minuten kochen lassen.

Soße:
Knoblauchzehe, Eigelb, Senf, Mayonnaise und die Kräuter miteinander verrühren. Kalt zur Suppe reichen. 1 TL Soße pro Suppentasse in die heiße Suppe geben und vermischen. Dazu Weißbrot reichen.

Bulgarische Kräuterspieße (für 4 Spieße)

Zutaten:
300 g Hackfleisch (Lamm und Schwein),
1 Ei, 1 EL Semmelbrösel,
2 Zwiebeln, 1 Knoblauchzehe,
2 TL edelsüßer Paprika,
Salz, Pfeffer, 1 rote Paprikaschote,
150 g braune Champignons,
8 Blätter Zitronenmelisse,
8 Stiele Kerbel, 8 Blätter Pimpinelle,
4 Blätter frischer Thymian, Speiseöl.

Das Hackfleisch mit dem Ei und den Semmelbröseln vermengen. Eine Zwiebel und die Knoblauchzehe schälen, fein würfeln und zur Fleischmasse geben. Masse gut vermischen und mit Paprika, Salz und Pfeffer würzen. Mit angefeuchteten Händen etwa 16 Bällchen formen.

Die Paprikaschoten halbieren, entstielen, entkernen, die weißen Scheidewände entfernen. Dann Schoten waschen, achteln und nochmals halbieren. Champignons putzen, waschen, abtropfen lassen und vierteln. Die zweite Zwiebel schälen, achteln und nochmals halbieren, die Kräuter waschen und trocken tupfen.

Die Fleischbällchen abwechselnd mit den Paprika-, Pilz-, und Zwiebelstücken sowie den Kräutern auf die Spieße stecken. Mit etwas Öl bestreichen und auf dem heißen Grill von jeder Seite etwa zehn Minuten grillen.

Gjuveč

Zutaten:
500 g Schweinerippchen oder -Kamm,
8 Kartoffeln, 4 kleinere oder 2 große Paprikaschoten,
2 große Zwiebeln, 6 Tomaten,
2 kleine Zucchini, 1 Aubergine,
wenn vorhanden Reste von grünen Bohnen und/oder Erbsen,
Gemüseeibisch, Petersilie, Salz, Pfeffer, Paprika, Öl.

Fleisch in Portionen schneiden, mit Zwiebeln und Gewürzen kurz in heißem Öl anbraten. Wenig Wasser auffüllen und fast gar dünsten. Kleingeschnittenes Gemüse hinzufügen und – wenn nötig – noch etwas warmes Wasser. Sobald die Kartoffeln fast gar sind, das Ganze in eine Form geben, mit kleingeschnittener Petersilie bestreuen und in der Röhre goldbraun überbacken.

Bulgarien im Überblick

Ländername: Republik Bulgarien (Republika Bălgarija)
Nationaltag: 3. März (Tag der Befreiung von der türkischen Herrschaft 1878, Friede von San Stefano)
Fläche: ca. 110 000 Quadratkilometer (zum Vergleich: Deutschland 355 000, Österreich 84 000, Schweiz 41 000 Quadratkilometer)
Küstenlänge (Schwarzes Meer): ca. 380 Kilometer
Verwaltung: Neun Regionen: Stadt Sofija, Region Sofija, Region Plovdiv, Region Chaskovo, Region Burgas, Region Varna, Region Ruse, Region Loveč, Region Montana.
Größte Städte: Sofija (ca. 1,1 Millionen Einwohner), Plovdiv (ca. 370 000), Varna (ca. 310 000), Burgas (ca. 190 000), Ruse (ca. 160 000)
Bevölkerung: ca. 8 Millionen Einwohner; 85 Prozent Bulgaren, 10 Prozent Türken, 3,4 Prozent Roma, 1,6 Prozent Russen, Armenier und andere
Religionen: ca. 85 % orthodoxe Christen, ca. 13 % Muslime
Bevölkerungsdichte: ca. 74 Einwohner pro Quadratkilometer
Landessprachen: Bulgarisch (Amtssprache), Türkisch und Romani
Klima: Warme Sommer und relativ kalte Winter
Lage: Auf der Osthälfte der Balkanhalbinsel an der Nahtstelle Europas und Asiens
Landschaftszonen: Nordbulgarische Platte südlich der Donau, Balkangebirge, Mittelbulgarisches Becken, Thrakische Gebirgskette im Süden
Geschützte Gebiete: ca. 4,5 % der Landesfläche
Landesgrenzen: ca. 2200 Kilometer
Grenzstaaten: Griechenland ca. 500 Kilometer, ehemalige jugoslawische Republik Mazedonien ca. 150 Kilometer, Rumänien ca. 610 Kilometer, Serbien und Montenegro ca. 320 Kilometer (Serbien), Türkei ca. 240 Kilometer; Küste ca. 380 Kilometer
Währung: Lev (Plural: Leva). 1 Lev = 100 Stótinki; Wechselkurs im Frühjahr 2004: 1 Lev = 0,51 Euro, 1 Euro = 1,96 Lev.
Wirtschaft (Daten von 2003, z. T. 2002): Bruttosozialprodukt 12,4 Mrd. US$, Wachstumsrate des BIP 5,8 %, BSP/Kopf 1520 US$; Anteile am BIP: Landwirtschaft 15 %, Industrie 28 %, Dienstleistungen 57 %, Forschungs- und Entwicklungsausgaben (am BIP): 0,57 %, Arbeitslosenquote: ca. 17 %, Inflationsrate: 7,5 %
Landwirtschaft, Rohstoffe, Industrie: Nutzfläche ca. 40 %. Anbau: Weizen, Mais, Gerste, Wein, Kartoffeln, Tabak, Waldfläche ca. 34 %
Wichtige Industriezweige: Nahrungsmittelherstellung, Metallverarbeitung, chemische Industrie und Maschinenbau, Rohstoffe: Erdöl, Kohle, Eisen, Kupfer, Mangan, Blei und Zink
Verkehr: Schienennetz 4290 Kilometer, Straßennetz 37 000 Kilometer, ca. 266 KFZ/1000 Einw. Internationale Flughäfen: Sofija, Varna, Burgas
Binnenschifffahrt: Auf der Donau auf 470 Kilometern, wichtigste Häfen: Vidin, Lom, Ruse, Silistra.

Reisen in Bulgarien

Der Fremdenverkehr in Bulgarien ist im Aufschwung. Innerhalb des Dienstleistungssektors weist der Tourismus seit Jahren die größten Zuwachsraten auf. Von 1996 bis 2000 haben sich die Einnahmen mehr als verdoppelt. Im Jahr 2001 kamen rund 2,785 Millionen Besucher, im darauffolgenden Jahr steigerten sich die Besucherzahlen nochmals enorm. 2001 machten die Erlöse aus dem Tourismus mit 1,074 Milliarden US-Dollar gut 15 Pozent aller Exporterlöse aus.

Am beliebtesten bei den Besuchern ist die Schwarzmeerküste. Wie populär und gut besucht sie ist, kann man unter anderem daran erkennen, daß vom Frühjahr bis zum Herbst durchgängig Last-Minute-Flüge nach Burgas und Varna angeboten werden. Der Urlaub dort gehört zu den günstigsten unter den europäischen Konkurrenten. Pauschal können eine oder zwei Wochen mit Vollpension gebucht werden – so werden all die riesigen Hotelanlagen wieder mit Gästen gefüllt, die schon zu kommunistischen Zeiten beliebtes Urlaubsziel waren. Die Gäste kamen aus der ehemaligen DDR oder aus Rußland, Tschechien und Polen. Hunderttausende – nun auch aus den westeuropäischen Staaten und besonders aus ganz Deutschland – bevölkern auch heute die großen Hotelkomplexe und die Strände.

Nur einige dieser großen Hotelanlagen sind hinreichend renoviert worden. Im touristischen Sektor, der sich mitten im Transformationsprozess befindet, konnte man nach der Zerschlagung der staatlichen Institutionen noch längst nicht alle Lücken schließen. Öffentliche Informationsstellen sucht man daher oft vergeblich. Und nicht überall haben private Anbieter, die effektiv arbeiten, ihren Platz eingenommen. In der Zwischenzeit fungiert mal die Hotelrezeption, mal ein Restaurant, mal ein Kioskbetreiber oder der Museumswärter als Informationsstelle.

Viele Küstenorte warten mit einem Entertainmentprogramm auf, das Ibiza Konkurrenz machen könnte. In Bars, die bis in die Morgenstunden geöffnet haben, werden Caipirinhas und Vodka-Redbull serviert. Es gibt Themenparks, Popkonzerte im Open-Air-Theater, Klassikaufführungen, Diskotheken, Livedarbietungen von Rockkonzerten bis zu Ballettaufführungen, dazu Techno-Hallen, internationale Musik- und Filmfestivals – der Urlauber hat die Wahl.

Im Hotelkomplex alter Schule herrscht dafür als Kontrastprogramm beim Frühstück oft militärische Disziplin. Hier scheint die Zeit stehen geblieben zu sein: Mit der Dienstleistungsmentalität der kommunistischen Ära schlägt die Kaffeetasse hart vor dem Gast auf dem Frühstückstisch auf. Das hat für manche einen ganz eigenen Charme.

Für die, die den Massentourismus an der Küste nicht mögen, haben sich junge ambitionierte Reiseveranstalter in Bulgarien aufgemacht, Reisen in die Teile des

Landes zu organisieren, die bisher nur von Natur- und Wanderliebhabern besucht wurden. So bietet in Sofija die Agentur Odyssea Ausflüge in die Berge von Rila und die Rhodopen an, bei denen eine kleine Gruppe von Reisenden von einem geschulten Führer begleitet wird. Das Team dort besteht aus über 40 hervorragend qualifizierten und englisch und französisch sprechenden Mitarbeitern. Seit 1998 gibt es die Vereinigung BAAT (Bulgarian Association for Alternative Tourism), die heute 73 Mitglieder unter einem Dach vereint: NGOs (Non Govermental Organisations), Ortsvereinigungen, Naturparks sowie Besitzer von privaten Hotels und Pensionen. Sie eint das Ziel, eine andere Art von Tourismus zu fördern. Hierbei spezialisieren sie sich auf die Gegenden, die viel Natur zu bieten haben, touristisch jedoch wenig erschlossen sind. Dabei stoßen die Organisatoren immer wieder auf Schwierigkeiten: eine Infrastruktur, die nicht funktionsfähig sind; der öffentliche Linienverkehr, der abseits der Hauptverkehrsstraßen nur unregelmäßige Mitfahrgelegenheiten bietet; die mangelnden Sprachkenntnisse der Mitarbeiter im touristischen Sektor. Ferner sind Karten oft zu ungenau, um sich fernab der Städte allein in die Natur zu wagen.

Rühmliche Ausnahmen sind, was die Karten betrifft, das Rila- Pirin-, Balkangebirge und die Sredna Gora. Touren mit dem Titel ›Über die Gipfel mit dem Motorrad‹ oder die ›Route der Klöster‹, ›Dörfer, Kunsthandwerk und Wein‹, ›Bulgarien zu Pferd‹ sind nur einige der Angebote, die beispielsweise der Veranstalter Zig Zag holidays dem Massentourismus entgegensetzt.

Mittlerweile gibt es in Bulgarien ein breites Angebot an Unterkünften. Einerseits stößt man immer noch auf die riesigen Hotelkomplexe, die zum Großteil

Die Seitenstraßen im Inland sind oft ebenso einsam wie reparaturbedürftig

kaum renoviert sind. Andererseits gibt es inzwischen landesweit eine Reihe privater Unterkünfte, deren Betreiber mit viel Engagement gute Qualität zur Verfügung stellen. In den Bergen finden sich viele ehemalige staatliche Hütten mit insgesamt 16 000 Betten. Leider sind sie nur noch zum Teil bewirtschaftet. Bei längeren Touren sollte man sich stets vorher darüber informieren, ob eine Hütte auch tatsächlich bewirtschaftet ist oder vielleicht bereits von einer Schule gebucht wurde. Daneben gibt es Spa-Ressorts an der Schwarzmeerküste, die ihre Gäste auf 5-Sterne-Niveau – ganz im Trend – mit Aromatherapie und anderen Wellness-Angeboten verwöhnen. Das Preisniveau ist für alle Varianten im Vergleich zu den anderen Konsumgütern wie Essen relativ hoch.

Die außergewöhnlichste Art in Bulgarien zu nächtigen, bietet die Unterbringung in einem Kloster. Davon gibt es 120 im ganzen Land. Gästezimmer haben nicht alle, aber doch eine ganze Reihe von ihnen. Der Komfort reicht hierbei von der einfachen Pritsche – und da muß der Gast den Klostervorstand erst mal überzeugen, daß er auch wirklich zum Meditieren hergekommen ist – bis zum komfortablen Hotelzimmer im neu gebauten Gästekomplex. Die Klöster befinden sich oft an den schönsten Plätzen des Landes und zudem versteckt in der Abgeschiedenheit der Berge an geschichtsträchtigen Orten. So bieten sie die einmalige Gelegenheit, Tage inmitten von unberührter Natur zu verbringen. Schließlich gibt es landesweit 40 Campingplätze mit insgesamt knapp 15 000 Stellflächen.

Neben dem Badeurlaub gibt es mittlerweile viele Sportangebote für den Urlauber. So kann man im Vitoša-Gebirge nahe Sofija Mountainbiken, im längsten Fluß

Busbahnhof in den Rhodopen

nach der Donau, der Iskăr, Riverraften, von den Gipfeln des Vitoša-Gebirges paragliden oder sich in einem Wellnessresort eine Kur gönnen. Die hohen Felswände von bis zu 300 Metern sind für Kletterer eine Herausforderung, Abenteuerlustige können Höhlen erforschen. Wem das alles zu anstrengend ist, der kann auf einer der zahlreichen Wanderrouten das Rila-, Pirin- oder das Balkangebirge erkunden. Auf diesen Routen ist auch viel Kulturelles zu entdecken.

Die Bulgaren, besonders die Sofioter, fahren im Winter gerne Ski. Da ihr Land genügend hohe Berge hat, haben Sie dazu auch ausreichend Gelegenheit, zum Beispiel im Vitoša-Gebirge, das man mit dem Vorstadtbus von Sofija aus erreicht. International werden hingegen nur die Skiressorts Borovec im Rilagebirge und Pamporovo in den Rhodopen beworben. Auch deutsche Reiseveranstalter bieten Pauschalreisen dorthin an. Der Standard entspricht internationalem Niveau.

Bulgarien verfügt über ein gut ausgebautes Eisenbahnnetz sowie ein verzweigtes Straßennetz, jedoch bislang nur über wenige Autobahnen. Der Zustand der Straßen ist außer auf der großen Autobahn von Sofija nach Varna eher schlecht. Die paneuropäischen Transportkorridore IV (Dresden–Budapest–Craiova–Sofija–Thessaloniki), VII (Donau), XIII (Tirana–Skopje–Sofija–Varna) und IX (Helsinki–Moskau–Bukarest–Dimitrovgrad–Alexandropolis) führen durch Bulgarien, sie sind jedoch nur beschränkt leistungsfähig.

Passagierschiffsverkehr auf der Donau gibt es derzeit nicht. Die Wiederaufnahme ist jedoch schon seit geraumer Zeit geplant. Hingegen wird die Donau zwischen der ungarisch-kroatischen Grenze und dem Donaudelta seit zwei Jahren wieder von Kreuzfahrtschiffen angefahren. Hierin könnte eine Chance vor allem für die Hafenstädte am Fluß und den nahe gelegenen Orten liegen.

Überhaupt steckt im Tourismusbereich ein großes Potential für Bulgarien, das bislang erst zu einem Teil erschlossen ist. Neben dem Ausbau der Infrastruktur muß auch der Servicegedanke gefördert werden. Denn nur vorausgesetzt das Personal lernt den Servicebereich künftig als Quelle für sichere und einträgliche Jobs kennen und betrachtet ihn nicht – wie bislang allzuoft – als Fronarbeit, hat die Tourismusbranche gute Aussichten für die Zukunft und Bulgarien die Chance, eines der günstigsten und beliebtesten Reiseländer in Europa zu werden.

Bulgariens Hauptstadt präsentiert sich frisch renoviert mit westlichem Flair – vor einer großartigen Kulisse. Im Westen locken Berge mit Gipfeln, die bis 3000 Meter hoch sind, Naturparks, Kletterparcours, versteckten Klöstern und einem UNESCO-Kulturerbe. Im stillen Nordwesten beeindrucken vor allem der malerische Iskär-Durchbruch und die weithin unberührter Natur.

Der Westen

Sofija

Sofija liegt auf 500 Metern Höhe und ist von Bergketten umgeben, deren höchste Gipfel fast 3000 Meter erreichen. Im Norden grenzt Sofija an den Balkan, im Osten an den Mittleren Balkan. Das Rila-Gebirge im Süden ist innerhalb einer Stunde mit dem Auto erreichbar, und das Vitoša-Gebirge, das sich südwestlich erstreckt, gehört sogar unmittelbar zur Stadt. Es ist in einer halben Stunde zu erreichen. Die Sofioter nutzen die Gebirgsnähe zu Ausflügen: im Sommer zum Wandern, im Winter zum Skifahren.

Die Stadt hat in den vergangenen Jahren mit Unterstützung des EU-Projekts ›Beautiful Bulgaria‹ viele ihrer historischen Bauten renoviert, und unter Bürgermeister Stefan Sofijanski, der seit 1997 im Amt ist und im Oktober 2003 wiedergewählt wurde, wurde die erste der schon lange geplanten U-Bahn-Strecken fertiggestellt. Diese Linie verbindet den westlichen Außenbezirk Ljulin mit dem Zentrum. Der Bau der vielen anderen U-Bahn-Verbindungen, die die zahlreichen Trabantenstädte mit der Innenstadt vernetzen sollen, steht noch aus.

Auch wenn die Einheimischen, was die Förderung der Kultur betrifft, den kommunistischen Zeiten nachtrauern, so hat die Stadt doch mehrere Theater mit anspruchsvollem wechselnden Spielplan und eine weltberühmte Oper zu bieten. Zudem wird den ganzen Sommer lang auf den zentralen Plätzen ein reichhaltiges Kulturprogramm geboten – gratis. Wer klassische Musik, Oper, Ballett oder Theater mag, kann in Sofija in den Genuss von exzellenten Vorstellungen zu niedrigen Preisen kommen.

Ein völlig anderes Gesicht zeigt Sofija an seiner Peripherie. Außerhalb der Altstadt erstrecken sich im Norden die Wohnanlagen aus kommunistischen Zeiten, die von den Einheimischen ›Streichholzhäuser‹ genannt werden. In diesen Neubausiedlungen leben die meisten Sofioter. Nach dem Zusammenbruch des alten Regimes haben viele die Wohnungen, in denen sie lebten, mit ihrem Ersparten als Eigentum erwerben können. Das macht das Auskommen bei den niedrigen Löhnen leichter. Der Lebensstandard der Menschen in diesen Außenbezirken steht in krassem Gegensatz zu dem in den Vierteln im Süden. Dort fand in den vergangenen Jahren ein regelrechter Bauboom statt. Diejenigen, denen die Wende finanzielle Vorteile brachte, die sogenannten neuen Reichen, versuchen sich gegenseitig mit immer größeren Villen zu übertrumpfen.

Lange herrschte in Sofija trotz aller Neubauten ein spürbarer Mangel an Wohraum: In die Hauptstadt wollten viele Bulgaren aus den anderen Landesteilen ziehen. Der große Zustrom nach Sofija ist in den letzten Jahren auf Grund der Arbeitslosigkeit deutlich abgeebbt. Viele kehren sogar in die Provinz zurück, weil sie dort wenigstens ein Haus und einen Garten für den Gemüseanbau haben. Viele

Sofioter, die in der Stadt geblieben sind, besuchen ihren Heimatort am Wochenende oder fahren zur Erholung aufs Land. So entsteht bei einem Spaziergang am Wochenende der Eindruck eines ›autofreien Sonntags‹; der Kontrast zwischen der Lebendigkeit an Wochentagen und der verhältnismäßigen Ruhe an den Wochenende ist deutlich.

Wer das Sofija der Vorwendezeit kennt, spürt und sieht bei einem Bummel die deutlichen Veränderungen, die Modernisierung und die gewachsene Dynamik der Stadt. Auf den großen Geschäftsstraßen sind viele weltweit agierende Unternehmen mit Filialen vertreten, Nike fehlt ebensowenig wie Benneton oder Levi's. Das große Kaufhaus CUM, das Zentrale Universale Magazin, bietet dem Kunden alles Erdenkliche, nur die Preise sind eher dem Portemonnaie der Touristen angemessen als dem der Einheimischen. Auf dem Markt, dem Slavejkov-Platz oder auf dem Frauenmarkt dagegen sind die Preise erschwinglich, und in den Nebenstraßen wird alles feilgeboten, was der spärlichen Haushaltskasse noch ein paar Leva einbringen könnte.

Gut zehn Jahre nach den Fall des kommunistischen Regimes weist die Stadt scharfe Kontraste auf. Die Massenprivatisierung hatte ein rapides Absinken des Lebensstandards zur Folge. Zu den Gewinnern gehörte, wer sich etwas vom ›Roten Kapital‹ sichern konnte. So wurden umgangssprachlich Gelder aus der Staatskasse des alten Regimes bezeichnet, die früheren Staatsbediensteten zuflossen, um sich deren Verschwiegenheit zu sichern.

Die Neureichen sind westlich orientiert. Sie kleiden sich mit den Labels des Westens, hören Musik aus den Charts, bevorzugen die mediterrane Küche. Viele Sofioter aber blicken in eine ungewisse Zukunft, die womöglich von Arbeitslosigkeit und Armut geprägt ist: Nicht selten ist gegenüber den frisch eröffneten In-Cafés eine Rentnerin zu beobachten, die um Almosen bettelt.

Geschichte

Der Boden, auf dem heute die Stadt Sofija steht, gehört zu den ältesten Siedlungsgebieten Bulgariens. Bereits im 5. Jahrhundert vor Christus ließ sich auf dem heutigen Gebiet des Stadtzentrums der thrakische Stamm der Serden nieder. Sie nannten die Stadt Serdica. Unter den Römern erfuhr die Siedlung einen gewaltigen Aufschwung, unter Konstantin I. erlebte die Stadt unter dem Namen Ulpia Serdica im 4. Jahrhundert nach Christus ihre erste Blütezeit.

Im 4. und 5. Jahrhundert machten die Überfälle der Goten und Hunnen der Glanzzeit ein jähes Ende. Im Jahr 809 wurde die Stadt dem ersten Bulgarischen Reich einverleibt und erhielt den Namen Sredec, was in etwa ›Zentrum‹ bedeutet und konkret als ›Zentrum des Balkans‹ gemeint war. In den folgenden zwei Jahr-

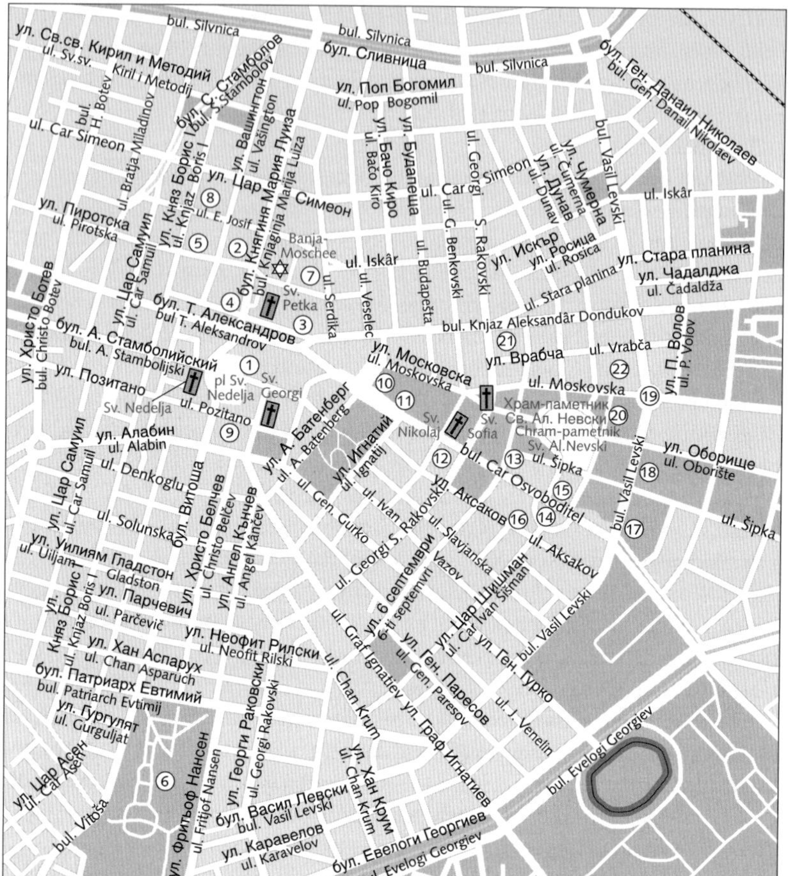

Sofija, Zentrum

Legende

1 Sheraton-Hotel
2 Markthallen
3 Kaufhaus ZUM
4 Statue Sv. Sofija
5 Synagoge
6 Kulturpalast
7 Mineralbad
8 Frauenmarkt
9 Theologische Akademie
10 Kunstgalerie/Ethnologisches Museum
11 Naturkundemuseum
12 Grand Hotel Bulgaria
13 Akademie der Wissenschaften
14 Denkmal der Befreier
15 Parlament

hunderten entwickelte sich die Stadt zu einem bedeutenden Mittelpunkt des Reiches. Nachdem die Stadt zu Beginn des 11. Jahrhunderts noch einmal an die Byzantiner gefallen war, kam es zu Plünderungen und Zerstörungen. Zuletzt fiel Friedrich I. Barbarossa mit einem Kreuzritterheer ein.

Nach dem erfolgreichen Aufstand der Bojaren-Brüder Peter und Assen wurde Sofija 1186 bei der Gründung des Zweiten Bulgarischen Reichs diesem einverleibt. Zar Kalojan nutzte die Folgezeit zur Gebietserweiterung Bulgariens und stabilisierte es durch ein Bündnis mit dem Papst. So wurde Bulgarien in der Mitte des 13. Jahrhunderts zum mächtigsten südosteuropäischen Staat und erlebte erneut eine Blütezeit. Hauptstadt war damals Tarnovo im Zentralbalkan.

Der heutige Name Sofija bedeutet Weisheit und taucht erstmals zu Beginn des 15. Jahrhunderts auf. Namensgeber war die Kirche Sveta Sofija (Kirche der Heiligen Sophie).

Zu dieser Zeit war die Stadt bereits Teil des Osmanischen Reichs. Die Fremdherrschaft währte nahezu 500 Jahre, von 1396 bis 1878. Ein Jahr, nachdem Rußland das Osmanische Reich gezwungen hatte, die Stadt zurückzugeben, wurde Sofija 1879 Hauptstadt des befreiten Bulgariens und entwickelte sich rasch zum kulturellen und wirtschaftlichen Zentrum des Landes.

Der Großteil der Architektur zumindest in der Altstadt stammt aus dieser Zeit, ebenso wie die großen Boulevards, die die Altstadt um- und erschließen. Sie durchqueren die schachbrettmusterartig angelegten Stadtviertel, die rund um die orientalischen Viertel entstanden waren.

Bürgermeister Dimitar N. Petkov (er regierte von 1888 bis 1893) war damals für Sofija, was Baron Haussmann für Paris gewesen war. Der rigorose Reformer wurde mit Steinen beworfen, es wurde sogar auf ihn geschossen. Er trieb jedoch sein Urbanisationsprogramm mit eiserner Hand voran und ließ all die ärmlichen Hütten niederreißen, die von ihren Bewohnern hartnäckig verteidigt wurden. Sofija war jetzt Hauptstadt, Boulevards und Plätze sollten das Stadtbild prägen. Die ›Tore der Hauptstadt‹ wurden errichtet, Lavov Most und Orlov Most. Die tönernen Wasserrohre wurden durch eiserne ersetzt, Wettbewerbe ausgeschrieben für die Errichtung öffentlicher Bäder, das Kanalisationssystem, für die Stromversorgung der Stadt sowie das Straßenbahnnetz. Die Stadt wurde in Bezirke eingeteilt.

In der Zeit der Natinalen Wiedergeburt wurden fast alle Moscheen niedergerissen und statt dessen orthodoxe Kirchen errichtet. Gleichzeitig dehnte sich

16 Ristorante Uno
17 Universität
18 Nationalbibliothek
19 Vasil-Levski-Denkmal
20 Kunstgalerie Kiril i Methodij
21 Opernhaus
22 Kleiner Botanischer Garten

Sofija enorm aus. Bereits 1910 lebten 100 000 Menschen in der Stadt, 1878 waren es lediglich 12 000 gewesen.

Nach dem Ersten Weltkrieg siedelten sich viele Flüchtlinge aus Mazedonien, Thrakien sowie der Dobrudža an. Das führte zu einer – auch baulich – chaotischen Ausdehnung der Stadt; das Stadtgebiet verdreifachte sich nahezu. Sofija war nunmehr eine Stadt mit vielen Problemen und driftete weit ab vom Standard anderer europäischer Hauptstädte. Unter Bürgermeister Ivan Ivanov (Amtszeit 1934 bis 1944) – der Ingenieur hatte zuvor das Wasserzufuhrsystem für die Stadt entworfen – sollte ein erster allgemeiner Städtebauplan verwirklicht werden. Entwickelt war der Plan vom deutschen Professor Adolf Musman. Doch der Administration Ivanov gelang es nicht, den Plan zu implementieren.

Touristenorientiertes Angebot auf einem Trödelmarkt

Bulgarien war im Zweiten Weltkrieg mit Deutschland verbündet. Die Alliierten bombardierten Sofija 1944 heftig, die Rote Armee zog gegen Ende des Krieges in die Stadt ein. Es folgte ein halbes Jahrhundert im Verbund der Ostblockstaaten.

Große Teile des damaligen Stadtzentrums wurden zerstört und auch leider nie wieder aufgebaut. Das neue Citycenter wurde 1950 erbaut und ist architektonischer Ausdruck der damaligen Begeisterung für den Kommunismus.

1964 zählte die Stadt 750 000 Einwohner und war in sechs Stadtbezirke eingeteilt. Die baulichen Veränderungen im Stadtbild sind auf der einen Seite auf die Bemühungen von Staatsseite zurückzuführen, die öffentlichen Plätze zu verschönern: Parks wurden angelegt, Gärten mit Brunnen und Skulpturen sowie Denkmälern.

Auf der anderen Seite entstanden in dieser Zeit die riesigen Industriegebiete sowie die in ganz Osteuropa berühmten Wohnsiedlungen, die Plattenbauten. An ein einheitliches Stadtbild im Sinne der alten Urbanisationspläne war spätestens in den Achtzigern nicht mehr zu denken, historische und neue Architektur mußte nebeneinander existieren. Gebäude des antiken Serdica und des mittelalterlichen Sofija wurden damals unter Denkmalsschutz gestellt.

Das Stadtbild änderte sich noch einmal, als in den Neunzigern in Sofija aufgrund der veränderten politischen Situation neue Gebäude entstanden: Apartmenthäuser, Banken, Business-Complexe.

Trotz wirtschaftlicher Krise und Strukturproblemen lebt die Stadt noch von den gleichen Industriezweigen wie zu diesen Zeiten: Industriemaschinenbau, elektronische Geräte, Autozubehör, Textilien und Lebensmittelverarbeitung.

Auch Sofija kämpft mit den Schwierigkeiten, die sich aus der Umbruchssituation ergaben und bis heute fortbestehen. Das sind zum einen wachsende Umweltprobleme: Das nahe gelegene Hüttenwerk Kremikovci ist für die Hälfte der Luftverschmutzung der Stadt verantwortlich.

Zudem gibt es fast 100 000 Wohnungssuchende in Sofija, und die Arbeitslosenrate beträgt heute knapp 18 Prozent. Hoffnung macht allerdings die Tatsache, daß immer mehr ausländische Investoren ihr Geld in der Stadt anzulegen wagen – der Weg Richtung EU scheint eingeschlagen, mit ihm sind große Hoffnungen verbunden.

Ein Stadtrundgang

Schon einige Stunden Aufenthalt in Sofija vermitteln dem Besucher einen guten Eindruck von der Stadt. Die Altstadt, in der sich alle wesentlichen Sehenswürdigkeiten befinden, ist überschaubar, so daß die Entfernungen zwischen ihnen gering sind und man sich rasch zurechtfindet . Die großen Boulevards und die an ihnen liegenden Plätze bieten stets gute Orientierungspunkte. Die Besichtigungtour läßt sich auch sehr angenehm gestalten, denn zahlreiche Cafés und großzügige Parks bieten dem Besucher Gelegenheit zu einer Rast.

In kulinarischer Hinsicht bietet die Stadt die gesamte Bandbreite einer modernen Metropole, vom traditionsreichen Kellerlokal, in dem Grillgerichte bei Folkloremusik serviert werden, über den Schnellimbiß auf der Einkaufsstraße bis zum neu eröffneten In-Lokal, in dem Gourmet-Menüs serviert werden.

Rund um den ploštad Sveti Nedelja

Der beste Ausgangspunkt für eine Erkundung der Stadt ist der Platz vor dem Sheraton-Hotel, ehemals Sofija Balkan Hotel: der ploštad Sveti Nedelja. Auf ihn laufen die großen Boulevards zu, und von hier lassen sich in alle Richtungen Stadtspaziergänge unternehmen. Am Platz selbst und in seiner Nähe finden sich zudem gleich einige Sehenswürdigkeiten von Rang, die dem Besucher einiges von der Geschichte der Stadt und des Landes vermitteln.

Die Rotunde Sveti Georgi, leicht versteckt im Hinterhof des Sheraton-Hotels, ist die älteste Kirche Sofias

Gegenüber dem Hotel befindet sich die Kirche Sveta Nedelja, die dem Platz seinen Namen gab. Errichtet wurde sie exakt über der Hauptstraße des alten Serdica im Mittelalter. Ein Besuch lohnt schon wegen der Akustik. Häufig finden hier Trauungen statt – eine gute Gelegenheit, in den Hörgenuß zu kommen. Ferner birgt die Kirche sehenswerte Ikonen des bulgarischen Malers Stanislav Dospevski. Ihr heutiges Aussehen erhielt die Kirche erst nach dem Abzug der Osmanen im 19. Jahrhundert. Sie war am 16. April 1925 Schauplatz eines furchtbaren Anschlags. An diesem Tag nahmen die die führenden Vertreter von Regierung, Parlament und Offizierskorps an einer Trauerfeier teil. Kommunistische Terroristen zündeten eine Bombe: mehr als 120 Tote und über 500 Verletzte. Zar Boris III., dem vor allem das Attentat galt, war allerdings nicht unter den Opfern, da er an der Feier nicht teilgenommen hatte. Durch das Attentat stark beschädigt, wurde die Kirche 1931 von Grund auf neu errichtet. Seitdem ist ihr Aussehen im wesentlichen unverändert.

Vollständig von Gebäuden umgeben und vom Platz nicht zu sehen ist die älteste erhaltene Kirche Sofijas, die Rotunde Sveti Georgi, die sich im Hinterhof des Sheraton-Hotels befindet. Sie stammt aus dem 4. Jahrhundert und diente zunächst den Römern als Kultstätte. Die Ruinen des Forums sind noch heute zu erkennen. Dann nutzten sie die Slawen als christliche Kirche, später die Türken als Moschee. Die roten Pflanzenornamente über der Tür sind Motive aus dem Koran und stammen noch aus der Zeit der osmanischen Besatzung. Sveti Georgi ist seit Bulgariens Eigenstaatlichkeit wieder eine christliche Kirche. Die Wandmalereien stammen aus dem 10., 12. und 14. Jahrhundert. Die Fresken aus dem 14. Jahrhundert gehören zu den bedeutendsten Malereien mit barocken Elementen in Bulgarien. In dieser Kirche finden regelmäßig Messen statt, wegen der hervorragenden Akustik auch klassische Konzerte.

Nach Norden prahlt das Warenhaus CUM mit seiner Größe. Über fünf Stockwerke erstreckt sich das Kaufangebot. ›Als großes düsteres Kaufhaus, durch das Familien wandelten, als besichtigten sie ein Museum für Wissenschaft und Technik‹ beschrieb der Schriftsteller Bill Bryson das Geschäft, ›in dem er einen ganzen Tag verbringen konnte, weil die Produkte so herrlich altmodisch waren. Ein 4-Zoll-Bildschirm war damals eine Attraktion‹. Bryson formulierte damit Beobachtungen, die er vor der Wende machte. Heute ist das Angebot auf dem neuesten Stand und international, doch der Museumscharakter ist für die Einheimischen geblieben – leisten kann sich ein Sofioter mit durchschnittlichem Einkommen kaum etwas.

Weitaus weniger auffällig ist ein Gebäude gleich neben dem CUM. Man erreicht es über die Fußgängerunterführung unter dem Kaufhaus. Hier befindet sich nahezu versteckt die Kirche, deren unterer Teil in den Boden gebaut wurde. Der einschiffige Bau wurde Ende des 14. Jahrhunderts als Stiftung der Sattlerzunft errichtet. Während der osmanischen Besetzung war es nicht erlaubt, Kirchen zu bauen, die höher waren als ein Reiter. Auch war es nicht gestattet, Fenster einzubauen. Um dennoch über eine halbwegs große Kirche verfügen zu können, bauten die Bulgaren die Kirche Sveta Petka Samardžijska zwei Meter unter die Erde. Daß das Gebäude im Dunkeln lag, tat nichts zur Sache – Fenster gab es ohnehin keine. Innen fand man später drei Schichten Wandmalereien aus dem 14., 15. und 17. Jahrhundert. Vor der Kirche bieten heute Straßenhändler ihre Ware an, unter der Unterführung gibt es Souvenirläden.

Ganz in der Nähe des CUM erhebt sich eine große Statue: die Sveta Sofija, Wahrzeichen der Stadt. Etwas weiter stößt man auf eines der wenigen erhaltenen architektonischen Zeugnissen Sofijas aus der Osmanischen Zeit. Es ist die mächtige Banja-Baši-Moschee (Bädermoschee). Während der antitürkischen Kampagnen in der sozialistischen Ära war sie stillgelegt, seit Anfang der neunziger Jahre wird sie wieder benutzt, doch können Restaurationsarbeiten den Zutritt für Besucher zeitweilig erschweren. 1576 wurde die Moschee vom berühmten türkischen Baumeister Hadshi Mimar Sinan errichtet. Ein schlankes Minarett erhebt sich neben einem überkuppelten, würfelförmigen Gebetssaal, dem eine Arkade mit drei kleineren Bleikuppeln vorgelagert ist. Der Name der Moschee bezieht sich auf das große Badehaus, über dem sie errichtet wurde.

Dahinter liegt das Sofioter Mineralbad, das schon seit geraumer Zeit restauriert wird. Wer dennoch in den Genuß des Heilwassers kommen will, findet hinter dem

Bad einen Brunnen, an dem sich auch die Einheimischen das bekömmliche Wasser holen. Es kommt heiß – über 40 Grad Celsius – aus der Leitung. Besonders Rentner finden sich hier ein, um in großen Plastikbehältern Wasser abzufüllen. Jenseits der nächsten Querstraße stößt man auf die Überreste der Festungsmauer des alten Serdica.

Schräg gegenüber der Moschee befinden sich die Markthallen. Sie wurden um 1910 erbaut und erst vor kurzem komplett renoviert. Neben vielen kleinen Geschäften und Ständen, an denen es Lebensmittel und allerlei Praktisches zu kaufen gibt, befinden sich im ersten Stock mehrere Restaurants, in denen auch die Sofioter gern ihren Mittagssnack einnehmen. Die Preise sind erfreulich niedrig.

Dahinter in der ul. Ekzarch Josif steht die Sofioter Synagoge, die Centralna Evrejska Sinagoga. Sie wurde im damals populären Stil des Historismus errichtet und 1910 eingeweiht. Die enorme, von kleineren Kuppeln flankierte Zentralkuppel ragt in den Himmel. Sie ist die größte Synagoge auf der Balkanhalbinsel, ihre Ausmaße lassen etwas von der einstigen Bedeutung der jüdischen Gemeinde im Land erahnen. Die Restauration läuft seit einigen Jahren, anwesende Gemeindemitglieder führen durch das Gebäude.

Die nächste Querstraße rechts lohnt einen Abstecher. Am Ende des Stefan Stambolov befindet sich der Frauenmarkt, Ženski Pazar. Der Weg dorthin führt durch eine Straße mit kleinen Läden, deren Angebot dem eines Flohmarkts

Großstadttreiben vor der Banja-Baši-Moschee

gleicht: eine alte Waage, Werkzeuge fürs Auto, Lampen, ein alter Fernseher. Auf dem Frauenmarkt werden neben Obst und Gemüse allerlei Haushaltswaren und Kleidung angeboten, jeden Tag und alles günstig.

Auf dem bulvar Vitoša

Von den beiden großen Verkehrsstraßen, die vom pl. Sv. Nedelja ausgehen, führt der vierspurige bul. Vitoša nach Süden. Hier haben sich große Geschäfte, vielen Filialen multinationaler Ketten wie Nike, Benneton und DKNY, Boutiquen, Restaurants und Wechselstuben niedergelassen. Stets ist die Straße gut besucht.

Neben der zunehmend westlichen Erscheinungsform der Shoppingmeile haben sich einige Originale erhalten. Am Ende des Boulevards bieten so genannte Kellerkioske Schreibwaren, Zigaretten, Süßigkeiten und allerlei anderes feil. Wer durch die Schilder aufmerksam geworden die Eingangstür sucht, findet nur ein Kellerfenster, durch das der Verkauf abgewickelt wird. In den winzigen Verkaufsräumen sind die Mietpreise wohl günstiger als im Erdgeschoß – die Preise der angebotenen Produkte demzufolge auch, zur Freude der Sofioter.

Am Anfang des Boulevards steht linker Hand die Theologische Akademie, die vom bulgarischen Architekten Petko Momčilov erbaut wurde. Im Gebäude ist das Kirchenmuseum untergebracht, das besichtigt werden kann. Gegenüber fällt ein Gebäude mit grünem Dach auf. Es ist der Justizpalast (1928–1936), in dem bis vor kurzem das Nationalmuseum der Geschichte beherbergt war. Es hat jetzt seinen Platz in Bojana gefunden, zehn Kilometer vor den Toren der Stadt.

Schon von weitem ist der Nationale Palast für Kultur – NDK (Nacionalen dvorec na kulturata) – auszumachen. Dieses gewaltige Kultur- und Kongresszentrum ist eine Hinterlassenschaft aus sozialistischer Zeit (1981 fertiggestellt). Im obersten Stockwerk befindet sich ein Café mit Terrasse, das schon wegen der Aussicht lohnt, besonders auf das Vitoša-Gebirge. Das Kulturzentrum befindet sich mitten im Südpark, Južen park, einer großen Anlage, die gern von Einheimischen besucht wird. Darin befindet sich, ebenfalls eher wegen seiner Ausmaße als seiner Ästhetik auffallend, das Denkmal ›1300 Jahre Bulgarien‹, das wie der NDK zu den großen Jubiläumsfeierlichkeiten 1981 eingeweiht wurde.

Entlang des Car Osvoboditel

An der östlichen Seite des ploštad Sveti Nedelja beginnt der bul. Car Osvoboditel. An diesem Boulevard und in seiner Nähe finden sich einige der bedeutendsten Bauwerke der Stadt.

Wache vor dem Präsidentenpalast

Gleich am Anfang, rechter Hand, stößt man auf einen mächtigen Protzbau im stalinistischen Stil. Ihn zierte früher ein fünfeckiger Rubinstern, heute die Nationalflagge: Einst residierte hier das Zentralkomitee der kommunistischen Partei. Zusammen mit dem schräg gegenüber liegenden Parteihaus, das Sitz von Staatsrat und Ministerrat war, symbolisierte es schon äußerlich den Machtanspruch der kommunistischen Partei. Heute tagt hier seit dem Ende des alten Regimes die Volksversammlung, und das Haus ist gleichzeitig Sitz des Präsidenten.

Etwas weiter findet sich die Bujuk Džamija (Große Moschee), das zweite bedeutende islamische Zentrum der Stadt. Sie stammt aus dem 15. Jahrhundert und beherbergt heute das Nationale Archäologische Museum, das Nacionalen Archeologičeski muzej, das einen Überblick über Gebrauchsgegenstände, Teile von Ausrüstungen oder den Schmuck bei Thrakern, Römern und Griechen gibt.

An die Moschee schließt sich die Bulgarische Volksbank an. Ungewöhnlich ist sicherlich, daß in ihren drei unterirdischen Stockwerken einst bis zu vier Tonnen Rosenblätter gelagert wurden, die für die Destillation des weltberühmten Rosenöls bereitlagen. Das Rosenöl ist für die Bulgaren nicht nur ein Parfüm, viele schwören auf Rosenöl als wirksame Medizin. So soll ein Tropfen auf einem Stück Würfelzucker, das man unter der Zunge zergehen läßt, im Nu Kreislaufprobleme beheben. Im Ethnographischen Museum im Ostflügel des sich anschließenden Palastes ist ein Gramm Rosenöl für zirka 20 Leva zu erwerben – für alle, die keinen Ausflug ins Rosental machen.

Einige Schritte weiter zieht ein prachtvolles Gebäude die Blicke auf sich: das ehemalige Zarenschloß. Im Kern stammt es aus Osmanischer Zeit und wurde als Amtsgebäude errichtet, in der Zeit der nationalen Wiedergeburt für die bulgarischen Herrscher um- und ausgebaut. Seit 1954 ist im westlichen Flügel die Nationalgalerie beheimatet.

Gegenüber öffnet sich der große pl. Aleksandär Battenberg. Es wurde bis vor wenigen Jahren vom Georgi-Dimitrov-Mausoleum beherrscht. Bevor es 1949 errichtet worden war, wurden auf dem Platz öffentliche Bekanntmachungen verlautbart und Paraden abgehalten. Dimitrov, über Jahrzehnte einer der führenden Köpfe der bulgarischen KP, war der erste bulgarische Ministerpräsident nach dem Zweiten Weltkrieg und beim Volk sehr beliebt. Er arrangierte sich mit Moskau, auch wenn er sein Land lieber an der Seite Yugoslawiens und damit im Lager der sogenannten Blockfreien gesehen hätte. Daher gibt es bis heute immer wieder Gerüchte, daß Dimitrov 1949 während seines Moskauaufenthalts nicht ohne Zutun des russischen Geheimdienstes erkrankt sei; Gift sei im Spiel gewesen. Während seines Todeskampfs in Moskau wurde das Mausoleum für ihn in Sofija gebaut. Nach seinem Tod wurde seine Leiche einbalsamiert und überführt. Das Mausoleum, mittlerweile waren offenbar Gebäude wie auch Person nicht mehr erwünscht, wurde 1999 durch Sprengung beseitigt. Der Leichnam Dimitrovs wurde auf einen Friedhof gebracht. Einige Sofioter haben bis heute Zweifel, ob diese Art des Umgangs mit der Geschichte angemessen ist, aber die meisten finden schlicht, daß der Platz jetzt besser aussieht und auch mehr Nutzfläche bietet. Häufig finden im Sommer Feste, insbesondere Bierfeste statt, das eine oder andere Mal mit bayerischem Bier. Sonst spielen Rentner hier Schach.

Hinter dem Platz befindet sich der Sofioter Stadtgarten, eine der zahlreichen Parkanlagen der Stadt. Er ist der älteste öffentliche Garten, der bereits zur Zeit der Osmanenherrschaft existierte. Sonntags unterhalten Künstler die Spaziergänger. An den Park grenzt das Nationaltheater Ivan Vazov, 1907 erbaut und nach einem schweren Brand zwischen 1923 und 1925 im neoklassizistischen Stil renoviert. Der Prunkbau erinnert mehr an einen Palast. Die Fassade ist mit Ornamenten reich

Die eindrucksvolle Fassade des Nationaltheaters

verziert, auch das Innere ist sorgfältig dekoriert und eine Besichtigung wert: Im Foyer befinden sich Jugendstildekorationen, im großen Saal Gold und Seide, Kristall und Marmor. Das Theater hat zwei Säle, einen mit 800 und einen mit 250 Plätzen und gilt als eine der herausragenden Spielstätten in Bulgarien. Vor dem Theater auf dem Platz sorgen Fontänen im Sommer für Abkühlung. Am Sonntag ist der Platz für den Verkehr gesperrt, und auch an den anderen Tagen sind die nahe gelegenen Cafés stets gut besucht.

Weiter in Richtung Osten befindet sich auf dem Car Osvoboditel das prachtvolle Grand Hotel Bălgarija. Frisch renoviert, erstrahlt der traditionelle Treffpunkt der High Society in neuem Glanz. Angelika Schrobsdorff beschreibt humorvoll den Charme des Hauses in ihren Büchern über das Bulgarien zu sozialistischen Zeiten. Auf der anderen Straßenseite blitzen die blattgoldgedeckten Türme der russischen Kirche Sveti Nikolaj Čudotvorec, der Kirche des Wundertäters. Der von Gold und Zwiebeltürmen geprägte Bau ist ein Abbild der Moskauer Architektur des 17. Jahrhunderts. Ihre Existenz hat die Kirche einem russischen Diplomaten zu verdanken. Sementovskij-Kurilo, zwischen 1908 und 1911 Botschafter Rußlands in Bulgarien, ließ eine Kirche für die sich in der Stadt aufhaltenden russischen Diplomaten und Kaufleute errichten. Die Malereien im Inneren sind ungewöhnlich; Sie erinnern an russische Märchen.

Die nächste Querstraße ist die ul. Georgi Rakovski, der Broadway Sofijas. Hier befinden sich gleich sechs Theater, darunter das Satirische Theater, benannt nach Aleko Konstantinov (1863–1897). Der bulgarische Humorist schrieb den satirischen Roman ›Baj Ganju‹, der den Prototypen des ländlichen Bulgaren verkörpert.

Jenseits der Straße steht sehr unscheinbar die Kirche, die der Stadt ihren Namen gegeben hat: Sveta Sofija (Sophienkirche). Es ist der zweitälteste erhaltene Kirchenbau, an der höchsten Stelle des Siedlungszentrums im 6. Jahrhundert errichtet. Mehrfach machten Zerstörungen Wiederaufbauarbeiten notwendig. In der osmanischen Zeit diente die Kirche als Moschee, und ihr Äußeres wurde nicht angetastet. Die dreischiffige Kreuzkuppelbasilika mit den drei Altären ist ein für Bulgarien einzigartiges Exempel für die strenge Monumentalität der klassischen byzantinischen Architektur. An der Ostseite befindet sich das Grab des bulgarischen Nationaldichters Ivan Vazov. Seine Statue – er hält ein Buch in der Hand – steht im nahen Park.

Am ploštad Aleksandăr Nevski

Das Wahrzeichen Sofijas schlechthin ist die Aleksandăr-Nevski-Kathedrale. Sie beherrscht nicht nur den gleichnamigen Platz, der zugleich den höchsten Punkt der Stadt markiert, sondern strahlt mit ihrer kompakten Bauweise und ihren in der

Die Aleksandăr-Nevski-Kathedrale gilt als Wahrzeichen Sofijas

Sonne glänzenden, vergoldeten Kuppeln majestätische Ruhe weit darüber hinaus aus.

Die fünfschiffige Kreuzkuppelkirche wurde als Dank an das russische Volk erbaut, denn nicht zuletzt der russischen Armee hatten die Bulgaren die Befreiung von der Osmanischen Fremdherrschaft zu verdanken. Und der Schutzpatron der russichen Truppen im türkisch-russischen Krieg war Aleksander Nevskij (1220–1263). Nevskij hatte den Deutschen Ritterorden und zudem in einer Schlacht an der Neva die Schwedische Armee geschlagen. Daher erhielt er den Beinamen Nevskij, was soviel bedeutet wie ›der von der Neva‹. Später wurde er heilig gesprochen.

Das Symbol des Sieges über die Türken wollten die Befreier ehren, und so beschloß die bulgarische Volksversammlung 1879 den Bau einer Kathedrale. Russische Architekten fertigten die Pläne, der Bau selbst wurde ausschließlich aus Spenden der Bevölkerung finanziert. Die Bauzeit betrug 30 Jahre, und so wurde die Kathedrale erst 1912 eingeweiht.

Die Russen ließen sich so viel Ehrerbietung während ihrer Vorherrschaft im Ostblock einiges kosten. 1957 sponserten sie die Restaurierung der Kuppeln mit elf Kilogramm Blattgold. Heute wird das Gold für Ausbesserungsarbeiten von privaten Sponsoren gestiftet. An religiösen Feiertagen besucht der Patriarch, das Oberhaupt der orthodoxen Kirche, die Kathedrale. Bis zu 5000 Menschen wohnen der Feier für gewöhnlich bei. Dann ist der große Platz übervoll.

Die riesige zentrale Kuppel ruht auf vier Säulen. Die nach Norden zeigende symbolisiert die slavischen Völker, die nach Osten zeigende das russische Volk, die nach Süden zeigende das bulgarische Volk. Die massive Bauweise wirkt durch die vielen Kuppeln, Halbkuppeln und geschwungenen Formen leichter. Die wertvollen Materialien, die innen verwendet wurden, unter anderem Marmor aus Carrara, Onyx aus Brasilien und Alabaster, sind mit großem Formenreichtum verarbeitet worden. Russische und bulgarische Meister der Zeit um die Jahrhundertwende sind mit Wandmalereien, Ikonen und Mosaiken vertreten. Die Fresken, die von 30 Künstlern gemalt wurden, bilden hauptsächlich Motive aus dem Alten und Neuen Testament ab. Die Krypta beherbergt seit 1965 eine imponierende Sammlung von über 200 Ikonen und Fresken, Werke aus dem 13. bis 19. Jahrhundert.

Bewußt wurde ein Bauwerk geschaffen, das allein aufgrund seiner Ausmaße – der vergoldete Glockenturm ist immerhin 53 Meter hoch – herausragt und Bewunderung und Ehrfurcht hervorruft. Gleichzeitig ist es den Baumeistern gelungen, durch die ausgewogene und geschickte Gestaltung der Kathedrale etwas von ihrer Schwere zu nehmen.

Die anderen Bauwerke am Platz und in seiner Nähe liegen etwas im Schatten der großen Kathedrale. Eines von Sofijas schönsten architektonischen Gebäuden befindet sich am südwestlichen Ende des pl. Aleksandăr Nevski. Es handelt sich um den Sitz der Abgesandten der Kirchenprovinzen der Bulgarischen Orthodoxen Kirche, das Konzil der Bulgarischen Bischöfe. Im byzantinischen Stil entworfen, fallen an der Außenfassade am Haupteingang farbige Mosaike auf. Sie stellen die Kämpfer für die Glaubensfreiheit Ilarion Makariopolski, Avksentij von Veles und Paissij von Plovdiv dar.

Die Kunstgalerie Kyrill und Method, die auf drei Stockwerken neben westeuropäischer Kunst auch eine Sammlung von afrikanischen, indischen und japanischen Kunstgegenständen bietet, lohnt ebenso einen Besuch. Die Sammlung stammt von Ludmilla Živkov, der Tochter des langjährigen Ministerpräsidenten.

Gleich dahinter befindet sich das Vasil-Levski-Denkmal. Es erinnert an den bulgarischen Nationalhelden, den Freiheitskämpfer gegen die Türken. Sein Standort, die Kreuzung der ul. Vasil Levski mit der ul. Moskovska, markiert genau die Stelle, an der Levski von den Unterdrückern gehängt wurde. Die Verehrung, die er bis heute genießt, zeigt sich unter anderem darin, daß zahlreiche Fußballclubs und Stadien nach ihm benannt sind.

Südlich davon, jenseits der ul. Oborište, erstreckt sich linker Hand eine Grünanlage: Gradska gradina, der Stadtgarten, ist eine Oase der Ruhe mitten im Zentrum Sofijas. Dahinter steht die Nationalbibliothek Kyrill und Method mit den imposanten Denkmälern der beiden Schöpfer des kyrillischen Alphabets. Daneben befindet sich das Hauptgebäude der Universität, das die älteste Uni Bulgariens birgt sowie das fortschrittlichste Forschungszentrum des Landes. Das Gebäude stammt aus dem 20. Jahrhundert und vereint Stilelemente der Neoklassik, Neorenaissance und des Neobarock.

Am ploštad Narodno Săbranie

Der große Platz, der sich hier öffnet, ist der Platz der Volksversammlung (pl. Narodno Săbranie). Es wird beherrscht von einem Reiterstandbild des Zaren Alexander II, genannt Denkmal der Befreier. Alexander sorgte im russisch-türkischen Krieg 1878 für Bulgariens Unabhängigkeit vom Osmanischen Reich und wurde daher hier, in Bronze gegossen, aufgestellt. ›An den Zaren Befreier, von den dankbaren Bulgaren‹, sagt die Inschrift. Die eine Platzseite wird von dem Raddisson-Hotel begrenzt, von dessen Terrasse man einen großartigen Ausblick auf die Stadt hat. Auf der gegenüberliegenden Seite des Platzes befindet sich das Parlament, das abends beleuchtet ist.

Über den Car Osvoboditel geht es vorbei an der Akademie der Wissenschaften und am Zentralen Militärklub auf der rechten Seite der Straße zurück zum Ausgangspunkt des Rundgangs.

Sehenswürdigkeiten außerhalb der Stadtgrenzen

In unmittelbarer Nähe des Sofioter Stadtzentrums und von dort in einem Halbtagesausflug bequem zu erreichen liegen drei Sehenswürdigkeiten, die den Besucher geradezu idealtypisch in die bulgarische Geschichte und Kultur eintauchen lassen: Bojana, Dragalevci und der Königspalast in Vranja.

Zu Füßen des Vitoša-Gebirges, acht Kilometer südlich des Zentrums von Sofija, ließen in Bojana ehemals zahlreiche Spitzenfunktionäre der Kommunistischen Partei ihre Villen und Todor Živkov sich eine Residenz errichten. Bis heute wird das Prunkgebäude als Repräsentationssitz des Staatspräsidenten genutzt. Seinen Platz in den Geschichtsbüchern verdankt der Ortsname Bojana jedoch seiner Kirche, die im 11. Jahrhundert erbaut wurde und die heute auf der UNESCO-Liste der Kulturdenkmäler steht. 1259 kam ein Anbau mit beeindruckenden Wandmalereien dazu. Unter den Motiven sind biblische Szenen, Bilder von geistlichen und weltlichen Führern und Alltagsszenen. Die Fresken gelten als Meisterwerk der mittelalterlichen bulgarischen Malerei, ihr unbekannter Schöpfer wird bis heute als ›Meister von Bojana‹ genannt. Über 40 Jahre lang wurden seine Werke restauriert, die erst seit kurzem wieder dem Publikum zugänglich sind. In der Kirche befindet sich außerdem das Historische Nationalmuseum Bulgariens.

Die Kirche liegt inmitten eines Parks. In der Nähe befindet sich ein Denkmal für die Soldaten, die im Balkankrieg gefallen sind. Unweit des Denkmals und auch an der Straße, die hinter der Kirche verläuft, sprudeln klare Bergquellen.

Kloster Dragalevci gehört zu den ältesten erhaltenen Anlagen Bulgariens

Diese regionaltypischen Češma findet man sonst vor allem an den Wanderwegen durch das Vitoša-Gebirge.

Bewohnerin eines Dorfes im Vitoša-Gebirge

Das Kloster Dragalevci, das älteste Kloster in Bulgarien, liegt mitten in einem Pinienwald über dem kleinen Dorf, das den gleichen Namen trägt. Der Bau begann unter Zar Alexander im 14. Jahrhundert, weitere Arbeiten wurden unter seinem Sohn Simeon vollbracht. Die Bausubstanz wurde unter der türkischen Herrschaft größtenteils zerstört, als das Kloster eine bedeutende Rolle zur Erhaltung der bulgarischen Kultur unter den Osmanen spielte. Revolutionär und Freiheitskämpfer Vasil Levski versteckte sich im Dragalevci-Kloster vor den Türken.

Heute ist nur noch die Klosterkirche erhalten. Nach lang andauernden Restaurierungsarbeiten sind jetzt Wandmalereien aus dem 14. bis 16. Jahrhundert zu sehen, die Vertreter des Adels in typisch bulgarischen Gewändern darstellen. Zu erreichen ist die Kirche von der unteren Gondelstation. Der Fußmarsch dauert von dort etwa eine halbe Stunde. Die Autoroute führt über die Straße Richtung Aleko-Skigebiet.

Der ehemalige Königspalast in Vranja ist nicht einfach zu finden, aber die Mühe lohnt sich. Er liegt in einem Wald nur fünf Kilometer außerhalb von Sofija, linker Hand auf der Straße Richtung Plovdiv, versteckt hinter großen Toren, vor denen oft Polizisten stehen.

Der Palast selbst ist ein Gebäude aus dem 19. Jahrhundert, eine große geschwungene Treppe führt zum Eingang. Nach dem Sturz der Monarchie wurde das Gebäude zunächst als Wohnsitz für den kommunistischen Parteivorsitzenden Georgi Dimitrov bereitgestellt, dann als Kongreßzentrum und später als Hotel für VIPs, die Sofija besuchten. Schauplatz großer Auftritte war der Palast zuletzt, als er als Kulisse für Dreharbeiten zu einem Film diente.

Leider kann das Innere des Gebäudes wegen erheblicher Mängel nicht mehr besichtigt werden. In den Außenanlagen kann man jedoch auf verschiedenen Wegen zwischen den Gärten, Gärtnerhäuschen und Wäldchen spazieren. Auf einem offenen Feld befindet sich einige hundert Meter vom See entfernt das Grab von Zar Boris III., das schon länger nicht mehr renoviert wurde.

Vorwahl: 02.
Touristeninformation,
1 ul. Sveta Sofija, Tel. 987 97 78,
Fax 989 69 39,
www.bulgariatravel.org,
Mo–Fr 9–17.30 Uhr.
Odysseia-In GmbH, bul. Stambolijski 20-V, Tel. 989 05 38,
989 32 00, odysseia@omega.bg,
www.uniquebulgaria.com.
Spezialist für aktive Reisen in Bulgarien: Wander- und Studienreisen, Schneeschuh- und Skitouren, Kletter- und Höhlentouren, Mountainbiketouren. Vermittelt auch Privatunterkünfte und private Führungen ins Gebirge.
Sofija Echo, englischsprachiges, monatlich erscheinendes Infomagazin mit Events, Clubs, Adressen von Restaurants. Liegt in Hotels aus.
Stadtführungen: Balkantourist, Vitoša bul. 1, Tel. 87 51 92,
www.balkantourist.com;
Balkantour Ltd, bul. Stambolijski 27, Tel. 988 55 43.
DM Travel, ul. Lavele 15,
Tel. 88 42 00 oder 87 32 60.

In der Stadt: Die Straßenbahn ist eine gute Art, sich in der Stadt fortzubewegen, wäh-rend Busse meist überfüllt und unbequem sind. Routentaxis oder Minibusse fahren dieselben Strecken und sind mit einem Lev immer noch günstig. Die U-Bahn verbindet bis dato nur das Zentrum mit dem westlichen Außenbezirk Ljulin.
Ab Sofija: Überlandbusse fahren in alle Richtungen. Abfahrt Nähe Hauptbahnhof. Information Tel: 931 11 11, Fahrkarten im Rila Ticket Centre, Tel. 987 07 77, Nähe Hauptpost, oder im Reisecenter unter dem NDK (Tel: 65 84 02).

Bojana: Bus Nummer 64 fährt etwa alle 20 Minuten vom bul. Goce Delčev in Sofija nach Bojana.
Dragalevci: Mit den Bussen 64 geht es weiter von Bojana ins Dragalevci-Viertel. Ebenso kann man von Bojana fünf Kilometer zu Fuß gehen. Der Weg ist bequem und geht von Bojana-See in östlicher Richtung ab. Er führt über Wiesen mit einer Quelle vorbei. Von hier aus hat man einen großartigen Blick über Sofija. Der Weg ist ausgeschildert.

Sheraton Sofija Hotel,
pl. Sveta Nedelja 5,
Tel. 981 65 41, Fax 980 64 64,
Sofija.sheraton@luxurycollection.com. Balkan-Luxus-Hotel im Zentrum, mit allem Komfort ausgestattet, 154 Zimmer, 34 Appartements.
Raddisson SAS, bul. Narodno Săbranie 14, Tel. 933 43 34. 2001 komplett renoviertes Hotel mit fantastischem Blick auf das Parlament, gehobenes Preisniveau.
Hotel Central, bul. Christo Botev 52, Tel. 981 23 64. Nettes neues Hotel, in dem Geschäftsleute absteigen, günstig.
Hotel Maria Luisa, bul. Marija Luiza 29, Tel. 910 44,

mluisa@mail.bol.bg. Kleines Hotel in einem restaurierten Gebäude aus der Jahrhundertwende, freundliches Personal.
Grand Hotel Bălgarija, bul. Car Osvoboditel 4, Tel. 987 19 77, 987 01 91, Fax 988 41 77. Teilweise restauriertes ehemaliges Grandhotel im Zentrum, Café mit hervorragendem Kuchen, Latinobar, zwei Restaurants. 74 Zimmer, 6 Appartements.
Moriah Hotel Flats, zentral gelegene Appartements für zwei bis sechs Personen zu moderaten Preisen. Buchungen: Tel. 52 43 13, mobil: 048-90 12 21 oder www.bright-bg.net/moriah.
Park Hotel Amfora, Stadtteil Knjaževo, ul. Car Boris III. 409, Tel. 57 06 61 oder 957 15 09, Fax 57 33 79, www.hotelamfora.dir.bg. Kleines Haus mit Garten am Fuß des Vitoša-Gebirges, ruhig und komfortabel, 14 Zimmer.
Iskăr Hotel, ul. Iskăr 11 B, Tel. 986 67 50, Fax 980 43 45, hoteliskar@ir.bg. Zentral gelegen, trotzdem ruhig. Kleines, aber feines Zwei-Sterne-Haus mit sehr nettem Personal, hübsch eingerichtete Zimmer zu sehr günstigem Preis.
Hotel Pop Bogomil, ulica Pop Bogomil, Tel. 983 11 65, 980 zentral gelegenes, familiengeführtes B & B.
▶ Dragalevci: Hotel-Restaurant Edi, ul. Krajrečna 28, Tel. 02-967 22 70, Fax 02-967 22 18, www.hoteledi.hit.bg, hoteledi@bgnet.bg. Gemütlich, vornehm, großer Komfort.
Hotelrestaurant Schloß Chrankov, ul. Kruševa Gradina 53, Tel. 02-919 09, Fax 02-67 29 45, office@hrankov-bg.com, castle_hrankov@yahoo.com. Hier steigen Stars aus Show, Film und Politik ab. Das Restaurant Zamăk Chrankov serviert hervorragende bulgarische Küche.

Ruski Klub Krim, ul. Slavjanska 14. Restaurant mit vorzüglicher russischer Küche und gediegener Atmosphäre.
Kăštata (das Haus), vl. Verila 4. Auswahl an nationalen Gerichten und viel Fisch. Schöner Sommergarten.
Uno Enoteca, bul. Vasil Levski 45, Tel. 981 43 72. Hier speist die Highsociety – Leute aus Film und Fernsehen, Politiker, Wirtschaftsleute. Hervorragende mediterrane Küche mit prämierten Weinen und erstklassigem Service. Der Garten ist mit schönen Pflanzen verziert, jeden Tag andere Live-Musik, Reservierung empfohlen.
La Capannina, pl. Narodno-Săbranie 9, Tel. 980 44 38. Authentische italienische Küche, Blick auf Parlament und Aleksandăr-Nevski-Kathedrale.
Restaurants, die 24 Stunden geöffnet sind: La Gondola, bul. Vitoša 16; Europe, ul. Alabin 35; Breza at, ul. Nikola Petrov 45.

▶ Dragalevci: Vodenicata, Tel. 02-967 10 58. Eine alte Mühle im Ort, zehn Kilometer südlich vom Zentrum, ist renoviert worden und heute ein Restaurant, das traditionelle bulgarische Gerichte anbietet.

Sofia Quick Guide und der monatlich erscheinende Sofia City Info Guide geben einen Überblick über die wichtigsten Veranstaltungen.
Kartenverkauf: Konzertbüro auf dem bul. Car Osvoboditel 2, Tel. 987 15 88, oder über die Vorverkaufsstelle im Kulturpalast NDK, Tel. 91 66 23 69.
Nationaloper, bul. Dondukov 30, Tel. 98 85 86. Große Tradition, klassische Stücke, http://geobiz.com/sfopera/.
NDK (Kulturpalast). Hier finden die bedeutendsten symphonischen Konzerte statt, auch Opern- und Ballettaufführungen, Kammermusik- und Jazzkonzerte.
Nationaltheater Ivan Vazov, ul. Vasil Levski 5, Tel. 987 48 31. Klassiker der bulgarischen und der internationalen Literatur.
Theater 199, experimentelles Theater, ul. Slavjanska 8, Tel. 987 85 33.
Diskos: Neron im NDK-Komplex mit gemischtem Publikum.
Club 666, am Vasil-Levski-Denkmal gegenüber dem botanischen Garten.
Club Escape, ul. Angel Kănčev 1. DJ-Partys.
Buddha Bar, ul. Lege 15a, im Rila Hotel. World Music.
Tequila Bar, bul. Lanko 1, Nähe Levski-Denkmal. Gemischtes Musikprogramm.
Bars: Black Label im Military Club, bul. Car Osvoboditel 8. Klassische Whiskey-Bar, bis 5 Uhr geöffnet.
Café-Bar 703, ul. Car Šišman 24. Nette Bar, von jungen Leuten frequentiert.
Casinos: Casino Princess, im Hotel Princess, bul. Marija Luiza 31.
Casino Club Sofija, im Sheraton Hotel, Ploštad Sveta Nedelja 5.
Clubs: Červilo, im Military Club, bul. Car Osvoboditel 9. Angesagt, auch unter der Woche geöffnet.
Swinging hall, ul. Dragan Cankov 8, Nähe Vasil-Levski-Stadion. Mi Latino-Nacht, Fr u. Sa Technomusic, live Rock- und Popkonzerte.
Čevermeto, bul. Marija Luiza 106. Folklore-Musik, authentische Atmosphäre mit Restaurant.
Bourbon Street, bul. Vasil Levski 114. Live Jazz-, Blues- and Rock'n Roll-Konzerte.
Backstage, bul. Vasil Levski 100. Jeden Tag der Woche Musik querbeet.

Nationales Archäologisches Museum (Nacionalen archeologičeski muzej), ul. Săborna 2 (beim pl. Aleksandăr Batenberg), Di–So 10–12 u. 14–18 Uhr. Gebrauchsgegenstände, Teile von Ausrüstungen oder Schmuck der Thraker, Römer und Griechen.
Nationalgalerie, pl. Aleksandăr-Batenberg 1, Mi–So 10–12.30 u. 13.30–18 Uhr. Sammlung bulgarischer Kunst von der Mitte des

19. Jahrhunderts bis zur Gegenwart.
Ethnographisches Museum, ul. Moskovska 6a, Mo–Fr 10–19 Uhr. Sammlung von Trachten und Volkskunsterzeugnissen.
Kunstgalerie Kyrill und Method, ul. 19 Fevruari, am pl. Aleksandăr Nevski, Mi–Mo 11–18 Uhr. Westeuropäische sowie afrikanische, indische und lateinamerikanische Kunstgegenstände.
Kirche der heiligen Petka, Sveta Petka Samardžijska, Besichtigung der Wandmalereien Di–Sa 10.30–13 u. 15.30–18 Uhr.
Krypta in der Aleksandăr-Nevski-Kathedrale, pl. Aleksandăr Nevski, Mi–So 10–18 Uhr.
$ Bojana: Nationalhistorisches Museum, Tel. 02-9554280, täglich 9–16 Uhr.
Kirche, Tel. 02-685304, geöffnet Di–Fr 9–16 Uhr.
▶ Dragalevci, Kirche. Öffnungszeiten können an der Gondelstation erfragt werden.

Anfang Juni: Festival zeitgenössischer klassischer Musik.
Juni: Festival der europäischen Koproduktionen (internationales jährliches Filmfestival), Sofija, Lumière Cinema, NDK.
November: Kinomania. Dreiwöchiges Filmfestival, hochrangige internationale und bulgarische Filme, NDK.
Zweite Woche im November: Internationales Jazz-Festival.

CUM, bul. Knjaginja Marija Luiza 2. Größtes Warenhaus.
Kunsthandwerk: in den Geschäften auf dem bul. Car Osvoboditel 4, bul. Vitoša 14 und pl. Makedonija 6 oder in den Unterführungen unter dem Kaufhaus CUM und dem Kulturpalast (NDK).
Musik: Balkanton, bul. Aleksandăr Stambolijski 38, bul. Knjaginja Marija Luiza 29, und pl. Slavejkov. Vorzügliche Aufnahmen zu guten Preisen.
Die Bulgarische Vereinigung der Kunsthandwerker, ul. Šipka 6, gute Preise.
Markt auf dem pl. Slavejkov: Allerlei Nützliches zu günstigen Preisen, lohnt schon wegen der Atmosphäre.
Stenata Sportladen: Sofija, 63 Car Samuil; Tel. 29 80 54 92 oder 29 89 05 38, Fax. 29 80 32 00. Hochwertige Ausrüstung für Bergtouren plus Beratung.

Ausflüge von Sofija

Die Umgebung von Sofija läßt für Naturfreunde keine Wünsche offen: Berge, Seen und Wasserfälle, Wiesen und Naturparks, in denen seltene Tierarten leben, bestimmen das Umland und bilden einen reizvollen Kontrast zur geschäftigen Metropole.

Das Vitoša-Gebirge

›Sofija und Vitoša sind unzertrennlich wie Neapel und der Vesuv.‹ Dieser Satz stammt von einem österreichischen Wissenschaftler, der Bulgarien im 19. Jahrhundert besuchte. Noch heute trifft diese Beobachtung zu. Das Vitoša-Gebirge erhebt sich am südlichen Rand der Stadt, keine 20 Kilometer vom Zentrum entfernt. Die Sofioter zieht es am Wochenende dorthin, um die zahlreichen Freizeitangebote zu nutzen.

Das kleinste Hochgebirge Bulgariens erhebt sich nur auf knapp 2300 Höhenmeter, doch seine Berge haben es in sich. Die Griechen nannten es deshalb Skombros, was übersetzt etwa ›steiles, spitzes, scharfes Gebirge‹ heißt. 18 Gipfel erreichen mehr als 1500 Meter, zehn sogar mehr als 2000 Meter. Der Černi Vrăch, mit 2290 Metern höchster Gipfel, ist auf einem bequemen Wanderweg zu erreichen.

Ein Teil des Gebirges wurde 1934 zum Naturpark erklärt. Zu diesem Zeitpunkt umfaßte er 6410 Hektar; heute sind es rund 26 600 Hektar und damit 90 Prozent des Gebirges. Das Gebirge ist von zahlreichen Flüssen und Bächen durchzogen, hier wachsen viele geschützte Pflanzenarten, beispielsweise über 30 Sorten von Orchideen und die seltene Transsilvanische Campanula – eine Glockenblumenart –, 326 verschiedene Moossorten, 500 Arten von Algen und 360 verschiedene Flechten. Zehn Amphibiengattungen, Schlangen, Eidechsen, Salamander können Besuchern auf Wanderungen begegnen. Es wurden 236 Vogelarten im Gebirge beobachtet, 120 davon brüten hier. Auch wurden sonst auf der Welt bedrohte Arten wie der Hühnerhabicht, der schwarze Storch, der Uhu und der Steinadler gesichtet. Obwohl sie andernorts fast vollständig von der Bildfläche verschwunden sind, gibt es im Vitoša-Park einige Bären, die unter strengem Schutz stehen. Auch viele andere Tiere leben hier auf freier Wildbahn: Wölfe, Füchse, Marder, Rehe, Wildkatzen.

Das Gebirge ist im unteren Bereich von dichtem Laub- und Nadelwald, weiter oben von großflächigen Latschenteppichen und blühenden Bergwiesen geprägt. Von dort schweift der Blick in die Ferne: über das im Talkessel liegende Sofija zum Balkangebirge im Nordosten und Osten, dem sich im Südosten anschließen-

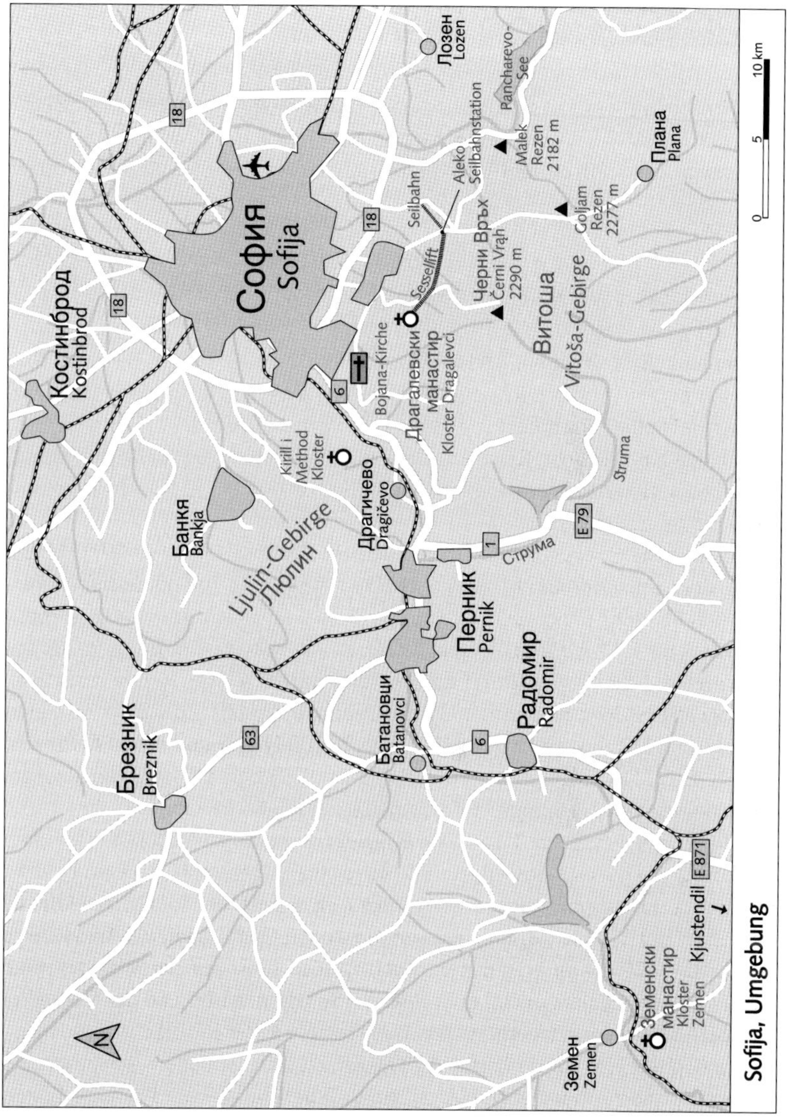

Sofija, Umgebung

den Sredna Gora, dem Rila-Gebirge im Süden. Unweit des höchsten Berges erheben sich – 1902 bis 2277 Meter hoch – die kleineren Gipfel des Vitoša-Gebirges: der Goljam und Malak Rezen, der Skoparnik, der Jarlovski Kupen, der Meča Dupka, der Sedloto, der Lavčeto.

Herbstliche Stimmung im Vitoša-Gebirge

Hier führt der europäische Fernwanderweg E4 vorbei, der die Pyrenäen über die Alpen mit dem Peloponnes verbindet und sich im Vitoša-Gebirge vom Černi Vrăch an der Zweitausender-Kette der Skoparnik, Bezimenen, Kupena und Jarlovski Kupen entlang über das steinübersäte und von Gräsern und Kräutern bewachsene Černoto Plateau schlängelt, bevor er zwischen Wacholdersträuchern und Pflaumenbäumen steil zum Maročki-Košari-Sattel abfällt.

Das Gebiet ist vulkanischen Ursprungs und besteht nahezu vollständig aus Granit und Magneteisenstein. Frühere Siedler konnten die Metalle zu Tage fördern. Sie fanden Gold, Eisenerz und Kupfer; im Mittelalter arbeiteten die Menschen hier im Bergbau. Zu dieser Zeit befanden sich im Vitoša-Gebirge nicht weniger als 40 Klöster.

Die Gegend wurde während der türkischen Besatzung stark abgerodet, doch unter dem Fürsten Ferdinand von Sachsen-Coburg wurden Ende des 19. Jahrhunderts große Flächen wieder aufgeforstet. Im Heiligen Wald sind nur noch zwei Klöster erhalten: Das Dragalevci-Kloster aus dem 14. Jahrhundert, das 1995 zum Kulturdenkmal nationaler Bedeutung ernannt wurde, und das Kladniski-Kloster Sveta Nicola. Im Mittelalter befand sich über dem Kloster eine von Stadtmauern und Türmen umgebene Stadt.

Die Gegend ist ein beliebtes Wander- und Skigebiet und bietet Besuchern so viel, daß man über einige Schwächen der Infrastruktur wie renovierungsbedürftige Hütten oder schlecht ausgeschilderte Wege gern hinwegsieht: Auf Abenteuerlustige wartet die längste Höhle Bulgariens, die Duhlata mit einer Länge von

17,5 Kilometern. Ein Phänomen sind die Goldenen Brücken (Zlatni mostove) oberhalb eines kleinen Bachs, an dem sich einst Goldgräber tummelten. Hier befindet sich auch der sogenannte Steinerne Fluß; das sind riesige Geröllbrocken die sich das Gebirge hinunterzustürzen scheinen. In der Region gibt es außerdem mehrere gewaltige Wasserfälle, unter denen der Bojan-Wasserfall auf 1300 Metern Höhe im Tal des Bojana-Flusses der größte ist. Die Kaskaden rauschen von 40 Metern Höhe herab.

Etwa 15 Kilometer südlich von Sofija auf dem Weg ins Skigebiet im Rila-Gebirge und damit am Rand des Vitoša-Gebirges liegt der Pančarevo-See. In der unmittelbaren Umgebung gibt es heiße Quellen, am See warten viele Wassersportmöglichkeiten, darunter auch ein Bootsverleih. Es ist die richtige Umgebung, um einen Tag Pause von Erkundungstouren einzulegen. Cafés und Restaurants in Seenähe bieten Gelegenheit zur Erfrischung. Wer Lust hat, begibt sich in der Umgebung auf eine kleine Wanderung.

Vitoša-Naturpark, ul. 17 Antim, Tel. 02-989 53 77, 02-988 58 41, Fax 02-989 53 77, dppvitosha@nug.bg, www.park-vitosha.org.

Von der Stadtmitte Sofijas fahren die Straßenbahnen 14 und 9 (von ul. Graf Ignatiev oder ul. Patriarch Evtimij) bis zur Haltestelle Chladilnika. Von dort aus weiter mit dem Bus 122 u. 123. Im Gebirge: Simeonovo-Gondel, Tel. 02-961 21 89, Bergwacht 955 56 65, im Winter Do–So, auch am Wochenende im Sommer und zur Saison, 30 Minuten. Dragalevci-Sessellifte: Die beiden Lifte zusammen überwinden 870 Höhenmeter. Von der Bergstation (auf 1837 Metern) ist es eine Viertelstunde zu Fuß zum Aleko-Skigebiet. Der untere Sessellift stammt aus dem Jahr 1956 und endet auf der Baj Krustju, der obere stammt aus dem Jahr 1968 und führt zur Bergstation Goli Vrăch (Naked Peak).

Drei-Sterne-Hotel Galant, im Park nahe des Pančarevo-Sees, Tel. 02-975 17 95, 975 19 65, mobil: 088-972 09 90, krasigalant@hotmail.com. Sportmöglichkeiten und Swimming-Pool.

Restaurant Vodenicata, Tel. 02-967 10 58. Kategorie 2, traditionelle bulgarische Gerichte. Caférestaurant Vodenicarski in Dragalevci nahe dem Sessellift. Caférestaurant Zlatni mostove gleich bei den Goldenen Brücken.

Diverse Wanderungen. Zum Beispiel etwa vier Stunden zum höchsten Gipfel des Vitoša-Gebirges, dem Černi Vrăch. Paragliding und Hanggliding, zu buchen über Odyssea in Sofija.

Skifahren in Bulgarien

›Skiurlaub in Bulgarien‹ ist das Produkt, mit dem die Tourismusindustrie des Landes schon seit mehreren Jahren offensiv um ausländische Gäste wirbt. Als Argumente nennt sie die große Schneesicherheit in den Skigebieten, die ungewöhnlich hohe Anzahl von Sonnenstunden in den Bergregionen, Wintersportorte auf internationalem Niveau und vor allem die günstigen Preise im Vergleich mit den Alpenregionen. So sollen ausländische Wintersportler von diesem – zumindest für Mitteleuropäer – nach wie vor eher ungewöhnlichen Reiseziel überzeugt werden. Borovec im Rila-Gebirge, Pamporovo in den Rhodopen und Bansko im Pirin-Gebirge sind dabei die Wintersportorte, mit denen sich Bulgarien dem internationalen Vergleich stellt. Borovec, in den achtziger Jahren Austragungsort von zwei Skiweltcuprennen, ist Skisportinteressierten auch außerhalb Bulgariens ein Begriff. Borovec und auch Pamporovo sind Wintersportorte, die auf dem Reißbrett entstanden und offensichtlich nach dem Vorbild der typischen französischen Skiressorts aus den sechziger Jahren erbaut wurden. Bansko ist dagegen eine traditionelle, bulgarische Kleinstadt mit viel Charme und Atmosphäre. In jedem der drei Orte ist man auf ausländische Winterurlauber eingestellt, Hotellerie und Gastronomie entsprechen internationalem Niveau. Für das Aprés-Ski ist mit zahlreichen Restaurants, Cafés, Bars, Nachtclubs und Diskotheken bestens gesorgt. Die Skischulen beschäftigen auch deutsch- und englischsprachige Skilehrer, die drei Skigebiete bieten abwechslungsreiche Pisten aller Schwierigkeitsgrade. Wer allerdings die räumlichen Dimensionen sogenannter Skisafaris wie in den Wintersportzentren der Alpen mit 250 Kilometern Abfahrtspiste und mehr erwartet, wird in den bulgarischen Gebieten schnell an Grenzen stoßen. Denn in Borovec, dem größten Ort, gibt es beispielsweise lediglich überschaubare 40 Kilometer präparierter Piste. Diesen Makel hat die bulgarische Tourismusindustrie erkannt und handelt. In Bansko wird das Skigebiet derzeit mit neuen Pisten und Liften weitläufig ausgebaut – ohne Rücksicht auf die Grenzen des einzigartigen Nationalparks Pirin, der unter besonderem Schutz stehen sollte. Und ohne Rücksicht auf die Warnungen von Experten und Umweltschützern, die auf die erheblichen Umweltgefahren hinweisen, die mit einem solch massiven Eingriff in dieses sensible Ökosystem verbunden sein werden. So droht durch den radikalen Kahlschlag eine akute Erosionsgefahr. Trotz der weiteren Erschließung wird Bulgarien mit seinen kleinräumigen Bergregionen niemals mit den Dimensionen der Skizentren im Alpenraum konkurrieren können. Weder der Ausbau noch die Argumente, mit denen

Wintervergnügen im Rilagebirge

bisher für Skiurlaub in Bulgarien geworben wird – obwohl sie eine gute Grundlage für Skitourismus darstellen – werden wohl ausreichen, um verwöhnte Winterurlauber aus anderen Ländern gewinnen zu können.

Die bulgarische Tourismusindustrie müßte sich bei der Werbung für ihr Produkt zusätzlich jener Ressourcen besinnen, die den Skiurlaub in ihrem Land zu einem außergewöhnlichen Ereignis machen: Skiurlaub mit zeitgemäßen Wellness- und Kurangeboten, mit umfangreichem Besichtigungs- oder Kulturprogramm oder ungewöhnlichen Ausflügen: So müßten die Angebote lauten, die ausländische Gäste von Bulgarien als extravagantem Reiseziel für ihren Skiurlaub überzeugen könnten.

Argumente liefert das Land selbst. So kann man etwa im Vitoša-Naturpark gefrorene Wasserfälle von über hundert Metern Höhe unter individueller Aufsicht erkunden – damit ließen sich auch verwöhnte Urlauber gewinnen.

Das Ljulin-Gebirge

Westlich von Sofija beginnt ein relativ niedriger Teil der Bergkette, das Ljulin-Gebirge. Es umschließt das Tal rund um die Hauptstadt und ist leichter zugänglich als das Vitoša-Gebirge. Auch der höchste Teil überschreitet nicht die 1500-Meter-Grenze. Ausgedehnte Bergwiesen mit vielen Blumen säumen den Bergrücken; die meisten seiner Abhänge sind hauptsächlich mit Buchen bewaldet. Für die Wanderer unter den Hauptstädtern ist der Ljulin wegen seiner Lichtungen und schattigen Wanderwege ein beliebtes Ausflugsziel, im Winter ziehen Pisten die Skifahrer an. Von Sofija aus ist das Naherholungsgebiet leicht mit einer kurzen Zugfahrt nach Bankja zu erreichen. Von dort aus führen verschiedene Wanderwege zu Hütten. Sehenswert ist auch das Kloster Sveti Kiril i Metodij, das traumhaft mitten zwischen den grünen Hügeln liegt.

Bankja selbst liegt etwa 17 Kilometer westlich von Sofija in einem reizvollen Tal am Fuße des Ljulin-Gebirges. Es ist dank heißer Mineralquellen ein bekannter Luftkurort, der besonders für Herzkranke geeignet ist. Jedes Jahr kommen etwa 140 000 Bulgaren und auch Ausländer hierher, um sich in einer spezialisierten Rehaklinik behandeln zu lassen. Das milde Klima, die frische Luft und die heißen Quellen haben Investoren angezogen, und ein Zwei-Millionen-Dollar-Entwicklungsprojekt soll schon bald für die Entstehung eines riesigen Freizeitkomplexes mit Sportmöglichkeiten sorgen. Ein großes Golf-Center für Aktivisten ist bereits fertiggestellt.

Bei Ausgrabungen wurden hier Überreste von Keramikteilen aus der Römerzeit gefunden.

Im Bankya Palace Hotel.

Bankya Palace Hotel, bul. Varna 7, Bankja, Tel. 02-472744. 10 Einzel-, 21 Doppelzimmer und sieben Appartements, alle mit geräumigen Balkons. Das Hotel ist spezialisiert auf Business-Treffen und Seminare.

Hotel Restaurant Rose, wenige Gehminuten vom Zentrum Bankjas, Tel. 02-467244, rose@fintech.bg. Luxuriöse Ausstattung, zwei Suiten, gutes Restaurant, Fitness-Club.

Hotel Georg, ul. Ropotamo 16, Tel. 02/997 73 39; 997 81 90, hotel_george@yahoo.com, Zwei-Sterne-Haus, Swimming-Pool mit heißem Quellwasser, Tennisplätze, Restaurant im Freien, Möglichkeiten zum Reiten, auch mit Lehrer.

Berghütte Bonsovi poljan. Vom Bahnhof Bankja erreicht man die Berghütte nach einer zirka zweistündigen Wanderung. Bitte vorher im Bankya Palace Hotel informieren, ob die Hütte bewirtschaftet ist.

Pernik, Kloster Zemen und Umgebung

Der Anblick der 100 000-Einwohner-Stadt Pernik südwestlich von Sofija, ehemaliges Industriezentrum im Bereich Kohleförderung, bietet auf den ersten Blick dasselbe triste Bild, wie es vielerorts seit der Wende Alltag ist: verlassene Fabrikhallen und renovierungsbedürftige Hochhäuser. Doch die Stadt, die sich am Flußufer der Struma erstreckt, ist dennoch reizvoll. Das alte Stadtzentrum ist einen Bummel wert, und der ansässige Wirtschaftszweig Kohle- und Bergbau förderte bemerkenswerte Nebenprodukte zu Tage: Es wurden zuhauf archäologische Funde aus der Zeit des Neolithikums und aus der Thrakerzeit gemacht, die allesamt im Historischen Museum zu bestaunen sind. Pernik ist auch ein guter Ausgangspunkt für Wanderungen ins Ljulin-Gebirge.

Weiter auf dem Weg in die Stadt Kjustendil erreicht man nach 44 Kilometern Zemen. Der 3000-Einwohner-Ort liegt in einer malerischen Umgebung. Beeindruckend ist vor allem die Schlucht an der Struma, an deren Eingang das Kloster Zemen liegt. Seine Entstehung ist eng mit der Geschichte des Zweiten Bulgarischen Reiches verbunden. Errichtet im 12. Jahrhundert, wurde es im 14. Jahrhundert aufwendig restauriert und mit ausdrucksstarken Fresken geschmückt, die – verglichen mit dem Konservatismus der christlich-orthodoxen Kunst zu dieser Zeit – etwas Außerordentliches sind. Besondere Aufmerksamkeit verdient auch die Johanneskirche, die Teil des Klosterkomplexes ist. Das Gebäude hat eine kubische Form. Drei gleichhohe, halbrunde Apside, die bis zum Dach reichen, und die durch Blendbögen gegliederte Fassade machen den Bau zu einem herausragenden Beispiel mittelalterlicher Architektur.

Kjustendil, an der Fernstraße in Richtung mazedonischer Grenze gelegen, ist die letzte größere Stadt. Sie befindet sich am Fuße des Osogovska-Gebirges. In der Umgebung gibt es über 40 Heilquellen. Das Wasser aus diesen Quellen hilft bei Frauenleiden, Entzündungen des peripheren Nervensystems und der Atemwege. Im Stadtzentrum befindet sich auch ein öffentliches Bad. Um einen Kurort im klassischen Sinne handelt es sich jedoch nicht; diese Strukturen sind eher bruchstückhaft ausgeprägt.

Pernik: Vorwahl 076, PLZ 2300.

► Pernik: Hotel Struma, Tel. 60 20 36, 60 21 63 oder 245 89. Zwei-Sterne-Haus im Zentrum, Restaurant.

► Kjustendil, Hotel Pautalija, bul. Bălgarija, Tel. 078-245 61. Zwei-Sterne-Haus.

► Pernik: Historisches Museum, ul. Fizkulturna 2, Tel. 076-60 31 18, 60 37 37. Im Stadtzentrum, 1200 Quadratmeter prähistorischer Funde, unter anderem Votivtafeln von thrakischen Reitern, über 1700 Exponate.

► Zemen: Kloster (Zemenski manastir).

Wandern im Gebirge Golo bardo, fünf Kilometer von Pernik entfernt.

Der Nordwesten

Wer sich von Sofija aus Richtung Norden begibt, egal, ob mit dem Zug oder mit dem Auto, der kommt bald in den vollen Genuß unberührter Natur. Der gesamte Nordwesten Bulgariens wird von Touristen wenig besucht. Die Natur ist ursprünglich, es gibt kaum Strukturen. Ausgebaut wurden in den letzten Jahren lediglich verschiedene Öko-Wanderwege, Naturwanderwege, die durch einsame Schluchten und Wälder führen. Ein Glück für diejenigen, die sich für diesen Teil des Landes als Reiseziel entscheiden. Die Straßen, über 200 Kilometer bis hinauf zur Donau, sind außer den Autobahnstrecken eher in schlechtem Zustand. Die Nebenstraßen, die zu den kleineren Dörfern führen, haben ebenfalls eine bemerkenswerte Dichte an Schlaglöchern. Eile ist hier also kein guter Reisebegleiter. Dafür sind die Menschen, die hier leben, um so entspannter und freundlicher. Abenteuerlich und besonders schön ist eine Fahrt mit dem Zug, zum Beispiel durch den 65 Kilometer langen Iskăr-Durchbruch, die einzige Stelle, an der ein Gewässer den Balkan durchbricht.

Beschaulichkeit im ländlichen Nordwesten

Nordwestlich des Iskăr-Durchbruchs, hinter dem Vračanski-Balkan, befindet sich eine Region, die zwar bis jetzt touristisch kaum Beachtung fand, aber viel zu bieten hat: Naturparks, Klöster, Wein, Kunsthandwerk. Die Natur ist unberührt, die Preise meist niedriger als in touristisch stark frequentierten Gebieten.

Am Fuße des nordwestlichen Balkans befinden sich mehrere Klöster, allerdings gut versteckt in den Felsen. Jedes ist auf seine Art interessant und

Negotin
Rumänien
Видин
Vidin
Bailesht
Calafat
Дунавци
Bunavci
Кула
Kula
Раковски манастир
Kloster Rakovica
Dunav
Дунав
Лом
Lom
Магурата
Magurata
Димово
Dimovo
Рабиша
Rabiša
Расово
Rasovo
Вълчедръм
Vąlčedrąm
Белоградчик
Belogradčick
Knjaževac
Долни Лом
Dolni Lom
Panoramastraße
Белимел
Belimel
Монтана
Montana
Чипровци
Čiprovci
Гаврил Гeново
Gavril Genovo
Лопушански манастир
Lopušanski-Kloster
Serbien und Montenegro
Берковица
Berkovica
Вършец
Vąršec
Леденика
Ledenika
Враца
Vraca
Клисурски манастир
Klisurski-Kloster
Згориград
Zgorigrad
Мездра
Mezdra
Pirot
Паволче Pavolče
Тодорини Кукли
Todorini Kukli
1785 m
Челопек Čelopek
Лютиброд
Ljutibrod
Гинци
Ginci
Елизейна
Elisejna
Черепишки манастир
Kloster Čerepiš
Zverino
Гара Бов
Gara Bov
Caribrod
Церово
Cerovo
Kloster Sedemte Prestola
Седемте престола
Своге
Svoge
Осеновлаг
Osenovlag
Костинброд
Kostinbrod
Нови Искър
Novi Iskąr
Panoramastraße
Банкя
Bankja
София
Sofija
Перник
Pernik
Nord-West-Bulgarien
0
10
20 km

spiegelt die verschiedenen Aspekte der bulgarischen Religion und Geschichte wider: Das Klisurski-, Lopušanski- und das Čiprovski-Kloster. In einigen Klöstern können Reisende auch übernachten.

Die Festung von Belogradčik zählt zu den architektonischen Höhepunkten des Landes. Auch die bizzaren Felsformationen, die sich dort über Jahrhunderte gebildet haben, sind die 150 Kilometer lange Reise von Sofija aus wert.

Wanderwege ziehen sich, umgeben von Wäldern, durch die Felslandschaft von Belogradčik. Hier befindet sich der im Land berühmte Koprenska-Ökowanderweg und das Čuprene-Reservat. Wer gern klettert, dem ist der Berg Midjur zu empfehlen, Kultur-Abenteurer kommen in der Magura-Höhle auf ihre Kosten.

Die Stadt Văršec hat den Ruf, das Gesundheitszentrum Bulgariens zu sein. Im Winter ziehen die Hänge unter der Stadt von Berkovica Skifahrer an, die für ihre Leidenschaft nicht viel Geld ausgeben können.

Früher war Bulgarien bekannt für seine Teppichproduktion. In Čiprovci und den Dörfern in der Umgebung wird sie heute noch betrieben. Wer möchte, kann den Handwerkern bei ihrer Arbeit über die Schulter sehen oder auch einen Teppich als Souvenir mit nach Hause nehmen.

Eine kulinarische Besonderheit der Region ist der in der Magura-Höhle gereifte champagnerähnliche Wein. Eine Kostprobe lohnt sich.

Der Iskăr-Durchbruch

Der vom Iskăr gebahnte Weg durch das Gebirge verbindet Nord- und Südbulgarien. Das Durchbruchtal von Novi Iskăr nach Ljutibrod ist etwa 65 Kilometer lang, insgesamt kommt der Iskăr auf 368 Kilometer Länge und ist damit der nach der Donau längste Fluß Bulgariens. Er mündet nördlich von Pleven, nahe dem kleinen Ort Bajkal, in die Donau. Der Iskăr durchbricht als einziger Fluß das Gebirgsmassiv Stara Planina und hat im Laufe der Jahrtausende eine tiefe, canyonartige Schlucht durch dieses Balkangebirge gegraben.

Eine Eisenbahnstrecke und eine Landstraße schlängeln sich durch diese imposante Felsenwelt und weiter bis

Das Iskărtal ist durch beeindruckende Felsformationen geprägt

ins nordöstlich gelegene Städtchen Červen brjag und bieten teils atemberaubende Aussichten. Das gesamte Iskăr-Flußtal wird von außergewöhnlichen Felsformationen umrahmt, einige von ihnen wurden zum Naturerbe erklärt. Dort wo der Iskăr vor Mezdra wieder tief in das Gebirge einschneidet, ragen 60 bis 80 Meter hoch die Felswände der Ritilite am linken Ufer hervor. Sie haben ihre bizarren Formen auf Grund der unterschiedlichen Witterungsbedingungen erhalten. Die Kătina-Pyramiden bei Kurilo, einem Stadtteil von Novi Iskăr, oder die weiter westlich gelegenen Lakatnik-Felsen nahe der Bahnstation Lakatnik gehören ebenfalls zu den spektakulärsten Felsphänomenen. Wer gern klettert, findet hier eine Herausforderung. Bis zu 300 Meter strecken sich die Felsen senkrecht in die Höhe. Skurrile Meisterwerke der Natur sind die vielen Höhlen, beispielsweise zwischen Roman und Červen Brjag oder in der Nähe von Lakatnik. Dort wird die größte Höhle ›das dunkle Loch‹ genannt, Tămnata dupka. Sie erstreckt sich über drei Kilometer auf mehreren Ebenen und wird von einem unterirdischen Fluß durchquert. Es empfiehlt sich unbedingt, spätestens am Bahnhof Lakatnik etwas fürs Picknick einzukaufen, da es in dieser Gegend keine Raststationen gibt.

Der Skaklija-Wasserfall

Einer der kleinen Nebenflüsse im Iskăr-Durchbruch ist der Fluß Zaselska. Die Flußmündung wird von steilen Bergabhängen eingeengt. Wo das Tal weiter wird, erhebt sich südlich davon ein 200 Meter hoher Felsenbogen. Schon von weitem sieht man etwa in der Mitte dieser Felswand den leuchtenden Wasserfall Skaklija; beeindruckend ist er vor allem im Frühling, wenn geschmolzener Schnee die Wassermassen anschwellen läßt. Die erste Stufe des Skaklija hat eine Höhe von 85 Metern, die zweite erreicht 20 Meter. Bergab folgen einige Stromschnellen.

Die Umgebung des Flußlaufs lädt zu einer Wanderung ein. Einer der Pfade durch die Natur ist nach dem Nationaldichter Ivan Vazov benannt, der sich öfter hier aufhielt. Wer direkt von Sofija aus einen Ausflug zum Wasserfall unternehmen möchte, nimmt den Zug in Richtung Vraca, mit dem er in etwa einer Stunde die Bahnstation Gara Bov erreicht. Von dort sind es etwa 45 Minuten zu Fuß bis zum Skaklija-Wasserfall.

Das Kloster der Sieben Altäre

Zwischen den Lakatnik-Felsen und den Ritilite-Formationen zweigt in südlicher Richtung vom Iskărtal eine kleine Straße auf der Höhe des Dörfchens Zlidol ab. Inmitten eines Pinienwaldes, etwa auf halber Strecke an dem Weg nach Osenovlag, liegt das Kloster Sedemte Prestola, das Kloster der Sieben Altäre, das im 14. Jahrhundert gegründet wurde.

In der Mitte der Kirche thront der Hauptaltar, während seitlich die sechs kleineren Altäre angelegt sind.

Die waldige Umgebung ist gut geeignet für erholsame Spaziergänge. Man kann im Kloster selbst in einfachen Zimmern übernachten und die Stille inmitten der Natur genießen. Allerdings müssen sich Gäste Getränke und Essen selbst mitbringen.

Das Čerepiš-Kloster

Bei Zverino, etwa 15 Kilometer vor der Stadt Mezdra, zweigt eine kleine Straße von der Hauptstraße zum Čerepiš-Kloster (Čerepiški manastir) ab, das sich über dem Iskăr erhebt. Über Jahrhunderte war es von Gelehrten, Übersetzern und Kalligraphen bewohnt, die Werke wie das Evangelium des Mönchs Danail oder Jakobs Buch der Apostel aus dem 17. Jahrhundert schufen.

Das Kloster ist zwischen 1390 und 1396 entstanden und wurde kurz danach von den Türken eingenommen, im 17. Jahrhundert vom Glaubensmann und Malerkünstler Pimen Zografski wieder eröffnet. Einige seiner Werke wie ›Der Baum des Jesse‹ sind noch in der angeschlossenen Kirche zu bewundern. Die meisten Wandmalereien sind wohl Mitte des 19. Jahrhunderts entstanden, wurden jedoch im Laufe der Zeit stark beschädigt und bis heute nicht renoviert. Sie gehen auf den Meister Papa Vitan zurück.

Dem Kloster ist ein kleines Museum angeschlossen, in dem einige Ikonen zu besichtigen sind. Die Öffnungszeiten sind jedoch unregelmäßig. Das Kloster stellt für Übernachtungen einfache Zimmer zur Verfügung. Die Dokumente zur Gründung werden im Historischen Museum in Sofija aufbewahrt.

Am 15. August, Mariä Himmelfahrt (Goljama Bogorodišta), pilgern tausende Bulgaren zum Kloster. Zu dieser Zeit ist es zwecklos, nach einem Zimmer zu fragen. Ansonsten: Kloster der Sieben Altäre, beim Dorf Elenov dol. Einfache Herberge ohne Bewirtung. Čerepiš-Kloster. Einfache Zimmer.

In der gesamten Gegend gibt es keine Lokale. Es empfiehlt sich daher, Proviant aus den größeren Orten mitzubringen.

Die Lakatnik-Felsen, eine Bahnstation hinter Gara Bov in Richtung Mezdra, sind beliebtestes und spektakulärstes Klettergebiet der Bulgaren, allerdings nur für Profis geeignet. Hier über-

nachten die Kletterer im Sommer auch in Zelten oder in einer der nahe gelegenen Höhlen.
Es besteht die Möglichkeit, auf dem Iskär Rafting-Touren zu unternehmen. Die geführten Touren finden stunden- oder tageweise statt, täglich zwischen 10 und 20 Uhr auf aufblasbaren Booten; Helme und Westen werden gestellt. Die beste Zeit dafür ist von Mai bis Juni.
Infos und Reservierungen in Sofija: Odyssea In, Stambolijski bul. 20-V, Tel. 9890538, 9893200, odysseia@omega.bg, www.unique-bulgaria.com.
Wanderung zum Skaklija-Wasserfall: Von der Bahnstation Gara Bov spaziert man etwa 45 Minuten bis zum Wasserfall.

Mezdra und Umgebung

Östlich des Iskär-Durchbruchs liegt das 13 000-Einwohner-Städtchen Mezdra. Der Ort erstreckt sich auf der linken Seite des Iskär-Ufers und ist der bedeutendste Eisenbahn- und Verkehrsknotenpunkt Nordwestbulgariens.

Historisch geht die Stadt auf die Thraker zurück. Unter den Römern avancierte der Ort zu einer großen Stadt mit einer Festung auf dem Felsen über dem Fluß. Die Überreste sind noch heute auf dem Kaleto-Platz südlich des Bahnhofs zu sehen. Die Festung schützte die Zugänge Richtung Sofija, Vraca und Montana. Im Mittelalter begann der Niedergang Mezdras, das schließlich unter der Osmanenbesetzung nahezu zerstört wurde. In türkischen Dokumenten aus dem 15. Jahrhundert wird Mezdra als ›Mezdra torbariza‹ bezeichnet, was so viel wie leere Tasche bedeutet. Unmittelbar nach der Befreiung gab es in Mezdra etwa 20 Häuser, in denen rund 80 Menschen wohnten. Doch als die Eisenbahn gebaut wurde, erfuhr der Ort einen raschen Aufschwung, seit den 1920er Jahren ist die Stadt ein bedeutender Verkehrsknotenpunkt.

Rund 25 Kilometer östlich von Mezdra stößt man erneut auf ein Naturschauspiel am Iskär-Ufer: Zwischen den Orten Roman und Červen brjag erstreckt sich über etwa 30 Kilometer die eindrucksvolle Karlukovo-Schlucht. Sie ist vor allem durch zahlreiche ungewöhnliche Felsformationen geprägt. Die spektakulärste davon, östlich des Bahnhofs von Reselec gelegen, trägt den Namen ›Die Puppen‹. In dieser Umgebung befindet sich auch die gigantische Prochodna-Höhle. Die Höhle hat einen ungewöhnlich großen Eingang und wird oft von Experten erkundet.

Ganz in der Nähe bietet das sehenswerte Strupeški-Kloster des Phropheten Ilijas (Sveti Prorok Ilija), das im 14. Jahrhundert gegründet wurde, Möglichkeiten zur Übernachtung. Sehenswert ist die Kirche aus dem 16. Jahrhundert sowie das Kloster selbst mit seinen Wandmalereien. Im Kloster fand einst der Nationalheld Vasil Levski Unterschlupf, als er von den Türken verfolgt wurde.

Das Kloster ist einen Kilometer vom Bahnhof Strupec entfernt.

Rodina Hotel, ul. Christo Botev 26, Tel. 09 10-24 45 31 45. Hier sind auch Informationen für Touristen erhältlich.
Pension Gorska Feja, in Karaš bei Roman, Tel. 09 10-22 24, mobil: 088-925 18 62. Familiengeführtes Hotel, Swimming-Pool und Restaurant; großartiger Ausblick auf das Malki Iskăr-Tal.

Die Gegend ist zum Mountainbiken und Wandern geeignet.

Vraca und der Naturpark Vračanski Balkan

Mezdra, eine Stadt mit 80 000 Einwohnern, liegt zu Füßen des Naturparks Vračanski Balkan, in dem die beeindruckenden Felsen des Vracagebirges zu finden sind. Der Fluß Leva schlängelt sich durchs Tal, rechts und links davon liegt die Stadt, über deren Dächern Felsen zu hängen scheinen. Vraca ist ein guter Ausgangspunkt für Ausflüge und Wanderungen sowie für einen Besuch der Ledenika-Höhle.

In krassen Kontrast zur schönen Lage und Umgebung steht das Aussehen der Stadt selbst. Im Süden verunstalten Pipelines und alte, zum Teil stillgelegte Chemieanlagen den Ausblick, dazwischen erheben sich Hochhäuser. Auch sonst vermittelt die Stadt keinen allzu lebensfrohen Eindruck. Viele Häuser hätten eine Renovierung nötig, für die das Geld fehlt, die Arbeitslosigkeit ist hoch und von Aufbruchsstimmung keine Spur. Die Armut spiegelt sich in der Atmosphäre der Straßen wider.

Belebtester Ort in der Innenstadt ist die Fußgängerzone mit Cafés, Geschäften, Wechselstuben und einem Markt auf dem bul. Christo Botev, der nach dem Nationalhelden der Stadt benannt ist. Christo Botev (1848–1876) ist eine der bekanntesten Figuren der bulgarischen Geschichte, für die Bulgaren ein Held im Kampf gegen die Unterdrückung der Türken. Er war mutiger Führer im Widerstandskampf und zugleich Dichter, dessen Werke im ganzen Land bekannt waren. 28jährig formierte er im April 1876 eine Brigade und marschierte ins Balkangebirge. Immer wieder von den Türken eingeholt und gehetzt, erreichte Christo

Botev am 2. Juni schließlich den 20 Kilometer südlich von Vraca gelegenen Gipfel Okolčica. Er hatte gerade die Stimme erhoben, um eine Ansprache an seine Mannen zu halten, als ihn die Türken erschossen und auch seine Gefährten umbrachten.

Vom bul. Christo Botev führt eine Straße zu einem Platz, auf dem eines der noch gut erhaltenen Denkmäler steht: der Meštite-Turm (Kula na meštite) aus dem 17. Jahrhundert. Der Turm wurde von den ansässigen Gutsherren erbaut, mehr aus Prestige- und weniger aus Verteidungsgründen. Gleich hinter dem Turm links liegt die ul. Tărgovska mit bunten Wiedergeburtshäusern aus dem 19. Jahrhundert. Am Ende dieser Straße steht ein Denkmal, das dem Kirchenführer und Wiedergeburtshelden Sofroni Vračanski gewidmet ist.

Hinter dem Denkmal befindet sich das sehenswerte Ethnographische Museum im Ethnographischen Komplex, in dem mehrere Persönlichkeiten aus der bewegten Widerstandsgeschichte lebten. Hier bietet sich die Gelegenheit, sich ein anschauliches Bild von dieser historischen Epoche zu machen. Im Komplex ist auch die älteste Schule der Stadt aus dem Jahr 1822 zu besichtigen. Ferner kann man Einblick in alte Kunsthandwerkstechniken gewinnen, die lange Zeit die Wirtschaft der Region bestimmten, etwa die Seidenspinnerei und Goldschmiedekunst; im integrierten Ethnographischen Museum ist eine Sammlung von Folklorekleidung ausgestellt.

Der Nationalpark Vračanski Balkan hat mit ausgedehnten Wäldern, mächtigen Felsformationen, rauschenden Wasserfällen und bizarren Höhlen Naturliebhabern viel zu bieten. Innerhalb des Parks befindet sich das Vraca-Karst-Naturreservat mit gigantischen Karstformationen, in denen viele Fledermausarten natürlichen Unterschlupf finden. Über 700 verschiedene Pflanzenarten, ein Fünftel der bulgarischen Flora, sind in diesem Gebiet registriert, 26 stehen unter Naturschutz. Eine Reihe seltener Vögel wie der schwarze Storch, der ägyptische Aasgeier und der Felsenadler sind hier ebenfalls beheimatet.

Das Felsmassiv Vracata ist vor allem bei Kletterern beliebt

Von den 500 Höhlen und Karstformen ist die Höhle Ledenika (deutsch: die Eisige) die Hauptattraktion des Parks. Sie liegt 10 Kilometer westlich von Vraca und ist über eine Asphaltstraße Richtung Milanovo zu erreichen. Man kann auch von der Stadt aus eine reizvolle Wanderung dorthin unternehmen. Der Weg auf dem blau markierten Wanderpfad beginnt auf der Straße hinter dem Tourist-Hotel und dauert etwa drei Stunden. Die Höhle begeistert durch ihre Größe und im Winter durch feine Eisdekorationen. Wegen der einzigartigen Akustik im größten Raum der Höhle finden hier oft Symphoniekonzerte statt.

Das Felsmassiv Vracata ist eine beliebte Stätte für Klettersportler. Hier werden auch nationale und internationale Alpinismuswettkämpfe durchgeführt. Eine der senkrecht abfallenden Felswände ist über 400 Meter hoch. Vom Gipfel Okolčica kann man mit Deltaplanern und Paraglidern fliegen, es gibt auch Carting-, Buggy- und Motocrosspisten. Die große Hütte Alpinski Dom auf dem rechten Leva-Ufer etwa zwei Kilometer südlich von Vraca, am Eingang der Schlucht, ist Ausgangspunkt für Klettertouren. Unterhalb der Hütte gabelt sich die Straße. Westlich führt sie zum Bauerndorf Zgorigrad, östlich schlängelt sie sich den Berg hinauf zur Hochebene über Felder, die mit seltenen Wildblumen bewachsen sind. Auf dem Weg eröffnen sich immer wieder großartige Blicke auf den Gipfel Okolčica. Die Panoramastraße über den Gipfel ist etwa 20 Kilometer lang und führt über die Dörfer Čelopek und Pavolče. Von hier aus dauert eine Wanderung zum Gipfel etwa zwei Stunden.

Schon von weitem ist das 35 Meter hohe Denkmal zu sehen, das für Bulgariens Revolutionär und Poeten Christo Botev errichtet wurde, der mit politischem Journalismus sein Leben riskierte und hier starb. Bis heute kommen jedes Jahr viele Menschen hier zusammen, um in Gedenken an ihren Nationalhelden den Weg von Kozloduj zum Gipfel Okolčica entlang der historischen Schauplätze von Botevs Wirken zu wandern.

Die Schluchten entlang der Leva sowie der Wasserfall Borov Kamak sind in einer Ökowanderroute integriert. Die Gegend hinter dem Haus Gorski (Gorski Dom) ist in einen Märchenwaldgeschichtenweg verwandelt worden – eine gute Alternative für einen Ausflug mit Kindern.

Lohnend sind auch Abstecher in die Dörfer Pavolče und Zgorigrad, vor allem wegen der dort in den Gasthäusern angebotenen traditionellen Spezialitäten und Weine: Sie sind von bester Qualität.

i Info-Center, Vraca, P.O.Box 241, Vračanski Balkan, Tel. mobil: 088-722 21 10 (Tony Mileva), vratchanskybalkan@abv.bg. Im Zweifelsfall zu erreichen über Touristici Dom (Tourist-Haus) im Süddteil der Stadt, Leva-Fluß-

Straße 1, Tel. 092-615 28, 092-615 28, Fax 092-214 73.

Hemus Hotel, pl. Christo Botev, Tel. 092-616 49. Mittlere Kategorie.

Touristici Dom Hotel, auch Tourist-Haus genannt, Leva-Fluß-Straße 1 (im Süddteil der Stadt), Tel. 092-615 28, Fax 612 95. 160-Betten-Haus mit einfacher Ausstattung, mittlere Preisklasse.

Valdi Palace Hotel,pl. Christo Botev 1, Tel. 092-616 28, 241 50, Fax 616 28. Großes Drei-Sterne-Haus mit gutem Restaurant.

Alpinski Dom, Tel. 092-230 06, große Hütte zwei Kilometer westlich in der Vraca-Schlucht. Oft von Gruppen gebucht und nur im Sommer geöffnet.

Okolchitsa Inn, etwa 300 Meter vom Gipfeldenkmal, Tel. 092-615 28, 612 95. Bungalows, Zwei-, Vier- und Sechs-Bett-Zimmer, Restaurant, Buchungen über das Tourist-Haus (s.o.).

Restaurant Vracata, 300 Meter südlich vom Tourist-Haus an einem kleinen See. Landestypische Grillgerichte.

Ethnographischer Komplex, ul. General Lenov, Tel. 092-202 09, Di–So 9–12 u. 14–17 Uhr.

Historisches Museum, pl. Christo Botev, Tel. 092-203 73, Di–So 8–12 u. 14–18 Uhr. Museum zur Geschichte der Stadt, birgt einen sehenswerten Goldschatz der Thraker.

Ledenika-Höhle, 10 Kilometer von Vraca, 8–12 u. 13.30–17 Uhr, im Winter 9–16 Uhr.

Informationen zu allen genannten Sportarten im Tourist-Haus in Vraca.

Klettern auf über 400 Meter hohen Felswänden. Viele verschiedene Klettertouren mit unterschiedlichen Schwierigkeitsgraden. Ausgangspunkt und Beratung: Alpinski Dom am Eingang der Vraca-Schlucht.

Wandern im Nationalpark Vračanski Balkan mit Wäldern, Felsformationen und Wasserfällen. Wanderungen zum Okolčica-Gipfel: von Vraca aus (vier Stunden) oder von Čelopek aus (zwei Stunden). Vom Gipfel Okolčica kam man mit Deltaplanern und Paraglidern fliegen. Zur Verfügung stehen auch Carting-, Buggy- und Motocrosspisten.

Văršec und Umgebung

Văršec ist vor allem wegen seiner Heilquellen lange schon beliebt. Ihr Wasser ist zwischen 32 und 38 Grad heiß, enthält Eisen, Lithium, Phosphate und Magnesium und wird zur Behandlung verschiedener Erkrankungen der Herzkranzgefäße sowie

Das Klisurski-Kloster bietet moderne Zimmer an

einiger Stoffwechselkrankheiten angewandt. Auch bei Rheumabeschwerden wird dem Wasser mildernde Wirkung nachgesagt. Die Quellen sind für die Öffentlichkeit zugänglich. Das alte Bad aus dem Jahr 1910 sowie die Kirche des Heiligen Georg sind schöne Beispiele für die Architektur des frühen 20. Jahrhunderts.

In den Bergen über der Stadt befinden sich eine Reihe von Wanderwegen, die zum beeindruckenden Zanojene-Wasserfall führen und schließlich zum Gipfel Todorini kukli, der die Möglichkeit zu einem Rundumblick über die gesamte Region bietet. Er entschädigt für den anstrengenden Aufstieg.

Etwa zehn Kilometer weiter auf dem Weg nach Berkovica liegt mitten im Wald das Klisurski-Kloster. Die Kirche ist alt, aber die Gästeräume im Kloster sind komfortabel renoviert. Die Kombination aus ländlicher Atmosphäre und modernem Komfort ist nicht so oft anzutreffen, und wer über Nacht bleibt, kann diese Kombination und die Ruhe der Abgeschiedenheit am besten genießen.

Berkovica und Umgebung

Früher war Berkovica ein bekannter Luftkurort, heute wirkt es eher verschlafen. Zwischen dem modernen Hauptplatz der Stadt und dem Berkovska-Fluß befindet sich als Hauptattraktion die Kirche der Heiligen Jungfrau (Sveta Bogorodica) aus dem 19. Jahrhundert, die wegen ihrer Holzikonen sehenswert ist. Ansonsten gibt es einige reizvolle Ziele in der Umgebung wie der bei Einheimischen beliebte Picknickplatz in der Nähe des Wasserfalls Chajdut. Von hier aus führen verschiedene Wanderrouten, die zum europäischen Wanderroutennetz gehören, zum über 2000 Meter hohen Gipfel Kom. Hier bieten sich im Winter hervorragende Voraussetzungen zum Skifahren.

Südlich von Berkovica, in Richtung Sofija, liegt der etwa 1500 Meter hohe Petrochan-Pass. Die etwa sieben Kilometer lange Gipfelstrecke führt über das idyllische Dorf Ginci, wo der original Bulgarische Joghurt (ovče mljako) beheimatet ist. Die Schäfer verkaufen entlang der Straße stolz ihr Produkt, auf dem Gipfel selbst warten Cafés mit Snacks auf. Wer Bergluft liebt, kann dort auf dem Campingplatz übernachten.

Vorwahl: 09 53, PLZ: 3500. Tourism Development Association Northwest Balkan, pl. Slavejkov, Tel. 32 02, tic@berk-bg.com. Berkovski Balkan Touristenbüro, ul. Christo Botev 4, Tel. 41 06, 40 24.

Ouchebno-Konsoultantski-Komplex, ul. Ašiklar 16, Tel. 30 00, 31 90. 150-Bettenhaus mit sportlichen Einrichtungen. Kom-Chalets, ul. Christo Botev 4, Tel. 4106, 4024. Verschiedene Berghütten in der Nähe des Kom-Gipfels (2016 Meter). Reservierungen sind möglich über Berkovski Balkan. Malina-Chalet (Hütte) in den Berkovska-Bergen auf 1550 Meter Höhe, 37 Betten. Schöner Ausgangspunkt für ein- bis fünfstündige Wanderungen. Klisurski-Kloster, 20 Kilometer von Berkovica und 10 Kilometer von Văršec mitten im Wald, Tel. 048-92 90 74. Zu erreichen in einer zweistündigen Wanderung oder mit dem Bus. Gästehaus Borovci, Tel. 09 53-20 97, 09 52-95 06, mobil: 088-829 50 34, tog_lib@abv.bg. Privat, klein, aber fein; auf halber Strecke zwischen Berkovica und Montana. Die Gäste können selbst kochen und den Ofen zum Brotbacken benutzen; Workshops zur Eisenverarbeitung werden auf dem Hof angeboten; guter Ausgangspunkt für Wanderungen.

Krasteva Kašta, ul. Šejnovo. Folk-Style-Restaurant in einem Gebäude des 1. Jahrhunderts. In Ginci, dem Zentrum der Joghurtproduktion, verkaufen Bauern den selbstgemachten Joghurt auf der Straße.

Wanderungen auf den Gipfel Kom (2016 Meter). Vom Malina-Chalet empfehlen sich Wanderungen nach Ginci (etwa zwei Stunden), zum Petrochan-Paß (etwa eineinhalb Stunden), auf den Kom-Gipfel (etwa 4 Stunden) oder zur Berghütte Kom-Chalet (etwa 5 Stunden).

Statt LC 1, Actimel & Co.: Bacillus bulgaricus

›Besser als ein Verdauungsspaziergang‹ – mit dieser Behauptung werben Michprodukteehersteller für probiotischen Joghurt: Probiotica sollen die Darmflora günstig beeinflussen, das Immunsystem stärken und Krankheiten vorbeugen. Was als neueste Errungenschaft verkauft wird, hatte der russische Naturwissenschaftler und Nobelpreisträger Il'ja Mečnikov zu Beginn des 20. Jahrhunderts schon längst untersucht.
Die Überlegungen zur gesundheitsbeeinflussenden Wirkung von Sauermilcharten nahmen mit der Veröffentlichung seiner wissenschaftlichen Arbeit 1908 ihren Anfang, in der ein Zusammenhang zwischen der Langlebigkeit der südosteuropäischen Bevölkerung und dem regelmäßigen großen Konsum von Joghurt hergestellt wurde. Mečnikov erkannte, daß die meist naturwidrige Lebensweise des Menschen zu einer Entwicklung schädlicher Bakterien im Dünndarm führt und dadurch zu Krankheiten aller Art und sogar zu vorzeitigem Tod. Die Parallelen zwischen den Erkenntnissen von Mečnikov und den heutigen gesetzlichen Anforderungen an Joghurt, speziell an probiotische Produkte, sind frappierend:
Es muß sichergestellt sein, daß zum Zeitpunkt des Konsums das Produkt spezifische Mikroorganismen in hoher Zahl und lebensfähiger Form enthält.
Mečnikovs Theorie fand rasch Anklang in einigen Ländern, so auch in der Schweiz, wo 1912 für eine Publikation die Qualität des Joghurts aus einer Davoser Molkerei untersucht und festgestellt wurde, daß im Joghurt unter dem Mikroskop der Bacillus bulgaricus zu finden war.
Die Säuerung der Milch durch Mikroorganismen war die erste Art der Haltbarmachung, obwohl dadurch die Lagerfähigkeit nur um wenige Tage verlängert werden konnte.
Ursprünglich war die Milch für Joghurt ohne Zutun sauer geworden, später aber wurde die Säuerung durch Anreicherung und Züchtung geeigneter Milchsäurebakterien und Einhaltung optimaler Wachtumsbedingungen für die eingesetzten Mikroorganismen unter Kontrolle gebracht. Dies führte zur Herstellung von definierten fermentierten Milchprodukten.
Was Mečnikov schon damals vermutete – einen Zusammenhang zwischen hoher Lebenserwartung und der Tradition auf dem Balkan, daß zum Speiseplan täglich große Mengen Joghurt gehören –, wird heute von der Industrie kommerziell neu aufgerollt: Milchsäurekulturen in der Nahrung werden als besonders gesundheitsfördernd angepriesen, sogenannte pro- und präbiotische Lebensmittel füllen die Regale. Der gute alte Bulgara-Joghurt tut's aber auch.

Montana

Montana ist eine Stadt mit etwa 55 000 Einwohnern, deren Stadtbild von Betonbauten dominiert wird. Sie ist ein Verkehrsknotenpunkt; für die Reisenden gibt es kaum einen Grund zum Anhalten.

In den bulgarischen Geschichtsbüchern taucht die Stadt als Zentrum des antifaschistischen Widerstands 1923 auf. Die Stadt hieß früher Michajlovgrad, benannt nach Christo Michajlov, dem Oberbefehlshaber der bulgarischen Partisanen. Für sozialistische Historiker war Michajlov von enormer Wichtigkeit, seit der Wende hat er kaum noch Bedeutung. In Erinnerung geblieben ist aber, wie das Cankov-Regime die Revolte blutig niederschlug: 30 000 Bulgaren mußten innerhalb weniger Wochen sterben.

Vorwahl: 096
Touristische Informationen sind in den Hotels erhältlich.

Hotel Žitomir, pl. Žeravica, Tel. 291 86. Mittlere Preisklasse, nüchterne, aber bequeme Zimmer.
Hotel Ogosta, ul. Peju Javorov 1, Tel. 423 38 oder 226 11. Gehobene Preisklasse, guter Service, mit Restaurant.

Cafés gibt es in einer Straße südlich vom Bahnhof.

Historisches Museum, ul. Graf Ignatiev.

Sanfte Hügel prägen den Nordwesten

Čiprovci und das Lopušanski-Kloster

Es gibt zwei Straßen zwischen Montana und Belogradčik. Die Route über Gavril Genovo und Dolni Lom nimmt mehr Zeit in Anspruch als die über die E1, doch sie ist zweifellos eindrucksvoller. Die Straße, die etwa fünf Kilometer hinter Montana in westlicher Richtung abbiegt, führt zwischen Balkanausläufern und dem Široka-Gebirge durch eine sehr ursprüngliche, wilde Gegend. Und am Weg finden sich mit Čiprovci und dem Lopušanski-Kloster zwei Orte mit historischer Bedeutung.

Das Dorf Čiprovci liegt nahe der Grenze zu Serbien und etwas abseits der Hauptstraße. Der Ort mit heute 3000 Einwohnern war zwischen dem 13. und dem 16. Jahrhundert ein bedeutendes Bergbauzentrum. Sächsische Bergbauern ließen sich in der Folgezeit hier nieder und führten neue Techniken ein. Unter ottomani-

Das Lopušanski-Kloster ist malerisch in die bergige Landschaft eingebettet

scher Besatzung avancierte der Ort zu einem geheimen Zentrum der katholischen Lehre.

Im September 1688 wagten die Bewohner von Čiprovtsi ohne weitere Unterstützung die Revolte gegen die Unterdrücker und unterlagen. Die wenigen Überlebenden flüchteten ins Kloster, wurden aber dort aufgespürt und ebenso getötet. Čiprovci wurde niedergebrannt und erreichte nie wieder den Wohlstand von einst, wenn es auch im 19. Jahrhundert für seine handgewebten bunten Teppiche bekannt wurde, die bis heute im In- und Ausland Abnehmer finden.

Touristisch hat der Ort wenig zu bieten, da er kaum mehr historische Gebäude aufzuweisen hat. Es sind noch Reste der katholischen Kathedrale der Heiligen Maria aus dem Jahr 1371 zu sehen. Die Kirche Christi Himmelfahrt ist wegen der gotischen Ornamente sehenswert. Das Historische Museum ist jeden Tag geöffnet und fungiert gleichzeitig als Touristeninformation. Neben dem Besuch des nahegelegenen gleichnamigen Klosters – sehenswert vor allem wegen der Kirche von 1829, die einen holzgeschnitzten Altar aufweist – lohnen Wanderungen in die Umgebung, die, je nach Geschmack, auch bis auf die über 2000 Meter hohen Gipfel führen können.

Zehn Kilometer östlich von Čiprovci liegt im Tal eines Gebirgsflusses das zwischen 1850 und 1853 errichtete Lopušanski-Kloster. Die Kirche weist einen ähnlichen Grundriß wie die des Rila-Klosters auf und besticht durch seine stolze Architektur. Das Lopušanski-Kloster birgt eine der schönsten Ikonostasen Nordbulgariens, ein Beispiel der Samokov-Kunst-Schule. Die Ikonen sind Arbeiten von Nicola und Stanislav Dospevski. Das Kloster selbst wurde als nationales Kulturdenkmal nominiert.

Verwaltung im historischen Museum, bul. Vitoša, 095 54-21 68, Mo–Fr 9–17, Sa/So 10–16 Uhr.

Privatunterkünfte vermittelt die Verwaltung im Historischen Museum.
Punkova-Kašta-Hotel, im 2. Stock des Hauses des Widerstands, im Zentrum. Einfache Unterkunft.
Lopušanski-Kloster, Tel. 095 51-350, mobil: 088-840 50 43, lopushna_monastery@abv.bg. Schöne Gästezimmer in einem Trakt, Restaurant. Die Umgebung bietet Gelegenheiten zum Angeln und Wandern.

Gute Wandermöglichkeiten, verschiedene Schwierigkeitsstufen, Informationen im historischen Museum.
15 km oberhalb des Dorfes Kopilovci beginnt der Koprenska-Ökowanderweg. Er führt zum Kopren hoch, der die Grenze zu Serbien markiert. Die Strecke führt vorbei an Wasserfällen und durch Wälder zum 1964 Meter hohen Gipfel.

Belogradčik

Belogradčik bedeutet kleine weiße Stadt. Kein Zufall: Die Stadt liegt nahe der berühmtesten Felsformation Bulgariens. Belogradčik wurde von den Römern bewußt oberhalb dieser Felsen gegründet, da sie als unüberwindbar galten. Die Festung Kaleto, die seit dem 19. Jahrhundert mehrmals vergrößert wurde und heute über einen Hektar groß ist, sowie die Felsen selbst sind allein eine Reise wert.

Der Legende nach lebten vor vielen Jahrhunderten Männer und Frauen in hoch gelegenen Klöstern, die von den wilden Felsen umgeben waren. Jeden Morgen riefen die Glocken zum Gebet. Eine der Schwestern, die jüngste, konnte ihre Schönheit auch unter der Kutte nicht verbergen. Sie hieß Valentina. So geschah es, daß am einzigen Tag im Jahr, an dem Besucher das Kloster der Nonnen betreten durften, der Römer Antonio sich in Valentina verliebte. Die heimliche Liebe der beiden hatte Folgen, der Gerichtshof der Nonnen und Mönche kannte kein Erbarmen: Valentina wurde aus dem Kloster verbannt. Doch als sie mit ihrem Kind im Arm einsam vor dem Kloster stand, zürnte der Herrgott. Er sandte einen Sturm, Blitze und ein Erdbeben. Das Kloster stürzte ein, alles in der Gegend wurde zu Stein. Valentina mit dem Kind auf dem Arm wurde zur steinernen Madonna, ein Reiter und die Mönche auf dem Weg zum Kloster versteinerten eben-

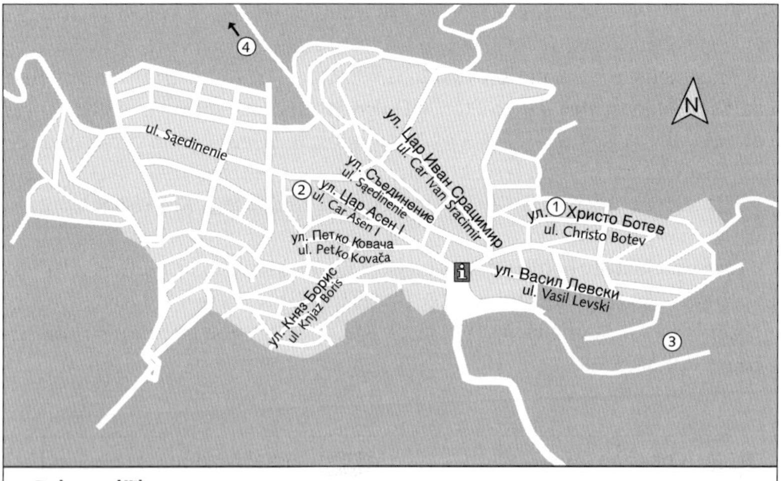

Belogradčik

Legende

1 Hotel Madona
2 Tourist-Hotel
3 Nationalmuseum
4 Magurahöhle

falls – sie alle sind noch heute zu sehen. Dem Besucher präsentieren sich uralte verwitterte Sandsteinformationen, die eindrucksvolle Silhouetten zeichnen: Menschen, Türme, Schiffe, Pilze, Paläste und Tiere. Die herausragendsten werden Adam und Eva, die Sphinx, das Schulmädchen und der Bär genannt.

Wunderliche Felsformationen prägen die Landschaft bei Belogradčik

Der Anblick der skurrilen Felsformationen verleiht der Phantasie Flügel, jedenfalls hat die Natur ihren Einfallsreichtum ausgelebt. Von der Terrasse des Tourist-Hotels mitten im Kiefernwald kann man das Szenario der steingewordenen Legende betrachten, Mutige können sich diese Felsen bei einer Klettertour erobern. Im Hotel Madona gibt das Personal gerne Auskunft, an welchen Stellen man die Riesen am besten erklimmen kann.

Wem das zu anstrengend ist, kann auf einer der gemütlicheren Wanderrouten die Gegend erkunden. Es lohnt auch ein kleiner Ausflug in die Umgebung, etwa zur Magurahöhle bei dem Dorf Rabiša, 25 Kilometer nordwestlich von Belogradčik. Die Höhle ist eine der größten in Bulgarien und war schon in der Kreidezeit bewohnt. Innen ist zum Beispiel die Triumphhalle beleuchtet, in der 3000 Jahre alte Wandmalereien, Grabbeigaben und urzeitliche Knochenfunde zu bewundern sind. Damit beherbergt sie die ältesten Zeugnisse menschlicher Existenz in dieser Ecke Europas.

Etwas außerhalb, nordwestlich von Belogradčick und sehr nahe an der Grenze zu Serbien, liegt inmitten bewaldeter Hügel bei Rakovica das Rakovski-Kloster. Es wurde im 14. Jahrhundert gegründet und wartet mit sehenswerten Wandmalereien und Ikonen auf.

Vorwahl: 09 36
Touristenbüro, am Stadtplatz, unregelmäßige Öffnungszeiten. Informationen auch im Hotel Madona.

Hotel Madona, in einer ruhigen Seitenstraße im oberen Teil der Stadt, Tel. 55 46, mobil: 088-894 94 50, r_mladenov_bg@yahoo.com. Klein aber fein, mit Restaurant.

Tourist-Hotel (Turističeski Dom), 300 Meter vom Stadtplatz entfernt mitten in einem Wald, Tel. 33 82. Große Terrasse, phantastischer Blick auf das Felsenpanorama. Keine ganzjährige Bewirtschaftung!

Nationalkundemuseum von Belogradchik, über 8000 Exponate aus der Geschichte der Umgebung, Mo–Fr 9–17 Uhr.

Magura-Wein-Keller, täglich 9–17 Uhr. Verzehr und Verkauf des in der Höhle gereiften Champagners.

Es gibt drei Öko-Wanderwege in die Umgebung inklusive Felsenlandschaft. Führungen möglich, Informationen im Hotel Madona.

Vidin

Heute ist Vidin ein eher verschlafener und wirtschaftlich am Boden liegender Ort im äußersten Norden Bulgariens. Er hatte aber in vergangenen Zeiten wichtige Funktionen, deren Hinterlassenschaften noch im Stadtbild auszumachen sind.

Einst herrschte reger Schiffsverkehr auf der Donau. Handels- und Passagierschiffe legten an, die betuchten Passagiere gingen an Land. Über eine lange Zeit war Vidin ein Wirtschaftszentrum an der Donau, ein strategischer Punkt und einer von Bulgariens wichtigsten Häfen. Man hofft auf eine Belebung dieser Tradition und hat auch Pläne für den Ausbau der Passagierschiffahrt, ist bislang aber über sehr schüchterne Ansätze nicht herausgekommen. Selten nur legt eines der Kreuzfahrtschiffe, die seit dem Jahr 2002 die Donau zwischen Österreich und dem Scharzen Meer wieder durchgängig befahren, hier an. Wer heute am Hafen entlang schlendert, bemerkt vor allem die Verlassenheit der großen Anlagen. Es gibt Kapazitäten für viele hundert Passagiere, aber leere Stege und ein halb verrottetes Schiff am Ufer. Nach Feierabend flanieren einige Einheimische hier an der Strandpromenade, auch wenn außer ein paar Bars, die in ehemaligen Donaudampfern untergebracht sind, nichts geboten ist. Das Ufer ist dennoch der mondänste Teil der Stadt. Von einer dieser Bars an der Uferpromenade werden, meist abends, etwa einstündige Schiffstouren veranstaltet. Sie führen die Donau hinauf und dabei an der Festung Baba Vida vorbei, die aus dem 14. Jahrhundert stammt. Feste Fahrpläne gibt es nicht, man muß sich in den Bars erkundigen.

Die Festung ist Zeugin der Epoche, als Vidin Hauptstadt des nordwestbulgarischen Zarenreichs war und heute die einzige völlig erhaltene bulgarische mittelalterliche Festung. Die Anlage ist heute Teil des Historischen Museums, im Sommer finden dort manchmal Open-Air-Konzerte statt.

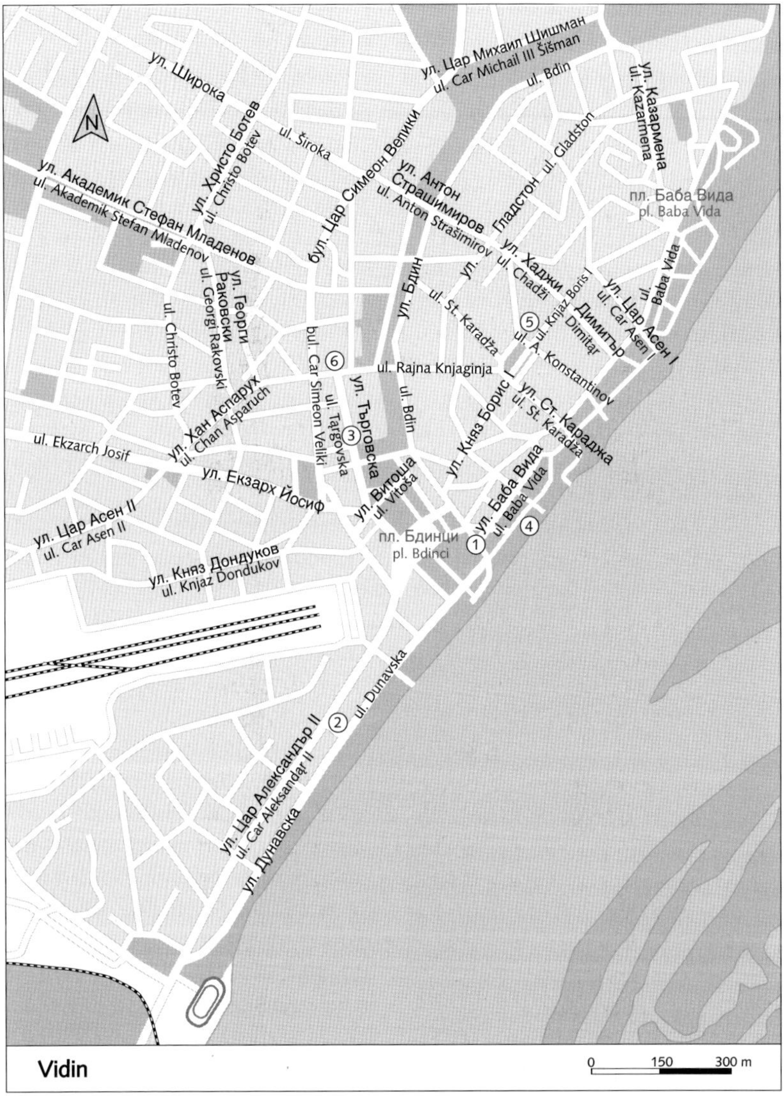

Legende

1 Hotel Bononia
2 Hotel Ninov
3 Straßencafés
4 Abfahrtsstelle für Ausflugsschiffe
5 Synagoge
6 Archäologisches Museum

Ein Spaziergang durch den grünen Park, vorbei am Hotel Bononia Richtung Hauptplatz, führt vorbei an vielen alten verspielten Häusern, die durchweg eine Renovierung nötig haben. Im Kontrast dazu steht der Hauptplatz der Stadt, der ploštad Bdin. Er ist ein Musterbeispiel der Architektur aus kommunistischer Zeit: Nüchtern, schlicht und geschmacklos protzt das Rathaus auf dem Platz. Von Interesse ist das archäologische Museum, das westlich des Hauptplatzes am Ende der ul. Tărgovska in einem Gebäude aus dem 19. Jahrhundert untergebracht ist. Das Museum verfügt neben prähistorischen Knochen über Mosaikböden bis zu Ausstellungsstücken aus der Wiedergeburtszeit auch über archäologische Funde aus den Zeiten der Thraker und Römer. In dieser Zeit trug Vidin den Namen Bononia, im Mittelalter hieß es Budin. Vidin ist die türkische Variante des Namens.

Aus den Tagen des ottomanischen Herrschers Osman Pazvantoglou ist nur die Moschee und die Bücherei erhalten. Nachdem er sich gegen den Sultan Selim III. aufgelehnt hatte, herrschte er in Vidin, sein Sitz war die Festung. Die Moschee liegt am Park, sehenswert sind die Tür und das Minarett, das anstelle des Halbmondes ein Herz hat.

Nördlich des Hauptplatzes begrenzt das Istanbul-Tor die Altstadt Vidins. Auffällig ist das Portal im orientalischen Stil. Gegenüber der Moschee steht die Nikolauskirche (Sveti Nikolaj) mit Fresken von Kyrill und Method sowie anderer Heiliger. Auf der ul. Baba Vida Richtung Norden geht es vorbei an Park und halb zerfallenen Wohnhäusern zur Synagoge. Sie ist ein Monument aus der Zeit, als Vidin ein bedeutendes Zentrum der jüdischen Kultur war. Ab 1940 emigrierten die bulgarischen Juden aus dieser Gegend nach Palästina.

Im Zentrum von Vidin

Etwa auf der Höhe der Baba-Vida-Festung befinden sich die Krăstata Kazarma, die ehemalige Garnison. Darin ist heute das Ethnographische Museum untergebracht, das leider sehr unregelmäßige Öffnungszeiten hat. Interessant ist die Architektur dieses Gebäudes: vier Flügel, die von vier Höfen umgeben werden, aber alle voneinander unabhängig sind. Hinter dem Museum befindet sich die Kirche Sveta Petka aus der ersten Hälfte des 17. Jahrhunderts, deren Wandmalereien sehenswert sind.

Ausflugsdampfer in Vidin

PLZ: 3700, Vorwahl: 094. Auskünfte erteilt das englisch sprechende Personal im Hotel Bononia.

Hotel Bononia, ul. Bdin 2, Tel. 230 31, 230 32; Fax 353 90. Renovierungsbedürftiges Zwei-Sterne-Haus in der Nähe des Donauufers, Restaurant.

Hotel Ninov, ul. Dunavska 28 (am Donauufer in der Nähe des Hafens), Tel: 373 60, 373 68, Fax 373 43. Klein, aber fein, gern von Geschäftsreisenden besucht, sehr sauber, guter Service.

In den Cafés in der ul. Târgovska werden tagsüber Snacks serviert; viele bieten Tische zum Draußensitzen.

Eclipse, ul. Car Aleksandăr, Bar für ein Bier am Abend.

Konzerte in der Baba-Vida-Festung. Informationen im Hotel Bononia.

Archäologisches Museum, ul. Tărgovska, Di bis Sa 9 bis 12 Uhr und 14 bis 17 Uhr; Exponate von prähistorischen Knochen über Mosaikböden bis zu Ausstellungsstücken aus der Wiedergeburtszeit.

Baba-Vida-Festung, am Donauufer, Mo–Fr 8.30–17, Sa/So 10–17 Uhr.

Zwischen Juli und September sind Kajakfahrten auf der Donau möglich, zu buchen bei Odyssea in Sofija (s. Reisetips A–Z, Reiseveranstalter).

Die Donau

An der Donau liegen neben vier Hauptstädten zahlreiche weitere einzigartige Solitäre und namhafte Orte, berühmte Kulturlandschaften säumen ihre Ufer. Auf ihrem 470 Kilometer langen Weg durch Bulgarien ist die Donau jedoch erstaunlich dünn besiedelt, und die wenigen größeren Städte entlang dieser Grenze zu Rumänien haben ihre besten Tage längst hinter sich wie etwa Vidin, Bulgariens älteste Donauniederlassung im äußersten Nordwesten, oder das weiter östlich gelegene Ruse, das Ende des 19. Jahrhunderts noch das wichtigste Handelszentrum des Landes war. Damals war die Donau die wichtige Verbindung nach Europa und Ruse war Bulgariens Tor zur Welt. Vor allem aus Wien und Budapest kamen Moden und Neuheiten ins Land.

Der 1905 in Ruse geborene Schriftsteller Elias Canetti schwärmt in seinen Memoiren vom internationalen Flair der Stadt. 1897 konnten hier die Bulgaren zum ersten Mal die weltbewegende Erfindung der Brüder Lumiere erleben: das Kino. Und die erste Zugstrecke des Landes wurde zwischen 1864 und 1867 von Ruse nach Varna gebaut. Die Eisenbahn machte dem Fluß bald Konkurrenz, die Donau verlor ihre Vorherrschaft als wichtigster Gütertransportweg. Die Schiffahrt wurde nach dem Zweiten Weltkrieg durch die Teilung Europas nachhaltig gestört, während des Krieges in Jugoslawien waren die Länder östlich von Serbien von den westlich gelegenen Donauanrainern abgeschnitten. Zwar legen in Ruse heute wieder Kreuzfahrtschiffe an, aber der Frachtschiffverkehr fließt immer noch sehr zäh. Trümmer der von Nato-Bomben zerstörten Brücken bei Novi Sad in Serbien erschweren die Durchfahrt.

Parallel zur Donau verläuft eine Landstraße, die die einstigen Schauplätze des Fortschritts – Vidin, Lom, Nikopol, Svištov, Ruse und Silistra – verbindet. Vidin ist vielleicht das deutlichste Beispiel für den verblaßten Glanz großer Zeiten. Die riesige Hafenanlage wirkt viel zu groß für das tatsächliche Passagieraufkommen. Geblieben ist die Sehnsucht nach vergangenen Tagen, die man mit Nostalgie-Dampferfahrten auslebt. Lom, die Donaustadt mit der direktesten Verbindung nach Sofija, etablierte sich im 19. Jahrhundert als wichtiger Exporthafen. Heute wirkt Lom vor allem industriell, wenig erinnert an die Zeit kultureller Blüte, als dort Bulgariens erstes Theater eröffnete. Ungefähr zur gleichen Zeit prosperierte auch Svištov als Handelsstadt. In Folge des wachsenden Wohlstands wurden hier mehrere moderne Bildungseinrichtungen geschaffen. Aus der Zeit alten Glanzes sind zumindest einige Gebäude erhalten. In einem davon befindet sich das Historische Museum.

Dort wo die Donau im Osten Bulgariens ihre Funktion als Landesgrenze

Der Frachthafen in Silistra

verliert, liegt die Kleinstadt Silistra. Die Ortschaft wirkt so still, als wolle sie Teil des benachbarten Naturreservats Srebärna (UNESCO-Weltnaturerbe) werden, das ein Paradies für Vogelbeobachter ist. Architektonisch hat Silistra neben prächtigen Bürgerhäusern und einem Fort aus dem 19. Jahrhundert einige Ruinen aus der Römerzeit zu bieten, als die Stadt noch Durostorum (starke Festung) hieß.

Am reizvollsten präsentiert sich die bulgarische Donau dem Teilnehmer einer Ausflugs- oder Kreuzfahrt. Leider wird von bulgarischer Seite derzeit wenig unternommen, die touristische Donauschiffahrt zu fördern. Einige wenige Ausflugsboote starten bei Vidin, Ruse und Silistra. Wesentlich aktiver zeigt sich der nördliche Nachbar Rumänien.

Erstaunlicherweise verbindet die beiden einstigen Bruderstaaten nur eine einzige Brücke – in Ruse – sowie fünf Fährverbindungen. Der Bau einer weiteren Brücke bei Vidin wurde schon mehrmals verschoben und wird voraussichtlich nicht vor 2006 realisiert. So gilt heute immer noch wie schon zu Zeiten der Römerherrschaft, als der breite Strom eine natürliche Grenze zu den nördlichen Stämmen bildete: Die Donau trennt, anstatt zu verbinden.

Rila, Pirin und Rhodopen: Die drei Gebirgsregionen im Süden sind ein lohnendes Ziel für Bergsteiger, Wanderer, Skifahrer und Kulturreisende. Am nördlichen Rand der Rhodopen beeindruckt Plovdiv mit seiner historischen Altstadt.

Die Gebirge im Süden

An den Sieben Seen im Rilagebirge

Als Urlaubsziel war und ist Bulgarien vor allem dank seiner Schwarzmeerküste bekannt. Ein ganz anderes, unter touristischen Gesichtspunkten jedoch nicht minder attraktives Gesicht zeigt Bulgarien im Südwesten. Dort erstrecken sich mit dem Rilagebirge, dem Piringebirge und den Rhodopen drei beeindruckende Bergregionen. Rila und Pirin sind Massive mit Hochgebirgscharakter, deren Gipfel Höhen von annähernd 3000 Metern erreichen. Im Rilagebirge steht mit dem Musala (2925 Meter) der höchste Berg der Balkanhalbinsel. Die Rhodopen sind nicht ganz so hoch, doch sie beeindrucken mit ungewöhnlichen und geheimnisvollen Landschaften. Wilde Schluchten, enge Täler und dichte Wälder formen eine Landschaft, die bereits die Menschen der Antike zu Sagen und Legenden inspirierte. Orpheus, der berühmte Sänger aus der griechischen Mythologie, soll hier gelebt haben.

Vor allem in den unter besonderem Schutz stehenden Nationalparks Rila und Pirin, die große Teile der gleichnamigen Gebirgszüge ausmachen, finden Wanderer und Bergsteiger ein großes Netz gut beschilderter und markierter Wanderwege vor.

Mit Borovec im Rilagebirge, Bansko im Piringebirge und Pamporovo in den Rhodopen gibt es in den bulgarischen Bergen drei größere Wintersportzentren. Aufgrund des milden Klimas und der zahlreichen, heißen Mineralquellen sind in den drei Bergregionen zudem mehrere Kurorte entstanden. Der bekannteste unter ihnen ist Sandanski an der Südwestflanke des Piringebirges.

Die bedeutendste und meistbesuchte Touristenattraktion der Region ist das Rila-Kloster. Gegründet wurde dieses Nationalheiligtum der orthodoxen Christen im 10. Jahrhundert.

Am nördlichen Rand der Rhodopen, schon in der Thrakischen Ebene, liegt Plovdiv, die zweitgrößte Stadt Bulgariens, ebenfalls ein lohnendes Reiseziel und ein guter Ausgangspunkt für Ausflüge in die Berge.

Das Rilagebirge

Die Thraker gaben dieser Gebirgsregion ihren Namen. ›Rila‹ bedeutet ›Ort mit viel Wasser‹. Tatsächlich entspringen im Rilagebirge die drei nach der Donau größten bulgarischen Flüsse Iskăr, Marica und Mesta. Zudem gibt es in den Hochlagen dieses Gebirgszugs mehr als 150 Bergseen, die diesem Naturraum einen einzigartigen Charakter verleihen. Den landschaftlichen Höhepunkt des Gebirges bilden die Sieben Rila-Seen (Sedemte Ezera). Eine Glaubensgemeinschaft namens ›Weiße Brüder‹, die dort jedes Jahr im August ein spirituelles Treffen abhält, preist diesen Ort gar als ›Tor zum Himmel‹.

Im Rilagebirge steht mit dem Musala (2925 Meter) nicht nur der höchste Berg Bulgariens, sondern der gesamten Balkanhalbinsel. Weit über hundert Gipfel dieses Granitsteinmassivs erreichen eine Höhe von über 2000 Metern. Die Vegetation im Rilagebirge ist bis zur Baumgrenze – sie liegt auf etwa 2100 Höhenmetern – vorwiegend von Nadelwäldern bestimmt: Tannen, Fichten und Kiefern. In den Hochlagen der Bergregion findet man seltene eiszeitliche Reliktflora und auch endemische Pflanzen, also Pflanzen, die nur im Rilagebirge vorkommen. Zu den Tieren, die in dieser Bergregion einen Lebensraum gefunden haben, gehören Rotwild, Auerwild, wilde Ziegen und in den Hochlagen Gemsen, seltener sind Füchse, Wölfe und verschiedene Arten von Greifvögeln wie Steinadler, Falken und Bartgeier.

Zahlreiche Berghütten bieten Wanderern Unterkunft

Etwa die Hälfte der Fläche des Rilagebirges wurde 1992 zum Nationalpark erklärt und damit unter besonderen Schutz gestellt. Der Nationalpark Rila ist mit fast 110 000 Hektarn Fläche der größte Nationalpark Bulgariens. Die besten Ausgangspunkte zur Erkundung sind die Ortschaften Borovec und Maljovica, die beide in der Nähe der Kleinstadt Samokov liegen. Hier beginnen gut markierte

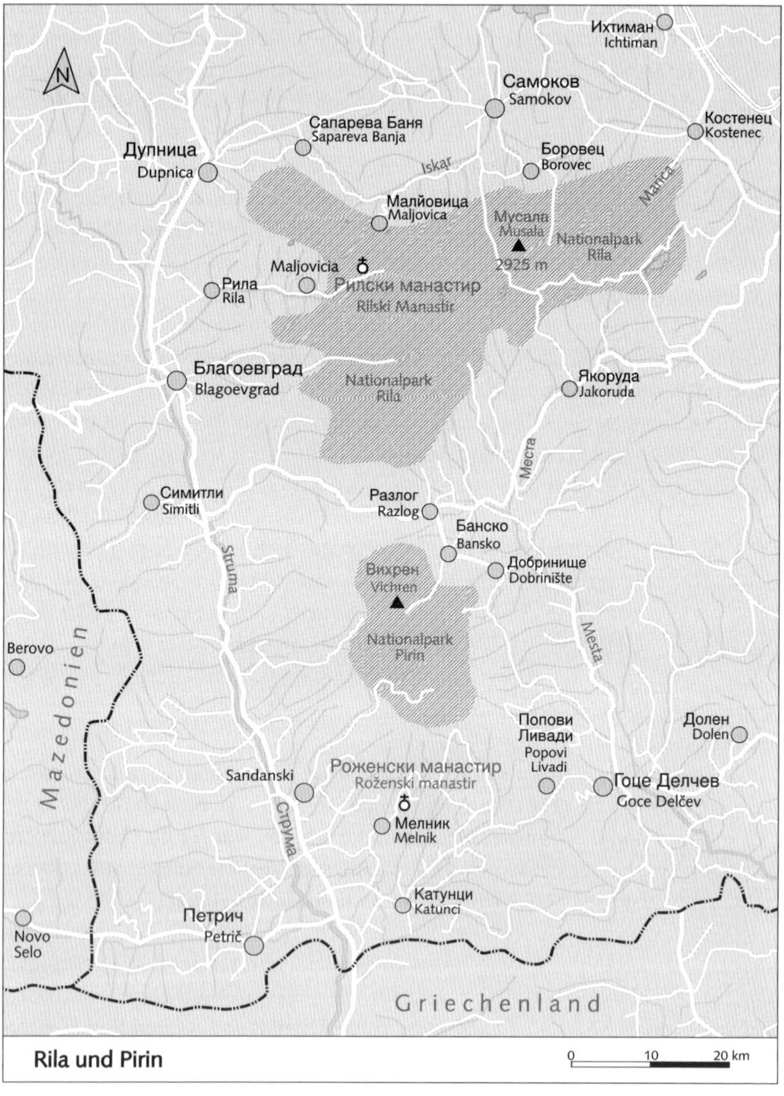

Rila und Pirin

und beschilderte Wanderwege, die bis in die Höhenregionen des Nationalparks führen. Dort stehen einfache Unterkunftshütten zur Einkehr und Übernachtung bereit. Borovec ist darüber hinaus ein modernes, international bekanntes Skisportzentrum.

Die bedeutendste und meistbesuchte Touristenattraktion der Region ist das Rila-Kloster (Rilski manastir), in einem engen Tal mitten im Rilagebirge gelegen. Gegründet im 10. Jahrhundert, entwickelte sich diese beeindruckende Klosteranlage zu einer zentralen Stätte des orthodoxen Christentums in Bulgarien. Das Kloster, aufgrund seiner historischen und kulturellen Bedeutung von einzigartigem Rang, steht unter Denkmalschutz und wurde 1983 in die Liste des UNESCO-Weltkulturerbes aufgenommen. Das Kloster ist außerdem ein idealer Ausgangspunkt für Wanderungen und Bergtouren im Nationalpark Rila. Größte Stadt und lokales Zentrum der Region ist Blagoevgrad am südwestlichen Rand des Rilagebirges.

Samokov

Samokov ist eine Stadt mit rund 28 000 Einwohnern und damit die größte in dieser Region. Sie liegt am nördlichen Rand des Rilagebirges auf fast 1000 Metern Höhe, an den Ufern des Flusses Iskăr. Umgeben ist sie von einer unbewaldeten Hochebene.

Lange Jahre war Samokov eine florierende Minenstadt, Erzabbau und Eisenverhüttung waren hier vom Beginn des 14. Jahrhunderts bis zum Beginn des 20. bedeutende Industriezweige. In der Arbeiterstadt Samokov konnte sich im Jahre 1910 ein sozialistisch dominierter Stadtrat etablieren. Damit hatten zum ersten Mal in der Geschichte Bulgariens Sozialisten politische Macht. Sie traten mit großen Idealen an: Die Verbesserung der Arbeitsbedingungen, der Wohnsituation und der Bildungsmöglichkeiten der Arbeiter waren die Ziele. Aber schon zwei Jahre später wurde dieser Rat von konservativen Kräften und der Polizei wieder gestürzt.

Neben der Bedeutung als Wirtschaftsstandort war die Stadt in der Epoche der Bulgarischen Wiedergeburt, also im 18. und 19. Jahrhundert, auch für ihre Holzschnitzkunst und Ikonenmalerei bekannt, die prägend war für die Ikonenmalerei in dieser Epoche. Ihr entstammen die wichtigsten Vertreter dieses Stils: Christo Dimitrov und dessen Söhne Dimităr Sograf und Sachari Sograf.

Die Mitglieder der Samokover Schule gelten als die Repräsentanten der Ikonenmalerei in der Epoche der Nationalen Wiedergeburt schlechthin. Der Gründer der Schule Christo Dimitrov sammelte in Wien und in den Klöstern auf Athos Erfahrungen als Künstler. Er und seine Söhne Dimităr und Sachari Sograf waren die wichtigsten Vertreter der Schule. Die Künstlerfamilie arbeitete oft gemeinsam,

Der Berg Kamilata in der Nähe von Samokov

so daß die meisten ihrer Werke keinem einzelnen Familienmitglied zugeordnet werden können. Sie schufen Wandmalereien in Kirchen und Klöstern in ganz Bulgarien. Auch in den beiden bedeutendsten Klöstern des Landes, dem Rila- und dem Bačkovo-Kloster, sind Werke der Familie zu sehen. Die Samokover Schule neigte zu einer in der Ikonenmalerei bis dahin nicht gekannten realistischen Darstellungsweise. Ihre Mitglieder zählen damit als die Künstler, die den Übergang von der kirchlichen zur weltlichen Malerei – und damit das Ende der Entwicklung der Ikonenmalerei – in Bulgarien einleiteten.

In der örtlichen Kirche Sveta Bogorodica, die gegen Ende des 18. Jahrhunderts erbaut wurde, befinden sich einige Werke dieser Künstler. Auch bei der Gestaltung der Kirche des berühmten Rila-Klosters haben diese Vertreter der Samokover Schule mitgewirkt. Im Zentrum von Samokov erinnert die Bairakli-Moschee – in der Mitte des 18. Jahrhundert errichtet – an die Zeit der osmanischen Herrschaft.

Die meisten Touristen nutzen Samokov nur als Durchgangsstation zum 10 Kilometer entfernten, international bekannten Wintersportort Borovec oder zum 15 Kilometer entfernten Weiler Maljovica, einem beliebten Ausgangspunkt für Wanderungen und Bergtouren. Dabei bieten sich in Samokov wesentlich billigere Unterkunftsmöglichkeiten als im luxuriösen Urlaubsort Borovec und komfortablere als in Maljovica. Nahe der Moschee, auf dem Hauptplatz, ist mit einem großen türkischen Brunnen – bzw. einem typischem türkischen Brunnenhaus, der ›češma‹ – aus dem 17. Jahrhundert ein weiteres sehenswertes Relikt aus der Zeit der osmanischen Herrschaft zu finden.

Im Historischen Museum im Stadtzentrum, nur wenige Meter westlich des Hauptplatzes, ist Samokovs Vergangenheit als Industriestadt und als Zentrum des Handwerks und Kunsthandwerks dokumentiert.

Vorwahl: 07 22, Postleitzahl: 2000.

Mehrmals täglich Busse zwischen Samokov und Sofija sowie Minibusse zwischen Samokov und Borovec, zweimal täglich zwischen Samokov und Maljovica.

Hotel Koala, ul. Christo Zografski 25 (ul. Michail Konev 25), Tel. 223 32. Gemütliches, preiswertes Hotel in der Nähe des Busbahnhofs, Restaurant. Hotel Kalina, Govedarci, im Dorf Govedarci (zehn Kilometer südwestlich von Samokov), mobil: 088-888 38 47, Kalinahotel@top.bg. Untere Preisklasse.

Historisches Museum, ul. Ljubčo Baramov 4, Tel. 221 94, Mo–Fr 9–12 u. 14–17 Uhr.

Borovec

Borovec ist der älteste Ferienort in den bulgarischen Bergen. Er ist heute als Wintersportort weit über die Grenzen Bulgariens hinaus bekannt, denn unter anderem wurden hier mehrere Skiweltcuprennen ausgetragen. Borovec liegt auf 1350 Metern Höhe, etwa 10 Kilometer von Samokov entfernt.

Ende des 19. Jahrhunderts verbrachte der bulgarische Adel hier seine Jagdurlaube. Heute ist Borovec ein moderner und, vor allem im Winter, lebhafter Urlaubsort mit noblen Hotels und Feriendörfern, unzähligen Restaurants, Cafés und Bars. Die Gäste erwartet ein Skigebiet mit 16 Liften und 40 Kilometer präparierter Abfahrtspiste sowie 18 Kilometer gespurter und markierter Langlaufloipe. Lifte bringen die Skifahrer bis in eine Höhe von 2560 Metern. Die Skisaison dauert von Mitte Dezember bis Ende April.

Während Borovec in den Wintermonaten boomt und aus allen Nähten platzt – die Unterkunft sollte ein Jahr im Voraus gebucht werden –, geht es in den Sommermonaten eher ruhig zu. Dabei ist Borovec ein hervorragender Ausgangspunkt für Wanderungen und Bergtouren im nördlichen Teil des Rilagebirges. Der höchste Berg Bulgariens, der Musala (2925 Meter), kann von Borovec aus in einer Tagestour in Angriff genommen werden. Man muß nicht die ganze Höhendistanz zu Fuß überwinden – eine Gondelbahn überbückt einen Teil der Strecke.

Eingang zum Restaurant an der Bergstation in Borovec

Vorwahl: 071 28,
Postleitzahl: 2010.
Wanderkarte: Rila, Kartografia Verlag, Maßstab 1:55 000, kyrillische und lateinische Schrift.

Mehrmals täglich Busse zwischen Borovec und Samokov.

Hotel Samokov,
Tel. 581, Fax 306.
Großes Vier-Sterne-Hotel, Restaurant, mehrere Bars, Schwimmhalle, Fitnessräume, Sauna, Bowlingbahn, Billardsalon und Tennisplatz; luxuriösestes und teuerstes Hotel des Ortes.
Hotel Rila, Tel. 658, Fax 533, rila@mbox.infotel.bg. Riesiger Hotelkomplex mit 2000 Betten, Restaurants, Bars, Disco, Läden, Schwimmbad und Sauna; gehobene Preisklasse.
Feriendorf Malina, zwei Kilometer außerhalb, Tel. 435. Schön gelegene Anlage, kleine, komplett ausgestattete Holzhäuser für zwei bis sechs Personen; Restaurant und Bar.
Feriendorf Jagoda, neben dem Feriendorf Malina, Tel. 343. Komplett ausgestattete Holzhäuschen für zwei bis vier Personen; Restaurant und Sauna.

Skifahren im bekanntesten und besten Skigebiet des Landes, Wandern und Bergsteigen im Rilagebirge (Besteigung des Musala, 2925 m)

Maljovica

Ein hervorragender Ausgangspunkt für Wanderungen und Bergtouren im westlichen Teil des Nationalparks Rila ist der kleine Ort Maljovica, auf 1750 Metern Höhe schon mitten im Rilagebirge gelegen.

Im Winter werden in der Nähe des Ortes drei Skilifte betrieben. Als Ferienort bietet Maljovica bei weitem nicht die Vielfalt und den Luxus von Borovec. Nur zwei einfache Hotels und eine Herberge stehen hier als Unterkunftsmöglichkeiten bereit, vier Lokale bieten heimische Speisen. Im Ort gibt es weiter eine Bergsteigerschule mit kleinem alpinen Museum.

Die meisten Touristen kommen für Tagesausflüge nach Maljovica oder nutzen den Ort als Ausgangspunkt für mehrtägige Wanderungen im Nationalpark Rila. Der Eingang des Nationalparks befindet sich südlich von Maljovica, einige hundert Meter von dem großen Parkplatz entfernt, an dem die Straße endet. Dort stehen nahe der Talstation des Skilifts mehrere Informationstafeln der Nationalparkverwaltung. Hier beginnt auch ein blau markierter Weg, über den man in einer etwa einstündigen, gemächlich ansteigenden Wanderung die Berghütte Maljovica (2050 Meter) erreicht. Von dort besteht die Möglichkeit, den markanten Gipfel des Maljovica (2729 Meter) zu besteigen. Man folgt dazu dem rot markierten Weg, der von der Hütte weiter in das Tal hineinführt. Am Ende des Tals nimmt die Steigung des Pfads deutlich zu. Die Abzweigung eines blau markierten Wan-

Die Bergsteigerschule bei Maljovica

An den Sieben Rila-Seen

derwegs und einen Bergsee (Elena Ezero) passierend, verläuft der Pfad über Granitblöcke hinauf zum Gipfel. Diese Tour führt in die Hochgebirgsregionen des Rilamassivs und sollte daher nur mit entsprechender Bergausrüstung und bei sicheren Wetterverhältnissen unternommen werden. Die Gehzeit ab der Hütte beträgt etwa vier bis fünf Stunden (hin und zurück).

Von Maljovica aus kann man auch zu den etwa 2300 Meter hoch gelegenen Sieben Rila-Seen (Sedemte Ezera) wandern, die als landschaftlicher Höhepunkt des Rilagebirges gelten. Für diese nicht schwierige, aber lange Wanderung sollten zwei Tage eingeplant werden. Übernachtungsmöglichkeiten gibt es auf den Berghütten Sedemte Ezera nahe den Sieben Rila-Seen oder Rilski Ezera, eine halbe Stunde Fußmarsch von den Seen entfernt. An der Fahrstraße nach Samokov, etwa einen Kilometer vor Maljovica, beginnt der rot markierte Wanderweg, der zu den Sieben Rila-Seen führt. Dieser verläuft zunächst relativ flach durch ein bewaldetes Tal bis zur Berghütte Vada, die auch noch mit dem Auto erreichbar wäre. Von der Berghütte Vada führt der nach wie vor rot markierte Wanderweg nun ansteigend, vorbei an der unbewirtschafteten Hütte Lovna, bis zur Berghütte Rilski Ezera, die auf etwa 2100 Höhenmetern schon oberhalb der Baumgrenze liegt.

Am Hafen in Nesebăr
Das Lamartinehaus in Plovdiv; Moschee bei Jagodina

Von hier ist es noch eine halbstündige Wanderung bis zu den Sieben Rila-Seen und der gleichnamigen Berghütte (Berghütte Sedemte Ezera). Diese Hütte wird von Maljovica aus in etwa sechs bis sieben Stunden Gehzeit erreicht.

Vorwahl: 071 25, Postleitzahl: 2020. Wanderkarte: Rila, Kartografia Verlag, Maßstab 1:55000, kyrillische und lateinische Schrift.

Zweimal täglich (morgens und abends) fährt ein Kleinbus von Samokov nach Maljovica und zurück.

Hotel Alen Mak, Tel. 23 20. Neu renoviertes Hotel mittlerer Preisklasse, Restaurant. Berghütte Maljovica (chiža Maljovica), kein Tel. Einfachste Übernachtungsmöglichkeiten im Matratzenlager oder kleinen Holzhütten.

Wandern, Bergsteigen, Alpinklettern, Skifahren.

Blagoevgrad

Mit 77 000 Einwohnern ist Blagoevgrad die größte Stadt in Südwest-Bulgarien und das regionale Zentrum. Sie liegt 100 Kilometer südlich von Sofija, im breiten Tal des großen Flusses Struma und am Fuß des Rilagebirges. Namensgeber war der berühmte bulgarische Sozialistenführer Dimitär Blagoev (1856 – 1924). Bis 1950 trug Blagoevgrad den Namen Gorna Djumaja.

Obwohl Blagoevgrad lange Zeit, vom 15. Jahrhundert bis zu Beginn des 20. Jahrhunderts, eine türkische Stadt war, erinnert heute nichts mehr an diese Vergangenheit. Deutliche Spuren, besonders im Stadtzentrum, hinterließ dagegen die Ära Živkov. Mit protzigen Straßen und Gebäudekomplexen, unter Verwendung gewaltiger Mengen weißen Marmors, wurde versucht, ein repräsentatives Ensemble zu schaffen, das sich auch beim Empfang hochrangiger ausländischer Staatsgäste sehen lassen konnte. Das Marmor-Ensemble befindet sich im Stadtzentrum, also um den pl. Georgi Izmirliev Makedončeto herum.

Reizvoller ist die Altstadt Varoša auf der anderen Uferseite des Flüßchens Bistrica. Hier befindet sich die 1844 fertiggestellte Kirche Sveta Bogorodica mit Wandmalereien und Holzschnitzereien von Künstlern, die auch an der Gestaltung des berühmten Rila-Klosters mitgewirkt haben. Um die Kirche herum wurden

In der Altstadt in Plovdiv; Das Preobraženski-Kloster
In Kazanlăk

mittlerweile mehrere Häuser aus der Wiedergeburtszeit restauriert oder im Stil dieser Epoche wieder neu aufgebaut. In Varoša gibt es ein historisches Museum, in dem antike und mittelalterliche Fundstücke aus der Region ausgestellt sind. Östlich von Varoša lockt ein großer Stadtpark zum Spaziergang.

Blagoevgrad ist heute eine bedeutende Universitätsstadt. Mehrere tausend Studenten studieren an der amerikanischen Universität, der einzigen auf der Balkanhalbinsel, oder an der Süd-West-Universität Neofit Rilski. Die Studenten prägen auch das Stadtbild und das Stadtleben. Die Studierenden urteilen mit gewissem Stolz, daß es hier die nettesten Studenten-Cafés und angesagtesten Nachtclubs Bulgariens geben soll.

Vorwahl: 073, Postleitzahl: 2700. Touristeninformation, ul. Komitrov 8, Tel. 814 58, Fax 354 58, ptf@pirin-tourism.bg, www.pirin-tourism.bg.

Mehrmals täglich Zug- und Busverbindungen mit Sofija und Sandanski, mehrmals täglich Busverbindungen mit der Ortschaft Rila; täglich Busse von und nach Plovdiv, Samokov, Bansko und Goce Deltschev. Tägliche Zugverbindungen mit Griechenland (Thessaloniki, Athen).

Hotel Alpha, ul. Kukuš 7 (etwas außerhalb des Zentrums), Tel. 311 41, Fax 815 88, alphablg@hotmail.com. Neu renoviertes Hotel, mittlere Preisklasse.

Hotel Alen Mak, ul. Sveti Kiril & Sveti Metodij 1, Tel. 23031, Fax 233 63, makturs@abv.bg. Großes, mitten im Stadtzentrum gelegenes Hotel, die hohen Preise ensprechen nicht der gebotenen Leistung, Restaurant.

Hotel Bor, Tel. 224 91, makturs@abv.bg. Großes Hotel der mittleren Preisklasse, ruhige Lage im Stadtpark, Restaurant.

Um die zentralen Plätze im Stadtzentrum (pl. Georgi Izmirliev Makedončeto und pl. Makedonija) gibt es Cafés und Restaurants.

Historisches Museum, bul. Aleksandăr Stambolijski, Tel. 211 70, Mo–Fr 9–12.30 Uhr u. 15–18 Uhr.

Rila und das Rila-Kloster

Die meisten Touristen schenken Rila, einer Kleinstadt mit 4000 Einwohnern, keine Beachtung. Dabei kann die Ortschaft zwei interessante Kulturdenkmäler vorweisen: die im 14. Jahrhundert erbaute Kirche Sveti Michail mit sehenswerten

Markt im kleinen Örtchen Rila

Ikonen und das aus der gleichen Zeit stammende Frauenkloster Orlica, in dessen Kapelle Wandmalereien aus dem 15. Jahrhundert zu bewundern sind.

Die Besucher aber lassen diese Baudenkmäler links liegen und fahren weiter zum rund 20 Kilometer entfernten Kloster gleichen Namens. Das ist zweifellos die größte Touristenattraktion dieser Gegend, wenn nicht sogar Bulgariens. Mehrere tausend Besucher täglich bevölkern an schönen Sommerwochenenden diese Anlage, deren historische und kulturelle Bedeutung die UNESCO 1983 mit der Aufnahme in die Liste des Weltkulturerbes gewürdigt hat.

Die Gründung des Klosters geht auf den Mönch Ivan Rilski (876–946) zurück. Aus Protest gegen den sittlichen Verfall der Kirche hatte sich Rilski vor etwa 1000 Jahren in eine Höhle nahe der heutigen Klosteranlage zurückgezogen, wo er fortan als Einsiedler lebte. Viele Mönche folgten Ivan Rilski, der schon zu Lebzeiten als Heiliger verehrt wurde, in dessen Einsiedelei und sammelten sich um ihn. So entstand hier im 10. Jahrhundert eine Klostergemeinschaft, deren erster Abt Ivan Rilski wurde. Im 14. Jahrhundert, während des Zweiten Bulgarischen Reichs, erlebte das Rila-Kloster einen schnellen Aufschwung. Von den herrschenden Zaren wurde das Kloster gefördert und mit zahlreichen Privilegien ausgestattet, so zum Beispiel mit der Feudalherrschaft über umliegende Dörfer oder mit der Befreiung von Steuerabgaben. So blieb die Klostergemeinschaft auch nach Beginn der osmanischen Herrschaft ab dem 14. Jahrhundert erhalten. Die inneren Unruhen und Verfallserscheinungen des Osmanischen Reichs im 17. und 18. Jahrhundert gingen dann aber auch am Rila-Kloster nicht spurlos vorüber. Mehrmals fiel es in dieser Zeit Plünderungen oder Brandanschlägen zum Opfer und verfiel nach und nach. Erst im 19. Jahrhundert entwickelte sich das Kloster wieder zu einem kulturellen und geistigen Zentrum des Landes und zu einem bedeutenden Ziel von Pilgerfahrten. Zahlreiche Spenden hatten den Wiederaufbau ermöglicht. Für die Gestaltung zeichneten erstklassige Künstler und Kunsthandwerker aus allen Teilen des Landes verantwortlich und gaben dem Kloster seine heutige Gestalt.

Von außen betrachtet, gleicht es einer Festungsanlage, die eine Grundfläche von immerhin 9000 Quadratmetern einschließt. Die Eingänge in Form von zwei Toren befinden sich im Westen (Dupnica-Tor) und im Osten (Samokov-Tor). Der Innenhof des Klosters ist von bis zu vierstöckigen Wohn- und Wirtschaftsgebäuden umgeben, in denen unter anderem 300 Mönchszellen, Klosterküche und Speisesaal untergebracht sind. Die einzelnen Räume werden auf hölzernen Treppen und Außengängen erreicht. Im Zentrum der Klosteranlage, in der Mitte des Innenhofs, stehen die bunt bemalte Klosterkirche und der 23 Meter hohe Chreljo-Turm. Dieser Wehrturm, 1335, gegen Ende des Zweiten Bulgarischen Reichs fertiggestellt, ist der älteste erhaltene Teil des Klosters. Die dreischiffige Klosterkirche wurde zwischen 1834 und 1837 erbaut. An ihrer Gestaltung beteiligten sich fast alle namhaften Kunstmaler und Kunsthandwerker der bulgarischen Wiedergeburtszeit, darunter die Samokover Schule und die Banskoer Schule. Besonders beeindruckend sind die zwischen 1840 und 1848 entstandenen Wandmalereien an den Innen- und Außenwänden der Kirche, auf denen 1200 unterschiedliche Bibelszenen dargestellt sind. In der Kirche werden die Gebeine von Ivan Rilski

Das Rila-Kloster ist ein Touristenmagnet

und das Herz von Zar Boris III. aufbewahrt. Im östlichen Trakt des Klosters befindet sich ein Museum, in dem unter anderem die bedeutendste bulgarische Holzschnitzarbeit ausgestellt ist, das Raphael-Kreuz. Dieses Kunstwerk, das 140 winzige, detailliert ausgearbeitete Bibelszenen zeigt, wurde von dem Mönch Raphael Ende des 18. Jahrhunderts in zwölfjähriger Arbeit geschaffen.

In der Nähe des Rila-Klosters kann die Felsenhöhle besichtigt werden, in die sich der spätere Klostergründer Ivan Rilski angeblich zurückgezogen hatte. Dazu folgt man der Teerstraße hinter dem Rila-Kloster, die noch etwa acht Kilometer weiter ins Tal hineinführt und im Weiler Kirilova Poljana endet. Nach etwa vier Kilometern beginnt links ein Wanderweg, der über die Einsiedelei Sveti Luka, die aus dem 18. Jahrhundert stammt, zu der ehemaligen Einsiedelei Ivan Rilskis führt. Vom Kloster aus erreicht man sie zu Fuß in etwa einer Stunde.

Das Rila-Kloster ist ein beliebter Ausgangspunkt für Wanderungen und Bergtouren in die Umgebung. Gleich am Parkplatz vor dem Kloster beginnt ein beschilderter und markierter Wanderweg zu den Sieben Rila-Seen. Für diese sehr anstrengende Bergtour, die mit über 1500 Höhenmetern Aufstieg verbunden ist, sollten mindestens zwei Tage eingeplant werden. Übernachtungsmöglichkeiten bieten die Berghütte Ivan Vazov (Chiža Ivan Vazov), zu der man etwa sechs Stunden aufsteigt, und nahe den Sieben Rila-Seen die gleichnamige Berghütte (Chiža Sedemte Ezera), die nach etwa zehn Stunden Gehzeit erreicht wird. Wer nicht auf eine Rückkehr zum Rila-Kloster angewiesen ist, kann von den Sieben Rila-Seen in einer etwa sechsstündigen Wanderung zur Ortschaft Maljovica absteigen. Diese Überschreitung des Rilagebirges ist eine sehr beliebte Mehrtagestour.

Vorwahl: 070 54,
Postleitzahl: 2630
Wanderkarte: Rila, Kartografia Verlag, Maßstab 1:55000, kyrillische und lateinische Schrift.

Mehrmals täglich Busverbindungen zwischen der Ortschaft Rila und Blagoevgrad, dreimal täglich Busse von der Ortschaft Rila zum Rila-Kloster und zurück.

Hotel Orbita, Tel. 21 67, im Zentrum der Ortschaft Rila. Einfach, Restaurant.
Hotel Rilez, Tel. 21 06, etwa einen Kilometer vom Rila-Kloster entfernt. Preisgünstig, Restaurant.
Hotel Carev Vrăch, Tel. 22 85, Fax 22 80. Neu renoviert, relativ preisgünstig, gutes Restaurant.
Rila-Kloster, Tel. 22 90. Sehr einfache Zimmer und Betten in Schlafräumen zu günstigen Preisen.

Camping Bor, etwa zwei Kilometer nach dem Kloster an der Straße zur Kirilova Wiese. Einfach, schön gelegen.

Neben den Hotelrestaurants mehrere Einkehrmöglichkeiten.

Rila-Kloster: Klosteranlage täglich 6–22 Uhr (Eintritt frei), Klosterkirche täglich 8.30–18 Uhr (Eintritt frei), Klostermuseum täglich 8.30–16.30 Uhr (geringe Eintrittsgebühr).

Einsiedeleien Sveti Luka und Sveti Ivan Rilski in der Nähe des Klosters.

Wandern und Bergsteigen im Nationalpark Rila und im Naturpark Rila-Kloster.

Das Piringebirge

Im äußersten Südwesten Bulgariens, nahe den Grenzen zu Mazedonien und zu Griechenland, erhebt sich zwischen den Flußtälern der Mesta und der Struma das Piringebirge. Mehr als hundert Gipfel dieses zweithöchsten Gebirgszugs Bulgariens sind über 2000 Meter hoch, sieben erreichen sogar eine Höhe von über 2800 Metern. Die höchste Erhebung ist mit 2914 Metern der Berg Vichren. Charakteristisch für die Landschaft im Piringebirge sind die hellen und steilen Granitsteinmassive, die vielen kleinen Bergseen und vor allem die außergewöhnlich üppige Flora und Fauna, die hier aufgrund des mediterranen Klimaeinflusses entstehen konnte. Es gibt 1100 Pflanzenarten, einschließlich etwa 15 endemi-

Die südlichen Ausläufer des Piringebirges

scher, 102 Vogel- und 42 Säugetierarten, darunter Adler und Bären. Zum Schutz dieses einzigartigen Naturraums wurde ein großer Teil des Gebirges zum Nationalpark erklärt. Dieser wurde 1983 von der UNESCO in die Liste des Weltnaturerbes aufgenommen.

Der Nationalpark Pirin ist ein Paradies für Naturfreunde, Wanderer und Bergsteiger. Der beste Ausgangspunkt für die Erkundung des Nationalparks ist der im Sommer und im Winter beliebte Urlaubsort Bansko, der am nördlichen Rand des Piringebirges liegt, am Fuß des gewaltigen Berges Vichren. Im Nationalpark steht den Besuchern ein großes, gut markiertes und beschildertes Netz an Wanderwegen zur Verfügung. Mehrere einfache Hütten bieten Übernachtungsmöglichkeiten.

Bekannt ist das Piringebirge auch für seine Mineralquellen, die angeblich schon in der Antike für Kuren genutzt wurden und auch heute noch viele Kurgäste anlocken. Der bekannteste Kurort der Gegend ist die lebendige Kleinstadt Sandanski am südwestlichen Rand des Piringebirges. In der Nähe von Sandanski befindet sich mit der Ortschaft Melnik eine weitere gut besuchte Touristenattraktion. Eingebettet zwischen bizarren Sandsteinfelsen, erwartet den Besucher ein Ensemble äußerst kunstfertig renovierter Wiedergeburtshäuser im typischen Stil der Region. Ferner bietet sich die Gelegenheit, in mehreren Restaurants und Weinkellern die exzellenten lokalen Weine kennenzulernen.

Wem dieser Architekturstil gefällt, findet in der Gegend um Goce Delčev am südöstlichen Rand des Piringebirges einige sehenswerte Bergdörfer, die im typischen ländlichen Stil der Epoche der nationalen Wiedergeburt erbaut wurden.

Bansko

Auf einer Hochebene, rund 900 Meter hoch, liegt das Städtchen Bansko (10 000 Einwohner). Es ist ein im Sommer wie im Winter beliebter Urlaubsort, vor allem weil es ein idealer Ausgangspunkt für Wanderungen und Bergtouren im Piringebirge ist.

Im Winter kommen vor allem Wintersportler, die es zu den nahe gelegenen Skigebieten zieht. Daher findet sich im Stadtzentrum eine große Auswahl an Restaurants und Cafés. Die Hotellandschaft in Bansko ist ebenso vielseitig und bietet Unterkunftsmöglichkeiten jeder Preisklasse und jeden Geschmacks.

Im 18. Jahrhundert war Bansko ein kulturell und wirtschaftlich bedeutender Ort. Namhafte Persönlichkeiten dieser Zeit stammten aus Bansko, etwa der Mönch Paisij Chilendarski (1722–1773), der als Begründer der bulgarischen Renaissance gilt. Nach wie vor prägen Gebäude aus dieser Zeit das Stadtzentrum. Die typischen Banskoer Wiedergeburtshäuser sind festungsartige Bauernhäuser,

Marktszene in Bansko

umgeben von hohen Steinmauern und so ausgestattet – beispielsweise mit eigenen Werkstätten und Lagerräumen –, daß autarkes Wirtschaften möglich war. Viele dieser Häuser wurden mittlerweile aufwendig renoviert, andere im Stil dieser Zeit neu erbaut.

Im Zentrum der Stadt befindet sich die 1835 fertiggestellte Kirche Sveta Troica, deren 30 Meter hoher Glockenturm das Wahrzeichen Banskos ist. Die Kirche versammelt Wandmalereien und Holzschnitzereien von Künstlern der sogenannten Banskoer Schule. Die Maler und Holzschnitzer dieser Kunstschule schufen viele wichtige Werke der Wiedergeburtszeit. Ihr bedeutendster Vertreter ist der Maler Dimităr Molerov.

Direkt neben der Kirche Sveta Troica befindet sich das renovierte Geburtshaus von Neofit Rilski (1793–1881), der als Vater des bulgarischen Bildungswesens gilt. Das Gebäude kann besichtigt werden. Auf dem großen Platz unterhalb der Kirche wurde für Paisij Chilendarski (1722–1773) ein Denkmal errichtet. Der aus Bansko stammende Mönch befaßte sich als erster mit der Geschichte Bulgariens von ihren Anfängen im siebten Jahrhundert bis zur osmanischen Herrschaft, schrieb sie nieder und leistete damit einen wichtigen Beitrag zur Einleitung der Epoche der bulgarischen Wiedergeburt.

Nur wenige Schritte vom Kirchplatz entfernt ist im Vapcarov-Haus am gleichnamigen Platz das historische Museum der Stadt untergebracht. Hier kann man auch Kunstgegenstände aus Bansko und der Region erwerben. Zur Ausstattung Banskos und der näheren Umgebung im Winter gehören mehrere Skilifte, Abfahrtspisten aller Schwierigkeitsgrade und präparierte Langlaufloipen. Da lange schneereiche Winter üblich sind, dauert die Skisaison hier gewöhnlich von Anfang Dezember bis Ende April.

Bansko hat als Wintersportort nicht die Popularität von Pamporovo in den Rhodopen und Borovec im Rilagebirge. Im Gegensatz zu diesen Skizentren ist Bansko aber nicht so überlaufen und hat als traditionelle bulgarische Kleinstadt mehr Charme und Atmosphäre. Im Sommer ist Bansko ein idealer Ausgangspunkt für Wanderungen und Bergtouren im Nationalpark Pirin, der sich über weite Teile der gleichnamigen Bergregion erstreckt. Die Nationalparkverwaltung befindet sich auch im Ort.

Eine beliebte Bergtour im Nationalpark ist die Besteigung des Vichren (2914 Meter). Als Basis der Tour kann die Berghütte Vichren (chiža Vichren) genutzt werden. Diese Hütte, die auch einfache Übernachtungsmöglichkeiten bietet, liegt etwa 15 Kilometer westlich von Bansko auf knapp 2000 Meter Höhe und ist mit dem Auto erreichbar. In den Sommermonaten fährt auch ein Minibus fast bis zur Hütte. Von dort bis zum Gipfel geht man noch etwa drei bis vier Stunden auf einem teilweise sehr steilen, aber gut markierten Weg. Diese Bergtour führt in die Hochlagen des Piringebirges und sollte daher nur mit entsprechender Ausrüstung und Erfahrung durchgeführt werden.

Hotel in Bansko im traditionellen Stil

Vorwahl: 074 43, Postleitzahl: 2770.
Touristeninformation, ul. Nikola Vapcarov 2, Tel. 50 48.
Wanderkarte: Pirin, Kartografia Verlag, Maßstab 1:55 000, kyrillische und lateinische Schrift.

Internetservice, Vihren Club, ulica Pirin 55.

Die Schmalspurbahn, die mehrmals täglich zwischen Septemvri und Dobrinište verkehrt, hält in Bansko. Von Septemvri Verbindungen nach Sofija und Plovdiv.
Mehrmals täglich Busse von und nach Sofija, Blagoevgrad und Goce Delčev, täglich von und nach Plovdiv und Sandanski.
In den Sommermonaten dreimal täglich Minibus von Bansko zur Berghütte Banderica und somit fast bis zur Berghütte Vichren.

Hotel Bansko, ul. Glazne 17, Tel. 42 75, Fax 43 53.
Mitten im Stadtzentrum, modern und luxuriös, gehobene Preisklasse, Sauna, Schwimmbad.
Hotel St. George, ul. Christo Botev 18 (Stadtzentrum), Tel. 82 75. Neu renoviert, mittlere Preisklasse.
Hotel Albert, ul. Bjalo More 12 (zentral), Tel. 42 64. Gemütlich, untere Preisklasse.
Hotel Keramika, ul. Neofit Rilski 2a (zentral), Tel. 51 97, kostadin_d@abv.bg. Einfach und billig.
Hotel Tipik, ul. Todor Aleksandrov 15a. Einfach, untere Preisklasse, in der Nähe des Busbahnhofs.

Viele Restaurants und Cafés befinden sich nahe dem pl. Vapcarov.

Hausmuseum Neofit Rilski, ul. Pirin 17, Mo–Fr 9–12 u. 14–17 Uhr.
Historisches Museum im Vapcarov-Haus, pl. Nikola Vapcarov, Mo–Fr 9–12 u. 14–17 Uhr.

August: Internationales Jazz-Festival; Auftritte bekannter nationaler und internationaler Künstler aus der Jazz-, Rock- und Popszene.
August (alle zwei Jahre ab 2005): ›Pirin singt‹ (Folklore-Festival), in der Nähe von Bansko, Darbietung von Volkstänzen und volkstümlicher Musik.

Wandern und Bergsteigen im Nationalpark Pirin; Infos: Nationalparkverwaltung, bul. Bălgarija 4, Tel./Fax 2428.
Skifahren und Langlaufen in den Skigebieten Čalin Valog und Šiligarnika

Goce Delčev

Nur rund 20 Kilometer von der bulgarisch-griechischen Grenze entfernt, befindet sich Goce Delčev, eine Kleinstadt mit etwa 20 000 Einwohnern. Sie ist nach dem mazedonischen Bulgaren Goce Delčev (1872–1903) benannt, der sich in dieser Gegend zur Zeit der osmanischen Herrschaft als Widerstandskämpfer hervortat. Im 15. Jahrhundert wurde die Ortschaft unter dem Namen Nevrokop erstmals urkundlich erwähnt; diesen Namen trug sie bis zu ihrer Umbenennung 1959.

Goce Delčev liegt im breiten Tal des Flusses Mesta, das den südlichen Teil des Piringebirges vom westlichen Teil der Rhodopen trennt. Beide Gebirgsregionen sind von der Stadt aus gut erreichbar.

Man nimmt an, daß die Gegend des heutigen Goce Delčev seit dem 9. Jahrhundert besiedelt ist. Im 15. Jahrhundert wurde die Ortschaft unter dem Namen Nevrokop erstmals urkundlich erwähnt (diesen Namen trug Goce Delčev bis 1959). Seit dem 17. Jahrhundert ist der Ort als Stadt eingetragen. Während der osmanischen Herrschaft erblühte in Nevrokop die Handwerkskunst; der Ort wurde weithin auch bekannt wegen seiner Glöckchen, die in der Tierhaltung eingesetzt wurden. Aufgrund der Lage und der Geschichte ist die Einwohnerschaft traditionell sehr multikulturell zusammengesetzt. Die Menschen haben türkische, griechische, mazedonische oder bulgarische Vorfahren und sind christlichen, islamischen oder jüdischen Glaubens. In Goce Delčev gibt es neben mehreren Kirchen auch eine Moschee und eine Synagoge, die allerdings momentan nicht als Gebetshaus genutzt wird. Im historischen Museum der Stadt, das in einem sehenswerten Barockbau aus dem Jahre 1879 untergebracht ist, sind antike Funde aus der Gegend und stadtgeschichtlich bedeutende Objekte ausgestellt.

Denkmal für den Patrioten Goce Delčev, den Namensgeber des Ortes

In der Umgebung von Goce Delčev, vor allem in den West-Rhodopen, gibt es viele interessante Bergdörfer, deren Häuser im typischen, ländlichen Stil der Epoche der nationalen Wiedergeburt erbaut wurden. Während einige dieser Dörfer touristisch nicht erschlossen sind, findet man in anderen, beispielsweise in Dolen oder Kovačevica, komfortable Hotels und gute Restaurants. Diese beiden Orte eignen sich gut als Ausgangspunkt für Wanderungen in den westlichen Ausläufern der Rhodopen. Das Pendant für Wanderungen im südlichen Teil des Piringebirges bildet das Dorf Popovi Livadi, etwa 20 Kilometer westlich von Goce Delčev gelegen.

Vorwahl: 0751, Postleitzahl: 29 00. Wanderkarte: Pirin, Kartografia Verlag, Maßstab 1:55 000, kyrillische und lateinische Schrift.

Es bestehen täglich Busverbindungen mit Sofija, Plovdiv, Blagoevgrad und Bansko.

► Goce Delčev: Malamovata kăšta, ul. Christo Botev 25, Tel.291 35, Fax 240 74, maiz@goce.net. Zentral gelegen, mittlere Preisklasse, gutes Restaurant mit gemütlichem Garten.
► Umgebung von Goce Delčev: Djalova Kăšta, Dolen, mobil: 088-752 30 87, etwa 30 Kilometer nordöstlich von Goce Delčev. Untere Preisklasse.
Kapsucovi Kašti, Kovačevica, mobil: 088-720 75 61, etwa 25 Kilometer nordöstlich von Goce Delčev, gehobene Preisklasse.

Historisches Museum, ul. Christo Botev, Tel. 231 56, Mo–Fr 9–13 u. 14–18 Uhr.

Wandern im südlichen Teil des Piringebirges (Ausgangspunkt: Popovi Livadi) oder im westlichen Teil der Rhodopen (Ausgangspunkte: Kovačevica und Dolen).

Sandanski

Der Kurort Sandanski (28 000 Einwohner) trägt wie viele Städte und Dörfer dieser Region den Namen eines bulgarischen Revolutionärs aus der Zeit des Widerstandes gegen die türkische Besatzung, den von Jane Sandanski (1872–1918). Ein weiterer berühmter Name ist mit dem Ort verbunden: Spartacus, der Organisator des größten Sklavenaufstands in der Geschichte des Römischen Reichs (1. Jahrhundert v. Chr.). Damals war diese Region, bereits seit dem 2. Jahrtausend v. Chr., von thrakischen Stämmen besiedelt. An Spartakus, der hier geboren wurde, erinnert heute eine große Statue am Stadtrand.

Sandanski, 65 Kilometer südlich von Blagoevgrad und 160 Kilometer südlich von Sofija, liegt an den südwestlichen Ausläufern des Piringebirges. Das Klima ist mediterran beeinflußt und weist das ganze Jahr über milde Temperaturen und

Das moderne Interhotel Sandanski

eine geringe Luftfeuchtigkeit auf, was vor allem Asthmatikern und an den Bronchien Erkrankten zu Gute kommt. Nicht zufällig hat Sandanski eine bis ins Mittelalter reichende Tradition als Kurort und wird als solcher heute immer noch geschätzt. Äußerst wohltuend für die Gesundheit sind ferner die Mineralquellen, die hier bis knapp über 80 Grad heiß werden.

Zum Erholungswert trägt sicher auch das angenehme südländische Flair der Kleinstadt bei. Den Mittelpunkt der Stadt bildet eine Fußgängerzone entlang des bul. Makedonija, die mit Straßencafés, Kneipen, Restaurants, Geschäften und Verkaufsständen gesäumt ist. Sehenswert ist der gegen Ende des 19. Jahrhunderts angelegte Stadtpark in der Nähe des Interhotel Sandanski, einem riesigen modernen Komplex.

Lohnende Ausflugsziele in der Umgebung sind vor allem die Museumsstadt Melnik und das bei Melnik gelegene Rožen-Kloster. Der Ferienort Popina Laka, 17 Kilometer nordöstlich von Sandanski, eignet sich bestens für Wanderungen im südlichen Teil des Piringebirges.

Vorwahl: 07 46,
Postleitzahl: 2800.
Touristeninformation, pl. Bălgarija 1,
Tel. 225 49, Fax 224 03,
bicc@omega.bg.

Mehrmals täglich Zug- und Busverbindungen mit Sofija und Blagoevgrad und Busverbindungen mit Melnik. Tägliche Verbindungen mit Bansko und Goce

Delčev (Bus) sowie nach Griechenland (Zug nach Thessaloniki, Athen). Der Zugbahnhof liegt fünf Kilometer außerhalb des Stadtzentrums!

Hotel Aneli, ul. Goce Delčev 1, Tel 28952. Beliebtes (oft ausgebuchtes) Hotel, untere Preisklasse, zentrale Lage, Resturant.

Interhotel Sandanski, bul. Makedonija, Tel. 51 65, Fax 52 71, interhotel_sandanski@sani.net. Groß und modern, Kurhotel der gehobenen Kategorie mit vielen internationalen Gästen, Restaurant.

Privatzimmer vermittelt die Touristeninformation.

In der Fußgängerzone, entlang des bul. Makedonija, sind viele Cafés und Restaurants.

Wanderungen im südlichen Teil des Piringebirges; gute Ausgangspunkte sind Popina Laka (17 Kilometer nordöstlich) und Melnik (22 Kilometer südöstlich).

Melnik

Mit nur noch etwa 250 Einwohnern ist Melnik, zwischen Sandanski und der griechischen Grenze gelegen, offiziell die kleinste Stadt Bulgariens. Der Ort erstreckt sich in einem engen Tal an zwei kleinen Flüssen und ist von markanten, pyramidenförmigen, beigefarbenen Sandsteintürmen umgeben. Typisch für den Ort ist der Baustil der Häuser, der geschichtlich auf die Epoche der Nationalen Wiedergeburt zurückgeht, aber nach wie vor praktiziert wird. Ein- oder zweistöckige weiß und braun gestrichene Wohnhäuser mit roten schrägen Dächern sitzen auf hohen Steinfundamenten, in denen sich die Kellerräume befinden. Aus Platzmangel in dem engen Tal stehen die Häuser dicht aneinander und an den Hängen hoch übereinander gebaut. So präsentiert sich Melnik als ein unübersichtliches Gewirr von engen und verwinkelten Gassen.

Zur Blütezeit im 19. Jahrhundert war Melnik eine florierende Handelsstadt. Vor allem der Export von Wein und Tabak aus der Region brachte Wohlstand, und so entstanden prächtige Wohnhäuser und öffentliche Gebäude; in der Stadt gab es über 70 Kirchen. Gegen Ende des 19. Jahrhunderts hatte Melnik 20 000 Einwohner. Im Jahr 1912 wurde Melnik im Balkankrieg von türkischen Truppen fast völlig zerstört. Nur wenige Gebäude aus dieser Zeit blieben erhalten.

Heute ist Melnik offizielle ›Museumsstadt‹. Einige erhalten gebliebene Wohnhäuser und Gebäude erinnern noch an die glorreiche Vergangenheit des Ortes. Eines dieser traditionellen Wohnhäuser aus der Wiedergeburtszeit, das ehemalige Haus des wohlhabenden griechischen Kaufmanns Kordopoulos (Kordopulos kăšta), kann besichtigt werden. In einem kleinen Museum werden Trachten, antike Fundstücke – vornehmlich Keramiken – und alte Fotografien des Ortes gezeigt. Schon seit Jahrhunderten ist Melnik bekannt für seine hochwertigen Rotweine. Besucher, die sich selbst von ihrer Qualität überzeugen wollen, haben im Ort die Auswahl zwischen mehreren Weinstuben und Weinkellern.

Ein weitere bekannte Sehenswürdigkeit liegt nur sechs Kilometer entfernt, das Kloster Rožen (Roženski manastir) nahe der gleichnamigen Ortschaft. Es wurde bereits 1217 gegründet, der älteste noch erhaltene Teil ist heute die Klosterkirche aus dem 16. Jahrhundert. Sie wird von gut erhaltenen Wandmalereien aus den Jahren 1597, 1611 und 1715 geschmückt und ist im Innenraum mit interessanten Holzschnitzarbeiten aus der Epoche der Nationalen Wiedergeburt ausgestattet.

Fünf Mönche leben in dem Kloster, das ein viel besuchtes Ausflugsziel ist. Von Melnik aus ist das Kloster entweder über die Autostraße zu erreichen oder über einen Wanderweg. Dieser beginnt am nordöstlichen Ortsrand von Melnik und verläuft zunächst durch das Tal eines im Sommer versickernden Flusses. Am Ende des Tals steigt der Pfad dann steil an und führt über Sandsteinfelsen zum Kloster. Man geht etwa eineinhalb Stunden dorthin. Der Wanderweg ist nur unzureichend markiert, und im letzten Abschnitt vor dem Kloster erfordert er Trittsicherheit.

Melnik ist auch ein guter Ausgangspunkt für Langstreckenwanderungen, die das Piringebirge von Süden nach Norden durchqueren. Die erste Etappe führt zur Berghütte Pirin (chiža Pirin), die nach rund sechs Stunden Gehzeit erreicht wird. Der Wanderweg verläßt etwa fünf Kilometer hinter Melnik die Fahrstraße zwischen Melnik und Rožen und ist ab dort gut markiert und beschildert. Von konditionsstarken Wanderern kann die Tour zur bewirtschafteten Berghütte Pirin und zurück auch als Tagestour gegangen werden.

Melnik ist von markanten Bergen umgeben

Rotwein aus Melnik – Churchills Favoriten

Der Rote aus Melnik befindet sich schon seit langem in bester Gesellschaft. Im 17. und 18. Jahrhundert exportierte das Tabak- und Weindorf seinen besten Tropfen, einen starken Rotwein, nach Frankreich, Spanien, Italien und Österreich. Die Leute in Melnik erzählen, daß Winston Churchill den hochkarätigen Traubensaft für die Hochzeit seines Sohnes bestellte – so überzeugt sei er von der Qualität gewesen. Heute können Touristen durch die mechanas, die ortstypischen Tavernen, ziehen und Melnik-Wein aus unterschiedlicher Herstellung kosten.

Ein großes Festival läßt jährlich das wertvolle Wirtschaftsgut der Region hochleben. Mitte Februar ist Trifon Zarezan, Tag der Weinbauern. An diesem Tag werden die Rebstöcke rituell mit Wein besprenkelt. So bitten die Weinbauern symbolisch um eine gute Ernte. Man kostet den neuen Wein der letztjährigen Ernte, serviert ein opulentes Festmahl und feiert bis spät in die Nacht. Das Fest hat eine lange Tradition, genau wie der Weinanbau in Bulgarien. Homer berichtet in der Illias von Lieferungen des thrakischen Weins, und in der Odyssee spricht er von ›Honig süßem Wein‹. In der Tat war bulgarischer Wein schon weithin bekannt, jedoch mit zweifelhaftem Ruf. Denn abgesehen von einigen Ausnahmen wie dem Roten Melnik war er vor allem süß. ›Billiges pappiges Zeug‹ lautete das einhellige Urteil nach einer Kostprobe.

Doch mit der politischen Wende Anfang der 90er Jahre änderten auch die nunmehr privaten Winzer ihren Kurs. Qualität steht ganz oben auf der Prioritätenliste, präsentiert auf regelmäßigen Weinmessen.

Traditionell hat Bulgarien fünf bekannte Weinbaugebiete, die für ihre Region typische Weine produzieren. So werden in Südbulgarien Rotweine, in Nordbulgarien eher Weißweine angebaut. An der Küste des Schwarzen Meeres liegen wichtige Weinbaugebiete: Burgas, Pomorie und Varna als ihre drei Hauptzentren. Das kleinste Anbaugebiet Bulgariens liegt bei Melnik. Das dortige Mikroklima begünstigt den vollmundigen Rotwein.

Die besten trockenen Rotweine sind der Cabernet Sauvignon aus Svištov und Gorna Orjachovica. Der duftende Pelin von Osmar wird mit 29 verschiedenen Kräutern gemacht. Bekannt sind auch der Merlot von Stambolovo und der Mavrud von Asenovgrad. Der feinste bulgarische Weißwein ist der Chardonnay, insbesondere der aus den Kellern von Tărgovište, Veliki Preslav und dem Chateau Evksinograd. Ebenfalls ausgezeichnet sind die funkelnden Weine von Ljaskovec und aus der Höhle Magura.

Die berühmten Melniker Weine

Vorwahl: 074 37,
Postleitzahl: 2820.

Mehrmals täglich Busverbindungen mit Sandanski und Rožen (nahe dem Rožen-Kloster).

Hotel Melnik, Tel. 272. Größeres, relativ preiswertes Hotel, Restaurant und Weinstube.
Lumparova Kăšta, Tel. 218. Kleine Pension mit gemütlichen Zimmern, untere Preisklasse.

Im Ort gibt es mehrere Restaurants, in denen heimische Speisen und Weine serviert werden. Außerdem laden unzählige Weinstuben und Weinkeller zur Weinprobe. Tips:
Restaurant Chinarite und Taverne Locnisite. Beide liegen schräg gegenüber des Postamts, auf der anderen Seite des Flußbetts.

Hausmuseum Kordopoulos kăšta, am östlichen Ortsrand gelegen, täglich 8–18 Uhr.
Stadtmuseum, in der Nähe des Hotels Dospet Slav, Mo–Fr 9–12.30 u. 14–18 Uhr.

Wanderungen im südlichen Teil des Piringebirges (z.B. zum Rožen-Kloster oder zur Berghütte Pirin).
Wanderkarte: Pirin, Kartografia Verlag, Maßstab 1:55 000, kyrillische und lateinische Schrift.

Die Rhodopen

Neben dem Rila- und dem Piringebirge sind die Rhodopen die dritte Bergregion im Südwesten Bulgariens. Sie liegen östlich des Piringebirges, von dem sie nur durch das Tal des Flusses Mesta getrennt sind, und bilden das Grenzgebirge zu Griechenland. Der höchste Gipfel ist der Goljam Perelik mit 2191 Metern; die Rhodopen sind deutlich niedriger als die beiden Nachbargebirge mit ihren über 2900 Meter hohen Gipfeln.

Die Rhodopen ragen mit anderen Qualitäten hervor: märchenhafte Landschaftsformen, tiefe Höhlen, wilde Schluchten, geheimnisvolle, dichte Wälder und enge Täler, von denen sich die Menschen der Antike zu Sagen und phantastischen Geschichten inspirieren ließen. Der legendäre Sänger Orpheus aus der griechischen Mythologie, der mit seinen Liedern Menschen, Tiere, Pflanzen und sogar Steine bezauberte, lebte der Sage nach in den Rhodopen.

Das günstige Klima dieser Bergregion, das sowohl von kontinentalen als auch von mediterranen Einflüssen geprägt ist, ließ eine üppige Flora gedeihen. Gut

Die Rhodopen

Am Stausee bei Dospat

2000 verschiedene Pflanzenarten sind hier heimisch, darunter so seltene Gattungen wie die wilden Orchideen. Der hohe Kalksteinanteil der Rhodopen ermöglichte durch Verkarstung die Entstehung bizarrer Felsformationen – darunter die ›Wunderbrücken‹ bei Zabărdo – und wilder Schluchten wie die bei Trigrad sowie unzähliger Höhlen. Einige dieser Höhlen, wie die Jagodina- oder die Djavolskoto-Gărlo-Höhle, können besichtigt werden. Auch mehrere künstlich geschaffene, große fjordartige Seen wie der Stausee bei Dospat sind mittlerweile aus der Naturlandschaft der Rhodopen nicht mehr wegzudenken.

Als Hauptstadt der Rhodopen gilt die Kleinstadt Smoljan. In ihrer Nähe befindet sich mit Pamporovo einer der bedeutendsten Wintersportorte Bulgariens. Die größte kulturelle Sehenswürdigkeit in den Rhodopen ist das im 11. Jahrhundert gegründete Bačkovo-Kloster in der Nähe von Asenovgrad, nach dem Rila-Kloster das zweitgrößte und zweitwichtigste Kloster Bulgariens. Abgesehen von diesen Zielen, sind die Rhodopen besonders für ausländische Touristen weithin unentdecktes Land.

Bislang führten zwar die unterentwickelte touristische Infrastruktur, die schlechte Erreichbarkeit und die bescheidene Werbung für die Region dazu, daß wenige Gäste den Weg in die Rhodopen fanden. In den vergangenen Jahren gab es jedoch von Seiten der Tourismusindustrie viele Ansätze, um diese Mängel zu beheben. Die Rhodopen haben gute Zukunftschancen, allerdings gibt es noch viel zu tun.

Asenovgrad

Asenovgrad am Rande der Rhodopen ist eine Kleinstadt mit etwa 55 000 Einwohnern. Sie ist mit ihrer Umgebung bekannt durch ihre ungewöhnliche Vielzahl an Sakralbauten und durch die hervorragenden Weine. In der Stadt selbst können zehn Kirchen aus verschiedenen Epochen besichtigt werden. Empfohlen sei vor allem die Kirche Sveta Bogorodica, die Mitte des 18. Jahrhunderts erbaut wurde und wertvolle Ikononen aus dieser Zeit enthält. Auch die nähere Umgebung der Stadt ist reich an Kapellen, Kirchen und Klöstern. Herausragend ist das berühmte Bačkovo-Kloster nur wenige Kilometer südlich der Stadt.

Die Gegend um Asenovgrad weist eine lange Tradition als Weinbaugebiet auf und ist heute noch einer von Bulgariens wichtigsten Standorten für die Weinproduktion. Hier wird der im ganzen Land bekannte und beliebte Rotwein ›Mavrud‹ hergestellt. Diese Tradition ist im Weinmuseum dargestellt, das sich im Zentrum von Asenovgrad befindet.

Südlich der Stadt sind auf einem hohen Felsen die Überreste der ehemaligen Festung Asen (Asenova krepost) zu sehen. Sie ist nach dem bulgarischen Zaren Ivan Asen II. benannt, der sie Mitte des 13. Jahrhunderts errichten ließ. Von der riesigen Burganlage ist heute nur noch die zweistöckige Kirche in einem guten Zustand erhalten. Sie wird immer noch für Gottesdienste genutzt und kann auch besichtigt werden.

Hoch über der Stadt liegen die Reste der alten Festung

Das Bačkovo-Kloster

Die größte Sehenswürdigkeit in der Umgebung von Asenovgrad und nach dem Rila-Kloster die zweitgrößte und zweitwichtigste Anlage dieser Art in Bulgarien ist das Bačkovo-Kloster (Bačkovski manastir). Es liegt zehn Kilometer südlich des Stadtzentrums an der Straße nach Smoljan.

Das Kloster wurde im Jahr 1083 von den aus Georgien stammenden Brüdern Gregori und Abasius Bakuriani gegründet. Sie hatten beide hohe Ämter im byzantinischen Reich inne, unter dessen Herrschaft Bulgarien in dieser Zeit stand. In der Epoche des Zweiten Bulgarischen Reichs erlebte das Kloster seine Blütezeit,

Das Bačkovo-Kloster gehört zu den berühmtesten Klöstern in Bulgarien

erlangte Reichtum und Wohlstand und entwickelte sich zu einem der bedeutendsten geistigen und kulturellen Zentren des orthodoxen Christentums im Land. Diese Stellung konnte das Kloster auch zur Zeit der osmanischen Herrschaft ab dem 14. Jahrhundert beibehalten. Es ist – nach dem Rila-Kloster – das wichtigste Kulturdenkmal des orthodoxen Christentums in Bulgarien, traditionelles Klosterleben spielt hier aber nur noch eine untergeordnete Rolle.

Da das Kloster in seiner langen Geschichte durch mehrere Brände stark zerstört und neu aufgebaut wurde, sind heute von der ursprünglichen Anlage nur noch das etwas abseits gelegene Beinhaus (im 11. Jahrhundert erbaut) und die Kirche des Heiligen Erzengels (12. Jahrhundert) erhalten. Die anderen Gebäude, mit Ausnahme der Hauptkirche Sveta Bogorodica (Anfang 17. Jahrhundert), entstanden während des 18. und 19. Jahrhunderts, vor allem zur Zeit der Nationalen Wiedergeburt. Mitte des 19. Jahrhunderts erschuf der Künstler Zachari Zograf die Wandmalereien in der Kirche des Heiligen Erzengels und im Vorraum der Kirche Sveti Nikola. Er war einer der berühmtesten Maler der bulgarischen Renaissance, die gleichbedeutend mit der Nationaler Wiedergeburt ist. Zograf, ein Vertreter der sogenannten Samokover Schule, beteiligte sich auch bei der Gestaltung des Rila-Klosters. Sein Wandgemälde vom Jüngsten Gericht im Vorraum der Kirche Sveti Nikola zählt zu den bedeutendsten Kunstwerken der Wiedergeburtszeit. Ein wichtiger Anziehungspunkt für Pilger ist die 1310 angefertigte Ikone der Heiligen Jungfrau Maria in der Kirche Sveta Bogorodica. Zeugnisse der langen Geschichte des Bačkovo-Klosters zeigt das Klostermuseum anhand einer umfangreichen Sammlung historischer Gefäße, Ikonen und Bücher.

Vorwahl: 03 31, Postleitzahl: 4600.

Mehrmals täglich Zug- und Busverbindungen mit Plovdiv sowie Busverbindungen mit Smoljan. Die Busse nach Smoljan halten auch in der Nähe des Bačkovo-Klosters.

Hotel Asenovec, pl. Trakija 3, Tel. 221 27, Fax 238 64. Großer Hotelkomplex im Stadtzentrum, mittlere Preisklasse.
Eko Hotel, Bačkovo, mobil: 048-98 10 68. In der Nähe des Bačkovo-Klosters (10 Kilometer südlich von Asenovgrad), mittlere Preisklasse.

Im Stadtzentrum von Asenovgrad, um den pl. Trakija, wie auch in der Nähe des Bačkovo-Klosters gibt es eine große Auswahl an Restaurants.

Weinmuseum, ul. Bulair 6, Mo–Fr 9–12 u. 14–17 Uhr.
Bačkovo-Kloster, täglich 6–22 Uhr.

Smoljan

Die Hauptstadt der Rhodopen bietet einen ungewöhnlichen Anblick, erstreckt sie sich doch über eine Länge von 16 Kilometern im engen Tal des Flusses Černa. Zur Stadt wurde Smoljan 1960 durch den Zusammenschluß dreier Gemeinden – Smoljan, Rajkovo und Ustovo –, die mittlerweile ineinander übergehen und nicht mehr deutlich voneinander unterscheidbar sind. Benannt ist die Stadt nach dem slawischen Stamm der Smoljani, der in dieser Gegend im siebten Jahrhundert v. Chr. siedelte. Smoljan selbst, auf rund 1000 Metern Höhe gelegen, ist sehenswert und gleichermaßen als Ausgangspunkt für Ausflüge in die Rhodopen geeignet.

Smoljans 1983 fertiggestelltes modernes Stadtzentrum beherbergt mit dem größten Planetarium Bulgariens zugleich die wichtigste Touristenattraktion des Ortes. Ebenfalls im Zentrum befindet sich das historische Museum mit über 150 000 Exponaten zur langen Geschichte der Siedlung in den Rhodopen. Gleich gegenüber liegt die Kunstgalerie Smoljans. Die Sammlung zeigt über 1000 Gemälde, Grafiken und Skulpturen lokaler, nationaler und internationaler Künstler. Darunter sind Werke der berühmtesten Künstler Bulgariens, beispielsweise des Malers Zlatju Bojadžiev (1903–1976).

Die historisch bedeutendsten Bauten in Smoljan sind mehrere renovierte Häuser aus der Epoche der Nationalen Wiedergeburt wie etwa das 1860 fertiggestellte Pankalova-Haus. Sie sind vor allem im Stadtteil Rajkovo zu finden. In dem Ortsteil, der früher das Dorf Smoljan war, steht eine sehr gut erhaltene Steinbrücke mit einer außergewöhnlichen Bogenkonstruktion, die zu Beginn des 18. Jahrhunderts errichtet wurde. In unmittelbarer Nähe des südwestlichen Stadtrands präsentiert sich ein Naturschauspiel: der imposante 20 Meter hohe Smoljaner Wasserfall. Nicht weniger beeindruckend sind die sieben Smoljaner Seen, die etwa zehn Kilometer nordwestlich des Stadtzentrums liegen. Wegen ihrer Schönheit und Klarheit werden sie auch als Smaragdaugen der Rhodopen bezeichnet. Zu den Seen gelangt man von Smoljan aus entweder über eine Straße, die etwa acht Kilometer nach Smoljan von der

Der Eingang zur Jagodinahöhle. Ein Ausflug dorthin bietet sich von Smoljan an

Hauptstraße nach Devin rechts abzweigt oder über einen markierten Wanderweg, der im Stadtzentrum beginnt und in etwa zwei Stunden Gehzeit dorthin führt.

In der Nähe der Ortschaft Devin, etwa 40 Kilometer westlich von Smoljan, können die beiden Höhlen Jagodina und Djavolskoto-Gărlo besichtigt werden.

Vorwahl: 03 01, Postleitzahl: 4700. Touristeninformation, Mladejki dom, Tel./Fax 625 30, mati_dil@yahoo.com, www.rodopi-bg.com.

Mehrmals täglich Busverbindungen mit Sofija und Plovdiv. Busverbindungen mit den Ortschaften in der Region – wie Čepelare, Pamporovo, Devin – gibt es täglich oder mehrmals täglich. Die Busse von und nach Plovdiv fahren teilweise über Asenovgrad und das Bačkovo-Kloster. Der Ort hat zwei Busbahnhöfe. Die meisten Busse von und nach Smoljan halten am Busbahnhof am bul. Bălgarija.

Hotel Makrelov, ul. N. Filipov 14, Tel. 277 42, makrelov@abv.bg. Im Ortsteil Rajkovo, mittlere Preisklasse, Restaurant.

Hotel Smoljan, bul. Bălgaria 3, Tel. 620 53, Fax 620 22, hotel.smoljan@cibsbg.net. Großer Hotelkomplex in zentraler Lage, Restaurant, Bar und Disko, mittlere Preisklasse.

Kăštata s Trite Eli, ul. Srednogorec 1, Tel. 382 28, dreitannen@mbox.digsys.bg. Im alten Stadtzentrum, kleines Hotel mit familiärer Atmosphäre, untere bis mittlere Preisklasse.

Pamporova Kăšta, ul. Dobrik Vojvoda 9, Tel. 380 43. In Ezerovo (Vorort von Smoljan), kleines Hotel mit familiärer Atmosphäre, untere Preisklasse.

Mlečen Dom, Tel. 030 26-22 65, dairy_in@satline.net. In dem Dorf Smiljan (15 Kilometer nordöstlich), gemütlich, untere bis mittlere Preisklasse.

Restaurant Riben Dar, ul. Snežanka 16. Traditionelle bulgarische Speisen und vor allem exzellente Fischgerichte.

Snack-Bar Vasilius, bul. Bălgarija 16. Kulinarische Spezialitäten aus den Rhodopen und aus Griechenland.

Planetarium, bul. Bălgarija 20, Tel. 230 74, mehrmals täglich Vorführungen (teilweise auch in deutscher oder englischer Sprache).

Historisches Museum, pl. Bălgarija 3, Tel. 270 28, Di–So 9–12 u. 13–17 Uhr.

Kunstgalerie, pl. Bălgarija, Tel. 232 68, Di–So 9–12 u. 13–17 Uhr.

Direkt in Smoljan beginnen markierte und beschilderte Wanderwege. Wanderkarte: Rodopi (westlicher Teil), Kartografia Verlag, Maßstab 1:100 000, kyrillische und lateinische Schrift.

Pamporovo

Neben Borovec im Rilagebirge und Bansko im Piringebirge ist Pamporovo eines der bedeutendsten Skisportzentren Bulgariens, das zunehmend auch von internationalen Gästen entdeckt wird. Mit gutem Grund: Der auf 1650 Höhenmetern gelegene Ort kann damit werben, von allen bulgarischen Urlaubsorten im Gebirge die meisten Sonnentage zu haben. In Pamporovo scheint die Sonne mehr als 240 Tage im Jahr. Zudem gilt die Gegend um Pamporovo als äußerst schneesicher. Die Skisaison kann hier von Anfang Dezember bis Mitte April dauern, eine bis zu 150 Tage im Jahr geschlossene Schneedecke ist keine Seltenheit. Das Skigebiet von Pamporovo, das um den Berg Snežanka (1926 Meter) angelegt wurde, bietet 18 Lifte, etwa 18 Kilometer präparierte Abfahrtspisten unterschiedlicher Schwierigkeitsgrade und 34 Kilometer gespurte Langlaufloipen. Dazu gehört eine renommierte Skischule (auch mit deutsch- und englischsprachigen Skilehrern), einen Skikindergarten und mehrere Möglichkeiten, eine Skiausrüstung zu leihen.

In der Ortschaft befinden sich mehrere moderne Hotelkomplexe verschiedener Kategorien, die Platz für 1600 Personen bieten. Für das Après-Ski stehen zahlreiche Restaurants, Cafés, Bars, Nachtclubs und Diskotheken bereit. Die Hauptsaison ist ohne Zweifel der Winter. Daher öffnen manche Restaurants und Hotels nur während der Skisaison. Im Sommer bietet die Umgebung von Pamporovo viele Möglichkeiten zum Wandern, Bergsteigen, Mountainbiken oder einfach nur zum Ausspannen in der Natur.

Modernität mit traditionellen Anleihen: die Stadtkirche in Pamporovo

Alle zwei Jahre Ende August versammeln sich in der Nähe von Pamporovo Folkloregruppen aus allen Teilen der Rhodopen zum viel beachteten Rožen Folklore-Festival. Daneben hat sich Pamporovo dank des zumeist trockenen und sonnigen Wetters auch als Luftkurort einen Namen gemacht.

Postleitzahl: 4870.

Mehrmals täglich Busverbindungen mit Smoljan und Čepelare. Die Busse zwischen Smoljan und Sofija oder Plovdiv fahren teilweise über Pamporovo.

Hotel Murgavec, Pamporovo, Tel. 83 10, Fax 83 66, murgavets@mail.bg. Großes Hotel, gehobene Preisklasse, Restaurant, zwei Bars, Schwimmbad und Fitnessraum.
Hotel Bor, Pamporovo, Tel. 82 33, Fax 82 46, aspen1@dir.bg. Mittelgroßes Hotel, mittlere Preisklasse, Restaurant, Bar, Fitnessraum und Sauna.
Feriendorf Malina, Pamporovo, Tel. 83 88, Fax 84 85, malina.cottages@mail.com. Etwa zwei Kilometer außerhalb des Orts, luxuriös ausgestattete Holzbungalows im finnischen Stil.

Große Zahl an Bars, Cafés und Restaurants.
Tip: Restaurant Čevermeto, traditionelle, einheimische Gerichte.

Ende August alle zwei Jahre (zu geraden Jahreszahlen): Rožen Folklore-Festival, Auftritte vor allem von Folkloregruppen aus den Rhodopen.

Skifahren, Snowboarden und Langlaufen im Winter; Wandern, Bergsteigen und Mountainbiken im Sommer.
Wanderkarte: Rodopi (westlicher Teil), Kartografia Verlag, Maßstab 1:100 000, kyrillische und lateinische Schrift.

Skischule Malina, Pamporovo, mobil: 088-57 81 93, emil_malina@yahoo.com.
Skiverleih z.B. Hotel Markoni, Tel. 85 31, Fax 30 21, markoni@mbox.infotel.bg.

Čepelare

In einem engen Tal zu beiden Uferseiten des Flusses Čepelarska, auf über 1100 Meter Höhe, erstreckt sich der beliebte Urlaubsort Čepelare (3000 Einwohner).

Als der Ort Anfang des 18. Jahrhunderts gegründet wurde, lebten die Bewohner noch von Schafzucht und Holzverarbeitung. Heute sichert vor allem der Tou-

Kein seltenes Bild im ländlichen Bulgarien: Frauen bei der Feldarbeit

rismus das Einkommen. Im Vergleich zum zehn Kilometer entfernten Wintersportzentrum Pamporovo verbringt man seinen Winterurlaub in Čepelare wesentlich ruhiger und preisgünstiger. Dabei bietet Čepelare ein vielfältiges und gutes Angebot an Hotels und Pensionen. Ein Museum für Speläologie (Höhlenkunde) und Karst widmet sich der Geschichte der Höhlenforschung in Bulgarien und erklärt die Karstphänomene der Rhodopen.

Etwa zwei Kilometer außerhalb des Ortes, an der Straße nach Pamporovo, liegt ein kleines Skigebiet an den Hängen des Berges Meči Čal. Čepelare ist auch der Firmensitz des einzigen bulgarischen Ski- und Snowboardherstellers, dessen hochgelobte Produkte der Marken Orion, Tecno oder Mladost hier preisgünstig erworben werden können.

Im Sommer ist Čepelare ein guter Ausgangspunkt für Wanderungen. Am nordöstlichen Ortsausgang beginnt ein markierter Wanderweg, der nach Široka Lăka führt, in eines der schönsten Rhodopendörfer. Für diese Tour sollte man jedoch allein für den Hinweg mit mindestens fünf Stunden Gehzeit rechnen. Zurück zum Ausgangspunkt kommt man – über Smoljan – auch mit öffentlichen Bussen.

Etwa 30 Kilometer nordwestlich von Čepelare in der Nähe des Dorfes Zabărdo erwartet den Besucher eines der erstaunlichsten Naturphänomene der Rhodopen: die sogenannten Wunderbrücken (Čudnite mostove). Nach einem Erdbeben, das eine Höhle zerstörte, bildeten sich auf natürliche Weise Felsbrücken über einen kleinen Fluß.

Vorwahl: 030 51,
Postleitzahl: 4850.

Mehrmals täglich Busverbindungen mit Smoljan und Plovdiv. Die Busse nach Smoljan fahren über Pamporovo, die Busse nach Plovdiv über Asenovgrad und das Bačkovo-Kloster. Keine Verbindungen zu den Wunderbrücken bei Zabărdo.

Hotel Tourist, ul. Kapitan Petko Vojvoda 18, Tel. 28 64, hoteltourist@abv.bg. Zentral, Familienhotel, auch Appartements, untere Preisklasse, Restaurant.

Hotel Savov, ul. Vasil Dečev 7, Tel. 20 36, Fax 44 78, hotel_savov@hotmail.com. Zentral, gemütlich, auch Appartements, untere Preisklasse, beliebtes Restaurant.

Hotel Martin, ul. Kiril Majarov 23, Tel. 21 94, martin_hotel@yahoo.com. Zentral, auch Appartements, untere Preisklasse, Restaurant.

Museum für Speläologie- und Karst, ul. Žina Andreeva 9a, Tel. 30 51, Di–So 9–12.30 u. 13.30–17.30 Uhr.

Im Winter Skifahren, im Sommer Wandern. Wanderkarte: Rodopi (westlicher Teil), Kartografia Verlag, Maßstab 1:100 000, kyrillische und lateinische Schrift.

Široka Lăka

Im Grunde ist das Dorf Široka Lăka ein großes Freilichtmuseum, fast alle Gebäude stehen unter Denkmalschutz. Viele der Wiedergeburtshäuser, die hier Mitte des 19. Jahrhunderts entstanden, sind in gutem Zustand und liebevoll renoviert. Die Architektur der Wiedergeburtshäuser in Široka Lăka unterscheidet sich deutlich von jener in anderen Landesteilen. Sie ist deutlich vom dem ländlichen Baustil jener Zeit geprägt, der hier in den Rhodopen praktiziert wurde.

In Široka Lăka , etwa 20 Kilometer nordwestlich von Smoljan, wohnen rund 1500 Einwohner. Der Ort gilt als einer der schönsten in den Rhodopen. Zu diesem Ruf trägt neben den vielen Wohnhäusern auch die 1834 errichtete Kirche Sveta Bogorodica im Zentrum bei. Sie wurde von den Dorfbewohnern angeblich in nur 38 Tagen erbaut. Die Wandmalereien stammen von den Gebrüdern Zograf, zwei der bedeutendsten Maler der Wiedergeburtszeit. Spuren der Römer bewahrt das Dorf in Form dreier steinerner Brücken über den kleinen Fluß, der sich durch Široka Lăka schlängelt.

Eine Kostprobe ihres Könnens geben die Schüler der örtlichen Musikschule jedes Jahr beim Musikfestival im April. Die Lehrer unterrichten übrigens nur bulgarische Volksmusik. Bekannt wurde Široka Lăka auch durch sein Kukeri-Festival. Dieses traditionelle Volksfest wird jedes Jahr am ersten Sonntag im März gefeiert. Dann ziehen Männer mit Masken und Tierkostümen verkleidet und mit Fruchtbarkeitssymbolen behängt durch die Ortschaft und tanzen auf dem Dorfplatz. Mit diesem Brauch, der auch in anderen Orten des Landes gepflegt wird, sollen zum Beginn des Frühlings alle bösen Geister vertrieben werden.

Auch die bösen Bequemlichkeitsgeister lassen sich in Široka Lăka hervorragend vertreiben: mit Wanderungen und Bergtouren, etwa zum höchsten Berg der Rhodopen, dem Goljam Perelik (2191 Meter). Wer diese Tour in Široka Lăka beginnt – und nicht noch die Möglichkeit nutzt, mit dem Auto bis ins Bergdorf Gela zu fahren – sollte mit mindestens vier Stunden Gehzeit bis zum Gipfel rechnen. Auf dem Weg liegt die Berghütte Perelik (chiža Perelik).

Vorwahl: 030 30, Postleitzahl: 4845.

Die Busse, die mehrmals täglich zwischen Smoljan und Devin verkehren, halten in Široka Lăka und auch in Stoikite.

Hotel Margarita, Široka Lăka, Tel. 793. Modern, aber gemütliches Familienhotel, untere bis mittlere Preisklasse.
Beleva Kashta, 4844 Stojkite, Tel. 03 01-215 79, sbeleva@yahoo.com. Fünf Kilometer östlich von Široka Lăka an der Straße nach Smoljan, klein, modern, aber gemütlich, mittlere bis gehobene Preisklasse.
Im Ort und der näheren Umgebung werden auch Privatunterkünfte verschiedenster Standards und Preise von Privatpersonen angeboten.

Erster Sonntag im März: Kukeri-Festival, traditioneller Umzug mit Kostümen.
Mitte April: Einwöchiges Musik-Festival, Aufführungen traditioneller bulgarischer Musik.

Wandern und Bergtouren in den Rhodopen; der Ort ist ein Ausgangspunkt für die Besteigung des Goljam Perelik.
Wanderkarte: Rodopi (westlicher Teil), Kartografia Verlag, Maßstab 1:100 000, kyrillische und lateinische Schrift.

Devin

Schon seit der Antike werden die heilenden Mineralquellen und die reine Luft in Devin für Kuren genutzt. Heute ist der 6000-Einwohner-Ort eher für das Mineralwasser bekannt, das den Namen des Ortes trägt, denn als Kurort. Der Kur-

Die Hauptkirche in Devin

betrieb liegt danieder, das Sanatorium ist schon seit längerer Zeit geschlossen – angeblich wird es renoviert.

Devin liegt im Tal des Flusses Devinska und ist ein guter Ausgangspunkt für Wanderungen in den Rhodopen. Direkt am Ort beginnen beschilderte und markierte Wanderwege. Eine schöne Tageswanderung führt beispielsweise zur Berghütte Orpheus (chiža Orfej), die Gehzeit beträgt vier bis fünf Stunden.

Etwa 20 Kilometer südlich von Devin stößt man auf die beiden touristisch erschlossenen Höhlen Jagodina und Djavolskoto Gărlo (›Teufelsschlund‹). Die Jagodinahöhle (Jagodinska peštera) nahe dem gleichnamigen Dorf ist mit über acht Kilometern die längste bekannte Höhle in den Rhodopen. Ein großer Teil dieser Tropfsteinhöhle ist für Besucher zugänglich und kann auf geführten Touren besichtigt werden. Geführte Touren führen auch in die Djavolskoto-Garlo-Höhle, in der Nähe des Dorfes Trigrad. Diese Führungen dauern etwa eine halbe Stunde, beinhalten aber nicht die Hauptsehenswürdigkeit der Höhle, einen 45 Meter hohen, unterirdischen Wasserfall. Die beiden Zufahrtsstraßen nach Jagodina und nach Trigrad führen jeweils durch spektakuläre Schluchten mit bis zu 300 Meter hohen Felswänden. In diesen beiden typischen Rhodopendörfern beginnen auch markierte Wanderwege. Die beiden Ortschaften selbst sind durch einen Wanderweg verbunden. Die Gehzeit beträgt einfach etwa zwei Stunden. Ein weiteres lohnendes Ausflugsziel in der Nähe von Devin – etwa 40 Kilometer westlich – ist der herrlich gelegene, fjordartige Stausee bei Dospat, der vor allem bei Anglern und Wassersportlern beliebt ist.

Vorwahl: 030 41, Postleitzahl: 4800. Touristeninformation, ul. Osvoboždenie 5, Tel. 48 56, pmr_devin@yahoo.co.uk.

Mehrmals täglich Busverbindungen mit Plovdiv, Smoljan und Dospat, teilweise an Werktagen täglich eine Busverbindung mit Trigrad und Jagodina. Über den aktuellen Stand kann man sich im Busbahnhof von Devin informieren. Preislich akzeptabel ist die Benutzung eines Taxis von Devin nach Jagodina oder Trigrad.

Hotel Izmena, Tel. 48 72, Fax 39 17, isa@isa_bg.com. Familienhotel, klein und gut, untere Preisklasse.

Starata Loža, Tel. 45 10. Gemütlich, familiär, untere Preisklasse.

Hotel Jagodina, 4835 Jagodina, Tel. 034 19-310, in Jagodina (20 Kilometer südlich), Familienhotel, untere Preisklasse, Restaurant.

Silivryak Guesthouse, 4825 Trigrad, Tel. 030 40-220. Im Dorf Trigrad (20 Kilometer südlich), familiäre Atmosphäre, preisgünstig, Restaurant.

In Devin gibt es entlang der Fußgängerzone im Zentrum (ul. Osvoboždenie) mehrere Restaurants.

Wandern in den Rhodopen von den Ausgangspunkten Devin, Jagodina oder Trigrad; Höhlenbegehungen der Jagodinahöhle (bei Jagodina) oder der Djavolskoto-Gărlo-Höhle (bei Trigrad); Angeln und Wassersport am Stausee bei Dospat.

Wanderkarte: Rodopi (westlicher Teil), Kartografia Verlag, Maßstab 1:100 000, kyrillische und lateinische Schrift.

Plovdiv

Die Stadt Plovdiv liegt, eingebettet in die Thrakische Ebene, an den Ufern des Flusses Marica und grenzt an den nördlichen Rand der Rhodopen. Ihre 370 000 Einwohner machen Plovdiv zur zweitgrößten Stadt Bulgariens. Internationale Bedeutung hat sie als Messestandort, kulturell durch eine Universität, vier Hochschulen und außergewöhnlich viele Museen, Kunstgalerien und Kulturdenkmäler.

Wie ein Freilichtmuseum wirkt die Altstadt mit ihren hölzernen und steinernen Zeugnissen aus allen Epochen der langen und wechselvollen Geschichte Plovdivs. Archäologische Ausgrabungen zeigen, daß das Gebiet des heutigen Plovdiv schon seit dem 2. Jahrtausend v. Chr. von den Thrakern besiedelt war. Im fünften Jahrhundert v. Chr. kam es zur Gründung der thrakischen Stadt Eumolpias. Philipp II. von Makedonien eroberte die Stadt 342 v. Chr. und gab ihr den Namen Philippopolis. Die Römer übernahmen 46 n. Chr. die Herrschaft über die Stadt, ernannten sie zur Hauptstadt der Provinz Thrakien und tauften sie Trimontium. Nach der Teilung des Römischen Reichs im 4. Jahrhundert fiel die Stadt unter byzantinische Herrschaft, bevor sie im Jahr 834 vom damaligen bulgarischen Herrscher Khan Kroum in das Erste Bulgarische Reich eingegliedert wurde. In

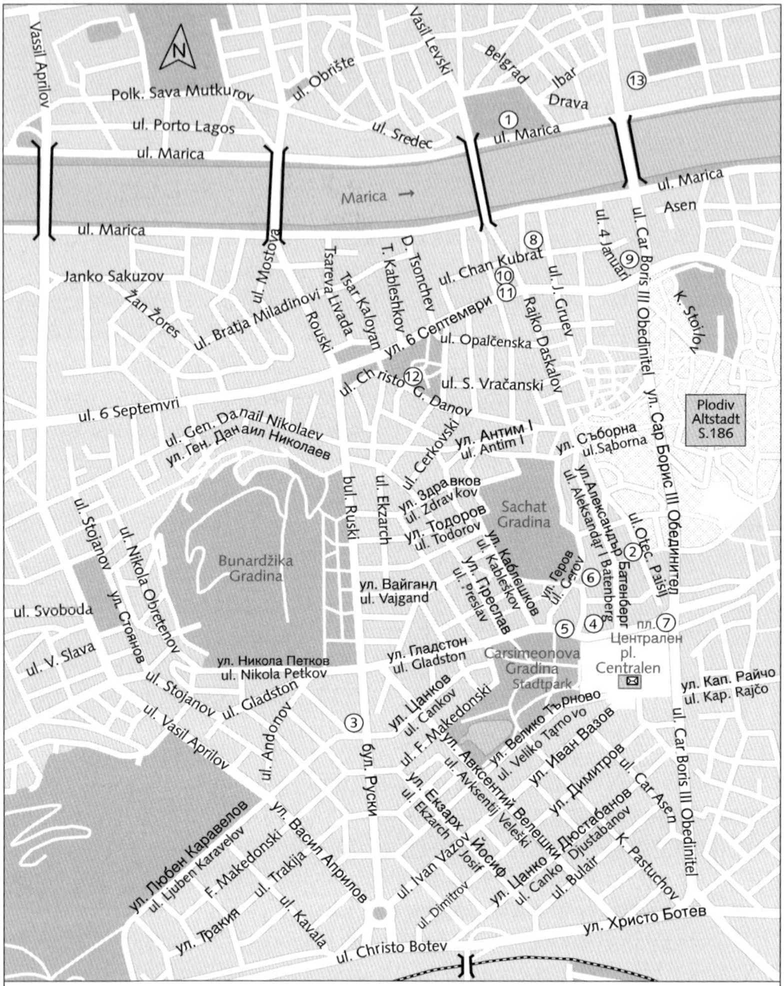

Plovdiv, Zentrum

Legende

1 Hotel Plovdiv
2 Hotel Bălgarija
3 Hotel Leipzig
4 Restaurant Stillo
5 Pizzeria Verdi
6 Bar und Restaurant Dreams
7 Reste des römischen Forums
8 Imaret-Moschee
9 Türkisches Bad
10 Archäologisches Museum
11 Historisches Museum
12 Naturkundemuseum
13 Messegelände

Gasse in der Altstadt

den folgenden Jahrhunderten wechselten sich Byzantiner und Bulgaren mehrmals als Machthaber ab. Plovdiv wurde in dieser Zeit durch Angriffe und Überfälle stark zerstört. 1346 kamen die Türken und nannten die eroberte Stadt Philibe. Die verkehrsgünstige Lage und weitreichende Handelsbeziehungen ermöglichten Philibe im 18. und 19 Jahrhundert eine Blütezeit als Handelsstadt. Der wirtschaftliche Aufschwung hielt auch während der bulgarischen Wiedergeburt an. In dieser Zeit entstanden die vielen repräsentativen Bauten und Wohnhäuser reicher Kaufleute, die heute noch das Bild der Altstadt prägen. Der typische Baustil dieser Gebäude wird als ›Plovdiver Barock‹ bezeichnet. Nach dem Niedergang des Osmanischen Reichs wurde Plovdiv 1878 zunächst Hauptstadt der Provinz Ostrumelien, bevor es 1885 wieder an Bulgarien fiel.

Plovdivs Zentrum bildet die auf drei Hügeln errichtete Altstadt. In den Fußgängerzonen um den Hauptplatz (pl. Centralen) und Džumaja-Platz (pl. Džumaja) säumen Geschäfte, Cafés und Restaurants die Straßen – eine Geschäftelandschaft von internationalem Niveau. Die Einkaufsmeile ist gleichzeitig die bedeutendste Flaniermeile der Stadt. An schönen Sommertagen sind Straßen, Cafés und Restaurants bis tief in die Nacht bevölkert. Hier mischen sich einheimische Jugendliche mit ausländischen Touristen und Geschäftsleuten.

In Plovdiv wird ganzjährig ein buntes Kulturprogramm veranstaltet. Die alljährlichen Höhepunkte locken Gäste aus aller Welt. Berühmt sind das Kammermusik-Festival, das Folklore-Festival, die Operntage und die Verdi-Operntage. Jedes Jahr im Mai und September kommen Geschäftsleute aus aller Welt zu den Internationalen Plovdiver Messen.

Ein Rundgang durch die Altstadt

Plovdivs größte Sehenswürdigkeit ist der Kern der Altstadt rund um den Hügel Nebet Tepe, wo auf einem relativ kleinräumigen Areal Kulturdenkmäler eine über 4000jährige Stadtgeschichte dokumentieren.

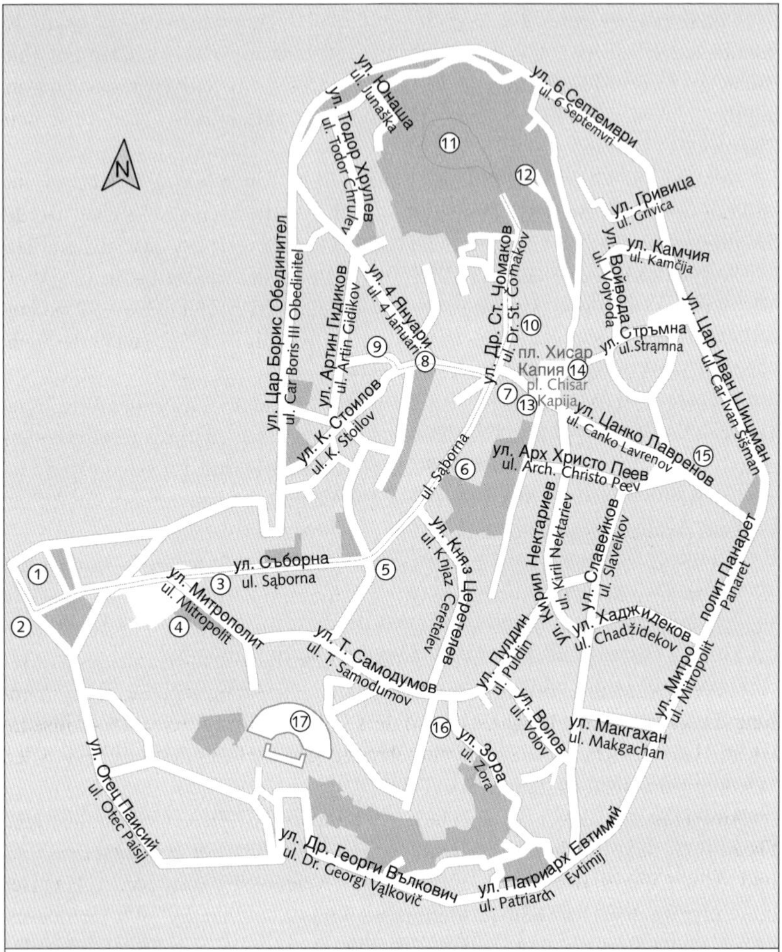

Plovdiv, Altstadt

Legende

1 Reste des antiken Stadions
2 Danov-Haus
3 Staatliche Kunstgalerie
4 Zlatju.-Bojadžiev-Museum
5 Balabanov-Haus
6 Chindlijan-Haus
7 Ethnographisches Museum
8 Archäologischer Komplex
9 Bar Rachat Tepe
10 Stadttor Chisar Kapija
11 Georgiadi-Haus (Historisches Museum)
12 Lamartine-Haus
13 Römisches Amphitheater

Den Rundgang durch die Altstadt von Plovdiv beginnt man am besten an der markanten Džumaja-Moschee mitten im Stadtzentrum. Die Angaben zur Entstehungszeit der Moschee sind recht widersprüchlich. Sicher ist nur, daß sie während der osmanischen Herrschaft gebaut wurde, irgendwann zwischen dem 14. und 16. Jahrhundert.

Am gleichen Platz gegenüber stößt man auf die Überreste eines antiken Stadions, das hier im zweiten Jahrhundert n. Chr. von den Römern errichtet wurde. Heute sind nur noch wenige Sitzreihen erhalten, aber einst bot das Stadion Platz für 30 000 Zuschauer. Rechts der Moschee beginnt ein Sträßchen – die ul. Săborna–, das langsam ansteigend direkt in die Altstadt auf dem Hügel Nebet Tepe hinaufführt. Wer diesem Sträßchen folgt, sieht nach wenigen Schritten auf der rechten Seite die Kirche Sveta Bogorodica (1844).

Nahe der Kirche, im Danov-Haus, wohnte während der Nationalen Wiedergeburt der Autor und Verleger Christo Danov. Mitte des 19. Jahrhunderts gründete er in Plovdiv das erste Verlagshaus Bulgariens. Heute befindet sich in dem restaurierten Haus ein historisches Museum. Es dokumentiert den Anfang des bulgarischen Verlagswesens unter anderem mit Danovs erster Druckerpresse.

Vorbei an zahlreichen kleinen Souvenirläden und Galerien folgt man der ul. Săborna, an der staatlichen Kunstgalerie und dem Zlatju-Bojadžiev-Museum vorbei, weiter aufwärts bis zu einem kleinen Platz im Kern der Altstadt. Kunstinteressierte sollten auf dem Weg dorthin keinesfalls versäumen, das Zlatju-Bojadžiev-Museum zu besichtigen. Hier wird eine umfangreiche Gemäldesammlung dieses bekannten bulgarischen Malers (1903–1976) gezeigt. Das Museum ist im Haus des Dr. Čumokov untergebracht, das 1860 im Stil der Nationalen Wiedergeburt erbaut wurde.

Am kleinen Platz vor der Kirche Sveti Konstantin i Elena (1832) biegt eine Gasse nach links ab, die ul. 4-ti Januari. Dort können mit dem Balabanov-Haus und dem Chindlijan-Haus zwei aufwendig renovierte Wiedergeburtshäuser besichtigt werden. Das Balabanov-Haus aus dem 19. Jahrhundert ist benannt nach seinem ersten Besitzer, dem reichen Kaufmann Luka Balabanov. Heute dient das Haus als Veranstaltungsort für Konzerte, Lesungen und Theateraufführungen sowie als Museum. Im Erdgeschoß sind Gemälde zeitgenössischer einheimischer Maler ausgestellt, das Obergeschoß ist mit Möbeln und Gegenständen aus der Zeit der bulgarischen Wiedergeburt eingerichtet. Im Balabanov-Haus erhalten Touristen auch Informationen zur Altstadt und können geführte Stadtrundgänge buchen.

Eine besondere Bedeutung hat das gleich daneben stehende Hindlijan-Haus (1835–1840), dessen erster Besitzer der armenische Kaufmann Stefan Hindlijan war. Im Gegensatz zu den meisten anderen Wiedergeburtshäusern ist es fast in seinem Originalzustand erhalten, im Inneren besonders reich und extravagant und

Die Džumaja-Moschee und …

mit stark orientalischem Einfluß bemalt und ausgeschmückt. Einzigartig ist auch das angeschlossene türkische Bad. Besucher können das Haus besichtigen, aber leider nicht das türkische Bad benutzen.

Von hier geht es zurück zum kleinen Platz, an dem man die ul. Săborna zuvor verlassen hat, und weiter die Straße, die ab hier ul. Dr. Čomakov heißt. Weiter sanft ansteigend führt sie am Ethnographischen Museum vorbei zum höchsten Punkt des Hügels Nebet Tepe mit Überresten thrakischer, mazedonischer und römischer Siedlungen, die bis ins 4. Jahrhundert v. Chr. zurückgehen. 200 Meter über dem Meer gelegen, eröffnet der Nebet Tepe einen weiten Blick über die Stadt. Die Variante Aussicht mit Biergarten bietet die Bar Rachat Tepe.

Der Rundgang führt zunächst auf dem gleichen Weg zurück bis zum Ethnographischen Museum. Auch diese Ausstellung ist in einem renovierten Wiedergeburtshaus untergebracht, das der Kaufmann Agir Kojundžioglu im Jahr 1847 errichten ließ. Allein das Gebäude ist sehenswert: ein markant geschwungenes Dach, innen und außen prunkvoll dekoriert und umgeben von einem parkähnlichen Garten. Die Sammlung zeigt Trachten, Möbel, Handwerk und Kunsthandwerk.

Folgt man der kleinen Gasse – ul. Canko Lavrenov – zwischen dem Ethnographischen Museum und der Kirche Sveti Konstantin i Elena, gelangt man zum ehemaligen östlichen Stadttor Chisar Kapija, das trotz seines Alters von 1500 Jahren gut erhaltenen ist. Unweit des Tors beherbergt das Georgiadi-Haus (1848) das Historische Museum. Die ul. Canko Lavrenov führt weiter zur größten Kirche Plovdivs, der Sveta Nedelja aus dem 16. Jahrhundert, die mit sehenswerten Wandmalereien aus der Mitte des 18. Jahrhunderts aufwarten kann.

das römische Amphitheater sind Zeugen der großen Vergangenheit Plovdivs

Für diejenigen, die den Rundgang durch die Altstadt noch ein wenig ausdehnen möchten bietet sich ein Abstecher von der ul. Canko Lavrenov an. Diese Straße geht es nur wenige Schritte hinab, bis zur zweiten nach rechts abzweigenden Gasse (ul. Kiril Nektariev), dann diese entlang bis zur zweiten Abzweigung auf der rechten Seite (ul. Puldin) und die Puldin Gasse hinauf. So gelangt man zu einem auffälligen rosagestrichenen Wiedergeburtshaus. Es ist nach nach dem französischen Schriftsteller Alphonse de Lamartine benannt, der hier im Jahr 1833 nächtigte.

Hält man sich an der Straßenkreuzung vor dem Lamartine-Haus links, gelangt man auf diesem Weg zum römischen Amphitheater und damit zum abschließenden Höhepunkt des Stadtrundgangs. Das Theater entstand Anfang des 2. Jahrhunderts n. Chr. zur Regierungszeit des römischen Kaisers Trajan. Ende des 4. Jahrhunderts wurde es durch einen Brand oder ein Erdbeben stark beschädigt und später verschüttet. Erst 1981 entdeckten Bauarbeiter zufällig die Ruinen auf einer Anhöhe. Vollständig ausgegraben und teilweise restauriert, bietet das Amphitheater auch heute wieder 3000 Zuschauern Platz, die sich in den Sommermonaten zu Konzerten, Theaterstücken und Opern einfinden.

Außerhalb des Altstadtzentrums, nahe dem Hauptpostamt am pl. Centralen, können die Reste eines römischen Forums aus dem 3. Jahrhundert n. Chr. besichtigt werden. Übrig geblieben sind Fundamentreste, mehrere Säulen und Teile einer Straße. An diesem Platz liegt auch der weitläufige Plovdiver Stadtpark (Carsimeonova Gradina). Außerdem beginnt hier die Flanier- und Einkaufsmeile der Stadt, die sich entlang der ul. Knjaz Aleksandăr I und der ul. Rajko Daskalov über den pl. Džumaja, dem Ausgangspunkt unseres Altstadtrundgangs, bis zum pl. Apteki Marica zieht. In der Nähe des pl. Apteki Marica befinden sich die Imaret-Moschee aus dem 15. Jahrhundert und ein türkisches Bad aus dem 16. Jahrhundert. Am nahen pl. Săedinenie befindet sich ein archäologisches Museum mit Exponaten aus Plovdiv und Umgebung von der Zeit der thrakischen Besiedlung bis zur Epoche der Nationalen Wiedergeburt, das dem Besucher nochmals das reiche kulturelle Erbe dieser Stadt vor Augen führt.

Vorwahl: 032,
Postleitzahl: 4000.
Es gibt kein offizielles Touristenbüro. Informationen zur Altstadt erhält man im Balabanov-Haus, ul. K. Stoilov 57, Tel. 62 70 82, oder unter www.plovdiv.org (engl.), www.plovdivcityguide.com (engl.).

Speed, ul. Knjaz Aleksandăr I 12, rund um die Uhr geöffnet.

Plovdiv liegt an der Bahnstrecke Sofija–Burgas, mehrmals täglich Zugverbindungen in beide Richtungen. Der Zugbahnhof befindet sich am bul. Christo Botev, Tel. 62 27 32.

Stündlich Busverbindungen mit Sofija, Karlovo und Stara Zagora, mehrmals täglich mit Chaskovo, Chisarja, Sliven, Smoljan, Varna und Veliko Tărnovo, täglich mit Bansko, Blagoevgrad, Burgas, Pleven und Ruse. Ferner internationale Busverbindungen mit Istanbul, Izmir, Thessaloniki (täglich) und Athen (2x wöchentlich). Der zentrale Busbahnhof Süd befindet sich am bul. Christo Botev 47, Tel. 62 69 37, der Rhodopen-Busbahnhof (für Verbindungen mit Orten in den Rhodopen, wie Smoljan) am pl. Makedonija, Tel. 77 76 07 (beide in Nähe des Zugbahnhofs). Der Busbahnhof Nord (für Verbindungen mit Orten in Nord-Bulgarien, wie Pleven oder Ruse) ist in der ul. Dimităr Stamolov 2, Tel. 95 37 05.

Novotel Plovdiv, ul. Zlatju Bojadžiev, Tel. 93 44 44, Fax 93 43 46, reservation@novotelpdv.bg. Bestes und teuerstes Hotel der Stadt.

Hotel Bălgarija, ul. Patriarch Evtimi 13, Tel. 63 35 99, mng@hotelbulgaria.net. Zentral, gehobene Preisklasse, gutes Preis-Leistungsverhältnis.

Hotel Leipzig, bul. Ruski 70, Tel. 64 34 05, Fax 64 34 04, leipzig@techno-link.com. Zentral, mittlere Preisklasse, gutes Restaurant.

Vermittlung von Privatunterkünften: Agentur Prima Vista, ul. Knjaz Aleksandăr I Batenberg 28, Tel. 27 27 78.

Restaurant Stillo, ul. Gladston 2. Zentral, in der Nähe des Hauptpostamts, sehr gute einheimische Gerichte, freundliches Personal.

Pizzeria Verdi, ul. Gladston 62. Stadtbekannter Pizzabäcker, auch andere italienische Speisen.

Bar und Restaurant Dreams, ul. Knjaz Aleksandăr I Batenberg 42. Zentral, Sitzplätze draußen, direkt an der Flaniermeile.

Bar Rachat Tepe, ul. Dr. St. Čomakov. Auf dem Hügel Nebet Tepe, großer Garten, gute Aussicht über die Stadt.

Ethnographisches Museum, ul. Dr. St. Čomakov 2, Tel. 62 42 61, täglich 9–17 Uhr.

Archäologisches Museum, pl. Săedinenie 1, Tel. 26 99 33, täglich 9–17 Uhr.

Historisches Museum, pl. Săedinenie 1, Tel. 62 94 09, täglich 9–12 u. 13.30–15 Uhr.

Naturkundemuseum, ul. Christo G. Danov, Tel. 62 66 83, Di–So 9–12 u. 13.30–17 Uhr.

Staatliche Kunstgalerie, ul. Săborna 14, Tel. 26 37 90, Mo–Fr 9–12.30 u.13–17.30 Uhr.

Balabanov-Haus, ul. K. Stoilov 57, Tel. 62 70 82, 9–12 u. 13.30–17 Uhr.

Chindlijan-Haus, ul. A. Gidikov 4, Tel. 62 89 98, 9–12 u. 13.30–17 Uhr.

Museum (Galerie) Zlatju Bojadžiev,

ul. Săborna 18, Tel. 63 53 08, 9–12 u. 13.30–17 Uhr.
Georgiadi-Haus (Historisches Museum), ul. Canko Lavrenov 1, Mo – Fr 9 – 12 u. 13.30 – 17 Uhr.

Mai: Internationale Plovdiver Messe (Gebrauchsartikel), Messegelände bul. Car Boris III Obedinitel 37, Tel. 55 31 46.
Operntage (Ende Mai, Anfang Juni), römisches Amphitheater.
Juni: Operntage (Ende Mai, Anfang Juni), römisches Amphitheater.
Internationales Kammermusik-Festival, verschiedene Veranstaltungsorte.
Verdi-Operntage (Ende Juni), römisches Amphitheater.
August: Internationales Folklore-Festival (Anfang August), verschiedene Veranstaltungsorte.
September: Internationale Plovdiver Messe (Industriegüter), Messegelände bul. Car Boris III Obedinitel 37, Tel. 55 31 46.

Wandern und Skifahren in den Rhodopen: Die Bergregion beginnt schon etwa zwanzig Kilometer südlich der Stadt. Die Gegend um die Stadt Smoljan (etwa 100 Kilometer südlich von Plovdiv) ist das Zentrum des Bergsports in den Rhodopen.

Die ul. Knjaz Aleksandăr I Batenberg im Stadtzentrum ist die große Einkaufsmeile. Hier gibt es auch Lebensmittelläden, die rund um die Uhr geöffnet sind. Souvenirs, Antiquitäten oder Kunst werden in kleinen Läden oder Verkaufsständen in der Altstadt angeboten, vor allem entlang der ul. Sărborna.

Die Umgebung von Plovdiv

In der Umgebung von Plovdiv gibt es für Kulturinteressierte sowie Wander- und Naturfreunde eine Vielzahl interessanter Ausflugsziele, die von der Stadt aus auch in Tagestouren erreichbar sind. Wenn man auf einem der Stadthügel steht, kann man im Süden nur wenige Kilometer entfernt schon die ersten Gipfel der Rhodopen sehen. Dieses Gebirge ist im Sommer ein beliebtes Wandergebiet, im Winter herrscht dort an mehreren Orten reger Skibetrieb. Das Zentrum des Bergsports in den Rhodopen ist die Gegend um Smoljan, etwa 100 Kilometer südlich von Plovdiv. Viele gut markierte und beschilderte Wanderwege und das Skigebiet Pamporovo locken ganzjährig viele Besucher an.

Die Rhodopen eignen sich hervorragend für Wanderungen

Nur 20 Kilometer südlich von Plovdiv, am Rande der Rhodopen, liegt der sehenswerte Ort Asenovgrad mit zahlreichen Kulturdenkmälern: Wiedergeburtshäuser, alte Kirchen und eine Festungsanlage. In dessen Nähe befindet sich auch das berühmte Bačkovo-Kloster. Die Kleinstadt Kazanlăk, etwa 100 Kilometer nordöstlich von Plovdiv, beherbergt mit dem Thrakischen Grabmal eines der sieben bulgarischen UNESCO-Kulturdenkmäler. Auch Karlovo, 58 Kilometer nördlich von Plovdiv, die Stadt der Rosen (und Rosenölgewinnung) und des Widerstandes, präsentiert sich heute mit zahlreichen renovierten Wiedergeburtshäusern im regionalen Stil, darunter auch das Geburtshaus des berühmten bulgarischen Revolutionärs Vasil Levski (1837–1873). Ebenfalls besuchenswert ist das idyllisch gelegene Bergdorf Koprivštica, etwa 100 Kilometer nordwestlich von Plovdiv, in dem sich im Jahr 1876 der erste bulgarische Widerstand gegen die türkische Herrschaft formierte. Heute ist das Dorf ein Freilichtmuseum für die Epoche der Nationalen Wiedergeburt, mit vielen renovierten Häusern aus dieser Zeit. Koprivštica ist auch Ausgangspunkt für Wanderungen in der Bergregion Sredna Gora.

Detaillierte Informationen sind jeweils bei den genannten Orten nachgewiesen.

Musik für Außerirdische

Bei der Auswahl repräsentativer Kulturzeugnisse unseres Planeten für die Raumsonden ›Voyager 1‹ und ›Voyager2‹ entschied sich die NASA 1977 neben einer Beethoven-Symphonie auch für den bulgarischen Chor ›Le Myste re des Voix Bulgares‹. Tonträger ist eine vergoldete Kupferschallplatte, die außerirdischen Intelligenzen einen Eindruck der menschlichen Zivilisation vermitteln soll.

Sollte die Musik in den Weiten des Universums jemals Gehör finden, werden ihre Zuhörer – so die Hoffnung nicht nur der NASA – sicher fasziniert sein von diesem bulgarischen Gesang und sich fragen, wie diese Musik entsteht.

Das Geheimnis des eigenständigen Klangs der bulgarischen Singstimmen besteht in einer speziellen Gesangstechnik. Dabei wird die Kehle sehr stark zusammengezogen und die Töne herausgepreßt. So entsteht der charakteristische wuchtige und streng fokussierte Klang. ›Le Myste re des Voix Bulgares‹ ist übrigens der weltweit einzige Chor, der den Sprung in die internationalen Top-20-Hitlisten schaffte, die normalerweise Pop- und Rockgruppen vorbehalten sind.

Bulgarien hat eine einzigartige musikalische Tradition, die ihren Ursprung im Hirtentum hat. Auf den Wanderungen durch die bulgarischen Gebirge erkannten die Hirten ihre Schafe am unterschiedlichen Klang der Glöckchen, die sie um den Hals trugen, während sie selbst unverkennbare Melodien auf ihrer Kaval, einer Holzflöte, entwickelten. Eine moderne Kaval besteht aus drei aneinander befestigten Holzröhren, eine davon mit vier zusätzlichen Löchern. Der Legende nach hat der Teufel sie aus Wut in das Instrument gebohrt, da er neidisch auf die schönen Melodien war, die ein Hirte damit hervorbrachte. Das Instrument wurde dadurch aber nur erweitert, die Melodien noch ausgefeilter, und der Teufel war blamiert.

Auch die Gaida, das bekannteste bulgarische Instrument, wurde seit jeher von Schäfern gespielt und bei Volksfesten zur instrumentalen Begleitung des Gesangs eingesetzt. Sie ist eine Variante des Dudelsacks und bringt schneidende, manchmal schrille Töne hervor.

Obwohl sie mit einem Klangkörper aus Ziegenhaut und einer Spielpfeife eher einfach konstruiert ist, reicht ihr Tonumfang weit über eine Oktave. Doch besteht kein Grund zur Annahme, ihr Klang ähnle gar einer Polizeisirene. Am besten überzeugt man sich selbst davon: in den Rhodopen, dem Zentrum der Gaida-Spieler.

Dort ist die große Kaba Gaida bis heute sehr populär, eine Variante, deren Töne Wärme und emotionale Tiefe ausdrücken, und die die Gruppe ›Sto Kaba Gajdi‹ (Einhundert tiefe Gaidas) am deutlichsten zum Ausdruck bringt.

Ebenfalls sehr gebräuchlich in der bulgarischen Volksmusik ist die Gadulka. Dieses birnenförmige kleine Streichinstrument ist um so erstaunlicher, da es kein Griffbrett hat und einige bulgarische Virtuosen dennoch klassische Musik auf ihm zu spielen vermögen.

Musik und Gesang begleiten die Bulgaren in jeder Lebenslage. Ob bei der Arbeit oder an Festtagen, mag der Anlaß traurig oder fröhlich sein – Instrumente und Lieder gehören einfach dazu. Während sich die Melodien der Lob- und Glückwunschgesänge optimistisch anhören, klingen die der räuberischen Heiducken getragen, die Erntelieder gedehnt und die verlängerten Töne in den Liedern der Wanderarbeiter eher schmerzvoll. Oft wird der Stil der bulgarischen Volkslieder als hart bezeichnet. Das liegt an der beliebten starken Stimme des Sängers, die Stimmen der Frauen ertönen jedoch hell und klar.

Charakteristisch für alle bulgarischen Volkslieder ist die Einstimmigkeit. Dennoch klingen sie selten monoton, denn sie werden immer wieder neu improvisiert. Eine weitere Besonderheit ist die rhythmische Vielfalt, die durch verlängerte Taktzeiten entsteht, die miteinander kombiniert werden. Außenstehende werden es schwierig finden, den Rhythmus mitzuklatschen, aber für den ungarischen Komponisten und Sammler von Folkloreliedern Béla Bartók (1881–1945) war er eine wertvolle Entdeckung. Es ist auch nicht ungewöhnlich, daß Wartende an der Bushaltestelle oder im Restaurant diese ungeraden Takte mit den Fingern schnippen oder ungeduldig auf die Tischkante klopfen. Das gehört genauso zur bulgarischen Kultur wie die Riten der orthodoxen Kirche.

Im Institut für Folklore an der Bulgarischen Akademie der Wissenschaften sind über 70 000 Volkslieder archiviert, die den modernen Gattungen bulgarischer Musik zugrunde liegen. Das ganze Jahr über finden in Bulgarien Festivals statt, entsprechend der ethnischen Vielfalt des Landes. Christen, Muslime und Zigeuner bestehen auf ihrem Recht zu feiern und veranstalten oft mehrtägige Feste, tanzen, singen und spielen traditionelle Musik. Besucher sind herzlich willkommen. Auch wer das eine oder andere Fest verpaßt, hat stets die Möglichkeit, bei einem Folklore-Ausflug ins Landesinnere Tanz und Gesang bei einem Glas Landwein oder Obstschnaps selbst zu erleben.

Traditionelle Dörfer, freundliche Gastgeber, atemberaubend ursprüngliche Natur und viel Gelegenheit zum Wandern erwarten die Besucher auf einer Reise durch den Balkan. Nach Norden geht das Gebirge in den Vorbalkan und schließlich in die Donauebene über, die vor allem landwirtschaftlich genutzt wird.

Der Balkan

Der nördliche Balkan

Der nördliche Balkan, östlich von Sofija gelegen, präsentiert sich weitgehend als unberührte Bergwelt. Darin liegen Dörfer, in denen die Zeit stehen geblieben scheint. Vielerorts, etwa in Teteven oder Orešak, pflegen die Bewohner noch traditionelles Handwerk wie Weben oder Töpfern. An einigen Orten, so zum Beispiel in der Altstadt von Loveč, weist die Architektur eine deutlich erkennbare regionale Note auf. Die einstige Hauptstadt Bulgariens Veliko Tărnovo präsentiert sich verborgen zwischen hohen zerklüfteten Felsen am Jantra-Fluß und als mittelalterliche Trutzburg mitten in den nordöstlichen Ausläufern des Balkangebirges. In vielen Klöstern der Umgebung zeugen die überlieferten Dokumente vom Stolz der Bulgaren auf die eigene Sprache und Religion und auch vom erbittertem Widerstand gegen die Fremdherrschaft.

Die Region ist ebenso durch einige mittelalterliche Festungen geprägt. Einst in strategisch günstiger Lage erbaut, gewähren sie dem Besucher heute großartige Panoramasicht. Früher fanden viele Revolutionäre Schutz in den Klöstern, heute finden Reisende dort und in manchen Privathäusern Unterkunft. Diese Herbergen sind eine gute Gelegenheit, die Menschen, Kultur und Küche des Balkans kennenzulernen.

Wer gerne in der Natur unterwegs ist, hat im nödlichen Balkan reichlich Gelegenheit dazu. Zahlreiche Wanderwege führen durch eine ruhige und abwechslungsreiche Landschaft mit gesundem Klima. Das Preisniveau ist generell angenehm niedrig, das Angebot an Unterkünften, von den wenigen großen Hotels abgesehen, in der Regel sehr einfach, aber ausreichend.

Botevgrad

Botevgrad, eine Stadt mit rund 24000 Einwohnern, ist römischen Ursprungs. Im Mittelalter spielte sich das Leben um das Dorf Zelin ab, das etwa drei Kilometer südwestlich der alten Straße liegt. Ende des 14. Jahrhunderts wurde die nahegelegene Festung Bojenishki Urvich errichtet, die heute ein kulturhistorisches Monument ist. Botevgrad erlangte Bedeutung, als der Ort in der zweiten Hälfte des 18. Jahrhunderts Verwaltungszentrum wurde und sich im weiteren Verlauf zur Stadt entwickelte. So entstanden bald ein Platz, eine Moschee und ein Stadtturm. Bulgarische Schulbücher erwähnen die Stadt als Gründungsort des revolutionären Komitees um Nationalheld Vasil Levski. Während des russisch–türkischen Kriegs war diese Gegend Schauplatz vieler Kämpfe, Botevgrad wurde dabei fast völlig zerstört. Nach der Befreiung lebten hier nur etwa 2000 Menschen.

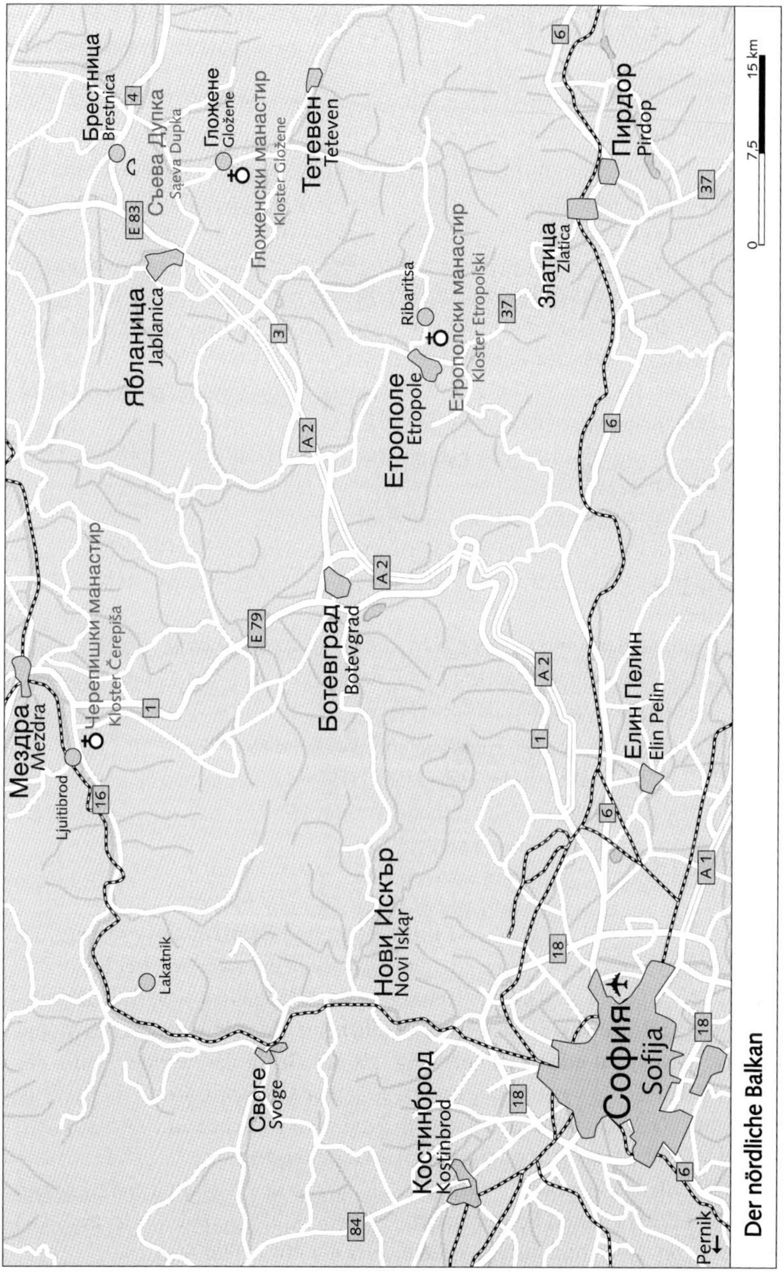

Der nördliche Balkan

Auf Weisung der Sowjetunion siedelte man hier nach dem Zweiten Weltkrieg chemische Industrie an. Wie vielerorts stehen die meisten dieser unrentablen und veralteten Anlagen heute leer.

Touristische Informationen geben die Hotels.

Hotel Botevgrad, 79 bul. Treti Mart, Tel. 07 23/604 10, Fax 604 12. Großes Drei-Sterne-Haus mit Restaurant.
Hotel Pravec, in dem kleinen Ort Pravec östlich von Botevgrad mit künstlichem See, Tel. 071 33-22 60. 60 Zimmer, gut ausgestattet, Sauna und Fitnessräume, mittlere Preisklasse, Restaurant mit internationaler Küche.

Bar Šatrata, zwei Kilometer außerhalb des Dorfs, Fr und Sa abends Disco für alle aus der Umgebung.

Festung Boeniški Urvich, etwa 20 Kilometer nördlich der Stadt.

Etropole

Nordöstlich von Botevgrad erstreckt sich das Naherholungsgebiet Pravec. Vom gleichnamigen Ort führt eine Straße etwa 15 Kilometer nach Etropole, einer Stadt am Fuße des Balkangebirges mit 12 500 Einwohnern. Die Bewohner von Etropole lebten lange Zeit von einer Goldmine, entsprechend hatte sich gold-, silber- und metallverarbeitendes Gewerbe angesiedelt. Unter der türkischen Herrschaft wurden Waffen produziert, im 17. Jahrhundert auch Münzen hergestellt. 1749 wurde die Stadt von einem Erdbeben zerstört.

Berühmt wurde Etropole im ganzen Land, als hier 1871 die Kulturbibliothek eingerichtet wurde. Die unmittelbare Nähe zum nur fünf Kilometer entfernten Etropolski-Kloster trug maßgeblich dazu bei, daß ihr Bestand rasch anwuchs. Widerständler Vasil Levski unterhielt dort 1870 ein geheimes Komitee, dem Todor Peev vorstand; zahlreiche Bewohner der Stadt traten dem Komitee bei. Befreit wurde die Stadt schließlich am 24. November 1877 von den Truppen des Generals Gurkos.

In der Folgezeit ging es mit der Stadt wirtschaftlich bergab – die Mine war erschöpft –, obwohl sich der Ort vor allem wegen seiner schönen Lage am Fuß des Balkans langsam zur Touristenattraktion entwickelte.

Das Etropolski-Kloster in Ribarica, gegründet im 12. Jahrhundert, war unter osmanischer Besatzung das bedeutendste Zentrum bulgarischer Religion im Norden des Landes und ist einen Ausflug wert.

Vorwahl: 07 20.
Informationen sind am Hauptplatz im Hotel Etropol erhältlich, Tel. 20 18, Fax 22 11.

Etropolska Ribarica, in Ribarica, Tel. 24 58, mobil: 088-752 77 95, nahe dem Kloster. Sympathisches privat geführtes Gästehaus, sehr ruhig, Volleyball- und Badmintonfeld in der Nähe, Restaurant, Personal spricht französisch.

Etropolski-Kloster.

Jablanica und Umgebung

An den Ufern des Flusses Kalenovik, zwischen den Massiven Dragolica und Lisec, liegt das kleine Städtchen Jablanica. Die Stadt geht auf die Thraker zurück, wovon zahlreiche Funde in der Umgebung Zeugnis ablegen. Strategische Bedeutung erlangte Jablanica, als die Straße von Sofija nach Ruse gebaut wurde.

Im 18. Jahrhundert entwickelte sich die Handwerkskunst, besonders die Töpferei ist bis heute in der Region sehr beliebt. Sehenswert ist in Jablanica vor allem die Hauptstraße mit den alten Häusern aus dem späten 19. Jahrhundert.

Von Jablanica bieten sich Ausflüge in die Umgebung an. Einer könnte zur Săeva-Dupka-Höhle führen, 14 Kilometer östlich des Städtchens gelegen. Sie ist mit dem Bus oder Auto über das Dorf Brestnica zu erreichen. Es ist eine sehr

Der Aufstieg zum Gloženski-Kloster ist etwas mühevoll, aber lohnenswert

große Höhle mit bizarren Formationen und mehreren Sälen, die für Besucher beleuchtet wird. Man sollte sich aber vorher informieren, ob die Höhle gerade geöffnet ist.

Sehenswert ist auch das Gloženski-Kloster, das in den Felsen des Lisec-Massivs liegt, oberhalb des Dorfs Gložene. Im 13. Jahrhundert wurde es vom Kiever Prinzen Glož nach seiner Flucht aus Rußland gegründet, aus Dank für die Gastfreundschaft der Asenevci-Brüder. Daher hat das Kloster den Beinamen Heiliger Georg, der siegreiche Kiever. Obwohl das Kloster bei einem Erdbebeben starke Schäden davontrug, blieb die wertvolle Ikone, die Prinz Glož aus Rußland mitgebracht hatte, unversehrt.

Mit dem Auto kommt man direkt dorthin, der Bus fährt nur bis zum Dorf Gložene. Von dort dauert der Fußweg etwa eineinhalb Stunden.

Touristische Informationen sind in der Kulturbibliothek im Rathaus im Zentrum erhältlich.

Ferienhaus Tetevenska Ribarica. In Ribarica. Privat geführt, freundliches Personal, das Englisch spricht, Restaurant, Mineralquellen und Wandermöglichkeiten in der Nähe.

Teteven

Die Berge um Teteven bieten ideale Bedingungen für Wanderer

Zwischen dem Teteven-Balkangebirge und dem Vasiliov-Gebirge liegt Teteven, das der populäre Dichter Ivan Vazov (1850–1921) so lobpreist: ›Solange ich nicht in Teteven gewesen bin, bin ich für Mutter Bulgarien ein Fremder.‹ Auch wenn der Besucher die Worte des Poeten in dieser Eindringlichkeit nicht teilen mag, so ist die Stadt doch einen Besuch wert.

Das Leben ist eher beschaulich, und ein Spaziergang durch die Altstadt läßt einen die traditionsbewußte Lebensweise der Bewohner erahnen, besonders am Samstagmorgen, dem Markttag. Dann kommen die Menschen aus den umliegenden Dörfern in die Stadt. Die traditionelle Kleidung, gerade die farbigen Hosen (Šalvari), sticht sofort ins Auge. Die Kulisse für das rege Markttreiben bildet der Hauptplatz, der von pastellfarbenen Häusern umrahmt ist. Einige sind Paradebeispiele der Wiedergeburtsarchitektur, etwa das Bobev-, das Chadžiivanov- und das Jorgov-Haus.

Doch den eigentlichen Zauber des Städtchens macht seine Lage aus: Von den Bergen vor den Toren der Stadt genießt man einen wunderschönen Ausblick auf die Stadt und die umliegende Landschaft, Wanderer und Mountainbiker kommen hier auf ihre Kosten. Das örtliche Touristenbüro organisiert Ausflüge in die Umgebung mit geschultem Personal, auch für mehrere Tage. In den Bergen sind viele geschützte Pflanzen beheimatet, hier leben Füchse, Rotwild und Bären. In den kristallklaren Flüssen schwimmen Forellen und Barben. Jäger und Fischer bergen die Schätze der Natur, und so kommt in den Restaurants der Stadt fangfrische Ware auf den Tisch.

Vorwahl: 06 78.
Touristeninformation Teteven, südlich vom Hauptplatz, Mo–Fr 9–13 u. 14–16 Uhr, Tel./Fax 42 17, vita_tur@infotel.bg. Das Büro organisiert Wandertouren, verleiht Räder, verkauft Karten und vermittelt sowohl Hotelzimmer als auch Privatunterkünfte.

Hotel Charmonija, ul. Văršec 30, Teteven, Tel. 55 22. Drei-Sterne-Hotel, bestes Haus am Platz, Swimming-Pool, Restaurant und Disco.
Hotel Zdravec, ul. Petrachilja 29, Teteven, Tel. 33 25. Sehr groß, mit Restaurant.

Stadtmuseum Teteven, Mo–Fr 9–12 Uhr u. 14–17 Uhr. Viele bunte Folklorekostüme. Kunsthandwerk, Teteven-Webkunst mit einem Zickzack-Muster aus kleinen Dreiecken; die Touristeninformation organisiert gerne Termine bei Frauen, denen man bei der Arbeit zusehen kann.

Oktober: Teteven-Herbstmesse, erstes Wochenende im Oktober, traditionelles Handwerk wird zur Schau gestellt, von Holz- und Metallverarbeitung bis zur Webkunst.

Wandertouren durch den Zentralbalkan organisiert das örtliche Touristenbüro, zum Beispiel zum Koznica-Wasserfall oder zu einem der beiden Naturreservate Boatin und Caričina im Naturpark Zentral-Balkan.

Trojan

Lange bevor sich die Bulgaren im 15. Jahrhundert hier am Fluß Osam niederließen, führte an dieser Stelle eine Römerstraße vorbei: die Via Trajana, benannt nach Kaiser Trajan (98–117 n. Chr.). Sie verband die Donau mit dem Ägäischen Meer.

Die Bulgaren suchten dagegen Schutz vor den türkischen Machthabern. In der Zeit der Nationalen Wiedergeburt entwickelte sich die heute 25 000 Einwohner zählende Stadt Trojan zu einer renommierten Adresse für Kunsthandwerk. Einige Kostproben davon zeigt das Museum für Heimatkunst.

Trojan selbst bietet wenig Beeindruckendes, eignet sich jedoch bestens als Ausgangspunkt für Wanderungen und Ausflüge, etwa zum berühmten Trojankloster, das um 1600 gegründet, jedoch später von den Türken zerstört wurde. Im 18. Jahrhundert beheimatete das Kloster eine berühmte Klosterschule. Hinter den heiligen Mauern blühten indes nicht nur Bildung, Kunst und Frömmigkeit, sondern auch der Geist des Widerstandes gegen die Besatzer. Der bulgarische Freiheitskämpfer Vasil Levski bildete dort ein Widerstandskomitee.

Den Abschnitt des Zentralbalkans südlich von Trojan, zwischen dem Reservat Kozja Stena (›Ziegenwand‹) im Westen und dem höchsten Gipfel Botev (2376 Meter) im Osten nennt man auch Trojan Balkan. Das Gebiet ist für Wanderungen gut erschlossen und bietet markierte Routen, Pensionen, Berghütten (Chalets) und Schutzhütten. Die Gipfel und Kämme erlauben eine weite Sicht: im Südwesten bis zu den Gebirgen Rila, Pirin und Rhodopen, nach Norden bis zur Donau.

Der markante Trojanpass

Von dort scheint Šipkovo in unmittelbarer Nähe zu liegen. Seit der bulgarischen Renaissance ist der kleine Ort – rund 1000 Einwohner – bekannt für seine Heilquellen und bietet gute Voraussetzungen für einen Erholungsurlaub, der hauptsächlich aus Wandern Mineralbädern besteht. Südlich davon, bei Čiflik, ist das Naturreservat Kozja Stena ausgewiesen, mit rund 900 Hektar das kleinste Reservat im Nationalpark Zentralbalkan. Es dient unter anderem dem Schutz des Edelweiß.

Von Trojan in die andere Richtung, etwa zehn Kilometer nach Osten, befindet sich das Trojan Kloster (Trojanski manastir). Man kommt mit dem Bus dorthin oder – ebenfalls über Orešak – auf einer markierten Wanderroute. Zu sehen gibt es Reste der alten Anlage aus dem 17. Jahrhundert sowie einen Neubau aus dem 19. Jahrhundert im Wiedergeburtsstil, dazu wertvolle Schnitzereien und Fresken in der Kirche zur Heiligen Jungfrau. Das Kloster bietet den Touristen eine Unterkunft, für Verpflegung sorgt ein Café.

Vorwahl: 06 70
Städtisches Touristeninformationsbüro Trojan, ul. Vasil Levski 133, Tel. 350 64, info_troyan@tr.bia-bg.com.
Nationalpark Zentralbalkan, Büro Trojan, ul. Rakovski 55, Tel. 243 18, office-tr@centralbalkan.bg, www.centralbalkannationalpark.org, Mo–Fr 9–17 Uhr.

Trojan liegt auf der Fernstraße 33, die bei Kărnare (nahe Sopot) von der Fernstraße 6 in nördlicher Richtung nach Loveč und Pleven abzweigt. Bis Loveč sind es etwa 35 Kilometer. Von Teteven kommend schlängelt sich eine Landstraße nördlich der Trojanska Planina in West-Ost-Richtung entlang. Von Trojan aus kann man entweder Richtung Süden etwa 50 Kilometer lang über eine Paßstraße in den südlichen Balkan fahren oder wieder zurück auf die E 772 und von dort über Sevlievo in die alte Zarenstadt Veliko Tărnovo.

Bahnverbindung mit Loveč und Pleven (via Levski).

Tägliche Busverbindung mit Šipkovo.

► Trojan: Hotel Kapina, Kapinčo Park, Tel. 229 30, Fax 263 31. Untere Preisklasse.
Hotel Nunki, ul. M. Radkovski, Tel. 22160, mittlere Preisklasse, Restaurant.
► Gorno Trape: Villa Color (Privatunterkunft), ul. Stara planina 2, Tel. 240 00, Fax 340 00, vcolour@mbox.digsys.bg.
► Beli Osam: Öko-Wanderhaus, Tel. 069 65/734, Fax 350 64.
Kloster Trojan (s.u.).

Restaurant Starata Kašta, ul. General Karzov. Grillgerichte und Salate.

Museum der Heimatkunst, Auswahl an Schnitzereien, Keramik, Textil- und Metallarbeiten, Tel. 220 63, pl. Văzraždane, Mo–Sa 8–12 u. 13–17 Uhr.
Kloster Trojan, Tel. 069 65-28 66, täglich 7.30–19.30 (Winter bis 18 Uhr). Täglich mehrmals Busverbindung mit Trojan.

Auskunft zu Wanderrouten, Kartenmaterial und Unterkunft im Trojan Balkan gibt es beim örtlichen Büro des Nationalpark Zentralbalkan (s.o.).
Es gibt eine Wanderkarte Trojan Balkan (1:65 000) in Bulg. und Engl. (Legende auch in Deutsch).

Die Donauebene

Ein Abstecher in die Donauebene führt in eine Region, die von den Reisenden selten beachtet wird. Aber auch abseits der bekannten Touristenmagneten finden sich zwischen Balkan und der rumänischen Grenze Sehenswürdigkeiten von Rang, die gleichermaßen mit typischen Charakteristika Bulgariens bekannt machen wie auch eigene Facetten des Landes präsentieren.

Lukovit und Červen Brjag

Zum ersten Mal wurde Loukovit in einem türkischen Dokument von 1479 unter dem Namen Gorni Lukovit erwähnt. Im nahe gelegenen Karlukovski-Kloster konnte der bulgarische Geist während der osmanischen Herrschaft überdauern. Auch Widerständler fanden im Kloster jederzeit Schutz. Das Kloster liegt zwölf Kilometer von Lukovit, in der Nähe die Felskirchen Sveti Marina und Sveti Grigori.

Nach dem 18. Jahrhundert war Lukovit dic größte Stadt am Fuße des Balkans und berühmt für seine 14 Mühlen am Fluß Panega. Bis heute leben die Menschen von der Landwirtschaft. Einen leichten Aufschwung brachte der Bau der Eisenbahnlinie zwischen Červen Brjag und Zlatna Panega.

Das 18 000-Einwohner-Städtchen Červen Brjag liegt am Zusammenfluß von Iskăr und Zlatna-Panega, zwölf Kilometer von Lukovit entfernt. Für die Umgebung ist der Ort wegen des Bahnhofs von Bedeutung; die Linie von Sofija nach Varna führt hier vorbei.

Für Touristen ist eher das Umland als der Ort selbst interessant: Etwa sechs Kilometer südwestlich liegt das Dorf Reselec. Von dort ist es nur noch einen Kilometer zu einem einzigartigen Naturphänomen, dem Propadaloto. Das ist eine 250 Meter lange und 40 Meter breite Felsformation mit einer Kluft von 30 Metern. Ganz in der Nähe befindet sich die Hütte Reselec Inn mit 70 Betten, ein guter Ausgangspunkt für Klettertouren.

► Lukovit: Vorwahl: 06 97. Informationen im Rathaus, ul. Văzraždane 74, Tel. 25 59.
► Červen Brjag: Vorwahl: 06 59. Touristeninformation Leskovec, ul. Tărgovska 14.

► Lukovit: Hotel Patno Upravlenie, pl. Treti Mart, Tel. 255, 40 58.
► Červen Brjag: Hotel Červen Brjag, ul. Tărgovska 4, Tel. 26 77, 32 12, 22 93.

Die Donauebene

Hütte Reselec Inn. 70 Betten, nahe der Propadaloto-Felsspalte, unbedingt in der Touristeninformation vorher reservieren.

Karlukovski-Kloster. Die wechselnden Öffnungszeiten am besten vorher in der Touristeninformation erfragen.

Klettern in den Propadaloto-Felsen.

Pleven

Im Tourismus-Marketing-Deutsch würde man Pleven wohl als klassische History-Location bezeichnen. Mit großem Aufwand gedenkt die Stadt jener Belagerung im Jahr 1877, in der das russisch-rumänische Heer die Türken zur Kapitulation zwang und damit den Sieg über die osmanischen Besatzer einleitete. Zum 100. Jahrestag dieses wichtigen Datums erbaute man ein Militärhistorisches Museum, auch Panoramamuseum genannt, das vor allem mit großflächigen Gemälden der Belagerung Plevens gedenkt. Ebenso präsent ist jenes Ereignis im Museum der Befreiung und im Historischen Museum. Das zweitgenannte zeigt neben archäologischen Funden, die bis in die Jungsteinzeit zurückreichen, auch Waffen und Uniformen aus dem Befreiungskrieg. Am zentralen pl. Văzraždane erinnert ein Mausoleum mit ewiger Flamme an die gefallenen russischen und rumänischen Soldaten.

Aber Pleven ist nicht nur Geschichte. Hier hat sich auch eine vielfältige Wirtschaft entwickelt. Zu den wichtigsten Branchen gehören Viehzucht, Weinanbau,

Kuhtreiber bei Kozloduy an der Donau, nordwestlich von Pleven

Gerberei, lebensmittelverarbeitende Industrie, Textilhandwerk und Telekommunikation. Pleven zählt zwar nicht zu den touristischen Hauptattraktionen Bulgariens, dennoch liegt die Stadt sehr reizvoll zwischen der Donauebene im Norden und den nordwestlichen Ausläufern des Zentralbalkans.

Das Zentrum besteht aus einem recht unübersichtlichen Gewirr von Straßen und Sackgassen. Wer hier nur kurz verweilt und sich nicht verlaufen will, folgt am besten – vom Bahnhof oder Busbahnhof aus – der ul. Daniel Popov, vom Platz der Republik über den pl. Sveti Nikola mit gleichnamiger Kirche immer geradeaus bis zum pl. Svoboda. Von dort zieht sich dann in südlicher Richtung ein durch Straßen unterbrochener Parkstreifen durch den Ort. Vom pl. Slivnica – hier liegt das Historische Museum – kommt man in südwestlicher Richtung über die ul. General Skobelev direkt zum ebenfalls nach dem russischen Heerführer benannten Skobelev-Park mit weiteren Museen.

Vorwahl: 064.

Täglich Busverbindungen u. a. mit Sofija, Plovdiv, Veliko Tărnovo, Burgas und Loveč. Ferner mehrere Zugverbindungen z. B. mit Sofija und Varna.

Hotel Inter Rostov, ul. Osvoboždenie 2, Tel. 801–892, Fax -192, rostov@intercom.bg, www.rostov.dir.bg. Zentral, nahe pl. Svoboda, mittlere Preisklasse, Restaurant, Casino, Nachtclub.
Hotel Pleven, pl. Republika 2, Tel. 301 81, mittlere Preisklasse.
Hotel Kailuka, im Kailuka Park, ca. 2 km südlich des Zentrums, Busverbindung dorthin, Tel. 343 52.
Hotel Miliana, im Kailaka Park. Ruhige Lage, mittlere Preisklasse, Restaurant, Tennisplatz, Pool.
Im Park zudem Sportmöglichkeiten wie z.B. Klettern und mehrere Restaurants mit traditioneller Küche.

Eine größere Auswahl an Restaurants und Cafés findet man zwischen den Plätzen Sv. Nikola und Svoboda und im Kailuka Park.

Kirche Sv. Nikola, pl. Sv. Nikola, täglich geöffnet. In die Erde versenktes Gebäude aus dem Mittelalter mit einigen Ikonen.
Museum der Befreiung, im Park südlich der Kirche Sv. Nikola, zwischen ul. Osvoboždenie und ul. Vasil Levski, Tel. 200 33, Di–Sa 9–18 Uhr.
Historisches Museum, ul. Stojan Zaimov 3, Tel. 226 91, Di–Sa 9–12 u. 12.30–17 Uhr.
Militärhistorisches Museum (auch ›Pleven Epopee – 1877‹, ›Panorama‹), auf einem Hügel im Skobelev-Park, Tel. 229 19, Di–Sa 9–12 u. 12.30–17 Uhr. Panorama-Gemälde-Installation, die dem Besucher einen plastischen Eindruck der Schlacht von 1877 vermitteln soll.

Loveč

Die 50 000-Einwohner-Stadt Loveč, etwa 35 Kilometer südlich von Pleven gelegen, markiert den Übergang zwischen der Donauebene und dem nördlichen Vorgebirge des Zentralbalkans. Loveč liegt am Fluß Osam, der ein Stück westlich von Nikopol in die Donau mündet. Die Stadtgründung datiert ins Mittelalter, als die Bulgaren auf den Resten eines römischen Postens ein Fort errichteten. Zur Zeit der bulgarischen Renaissance war Loveč eine wichtige Handelsstadt.

In der Altstadt (Varosha) wurden einige Häuser aus dieser Zeit restauriert. Von den einst sieben Kirchen sind noch zwei erhalten, beide stammen von 1834: Uspenie Bogorodično mit sehenswerten Ikonen sowie Sveti Nedelja.

Der Revolutionär Vasil Levski wählte Loveč als Hauptstützpunkt für sein bulgarisches Befreiungskomitee. Im Krieg gegen die Türken zerstört, verlor die Stadt zunächst ihre überregionale Bedeutung, bevor sie in der kommunistischen Ära einen erneuten Aufschwung als Industriestandort erlebte.

Sehenswert ist vor allem die Altstadt, zu der eine überdachte Brücke – eine Rekonstruktion des abgebrannten Originals von 1874 – vom neuen Stadtzentrum auf die Ostseite des Osam führt. Nordöstlich der Altstadt, auf einem Hügel, schließt sich der Stratež Park an mit einem kleinen See, einem Tierpark, einer Levski-Statue und Resten einer bulgarischen Befestigungsanlage. Das Vasil-Levski-Museum erinnert an den Revolutionär, das Ethnographische Museum informiert etwas allgemeiner über Leben und Alltag in der Region zur Zeit der Nationalen Wiedergeburt.

Ein besonders schöner Ausflug bietet sich von Loveč für Wanderbegeisterte an: Der Krušuna Öko-Wanderweg. Etwa 30 Kilometer nordöstlich von Loveč – auf der Straße nach Levski gleich nach Aleksandrovo die Landstraße nach rechts – liegt das Dorf Krušuna. Im Rahmen des Eco-Trail-Projekts wurde dort ein Rundweg markiert, der auf das Devetaško Plateau führt und zur touristisch noch nicht erschlossenen Vodopada-Höhle mit Wasserfall.

Vorwahl: 068. Touristeninformation, ul. Mostova 4, Tel. 200 22, www.lovetch.com (engl.) und http://bulgaria.domino.bg/lovech.

Zugverbindung nach Pleven über Levski. Busverbindungen u. a. mit Pleven, Trojan, Kazanlăk, Veliko Tărnovo, Sliven, Burgas und Sofija. Bahnhof und Busbahnhof liegen beieinander.

Hotel Tsariana (Orbita 2), pl. T. Kirkov 10, Tel. 60 09-95, Fax -97, tsariana@mbox.digsys.bg. Untere Preisklasse, 7 Doppel- und 7 Dreibettzimmer.
Hotel Orbita 1, pl. T. Kirkov 1,

Tel. 259 50 und 292 52, Fax 292 55, orbita@lovechonline.net.
Hotel Stratež, Stratež Park (nordöstlich der Altstadt), Tel. 276 43.
In der Altstadt bieten einige Mechanas Grillgerichte an.

Ethnographisches Museum, ul. Ch.I. Golemnja, Tel. 277 20, Mo–Sa 8–12 u. 14–17 Uhr.
Vasil-Levski-Museum, ul. Ch.I. Golemnja, Tel. 270 90, Mo–Sa 8–12 u. 14–17 Uhr.

Veliko Tărnovo

Etwa auf halber Strecke zwischen Sofija und der Schwarzmeerküste kreuzt der Jantra-Fluß in energischem Zickzackkurs durch das felsige Balkangebirge. Dort liegt zwischen drei Hügeln der Kern der mittelalterlichen Zarenhauptstadt. Mit ihren 80 000 Einwohnern ist sie in die westliche Ebene hineingewachsen und heute stolz auf EU-finanzierte Schnellstraßen, die von Südwesten her in mehreren Kurven zum Stadtzentrum führen. Man erreicht es am besten über die ul. Christo Botev, wo die Mitarbeiter des Touristenbüros gerne Auskunft erteilen.

Von hier aus läßt sich die Stadt bequem zu Fuß erkunden. Beim Durchstreifen der alten Stadtviertel eröffnen sich dem Besucher die unterschiedlichsten Perspektiven. Gleich um die Ecke liegen zwei Geschäftszentren: das moderne mit vielen kleinen Geschäften, die Lebensmittel, Haushaltswaren oder auch CDs verkaufen, und das alte, die Samovodska Ladenstraße. Dieser einstige Mittelpunkt von Handel und Handwerk am pl. Kirkov bietet eine Auswahl an Töpferarbeiten, Bildern und Schmiedekunstwerk in renovierten Wiedergeburtshäusern. Dem Begründer dieses Baustils, Koljo Fičeto, sind in der angrenzenden ul. G. S. Rakovski zwei beliebte Fotomotive zu verdanken: Das Wirtshaus des Chadži Nikoli und das Haus mit dem Äffchen sind seine bekanntesten Bauwerke. Für den weiteren Aufstieg ins Varoša-

Denkmal für Stefan Stambolov

Viertel entlohnen die prächtige Ausstattung der drei alten Kirchen und ein wunderbarer Ausblick.

Unterhalb der Samovodska Ladenstraße führt der Spaziergang über den pl. Velčova Zevera, wo ein Denkmal an die rebellischen Einwohner Tarnovos erinnert, die hier von den Türken gehängt wurden. 50 Meter weiter kreuzt die große Verkehrsstraße ul. General Gurko. In dieser Straße sind noch viele Häuser aus dem 18. bis 19. Jahrhundert erhalten. Sie schmiegen sich an die Felshänge oberhalb der Jantra und wirken von der Straße aus nicht so geräumig, wie sie sind. Ein Beispiel hierfür ist das Serafkina-Haus bei Hausnummer 88. Das ehemalige

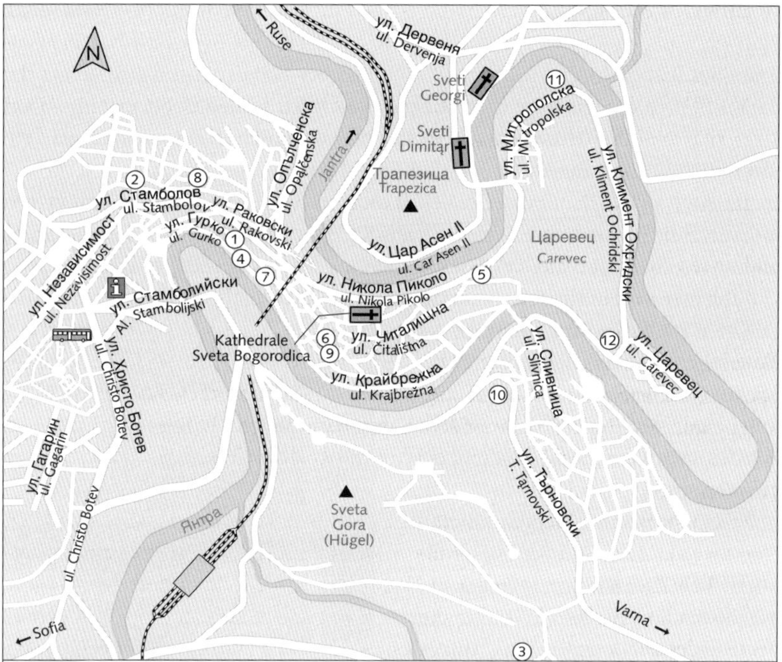

Veliko Tărnovo

Legende

1 Hotel Gurko
2 Hotel Trapezica
3 Motel Sveta Gora
4 Restaurant Stratilat
5 Eingang zur Festung Carevec
6 Historisches Museum
7 Serafkina-Haus
8 Samovodska
9 Konak
10 Universität
11 Hinrichtungsfelsen
12 Balduin-Turm

Haus eines reichen Händlers und Geldverleihers ist heute ein Museum. Innenarchitektur und elegantes Mobiliar auf fünf Etagen des elegant eingerichteten Wiedergeburtshaus verdeutlichen den vornehmen Stil der Bürger des 19. Jahrhunderts, verschiedene Objekte im Erdgeschoß des Hauses das traditionelle Kunsthandwerk des 19. Jahrhunderts.

Über die ul. Ivan Vazov erreicht man 200 Meter weiter östlich den pl. Săedinenie. Dort erregt ein weiteres Bauwerk Fičetos die Aufmerksamkeit: Der türkische Konak, ein großes zweistöckiges Amtsgebäude von 1872. In seinen Räumen hatten die türkischen Herrscher die Freiheitskämpfer von 1876 verurteilt. Nach der Befreiung im Jahr 1879 wurde hier die erste bulgarische Verfassung erarbeitet. Heute ist hier das Museum der Wiedergeburt und der konstituierenden Nationalversammlung untergebracht, das Bücher, Dokumente und Fotos und Portraits bekannter Persönlichkeiten ausstellt.

Von pl. Săedinenie führt eine Treppe zum Fluß hinab. Hier hat man die Wahl zwischen drei Museen: dem Archäologischen, dem Historischen und dem im alten türkischen Gefängnis.

Im Archäologischen Museum sind Exponate aus römischer und frühmittelalterlicher Zeit versammelt, darunter Funde der Festungsanlage Nikopolis ad Istrum und andere römische Artefakte wie Töpferwaren, Schmuck und Statuen sowie Goldschätze steinzeitlicher Siedlungen aus der Umgebung.

Das Historische Museum zeigt Veliko Tărnovo als bulgarische Hauptstadt des Mittelalters mit Wandgemälden der Zaren, Waffen, Münzen und Büchern. Im Museum im alten türkischen Gefängnis werden die Ereignisse des Ersten Weltkriegs und der Balkankriege erläutert, erinnern einige Uniformen, Orden und Waffen an den Politiker Stefan Stambolov, den späteren Premierminister, der hier geboren wurde.

Über eine weitere Treppe mündet die ul. Silvestăr wieder in die ul. Ivan Vazov. Von hier aus erreicht man östlich der Kathedrale Sveta Bogorodica den mittelalterlichen Zarenkomplex. Auf dem Hügel Carevec mit der schönsten Aussicht auf die Stadt wurde im 12. Jahrhundert ein Zarenschloß errichtet, dessen Opulenz heute leider nur noch Ruinen erahnen lassen. Experten zufolge waren Wände und Säulen des über 30 Meter langen Thronsaals mit Mosaiken und Wandmalereien verziert. Neben dem Palast entstand die inzwischen restaurierte Kirche des Patriarchen, in der moderne Fresken von der Geschichte Bulgariens erzählen. Auch ein Kloster, Werkstätten und ein Haus für den Bojarenrat – ein Zusammenschluß von Adeligen unterhalb des Fürstenrangs – gehören zum Zarenkomplex. Am nördlichen Ende wurden die zu Tode verurteilten im 13. Jahrhundert vom Hinrichtungsfelsen (Lobna skala) hinabgestürzt, darunter der eigenmächtige Patriarch Joakim III. sowie Zar Ivaljo seiner niederen Herkunft wegen. In dieser von hohen Mauern umgebenen Festungsanlage regierten die Zaren des zweiten Bulgarischen

Reichs fast 200 Jahre lang. Viele Legenden ranken sich um Carevec, beispielsweise um den Balduin-Turm, benannt nach einem Franken, dessen Tage gezählt waren, nachdem er die Liebe einer Zarin verschmäht hatte. Auf Anfrage und gegen geringe Gebühr wird während der Hauptsaison der gesamte Carevec-Hügel von Flutlicht angestrahlt. Dazu ertönen Musik und Geschichten über den Zarensitz aus früheren Zeiten. Das Spektakel bildet die perfekte Kulisse für einen kurzen Ausflug ins Hohe Mittelalter.

Westlich vom Carevec erhebt sich der Felsenhügel Trapezica. Die beiden Hügel sind zwar durch den Fluß getrennt, waren aber früher durch einen Geheimgang miteinander verbunden. Die Bebauung der schroffen Hänge des Trapezica-Hügels war Aristokraten und der höheren Geistlichkeit vorbehalten. Hier sind noch Fundamente der Gebäude einiger Bojaren zu sehen, aber wegen des steilen Anstiegs empfiehlt sich ihre Besichtigung nur bei guter Kondition. Der Besuch zweier Kirchen im unterhalb gelegenen alten Asenov-Viertel, das sich zu beiden Seiten der Jantra durch die Schlucht schlängelt, lohnt auf jeden Fall. In der Kirche Sveti Georgi sind Wandmalereien aus dem frühen 17. Jahrhundert erhalten, und in der ältesten Kirche der Stadt, Sveti Dimităr, proklamierte Zar Ivan Asen II. mit seinem Bruder Petăr das Zweite Bulgarische Reich.

Den Brüdern wurde auf einer Halbinsel in der Jantra das höchste Denkmal der Stadt errichtet. Dieses Asen-Denkmal und die staatliche Kunstgalerie mit Werken bulgarischer Künstler, die in ihren Bildern die verschiedensten Stadtansichten Veliko Tărnovos präsentieren, stehen auf einer Landzunge unterhalb des Sveta Gora Hügels. Von hier führt eine Brücke wieder auf die linke Uferseite in die Nähe des Touristenbüros.

Den bewaldeten Hügel Sveta Gora (Heiliger Wald) erreicht man über eine Brücke südlich von Carevec. Schon im Hohen Mittelalter bildeten die Kirchen und Klöster auf Sveta Gora das kulturelle Zentrum der Stadt. Werke, die aus der früheren Kunst- und Literaturschule hervorgingen, finden heute als Exponate der Museen in Moskau, London und Rom internationale Beachtung. Hier entstand die Universität Kiril und Methodi, in der heute 15 000 Studenten aus Rumänien, Serbien und Griechenland Mathematik, Philosophie oder Wirtschaft studieren. Die Universität steht Besuchern offen und bietet in ihrer umfangreichen Bibliothek auch Werke in deutscher, englischer und französischer Sprache. Einige Studenten mit Abenteuergeist haben hier einen Club gegründet, der Freeclimbing-Touren und Wanderungen organisiert, an denen auch Gäste teilnehmen können.

Dank der vielen Studenten hat Veliko Tărnovo ein abwechslungsreiches Nachtleben. So besteht auch am Abend die Möglichkeit, zwischen Pubs, Bars und Nachtclubs hin und her zu schlendern und ein geeignetes Lokal zu finden, um den Tag ausklingen zu lassen.

Die Ruinen des ehemaligen Zarenkomplexes

Vorwahl: 062, PLZ: 5000. Touristeninformation, ul. Christo Botev 5 (hinter der Busstation), Tel. 62 21 48, 60 07 68, tic_vt@mobikom.com, Mo–Sa 9–17 Uhr.

Agentur Balkantourist, ul. Aleksandăr Penčev 2, im Grand Hotel Veliko Tărnovo, Tel./Fax 63 39 75. Ausflüge in die Umgebung und Privatunterkünfte.

Postamt, ul. Christo Botev 1, Mo–Fr 8–13 u. 14–18 Uhr, Sa 8 bis 13 Uhr.

Bulbank, ul. Marno Pole 26, Tel. 60 01-31, Fax -52.

Biochim Bank, ul. Rafail Michailov 4, Tel. 62 39 55, Fax 62 04 61.

Internet-Café Millenium, ul. Nezavisimost 19.

Der Bahnhof, Tel. 62 00 65, liegt zwei km südlich des Zentrums am Sveta-Gora-Hügel an der Linie Ruse–Gorna Orjachovica–Stara Zagora. Busverbindung mit der Altstadt.

Der Busbahnhof, Tel. 409 08, liegt 4 km westlich in der ul. Nikola Gabrovski 86. Busverbindungen mit allen größeren Orten und der Altstadt.

Die Station der privaten Buslinien ist in der Stadtmitte beim Hotel Etar in der ul. Christo Botev. Bus- und Bahnfahrkarten sind im Rila-Büro gegenüber erhältlich, ul. Christo Botev 13a, Tel. 220 42.

Grand Hotel Veliko Tărnovo, ul. Aleksandăr Penčev 2, Tel. 60 10 00, 63 05 71, 62 15 95, Fax 63 98 59, ghvt@sitem-bg.net, ihotels@vt.bia-bg.com. Stadtzentrum, unübersehbar am linken Jantra-Ufer. Luxusklasse, Schwimmbad, Sauna, Schönheitssalon und Sportzentrum, Konferenzzentrum, vier Restaurants, zwei Bars, ein Café.

Hotel Etar, ul. Aleksandăr Stamboljjski 1, Tel. 62 18-38, Fax -90. 100 Zimmer mit Bad und TV, Blick zum Carevec-Hügel, der an Sommerabenden häufig von Flutlicht angestrahlt wird, Hotelrestaurant, Bar und Café.

Hotel Alegra, ul. Todor Svestolav 15, Tel. 60 23 32, Fax -33, alegro_vt@yahoo.com. Eleganteste Unterkunft in der Altstadt, März 2003 eröffnet, Hotelrestaurant mit mediterranen Gerichten.

Hotel Gurko, ul. General Gurko 33, Tel. 62 78 38, hotel_gurko@mail.bg. Klein, sehr zentral, im Baustil der Wiedergeburtszeit, familiäre Atmosphäre und freundliche helle Zimmer, Weinlokal.

Hotel Trapezica, ul. Stefan Stambolov 79, Tel. 220 61, Tel./Fax 62 15 93.Im Stadtzentrum, preiswert, saubere und gemütliche Zimmer, nach hinten schöne Aussicht.

Motel Sveta Gora, auf dem Sveta Gora Hügel, Tel. 63 48 10, Tel./Fax 63 01 63, dalco@abv.bg. Helle, komfortable Zimmer mit Bad, Balkon und TV, Swimming-Pool im Grünen mit Bar.

Campingplatz Boljarski Stan, 6 km westlich Richtung Ledenik, auch einfach ausgestattete Bungalows, Tel. 41859. In dem hübschen Dorf vermittelt die Touristeninformation noch weitere Unterkünfte.

Restaurants Stratilat, ul. G. S. Rakovski 11, Varoša-Viertel. Elegant mit Marmorsäulen und schmiedeeiserne Gittern zwischen den Tischen, schmackhafte europäische Spezialitäten in üppigen Portionen.
Taverne Chashove, ul. Nezavisimost 3. Weinkeller-Ambiente, traditionelle Küche.
Restaurant Starata Mechana, ul. Stefan Stambolov 15, Altstadt. Kleine Terrasse, preiswerte und leckere Gerichte in großer Auswahl.
Pizzeria Štastliveca, ul. Stefan Stambolov 79, beim Hotel Trapezica. Gemütliche Atmosphäre.
Chinarestaurant Shanghai, pl. Majka Bălgarija, gegenüber der Post beim Denkmal Mutter Bălgarija.
Mustang-Food (Restaurantkette), pl. Majka Bălgarija, zwei Häuser neben dem Chinarestaurant, westliche Küche (Steaks) in modernem Neonambiente.

Cinema Poltava, um die Ecke vom Hotel Etar.
Spider Night Club, ul. Christo Botev 15. Zum ordentlich Abrocken.
Las Vegas Club, ul. Nezavisimost 17. Billardspielen mit tollem Ausblick auf die Stadt.
Ulitsa-Bar beim Hotel Trapezica. Gilt als eine der besten der Stadt, tolle Aussicht und coole Musik.

Serafkina-Haus, ul. General Gurko 88, Tel. 358 02, Mo–Fr 9–12 u. 13–17 Uhr.
Museum der Wiedergeburt und der konstituierenden Nationalversammlung (Konak), pl. Săedinenie, Tel. 298 21, Mi–Mo 9–12 u. 13–18 Uhr.
Archäologisches Museum, ul. Ivanka Boteva 2, Tel. 231 67, 349 46, Di–Sa 9–17 Uhr.
Historisches Museum, ul. Silvestăr, hinter dem Konak, Tel. 237 72, Mo–Fr 9–12 u. 13–17 Uhr.
Staatliche Kunstgalerie, Asenevci-Gelände auf der Jantra-Halbinsel, Tel. 289 61, Di–So 10–18 Uhr. Eine der ältesten des Landes, Bilder der alten Zarenhauptstadt.
Festung Carevec, Eingang ca. 300 m östlich vom pl. Săedinenie, Tel. 388 41, täglich 9–17 Uhr. Sehenswerter Regierungssitz der bulgarischen Zaren des Mittelalters, nach Einbruch der Dunkelheit mit Licht- und Ton-Show, (nur beim Besuch größerer Reisegruppen). Info zur Licht- und Ton-Show bei der Touristeninformation oder den Organisatoren, Tel. 63 88 28.

Arbanasi

Eines der beliebten Ausflugsziele Bulgariens ist das 1000-Seelen-Dorf Arbanasi, das bulgarische, griechische und albanische Christen im 15. Jahrhundert nahe der Zarenhauptstadt gründeten. Wie viele andere Landsleute lebten sie von den Erzeugnissen der Viehzucht, erhielten aber schon 1538 einen Sonderstatus, als der türkische Sultan Suleyman II. das ganze Dorf seinem Schwiegersohn zum Geschenk machte. Für die Einwohner bedeutete das gewaltige Steuererleichterungen und die Möglichkeit, den Handel auf weit entfernte Ziele in Griechenland, Rußland und Indien auszudehnen. Arbanasi erlangte dadurch beträchtlichen Wohlstand, den man den Häusern der reichen Kaufleute und prächtig ausgestatteten Kirchen heute noch ansieht.

Von den insgesamt fünf Kirchen ist die älteste die Christi-Geburt-Kirche aus dem 17. Jahrhundert. Mit ihren niedrigen Mauern ohne Kuppel oder Turm wirkt sie von außen sehr nüchtern, um so mehr beeindruckt aber ihr Inneres, das bis in den letzten Winkel bemalt ist: Biblische Szenen wie das Letzte Abendmahl oder das Jüngste Gericht, Geschichten aus dem alten und neuen Testament, Portraits

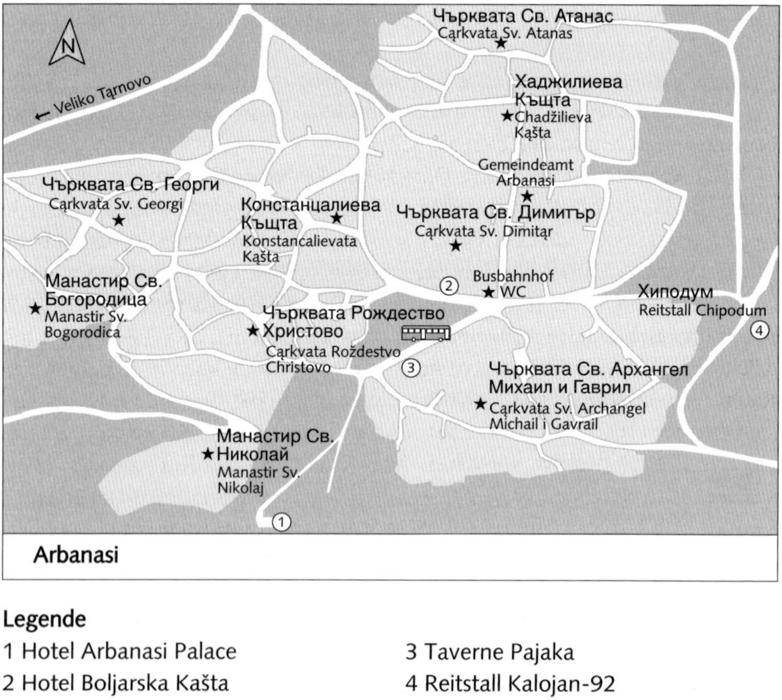

Arbanasi

Legende

1 Hotel Arbanasi Palace
2 Hotel Boljarska Kašta
3 Taverne Pajaka
4 Reitstall Kalojan-92

Das Konstancaliev-Haus erlaubt Einblicke in das traditionelle Leben auf dem Land

griechischer Philosophen und das Rad des Lebens zieren die Wände und gewölbten Decken. Bis heute sind die Künstler unbekannt, die den über 3000 Figuren bemerkenswert realistische Züge verliehen.

Beim Spaziergang durch das Dorf fallen die hohen Steinmauern links und rechts der Wege auf. Sie umgeben große Gärten, in denen die Wohnhäuser wie kleine Steinburgen hinter den Mauern stehen. In Arbanasi stehen 36 Häuser unter Denkmalschutz. Auch sie wirken äußerlich streng: ganz aus Stein gebaut, zweistöckig und mit flachen Ziegeldächern. Ihre zweckmäßige Bauweise gliedert sich in ein Erdgeschoß mit Lager- und Wirtschaftsräumen und den ersten Stock mit Küche, Wohn- und Schlafräumen. Aber hinter den dicken Mauern verbergen sich Räume, die großzügig und gemütlich eingerichtet sind. Besonders sehenswert sind die sechs Häuser Konstancaliev, Chadži-Iliev, Letčev, Tschamurov, Kandilarov und Chadži-Kostov, von denen das meistbesuchte das Konstancaliev-Haus aus dem 17. Jahrhundert ist. Neben den üblichen Lager- und Wirtschaftsräumen weist es auch Wohnungen für das Personal und zwei Treppen auf, die in das Obergeschoß führen. Dort sind die holzgetäfelten Decken der großen Wohn- und Schlafräume reich mit Schnitzereien dekoriert und der Kamin mit Stuck verziert. Eine Besonderheit ist das Extrazimmer für die Wöchnerin, die frühere Besitzerin Kokona Sultana. Die beiden Klöster am westlichen Ortsende wurden im 18. Jahrhundert mehrmals von türkischen Räuberbanden, den Kardzhalis, überfallen und ausgeraubt. Beide Klöster sind heute wieder aktiv und werden an christlichen Feiertagen verstärkt von Pilgern besucht. Einen besonderen Anziehungspunkt bildet die Silberrelief-Ikone im Frauenkloster Sveta Bogorodica, auf der die Maria mit ihren heilenden Händen abgebildet ist.

Vorwahl: 062, PLZ: 5029. Touristeninformation: in Veliko Tărnovo, Tel. 62 21 48, 60 07 68.

Wer mit dem eigenen Auto unterwegs ist, sollte einen Umweg über Šeremetja in Kauf nehmen mit Blick auf die Hügel Carevec und Trapezica sowie das Balkangebirge im Hintergrund.

Gelegentlich halten Shuttlebusse zwischen Veliko Tărnovo und Gorna Orjachovica in Arbanasi, einfacher und sehr preiswert ist die Fahrt mit dem Taxi.

Hotel Arbanasi Palace, in Parklandschaft oberhalb des Dorfes, Tel. 63 01 76, 62 97 86, Fax 62 97 72, arbhot@mbox.digsys.bg. Erstklassige Ausstattung, Sauna, Fitnessraum, römisches Bad, Kaminzimmer, Bar und Terrasse mit phantastischem Ausblick.
Hotels Vinpalace, Tel. 60 06 10, 60 07 47, Fax 06 77-46 91, 06 77-46 95, ralica@tr.globcom.net. Swimming-Pool, Restaurant, Bar und Geschäftsräume, komfortable Balkonzimmer mit Bad, Minibar und Telefon.
Hotel-Komplex Izvora, Tel. 60 12-05, Fax -06, izvora_arbanasi@yahoo.com. Zimmer mit Bad und TV, teils mit Klimaanlage, Minibar und Balkon, Schwimmbad, Sauna und ein bewachter Parkplatz.
Hotel Boljarska Kašta, Tel./Fax 204 84. Gepflegt, geräumige Zimmer mit Bad, Telefon und TV, Restaurant und Swimming-Pool.
Privatunterkünfte in Wiedergeburtshäusern der Umgebung vermittelt die Touristeninformation.

Restaurant Ljuljaka, Tel. 63 02 60, Fax 60 01 98. Gartenterrasse, üppige Mahlzeiten.
Taverne Pajaka, am Hauptplatz, Tel. 342 57, Fax 60 01 98. Gemütliche Holzveranda, preiswerte Grillgerichte und Salate.

Wer die Umgebung gerne zu Pferde erkunden will, kann sich an den 2 km östlich von Arbanasi gelegenen Reitstall Kalojan-92 wenden, Tel. 236 68. Je nach Jahreszeit werden hier Ausflüge mit Pferdekutschen oder -schlitten angeboten und außerdem Reitkurse für Anfänger.

Gorna Orjachovica, Ljaskovec und das Kloster Peter und Paul

Als Wachposten und zum Schutz vor Angreifern wurden im Mittelalter mehrere Festungen in der Nähe von Veliko Tărnovo errichtet. Am bekanntesten ist die Festung Rachovec, die der polnische König Warneczyk 1444 auf seinem Feldzug gegen die Türken zerstörte, heute etwa vier Kilometer nordwestlich von Gorna Orjachovica gelegen.

Später entwickelte sich aus den Siedlungen Klein-, Mittel- und Großrachovec ein Ort, der wie viele andere in der Umgebung im 18. und 19. Jahrhundert wirtschaftlich florierte. Nach der Befreiung von der türkischen Fremdherrschaft erlangte die Stadt Gorna Orjachovica, neun Kilometer nordöstlich von Veliko Tărnovo, ihre jetzige Bedeutung als größter Verkehrsknotenpunkt Nordbulgariens. Heute leben 40 000 Einwohner in der Stadt, in der die Eisenbahnlinie von Sofija nach Varna die von Ruse nach Svilengrad kreuzt und die großen Bundesstraßen E85 und E772 aufeinander treffen.

Lange war das Dörfchen Ljaskovec, das acht Kilometer nordöstlich von Veliko Tărnovo und gleich weit von Gorna Orjachovica und Arbanasi entfernt liegt, Anbaugebiet für leichte fruchtige Weine. Auch in diesem kleinen Ort sind viele Wiedergeburtshäuser zu sehen. Ljaskovec ist aber eher für sein außerhalb gelegenes Kloster Peter und Paul bekannt, das häufig mit den Aprilaufständen von 1876 in Zusammenhang gebracht wird, denn dort trafen sich Lehrer mit Revolutionären wie Vasil Levski und Bačo Kiro und schmiedeten Pläne für den Umsturz. Nach der Befreiung Bulgariens diente das Kloster auch als Waisenhaus für Kinder, die ihre Eltern im russisch-türkischen Krieg verloren hatten. Man kann es in einer Stunde zu Fuß von Ljaskovec oder von Arbanasi erreichen.

Vorwahl: 06 18.
Touristeninformation: Agentur Kamuka, ul. Mano Todorov 2, Tel. 414 21.

Postamt, ul. Car Osvoboditel, am Bahnhof.

Biochim Bank, ul. Knjaz Boris 1, Tel./Fax 449 71.
Bulbank, ul. Mano Todorov 1a, Tel. 300 32, Fax 448 54.

Der Bahnhof Gorna Orjachovica am nördlichen Stadtrand ist der größte und wichtigste in Nordbulgarien, von hier fahren Züge sternförmig ins ganze Land; ul. Car Osvoboditel 106, Tel. 560 50, 560 07. Fahrkarten: ul. Car Osvoboditel 1, Tel. 421 34.

Die Busstation ist in der Stadtmitte, ul. Janko Bojanov 10, Tel. 421 23, 420 96.

Hotel Rachovec, ul. Georgi Izmirliev 1, Tel. 416 30. Einfache aber saubere Zimmer

Historisches Museum, ul. Antim 6, Tel. 414 64, Mo–Fr 9–17 Uhr. Vor allem Funde der Festungsruine Rachovec.

Kloster Peter und Paul; Auskünfte: Touristeninformation in Veliko Tărnovo, Tel. 62 21 48, 60 07 68.

Kloster Sveta Troica, Kloster Preobraženski und Nikopolis ad Istrum

Das Kloster Sveta Troica (Heilige Dreifaltigkeit) steht sechs Kilometer nördlich von Veliko Tărnovo auf einem Felsplateau am rechten Jantra-Ufer. Der letzte bulgarische Patriarch Evtimi errichtete es im 14. Jahrhundert auf den Fundamenten eines noch älteren Klosters. Hier gründete er die berühmte Literarische Schule von Tărnovo, an der viele bulgarische, rumänische, serbische und russische Schüler liturgische Schriften in slawischer Sprache studierten. Die Klosterkirche wurde 1847 von Koljo Fičeto erbaut, die sein Zeitgenosse Zachari Zograf innen mit Wandmalereien ausstattete. Leider hat ein Erdbeben 1913 erhebliche Schäden angerichtet, aber das Kloster ist allein schon wegen seiner schönen landschaftlichen Umgebung reizvoll und auf einem markierten Wanderweg gut zu erreichen.

Das größte Kloster in dieser Region, das Kloster Preobraženski, liegt sieben Kilometer nordwestlich von Veliko Tărnovo in der Dervent-Schlucht westlich der Jantra. Es entstand ursprünglich, also im 14. Jahrhundert, 500 Meter weiter süd-

Kloster Preobraženski gehört zu den Kleinoden der Donauebene

lich, wurde aber von Kardzhalis verbrannt und verwüstet. Seine Überreste werden im archäologischen Museum in Veliko Tărnovo aufbewahrt. Mehrmals fand der Freiheitskämpfer Vasil Levski Zuflucht in dem 1882 neu erbauten Kloster, das der Baumeister Koljo Fičetov und der Maler Zachari Zograf gestaltet haben. In der Hauptkirche des neuen Klosters hat Zograf das Motiv ›Rad des Lebens‹ aus der Christi-Geburt-Kirche in Arbanasi nachgemalt. Bemerkenswert sind auch die Holzschnitzereien der Ikonostase und die Ikonen der Trjavna-Malschule im Klostermuseum. Das Kloster ist von der unterhalb verlaufenden Hauptstraße in einem 30minütigen Spaziergang durch den Wald zu erreichen.

Die große römische Festungsanlage Nikopolis ad Istrum liegt 20 Kilometer nördlich von Veliko Tărnovo bei dem Dorf Nikjup. Kaiser Trajan errichtete sie im Jahr 106, nachdem er an der Donau die Daker, einen mächtigen Stamm der Thraker, besiegt hatte. Zugang zu den Ausgrabungen bietet das nördliche Tor der Festungsmauer. Verzierte Steinquader flankieren die dahinter liegende Hauptstraße, auf der man nach zehn Minuten das Zentrum erreicht. Dort führen einige Stufen zum Forum hinauf, an dem Überreste des Theaters und einiger öffentlicher Gebäude sowie eine Marmorstatue des Eros erhalten sind.

i Kloster Sveta Troica, Kloster Preobraženski und Nikopolis ad Istrum; Auskünfte über die Touristeninformation in Veliko Tărnovo, Tel. 62 21 48, 60 07 68.

Die Emen-Schlucht und der Chotnica-Wasserfall

Am Wasserfall

Sprudelnde Gewässer, steile Felsen und dazwischen seltene Vögel und Schmetterlinge erwarten Besucher im Naturschutzgebiet Emen, 30 Kilometer westlich von Veliko Tărnovo. Von dort führt der direkte Weg 22 Kilometer westlich bis Balvan, von wo man über eine Abzweigung in nördliche Richtung nach 8 Kilometern Emen am Negovanka-Fluß erreicht.

Eine längere Route führt über den Ort Chotnica, der mit seiner Holzbrücke über den Bochot-Fluß am Chotnica-Wasserfall allein schon ein lohnendes Ausflugsziel ist. Man erreicht es, indem man von Veliko Tărnovo zunächst nördlich durch die felsigen Schluchten an der Jantra bis nach Samovodene fährt. Hier biegt man nach links ab und erreicht acht Kilometer weiter westlich Chotnica. Von hier aus kann man den Umweg über die Höhle bei Musina fortsetzen, bevor man südlich wieder auf die Hauptstraße nach Emen gelangt.

Auskünfte über die Touristeninformation in Veliko Tărnovo, Tel. 62 21 48, 60 07 68.

Der östliche Balkan

Äußerst günstige Handelsbedingungen sicherten in vergangener Zeit das Einkommen der Bewohner zwischen Veliko Tărnovo und den Gebirgspässen des Balkans. Im Mittelalter garantierte die Nähe zur Hauptstadt gute Geschäfte mit Viehhandel und Holzprodukten, und in den darauffolgenden Jahrhunderten entwickelten sich interessante Verbindungen zu Geschäftspartnern im ganzen osmanischen Reich. Die Händler exportierten Erzeugnisse wie Pelze, gefärbte Woll-

Auch der östliche Balkan weist ein reiches kulturelles Erbe auf

decken, Seidentücher oder holzgeschnitzte Kunstwerke und sicherten sich obendrein Privilegien, da die Schutzkräfte ihrer Dörfer die Gebirgspässe gegen unerwünschte Besucher verteidigten.

In vielen Orten der Region kann man heute noch nachvollziehen, wie die Händler zu Wohlstand gelangt sind, wenn man die Werkstätten der Handwerker und die Läden der Kaufleute in den Wiedergeburtshäusern besucht. Das kulturelle Angebot der Region läßt sich gut verbinden mit Wanderungen durch die schöne Landschaft der Region, in der Flüsse, Wälder, Hügel, Gebirgsbäche und Felsschluchten einander abwechseln.

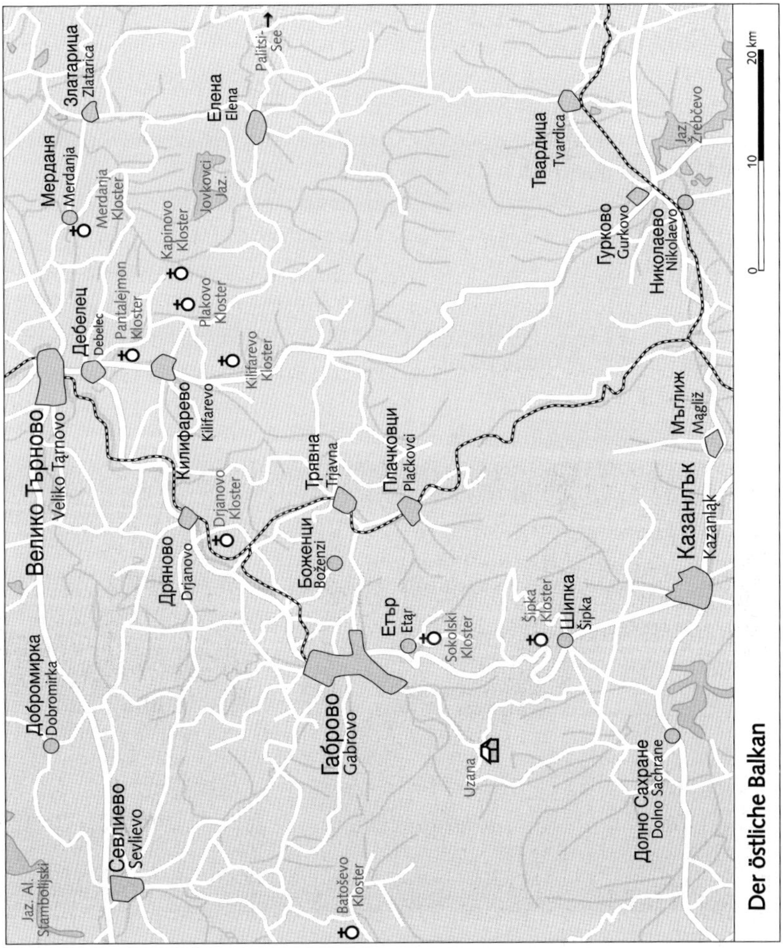

Der östliche Balkan

Gabrovo

Die Stadt an der Jantra liegt im Gebirge mitten in Bulgarien und bildet eine ideale Basis für Ausflüge zu den zahlreichen Museumsdörfern der Umgebung. Auch für ausgedehnte Fahrradtouren und Wanderungen auf markierten Wegen ist Gabrovo ein geeigneter Ausgangspunkt.

Die Stadt zwischen der einstigen Hauptstadt Veliko Tărnovo und dem oft umkämpften Šipka-Pass entstand im Mittelalter. Viele Handwerker konnten in diesem Gebiet ihre Erzeugnisse, vorwiegend Waffen und Kleidung, gut absetzen und siedelten sich hier an. Im 19. Jahrhundert war die Stadt Vorreiter in der industriellen Entwicklung Bulgariens und alsbald und bis heute eine der wichtigsten Industriestädte des Landes. Die Einwohner sind darauf heute ebenso stolz wie auf den berühmtesten Sohn der Stadt: Als Sohn eines Chemiefabrikanten wurde hier im Jahr 1935 der Verhüllungskünstler Christo geboren, der 1956 in den Westen ging und dort bis heute lebt.

Die Inhaber der Lederwaren- und Textilfabriken investierten viel Geld in die kulturelle Entwicklung der Stadt. Und so kann sie ihren 80 000 Einwohnern heute einiges bieten: mehrere Theater, Kinos, Bibliotheken, eine Universität und ein großes Haus der Kultur. Bei allem Fleiß haben die Leute in Gabrovo offenbar ihre Freude am Lachen nicht verloren, denn sie werden im ganzen Land und über dessen Grenzen hinaus für ihren Humor gerühmt.

Jugendstilhäuser in der ul. Radetska

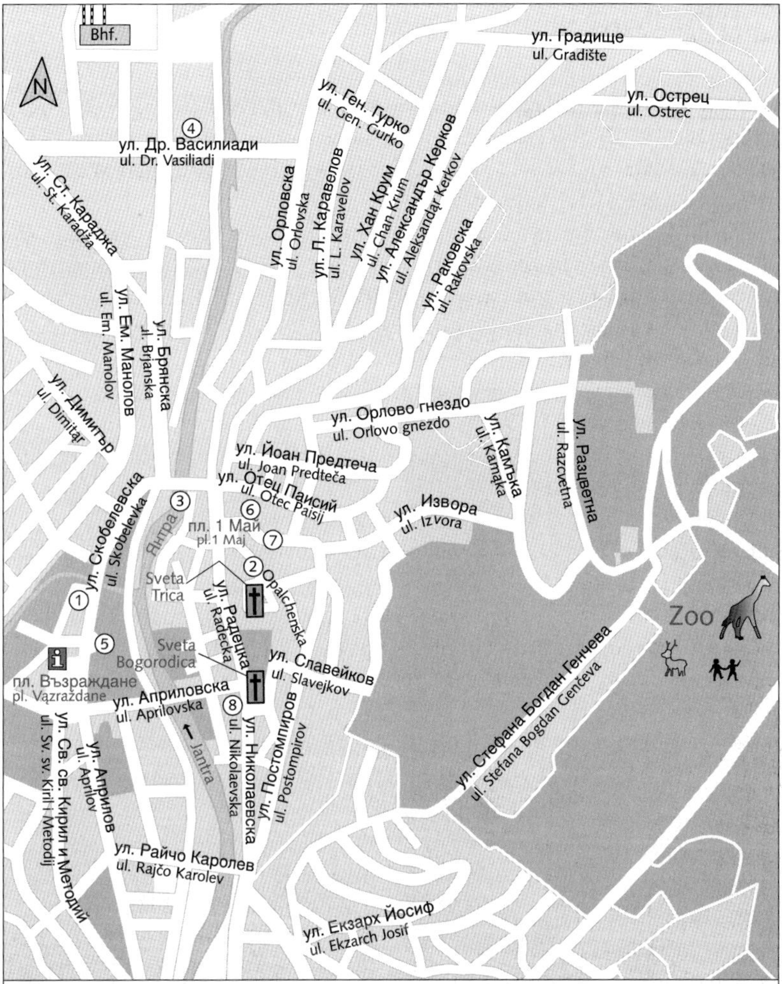

Gabrovo

Legende

1 Hotel Balkan
2 Restaurant Starija Morjak
3 Račo-Kovačo-Statue
4 Haus für Humor und Satire
5 Theater
6 Dečkova-Haus
7 Uhrturm
8 Bildungsmuseum

Ein Stadtrundgang

Daß sie am liebsten über sich selbst Witze reißen, wird dem Besucher spätestens im Haus für Humor und Satire klar. Es wurde 1972 im Gebäude einer alten Lederfabrik eröffnet und zeigt auf 8000 Quadratmetern Werke aus aller Welt. Hier ticken die Uhren anders, und man sieht viele kritische Beiträge zum Thema Umweltpolitik und Korruption.

Interessant ist auch die große Portion Selbstironie, mit der die Einheimischen ihre sprichwörtliche Sparsamkeit darstellen. Bekannte Beispiele dafür sind Eier mit Zapfhähnen, die Katze mit dem abgeschnittenen Schwanz und auch Tassen mit gezackten Rändern für unliebsame Gäste. Gabrovo liebt sein Image als Hauptstadt des Lachens und pflegt es mit einem Logo, das man ebenfalls nicht allzu ernst nehmen sollte: Es zeigt die stolze Katze, der jemand den Schwanz abzuschneiden droht – damit die Tür schneller zugeht und so Zeit und Heizkosten gespart werden. Das Haus forscht auch weltweit nach gleichgesinnten Künstlern und Institutionen, die sich für die Erhaltung des Humors einsetzen.

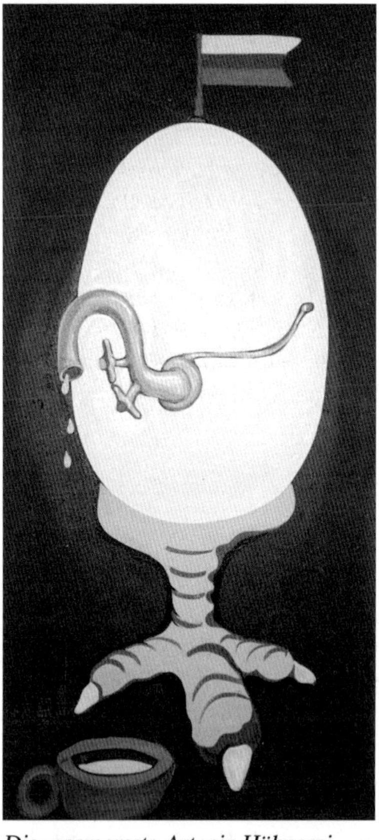

Die ›sparsamste Art, ein Hühnerei zu verwenden‹

Beim Internationalen Festival des Humors werden die besten Karikaturen, Skulpturen, Zeichnungen und Fotografien prämiert. Es versetzt die Stadt in allen Jahren mit ungerader Jahreszahl zehn Tage lang in Aufruhr. Zum krönenden Abschluß ziehen die Leute dann verkleidet bei einem Karnevalsumzug durch die Straßen. Dieser Umzug, der traditionell auf den Maskenball der Handwerkszünfte zurückgeht, wiederholt sich jedes Jahr.

Ein Bummel durch das Stadtzentrum dauert kaum länger als eine Stunde. Am besten startet man auf dem großen Platz pl. Văzraždane beim Touristenbüro. Hier befindet sich der Besucher quasi im alten Bildungsviertel der Stadt. Das auffallende neoklassizistische Gebäude am Platz ›Aprilov-Panauzov‹ – der nach seinen berühmten Stiftern benannt ist – wurde 1922 als Kulturzentrum errichtet und beherbergt eine große Regionalbibliothek. Der reiche Geschäftsmann und Sponsor Vasil Aprilov erhielt auch ein Denkmal vor der Aprilov-Schule, einem gelben Renaissancegebäude, in dem heute ein Bildungsmuseum eingerichtet ist. Es beleuchtet das bulgarische Bildungswesen von den Anfängen bis zur Gegenwart. Das Museum steht schräg gegenüber in der ul. Aprilov, die auf die andere Seite der Jantra führt und damit hinaus aus dem Bildungsviertel in die urbane Vielfalt des rechten Flußufers.

Der kleine Park bei der Kirche Sveta Bogorodica ist ein beliebter Treffpunkt für alle Einwohner, die gerade von der Arbeit kommen oder beim Einkaufen waren. Die Kirche selbst ist auffallend hübsch und weist im Innern eine sehenswerte Ikonostase auf. In der angrenzenden ul. Radecka reihen sich Straßencafés aneinander, dazwischen findet man Fachgeschäfte, Boutiquen und Banken.

Dieses Viertel, das Altstadtviertel, vermittelt noch etwas von der Atmosphäre des 19. Jahrhunderts. Zwei Sehenswürdigkeiten ragen darin heraus, zum einen der alte Uhrturm von 1835 am Ende der Straße, zum anderen das Dečkova-Haus. Dieses renovierte Wiedergeburtshaus wurde kürzlich dem Historischen Museum angegliedert. Alle Räume sind stilecht mit Möbeln aus der Zeit des Barock, Rokoko und Klassizismus eingerichtet. Inmitten dieses sorgfältig ausgewählten Inventars fühlt sich der Gast leicht um hundert Jahre zurückversetzt.

Von hier aus ist der Flußfelsen nicht mehr weit, auf dem die Bronzestatue des legendären Schmieds Račo Kovačo zu sehen ist. Er gilt als Begründer der Stadt. Gleich dahinter führt die Igoto-Brücke von 1749 wieder zurück auf die linke Uferseite und damit zum Ausgangspunkt des Rundgangs.

Die Umgebung von Gabrovo

Ein beliebtes Ausflugsziel bei Einheimischen ist der Gradište-Park, drei Kilometer östlich der Stadt auf einem Plateau gelegen. An Wochenenden wird hier gegrillt, Kinder bevölkern die Spielplätze, Erwachsene gehen im Kiefernwald spazieren und genießen das Panorama. Oberhalb des Plateaus stehen noch die Ruinen der Festung aus dem 6. Jahrhundert, die zur Verteidigung des Šipka-Passes diente. Der Weg vom Stadtzentrum zum Gradište-Park führt am Planetarium und dem Zoo vorbei.

Etwas weiter entfernt – 15 Kilometer westlich der Stadt – ist das Erholungsgebiet Ljuljaci. Es ist nach dem üppigen Fliederbewuchs benannt, der zur Behandlung von Atemwegserkrankungen empfohlen wird. Hier beginnt auch eine 30 Kilometer lange Wanderroute zum Šipka-Pass.

Auf dem Šipka-Pass

Noch etwas weiter entfernt – 23 Kilometer südwestlich von Gabrovo – und noch höher gelegen ist das Urlaubsgebiet Uzana. Im Sommer kann man hier wandern und reiten, im Winter auf kilometerlangen Pisten Skifahren – das alles auf über 1200 Metern Höhe. Allein die Fahrt dorthin lohnt sich, da sie durch mehrere Birkenwälder und kleine Dörfer führt.

Vorwahl: 066, PLZ: 5300. Touristeninformation, pl. Văzraždane 2, Tel. 284 83, did@skybg.net, did@globcom.net, Mo–Fr 9–17 Uhr. Informative Broschüren zu Stadt und Region, hilfreiche Auskünfte, Fahrradvermietung.
Informationen über die Region sind auch erhältlich in den Agenturen Stara Planina Touristenvereinigung, ul. Rajčo Karolev 4, Tel. 291 61, Fax 284 83, silvia@veda.bg; und Hemus Tourist, ul. Opălčenska 2, Tel. 248 31.
Alle drei Agenturen vermitteln auf Wunsch Privatunterkünfte und organisieren Touren für Extremsportler, Wanderer, Kräutersammler usw.

Postamt, bul. Aprilov 52, Mo–Fr 8–13 u. 14–18 Uhr, Sa 8–13 Uhr.

Bulbank, ul. Radecka 13, Tel. 21 43 83, Fax 287 82. Biochim Bank, pl. Părvi Maj 1878, Tel. 293 37, Fax 247 90.

Matrix Internet-Club im Gebäudekomplex des Hotel Balkan (s.u.).

Der Bahnhof liegt 500 m nördlich vom Stadtzentrum auf einer Nebenstrecke der Linie Veliko Tărnovo–Kazanlăk, pl. Garov, Tel. 271 27, 253 01.
Von der Busstation beim Bahnhof fahren Busse nach Veliko Tărnovo, Drjanovo, Trjavna, über den Šipka-Pass nach Kazanlăk und in viele weitere Orte, bul. Stefan Karadža, Tel. 232 77, 255 77.

Es gibt nur wenige Hotels in Gabrovo, dafür aber um so mehr in kleineren Orten der Umgebung, in denen auch viele Privatunterkünfte zu finden sind. Bei der Vermittlung sind die oben genannten Agenturen gerne behilflich.
Hotel Balkan, ul. Emanuil Manolov 14, Tel. 269 26, 234 74, 219 11, 269 96, Fax 246 19. Größtes Hotel im Ort, zentral, 130 Zimmer mit hellen Buchenholzmöbeln, Bad und TV, Restaurant mit Gartenterrasse, zwei Cafés, Bar, Nachtclub, Friseur, Fitnessraum und Geschäftszentrum.
Villa Pension Vezna, bul. Aprilov 8 (Stadtzentrum), Tel. 235 10, 285 19, Fax 248 10. Moderne, wenige, aber komfortable Zimmer, Restaurant, Sauna und Fitnessraum.
Hotel Gabrovo, 4 km südlich in Richtung Etăr, bul. Chemus 4, Tel. 460 05, Fax 460 25. Helle geräumige Zimmer mit Telefon, TV und Minibar, bewachter Park-

platz, Cafébar, Internet-Nutzung. Uzana: Die Hotelanlagen Edelvais, Tel. 465 75, Tel./Fax 553 05, edelvaiss@mail.bg Hotelanlage Prima-S, Tel. 311 86, Tel./Fax 295 29, bieten mehrere komfortable Zimmer mit Bad.

In der Altstadt gibt es viele Cafébars, die kleinere Snacks servieren. Am schönsten sitzt man auf der Terrasse des Cafés Račo Kovačo gegenüber der Statue von Račo Kovačo bei der Igoto-Brücke.
Restaurant Strannopriemnica, ul. Opălčenska 15, Tel. 266 26, 206 03, 271 01. In einem Wiedergeburtshaus mit Jagd- und Kaminzimmer, großer Hof mit Veranda, herzhafte Gerichte der bulgarischen Küche, Auftritte von Folkloregruppen.
Gartenrestaurant Starija Morjak, ul. Kozloduj 8 (nahe Historischem Museum), Tel. 267 35. Empfehlung: Komplettes Menü, z.B. mit Köpolo (gedünstetes Gemüse), Gjuveč (kleiner Eintopf) oder Nachtisch Mekica (Schmalzgebäck).
Restaurant Boila, ul. Penčo Postompirov 11, Tel. 216 31. Große Auswahl köstlicher Grillgerichte, Suppen und Salatteller, große Gartenterrasse, elegante Bar.
Pizzeria La Skala, ul. Radjon Umnikov 3, Tel. 250 51.

Haus für Humor und Satire, ul. Brjanska 68, Tel. 272 29, 293 00, Fax 269 89, humorhouse@mail.bg, www.humorhouse.org, täglich 9–18 Uhr.
Bildungsmuseum, ul. Aprilovska 13, Tel. 270 11, 240 71, Mo–Sa 9–13 u. 14–18 Uhr.
Dečkova-Haus, pl. 10 Juli 2, Tel. 269 05, Di bis Sa 9 bis 17 Uhr.
Historisches Museum, Geschichte der Stadt in Fotos, Briefen und Zeitungsausschnitten, ul. Opălčenska 19 (Pflastersteinstraße), Tel. 252 18, Mo bis Fr 10 bis 13 Uhr und 14 bis 17 Uhr.
Kunstgalerie Christo Cokev, Gemälde, Grafiken und Skulpturen europäischer Künstler, ul. Sv. sv. Kiril i Metodij 10, Tel. 233 81, Mo bis Fr 10 bis 13 Uhr und 14 bis 18 Uhr, Sa 10 bis 13 Uhr.

Dramatisches Theater Račo Stojanov, bul. Skobelevska, schräg gegenüber vom pl. Văzraždane, Tel. 267 21, 267 22. Klassische Konzerte, Jazzkonzerte und Varietés.
Kino Majčina Griža, bul. Aprilov 40, Tel. 270 70,
Kino Aleko Konstantivo, ul. Săzakljatie 2, Tel. 252 13.

Mai: Internationales Festival des Humors, alle Jahre mit ungerader Jahreszahl, gipfelt nach zehn Tagen im (jährlichen) Karnevalsumzug, jeweils am 3. Samstag im Mai.

Die Kunst der Freiheit

Über tausend gelbe Regenschirme ziehen sich durch eine kalifornische Hügelkette, mehrere bewaldete Inseln vor der Küste Floridas sind umgeben von rosaroten Stoffbahnen, ein 13 000 Quadratmeter großer, leuchtend orangefarbener Vorhang spannt sich über ein Tal in Colorado, ein 2,4 Kilometer langer Abschnitt der Felsenküste von Little Bay in Australien verschwindet unter weißem Stoff.

»Jedes unserer Werke ist ein Freiheitsschrei«, sagt Jeanne-Claude, Partnerin des Objekt- und Landschaftskünstlers Christo. Was wie eine Interpretationshilfe für beeindruckende aber unverstandene Kunst klingt, öffnet das Tor zur Welt des Künstlerpaares: Freiheit ist Voraussetzung und Ziel ihrer Projekte. Um ihre Unabhängigkeit zu wahren, finanzieren Christo und Jeanne-Claude alle Projekte aus eigener Tasche. Sie lassen sich weder von Sponsoren finanzieren noch verkaufen sie ihre Werke als Werbeträger. Meist sind die Projekte der beiden Künstler auf kurze Zeit befristet, aber stets werden sie im Freien realisiert, wo sie für jeden zugänglich sind. Vielen Deutschen ist noch die spektakuläre Verhüllung des Berliner Reichstags in Erinnerung, die das Künstlerpaar 1995 inszenierte. Christo, 1935 in Gabrovo geboren, verbrachte seine Jugend im kommunistischen Bulgarien. Er studierte an der Kunstakademie in Sofija und floh 1956 über die tschechische Grenze nach Wien. Zwei Jahre später zog er weiter nach Paris, wo er Jeanne-Claude traf. Eines seiner ersten Projekte im öffentlichen Raum hieß ›Eiserner Vorhang‹ (›Le Rideau de Fer‹, 1962). Mit einer Mauer aus aufeinander gestapelten Ölfässern sperrte Christo die Pariser Rue Visconti und gab den Passanten für eine kurze Zeit das Gefühl, von der anderen Seite abgeschnitten zu sein.

Zwar bedeutet Freiheit für Christo und Jeanne-Claude auch, daß sie ihre Kunst in erster Linie machen, weil es ihnen gefällt, dennoch lassen sich die spektakulären Projekte nur realisieren, weil sie bei vielen Menschen Interesse wecken und ideelle Unterstützung finden. Ein Großteil von Christos und Jeanne-Claudes Arbeit liegt darin, Leute, Behörden und Unternehmen für ihre Ideen zu begeistern. »Wir sagen ihnen, wir glauben, daß es schön sein wird, weil das unsere Spezialität ist«, sagte Christo einmal in einem Interview. So schön wie die Freiheit.

Etăr, Kloster Sokolski und Umgebung

Das Freilichtmuseum Etăr ist ein Museum zum Anfassen. Hier kann man Gegenstände, die den Alltag der Wiedergeburtszeit bestimmten, nicht nur ausprobieren, sondern auch ihre Fertigungsweise miterleben. In originalgetreu rekonstruierten Werkstätten arbeiten mehr als 20 Handwerker das ganze Jahr über auf traditionelle Art an Satteldecken, Pelzmützen, Schmuck, Sackpfeifen, Holzkannen, Kupferbechern, bunten Kissen und vielem mehr. Anschließend werden die Produkte zum Kauf angeboten.

Der Sammler Lazar Dankov aus Gabrovo hatte 1964 die Idee für das Freilichtmuseum, um die alten Technologien und überlieferten Methoden der Handwerker zu bewahren und der Nachwelt zu demonstrieren. Mit den noch vorhandenen alten Werkstätten am Gebirgsbach Sivek acht Kilometer südlich von Gabrovo fand sich das geeignete Areal. Alte Handwerkerhäuser aus Dörfern der Umgebung wurden hier nachgebaut und im ursprünglichen Stil eingerichtet. So präsentieren heute die Häuser entlang des Gebirgsbaches die verschiedensten Handwerkskünste der Wiedergeburtszeit.

Dabei spielt die auch Wasserkraft eine entscheidende Rolle, die mit den zahlreichen Gebirgsflüssen und -bächen in der Region reichlich vorhanden ist. Sie treibt die Mühlen an, setzt die Räder der Mahl-, Säge- und Walzwerke in Gang wie auch die Drehbänke der Drechsler und die Schleifsteine der Messerschmiede. Die Arbeitsstätten dieser Handwerker kann man am linken Ufer des Sivek besichtigen, anschließend in der urigen Weinstube des Bohlenhauses nebenan einkehren.

Eine der funktionstüchtigen Mühlen im Museumsdorf

Blick auf das Kloster Sokolski

Hinter der alten Steinbrücke am rechten Sivek-Ufer verläuft die Straße, an der sich die Werkstätten der Glockenbauer und Kupferschmiede befinden und wo man den Webern und Schustern bei der Arbeit über die Schulter blicken kann. Beim Instrumentenbauer lassen sich Hirtenflöten ausprobieren, beim Kürschner Pelzmützen anprobieren. Nebenan lockt eine Auswahl origineller Mitbringsel – beispielsweise Brotstempel in der Holzschnitzerei oder Heilsalben im Kräuterladen –, während sich gegenüber die Gelegenheit bietet, den Ikonenmalern in ihrer Werkstatt zuzuschauen. Auf der Straße vermischt sich der Geruch gehobelter Späne mit dem Duft frischer Backwaren aus der Konditorei. Dort ist die Veranda im ersten Stock ein schöner Platz, um den Besuch bei köstlichem Strudel oder Blätterteiggebäck ausklingen zu lassen.

Von Etăr führt ein steiler Wanderweg nach 5 Kilometern zum Sokolski-Kloster. Hier, auf einem senkrechten Felsen am Oberlauf der Jantra, drei Kilometer südlich von Etar, gründete der Abt Josif Sokolski 1833 ein Konvent. Ein Jahr später wurde die Kirche errichtet und mit Ikonen aus Trjavna und Šipka ausgestattet. Das Brunnenhäuschen im großen Klosterhof stammt von Baumeister Koljo Fitčeto. Seine acht Wasserstrahlen erinnern an die bulgarischen Freiheitskämpfer, die hier von den Türken aufgespürt und den Felsen hinab gestürzt wurden.

Vom Kloster führt ein steiler Gebirgspfad hinauf zum zehn Kilometer entfernten Šipka-Pass. Oben kreuzt er eine Gebirgswanderroute, dessen Panorama bis ins Tal der Rosen bei Kazanlăk reicht.

Auf der Gebirgswanderroute erreicht man zehn Kilometer westlich den geographischen Mittelpunkt Bulgariens, die große Uzana-Ebene. Sie ist ein beliebtes Erholungsgebiet mit Möglichkeiten zum Reiten im Sommer und Skifahren im Winter. Und zehn Kilometer östlich führt die Gebirgswanderroute zum 1443 Meter hohen Gipfel Buzludža mit dem gleichnamigen Gasthaus.

Vorwahl: 066.
Touristeninformation:
s. Gabrovo

Hotel Strannopriemnica,
Tel. 424 19, 420 26,
80 18 31, 80 18 32, Fax 420 23,

80 18 34, etar@mbox.stemo.bg. Am nördlichen Eingang des Freilichtmuseums, 40 Zimmer, Möbel aus dem 19. Jahrhundert, Bad, TV, knarrende Dielen und Balkon mit Blick auf grüne Wiesen. Zum Hotel gehören ein Restaurant und eine Cafebar.

Hotel Perla, bul. Derojinski 116, Tel. 427 84. Am östlichen Eingang des Freilichtmuseums, modern, geräumige Zimmer mit Bad, Balkon und TV, Frühstück inbegriffen, Konferenzräume.

Restaurant Strannopriemnica, im Komplex des Freilichtmuseums, mit Terrasse, Weinstube, Taverne und Cafe. Traditionelle bulgarische Köstlichkeiten.

Drjanovo und Kloster Drjanovo

Die Kleinstadt zwischen Veliko Tărnovo und Gabrovo am Fluß Drjanovska ist bekannt für das außerhalb gelegene Drjanovo-Kloster und als Geburtsort des berühmten Baumeisters Koljo Fičeto. Auch heute noch erinnern Architekturdenkmäler in dem Ort an die Zeit der bulgarischen Wiedergeburt. Sehenswert ist beispielsweise das Historische Museum am Platz Koljo-Fičeto im östlichen Teil des Ortes unweit des Bahnhofs. Dort ist dem Baumeister eine Bronzeskulptur gewidmet.

Daneben dokumentiert das Historische Museum Fičetos Ausbildung zum Zimmermann und Steinmetz und seine weitere Entwicklung zum Bauherrn, unter anderem mit interessanten Modellen von Häusern, Brücken und Kirchen, die unter seiner Regie entstanden.

Auffallend am Platz Koljo-Fičeto ist auch das große Lafčiev-Haus, das 1840 ganz aus Holz, aber ohne einen einzigen Nagel gezimmert wurde. Hier erzählt eine Ausstellung vom Leben der Bürger Drjanovos im 19. Jahrhundert am Beispiel eines wohlhabenden Textilfabrikanten. Ausgestellt sind unter anderem eine stattliche Sammlung von Webstühlen, Teppichen und Kleidungsstücken aus den frühen Tagen der Textilindustrie.

Auf einer Anhöhe in der Ortsmitte stellt die Kirche des Heiligen Nikolas ein Musterexemplar für Koljo Fičetos Baukunst dar und erinnert mit ihren dicken Steinmauern und kleinen Fenstern an eine Bastion. Ähnlich wirkt die Kirche Sveta Troica ganz in der Nähe. Ihre mit floralen Ornamenten reich verzierte Ikonostase wird jeden begeistern, der die Kunst der Holzschnitzer zu schätzen weiß. Wer mehr an zeitgenössischer bulgarischer Kunst interessiert ist, sollte den Besuch der Kunstgalerie nicht versäumen. Sie zeigt eine bemerkenswerte Auswahl an Gemälden und Skulpturen und ist gleich um die Ecke beim Uhrturm in der ul. Šipka.

Das Kloster Drjanovo findet sich in einer Felsenschlucht

Außerhalb des Ortes Drjanovo, etwa vier Kilometer südwestlich in einer Felsenschlucht, liegt das gleichnamige Kloster. Im 12. Jahrhundert gegründet, wurde es in den darauffolgenden Jahrhunderten mehrmals von den Türken zerstört, aber von den Einwohnern immer wieder aufgebaut. Die Kirchen auf dem Areal stammen daher sämtlich aus der Zeit nach 1845.

Unter der Führung von Bačo Kiro und dem Popen Chariton verschanzten sich hier während des Aprilaufstandes 1876 die knapp 200 Rebellen Drjanovos und leisteten erbitterten Widerstand gegen die Türken, die sie zu tausenden attackierten. Der Kampf dauerte zehn Tage, Verhandlungen blieben ohne Ergebnis, Bačo Kiro wurde gehängt.

An diese Ereignisse erinnert das Klostermuseum. Fotos von Bačo Kiro und seinen Kampfgenossen sind hier ausgestellt, sein Grab befindet sich im nahe gelegenen Klostermausoleum. Daneben präsentiert das Museum auch Funde, etwa Steingefäße und Pfeilspitzen, aus der Bačo-Kiro-Höhle. Sie hat ein Gewölbe mit beeindruckenden Stalaktiten und ist vom Kloster in einem halbstündigen Spaziergang zu erreichen.

Vorwahl: 06 76.
Touristeninformation, ul. Bačo Kiro 19, Tel. 21 06, 29 62, Mo–Fr 9–12 u. 14–17 Uhr.
Bačo Kiro Touristenbüro, ul. Stefan Stambolov 9, Tel. 23 32, 24 36.
Beide Einrichtungen vermitteln Privatunterkünfte.

Am rechten Flußufer des Drjanovska liegt der Bahnhof, an dem Züge der Linie Ruse–Gorna Orjachovica–Stara Zagora halten, ul. Železničarska 8, Tel. 32 09.
An der Busstation am linken Flußufer halten Busse der Linien nach Veliko Tărnovo, Trjavna und Gabrovo, ul. Pop Chariton 1, Tel. 2045.

► Drjanovo: Hotel Drjanovo, heller Backsteinbau am Flußufer, Tel. 40 49, Fax 23 90. Komfortable Zimmer, Restaurant, Bar, Konferenzsaal, Fitnessraum und Sauna sowie ein Swimming-Pool im Freien.
Hotel Milkana, ul. Bačo Kiro 2 (am Flußufer in Bahnhofsnähe), Tel. 22 63, 22 61. Einfache Zimmer.
► Kloster Drjanovo: Direkt neben dem Klosterkomplex vermietet das Hotel Bodopaldi preiswerte Doppelzimmer und Appartements mit Bad, die alle einen Balkon mit Blick auf das Kloster haben, Tel. 23 14, 20 97.
Gegenüber der Klosterpforte bietet das Hotel Momini Skali Zimmer und Appartements mit Bad, Kühlschrank und TV. Die kleinen Balkone geben den Blick auf den Fluß Drjanovska frei, Tel. 24 71, 44 71.

► Drjanovo: Verschiedene Tavernen und Cafébars servieren Getränke und kleine Gerichte wie Kebabče, Tarator-Suppe oder Banica-Gebäck.
► Kloster Drjanovo: Mechana Meča Dupka, einziges Restaurant in Klosternähe, mit üppigen Grillgerichten auf der Flußterrasse.

Historisches Museum, pl. Koljo Fičeto, Tel. 20 79, Mo–Fr 9–12 u. 14–17 Uhr
Klostermuseum, Tel. 23 89, 40 58, Mo–Fr 9–17, Sa/So 9.30–16 Uhr.
Bačo-Kiro-Höhle, 500 m vom Kloster entfernt, April bis Oktober täglich 8–16 Uhr, November bis März Fr–So 10–16 Uhr.

Beim Drjanovo-Kloster beginnt und endet der Dryanovo Eco Trail, eine von vielen etablierten Ökowanderrouten im Land, die sehr gut markiert und mit Rastplätzen ausgestattet sind. Die Rundwanderung nimmt 4 Std. in Anspruch und führt durch Buchen- und Fichtenwälder mit gelegentlichem Blick auf das Flußtal der Drjanovska.

Trjavna

Wer sich ein Bild von dem Stolz und dem Ideenreichtum der Bulgaren während der Wiedergeburtszeit machen will, sollte Trjavna besuchen. Zwar bleibt dem Reisenden auf dem Weg dorthin der Anblick von Fabrikruinen nicht erspart, dafür entschädigt die Aussicht auf Wanderungen in den höher gelegenen Regionen.

Trjavna liegt am Fluß Drjanovska und ist jeweils 15 Kilometer von Gabrovo und Drjanovo entfernt. Zunächst unterscheidet sich das Straßenbild in der Nähe des Bahnhofs nicht von dem anderer Kleinstädte, es lohnt sich jedoch, den Weg in die Ortsmitte fortzusetzen. Ihr Mittelpunkt ist der große Platz Kapitan Djado Nikola. Er ist einzigartig in Bulgarien, denn er ist ausschließlich von Gebäuden aus dem 19. Jahrhundert umgeben. Und auch in der ul. P.R. Slavejkov hinter der alten und ebenso sehenswerten Steinbrücke reihen sich kleine Läden und Cafés in Wiedergeburtshäusern aneinander. Der ganze Stadtteil steht seit 1979 unter Denkmalschutz. Er ist aber kein Freilichtmuseum wie Etăr und auch kein erklärtes touristisches Ziel wie Arbanasi, sondern vor allem ein Ort für Bulgaren, die hier wie eh und je ihren Geschäften nachgehen. Am pl. Kapitan Djado Nikola sitzen die Männer beim Kartenspiel unter den alten Bäumen zwischen der Schule und dem Uhrturm, dem Wahrzeichen der Stadt.

Große Teile der Altstadt sind Zeugnisse der Wiedergeburtsarchitektur und stehen unter Schutz

Nebenan treffen sich ihre Frauen, um ein Schwätzchen zu halten. Sie sind die Ur-Urenkel der Frauen, die einer Legende zufolge 1815 auf ihren traditionellen Kopfputz verzichtet hatten, damit die Türken den Bau des Uhrturms bewilligten. Der stand nicht mehr, nachdem der Ort von türkischen Banden 1798 völlig zerstört worden war. Der Wiederaufbau beschäftigte die Zimmerleute und andere Handwerker von Trjavna über mehrere Jahre. Die Wagenbauer, Kupferschmiede, Textilfabrikanten, Sattler und Weber waren durch ihre Geschäfte innerhalb des

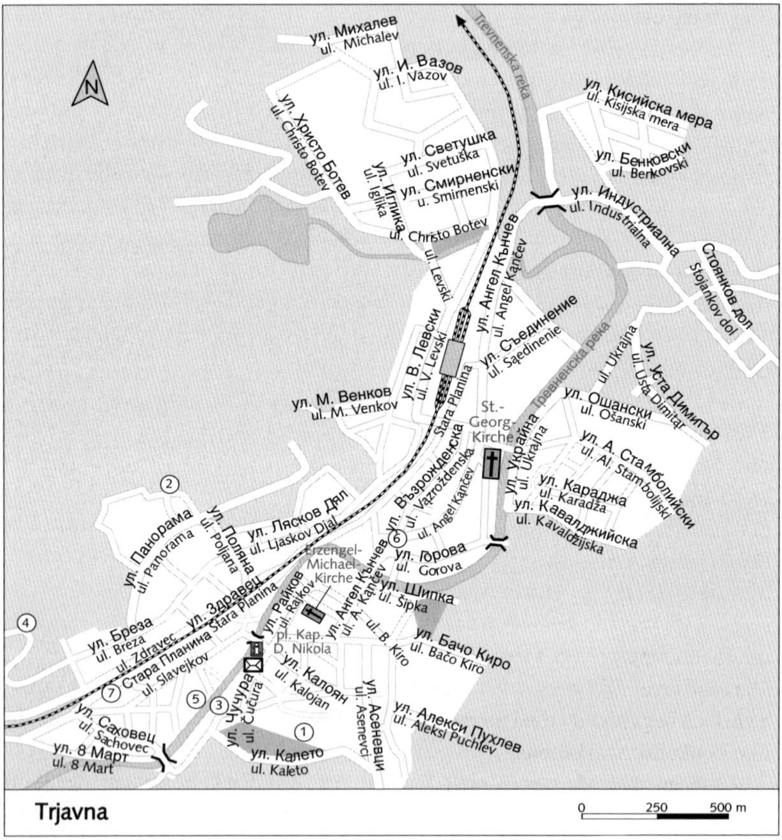

Legende

1 Hotel-Komplex Ralica
2 Hotel Kalina
3 Restaurant Majstora
4 Ikonenmalschule
5 Daskalov-Haus
6 Angel-Kunčev-Haus
7 Slavejkov-Haus

Osmanischen Reichs schon zu Wohlstand gelangt. Anfang des 19. Jahrhunderts entwickelten viele Handwerker ihre Talente weiter und erlangten besonders für ihre Bau- und Holzschnitzerkunst Ruhm, der über die Grenzen hinaus reichte. Unter den Händen der Künstler verwandelte sich das Holz der Eichen, Linden, Birken und Platanen aus den nahen Wäldern in Singvögel, Tauben, Wölfe, Pflanzen oder exotische Tiere wie Kamele. Die Dekorationen zieren bis heute die Einrichtung vieler Kirchen und Klöster, die im 19. Jahrhundert neu in der Umgebung entstanden.

Portrait des Revolutionärs Georgi S. Rakovski

Schöne Beispiele dafür finden sich in Trjavnas Kirchen, aber auch in den alten Wohnhäusern, die heute als Museen eingerichtet sind. Dazu gehört das Daskalov-Haus von 1804 in der ul. P.R. Slavejkov, das einzige Museum für Holzschnitzerei in Bulgarien. Das von einem großen Park umgebene Haus gehörte seinerzeit Meister Dimităr Ošaneca, der mit seinem Gehilfen einen Wettbewerb veranstaltete. Innerhalb von sechs Monaten hatte jeder eine Sonne an seine Zimmerdecke zu schnitzen. Der Gehilfe Ivan Bačonkoveca stand seinem Meister nicht nach und gewann dafür dessen Tochter zur Frau. Das Museum zeigt auch Werke anderer Künstler aus Trjavna, zum Beispiel die Holzreliefs bulgarischer Zaren und Widerstandskämpfer von Meister Genčo Marangozava. Die besten Künstler Trjavnas, so wie Meister Ošaneca, waren mehrfach begabt und erhielten nicht nur für die Holzschnitzerei, sondern auch für ihre Baukunst Anerkennung.

Zu ihnen zählt Meister Dimităr Sergjuv, der 1844 den Uhrturm und die Steinbrücke Kivgirenijat erneuerte. Unter seiner Regie entstand in der ul. P.R. Slavejkov auch das Kalinčev-Haus, in dem man heute etwa 500 Gemälde bulgarischer Künstler aus den vergangenen hundert Jahren auf sich wirken lassen kann, um hinterher im idyllischen Gartencafé einen Wein zu trinken.

Dimităr Sergjuv baute auch ein schönes geräumiges Haus für den bulgarischen Wissenschaftler Penčo Rajkov (1846). Auffällig an dem Gebäude im typischen Wiedergeburtsstil ist das zur Straße hin offene erste Stockwerk. Die rustikale

Inneneinrichtung dieses Hauses spiegelt unter anderem mit bunten Sitzkissen auf den Fensterbänken den Wohnstil der Wiedergeburtszeit wieder.

Ein ähnliches Interieur erlebt man im Slavejkov-Haus. Hier wohnte der wohl berühmteste Lehrer Bulgariens mit seiner Familie. Nachdem er sich 1835 für ein Leben in Trjavna entschloß, begann im darauffolgenden Jahr am pl. Kapitan Djado Nikola der Bau einer Schule mit Bibliothek und Gemeindesaal, in der heute eine moderne Kunstgalerie die Sammlung der Brüder Kazakov präsentiert.

Nicht zuletzt zeigt eine Ausstellung im gemütlich eingerichteten Angel-Kănčev-Haus Dokumente und Fotos, die von den Aktivitäten der Bewohner Trjavnas zur Zeit des Widerstands gegen die türkische Fremdherrschaft zeugen. Das Haus stammt von 1805 und ist ein rustikales, mit großer Holzveranda ausgestattetes Gebäude.

Im Ortszentrum stellen mehrere Galerien die Arbeiten zeitgenössischer bulgarischer Künstler aus. Zum Teil reflektieren ihre Werke die Geschichte, der Einfluß der modernen Kunstszene macht sich jedoch auch bemerkbar und äußert sich bei der Wahl der Materialien, die heute oft aus Plastilin, Gips oder Plastik bestehen.

Besondere Beachtung findet auch die Ikonenmalerei in Trjavna. Die darauf spezialisierten Familien des Ortes erlangten häufig auch als Holzschnitzkünstler Ruhm und Ehre. Die Vitanovs, Zacharievs, Vinčevs und Venkojs verliehen ihren Figuren Authentizität, indem sie diese wahlweise ernsthaft, nachdenklich oder fröhlich darstellten. Davon kann man sich bei einem Spaziergang auf den westlichen Hügel im Museum für Ikonenmalerei selbst überzeugen.

Ein anderer möglicher Abstecher könnte zur 1852 geweihten Kirche St. Georg führen, die sich östlich des Bahnhofs befindet, etwas außerhalb des Stadtzentrums. Sie zeigt erneut in ihrem Innern, vor allem in der Gestaltung der Ikonostase, deutlich die Meisterschaft, die die hiesigen Künstler Mitte des 19. Jahrhunderts auszeichnete.

Vorwahl: 06 77, PLZ: 5350. Touristeninformation, ul. Angel Kănčev 22, Tel. 22 47, tourinfo-tryavna@globcom.net. Ausflüge in die Umgebung organisieren: KIA Tours, ul. Angel Kănčev 12, Tel./Fax 23 03, kia_tours@mail.bg; Trjavna Holidays, ul. Angel Kănčev 73, Tel. 22 90, Tel./Fax 23 65.

Bulgarische Postbank, ul. Angel Kănčev 22, Tel. 20 84.

Internet Club Monolith, ul. Chan Asparuch 1, www.tryavna.bg.

Bahnhof, Tel. 25 10, und Busstation, Tel. 43 78, liegen 1 km nördlich von der Ortsmitte in der ul. Stara Planina 2. Von hier aus erreicht man Veliko Tărnovo in einer

Stunde auf einer gemütlichen Fahrt mit dem Bummelzug, der auch in Drjanovo hält. Nach Gabrovo und in kleinere Orte der Umgebung verkehren mehrmals täglich Busse.

Hotel-Komplex Ralica, auf einem Hügel östlich der Altstadt, ul. Kaleto 16, Tel. 22 62, 22 19, 22 79, Tel./Fax 22 82, ralica@globcom.net. Zimmer mit Bad, Fitnessraum, Sauna und Whirlpool, Restaurant mit Blick auf die Altstadt, Folklorekonzerte.
Hotel-Komplex Panorama, direkt am Waldrand auf dem gegenüberliegenden Hügel, ul. Panorama, Tel. 23 94, 22 62, 22 19, Tel./Fax 22 82. Einfache bis luxuriöse Zimmer, Sauna und Fitnessraum, kleines Schwimmbad.
Hotel Kalina, ul. Panorama (am Waldrand), Tel. 23 94. 2- und 3-Bett-Zimmer, nahe Ikonenmalschule.
Hotel-Komplex Trjavna, ul. Angel Kănčev 46 (zwischen Bahnhof und Altstadt), Tel. 34 48, Tel./Fax 25 98, hotel_tryavna@infotour.org. Komfortable DZ, großer Konferenzsaal, Restaurant, Bar und Café.
Gästehaus Zograf, ul. P. R. Slavejkov 1 (Altstadt), Tel. 49 70, 49 80, zograf@mbox.digsys.bg. Wiedergeburtsstil, 16 DZ, großer Weinkeller, gemütlicher Wintergarten.
Pension Tiger-Haus, ul. D. Gorov 7a, Tel. 24 69. 6 bequeme Zimmer, Landhausstil, Kamin und Terrasse.
Gasthaus Trevnenski Kat, pl. Kapitan Djado Nikola, ul. Angel Kănčev 8, Tel. 20 33. Neu, mit viel hellem Holz, 4 Zimmer, Restaurant.

Restaurant Starata Loža, ul. P. R. Slavejkov 44, Tel. 45 01, Fax 20 48 . Im Sommer gut gefüllt, traditionelle bulgarische Gerichte, große Weinkarte.
Restaurant Balabanov, ul. P. R. Slavejkov 33, Tel. 21 24. Bulgarische Küche wie Grillteller, Tarator-Suppe und Banica.
Restaurant Savoya, wenige Meter östlich vom pl. Kapitan Djado Nikola, ul. Bačo Kiro 2, Tel. 46 80. Gute Fisch- oder vegetarische Gerichte.
Majstora, ul. Kaneto 7, Tel. 32 40. Exklusivste Küche im Ort.

Museum für Holzschnitzerei, ul. P. R. Slavejkov 27, Tel. 21 66, täglich 9–17 Uhr
Kalinčev-Haus, ul. P. R. Slavejkov 45, Tel. 36 94, Mo–Fr 9–12 u. 14–17 Uhr.
Rajkov-Haus, ul. Prof. Penčo Rajkov 1, Tel. 25 17, 22 78, Di–Sa 9–12 u. 14–17 Uhr.
Slavejkov-Haus, ul. P. R. Slavejkov 50, Tel. 21 66, Mi–So 9–12 u. 14–17 Uhr.
Angel-Kunčev-Haus, ul. Angel Kunčev 39, Tel. 23 98, 24 22, Di–Sa 9–12 u. 14–17 Uhr.
Školo (alte Schule von Trjavna), moderne Galerie mit Werken der Maler und Bildhauer Nikola und Dimităr Kazakov und buddhistische Skulpturen von Bildhauer Zlatko Paunov, pl. Kapitan Djado Nikola 7, Tel. 25 17, 24 26, täglich 9–12 u. 13–17 Uhr.

Kunstgalerie ART-M, Tel. 24 92, 4433, artm@artmgallery.com. Wechselnde Ausstellungen mit Werken moderner bulgarischer Künstler.

Museum für Ikonenmalerei, ul. Breza 1 (auf dem Hügel westlich der Altstadt), Tel. 37 53, 25 17, täglich 9–16.30 Uhr. Beachtliche Ikonensammlung, Werkzeuge der Ikonenmaler.

Die Umgebung von Trjavna bietet viele Möglichkeiten für Ausflüge auf markierten Wegen. Je nachdem, ob man zu Fuß oder mit dem Fahrrad unterwegs ist, nimmt man sich einen halben oder ganzen Tag Zeit, um die Gipfel zu erkunden oder durch die abwechslungsreiche Landschaft zu wandern. Schon nach einem einstündigen Spaziergang auf dem Rimski Păt, dem römischen Weg, erreicht man südlich von Trjavna den 700 Meter hohen Gipfel Kilimjavka. Ein schönes Ziel südöstlich von Trjavna ist der 850 Meter hohe Gipfel Belnovrăch, den man am besten vom Dorf Stančov Chan aus in 3 Stunden erklimmt. Stančov Chan liegt 12 Kilometer südlich, auf der Straße, die über Prestoj führt. Eine andere dreistündige Wanderung auf den Gipfel Belnovrăch beginnt in dem Ort Belica, 10 Kilometer östlich von Trjavna, zu erreichen über die Straße nach Manevci.

Boženci

Ein Abstecher nach Boženci kommt einer Reise ins 19. Jahrhundert gleich. In dem kleinen Ort zwischen Gabrovo und Trjavna hat sich in den letzten 150 Jahren kaum etwas verändert. Die Gaststuben der weißgetünchten Häuser aus der Wiedergeburtszeit bieten Ruhe und Frieden, und wenn man über das Kopfsteinpflaster zum Dorfplatz mit dem pittoresken Brunnen spaziert, kreuzt allenfalls mal eine Ziege den Weg – das Dorf ist den Fußgängern vorbehalten, Autos müssen auf dem außerhalb gelegenen Parkplatz abgestellt werden. Der Ort liegt in einem grünen sonnenüberfluteten Tal, das zu erholsamen Wanderungen oder Fahrradtouren einlädt, um nach der Rückkehr die bulgarische Küche in einer der Tavernen zu genießen.

Der Legende nach entstand Boženci im 14. Jahrhundert, als sich die Aristokratin Bojana auf der Flucht vor den Türken mit ihrer Familie hier niederließ. Nach ihr ist auch der kleine Fluß benannt, über den eine Steinbrücke zur Ortsmitte führt. Seit 1964 steht der Ort mit seinen etwa 100 Häusern unter Denkmalschutz. Typisch für ihre Bauweise sind Wirtschaftsräume und Geschäfte im Erdgeschoß, von dem eine Außentreppe auf eine Holzveranda im oberen Stockwerk führt. Dort

Typisch für die Bauweise in Boženci sind die Steinschindeldächer

tritt man ins Wohnzimmer, hinter dem die Küche und weitere Räume liegen. Charakteristisch sind auch die mit großen Steinschindeln bedeckten Dächer.

Wer die typische Inneneinrichtung des 19. Jahrhunderts kennenlernen will, besucht die Häuser von Dončo Popa oder von Baba Rajna, die als Museen eingerichtet wurden. In den Erkern liegen handgewebte bunte Teppiche, die einen schönen Kontrast zu den Ornamenten auf holzgetäfelten Wänden bilden, und in der Küche steht meist ein großer gemütlicher Herd in der Ecke. Die üppige Ausstattung läßt auch erkennen, daß Božencis Einwohner während der Osmanischen Herrschaft erfolgreiche Geschäftsleute wurden, und das ist vermutlich ein Grund für die Ausnahmegenehmigung beim Kirchenbau. Denn auf ihrer Kirche Sveti Ilija durften die Einwohner einen Glockenturm errichten. Die Glocke importierten sie aus der russischen Stadt Tula.

Heute zieht Boženci viele Künstler an, die ihre Bilder und Skulpturen am liebsten in der abgeschiedenen Dorfatmosphäre kreieren und sie während der Sommermonate auf dem Markt präsentieren. Dann freuen sie sich natürlich besonders auf interessierte Gäste.

Vorwahl: 06 71 93, PLZ: 5349. Touristeninformation: Tel. 066-284 83, did@skybg.net.

Boženci ist eine Station der regelmäßig zwischen Gabrovo, Drjanovo und Trjavna verkehrenden Buslinien.

Gästezimmer vermieten Marija Savekova, Ivan Karadimitrov, Cana Michova, Ivanca Bončeva und Fam. Parlapanov, Auskunft bei der Touristeninformation oder bei der Verwaltung in Gabrovo, Tel./Fax 066-344 62, 359 66, bozhentsy@mbox.digsys.bg.
Gästehaus Dvata Štrausa, Tel. 383. Fünf Zimmer inklusive Frühstück, hübscher Garten.
Gästehaus Boženci, Tel. 267. 4 bequeme DZ, Kaminecke im Erdgeschoß.
Gästehaus Fenerite, Tel. 470, 383, Tel./Fax 267, fenerite@gmk.bg. 20 Zimmer, gehört zur Hotelanlage Fenerite mit Sitz im 5 km nordwestlich gelegenen Dorf Kmetovci.
Weitere Gästezimmer auch in den Tavernen Strannopriemnica, Tel. 489, 218, und Boženci, Tel. 310, 410; beide mit rustikalen Gartenterrassen.

Von Boženci führt ein Wanderpfad direkt südlich nach 20 Kilometern auf den 1488 Meter hohen Bedek-Gipfel und stößt dort auf die ost-westlich verlaufende Gebirgswanderroute zwischen Šipka-Pass (35 km westlich) und dem Gipfel Čumerna (55 km östlich). Vom Bedek-Gipfel nach Osten erreicht man den Bahnhof in Krästec (15 km). Unterwegs bieten sich die vier Gasthäuser Ivajlo, Planinec, Bălgarska oder Asmeec zur Einkehr und Übernachtung an. Von Krästec kann man Trjavna in 40 Minuten mit der Bahn erreichen oder die Wanderung über die Gebirgsweg fortsetzen.

Diese Holzbrücke führt zum Kloster Kilifarevo

Die Klöster Kilifarevo, Plakovo und Kapinovo

Eingebettet in das grüne Tal des Belica-Flusses, 17 Kilometer südlich von Veliko Tărnovo, rund 40 Kilometer nordöstlich von Trjavna und ein paar Kilometer hinter dem Ort Kilifarevo (östlich der Bundesstraße) liegt das Kloster Kilifarevo. Eine Holzbrücke führt zum Eingang des Bauwerks, das im 14. Jahrhundert als Literaturschule von Kilifarevo bekannt wurde. Hier studierten hunderte von Schülern und übersetzten liturgische Schriften ins Slawische, darunter auch der künftige Patriarch Evtimi.

Ebenfalls in einem grünen Tal – sieben Kilometer östlich von Kilifaro – liegt das Kloster Plakovo. Es wurde fünfmal zerstört und wieder aufgebaut, zuletzt 1845. Auch hier trafen sich Patrioten, um die Revolution zu forcieren, hauptsächlich Händler und Handwerker aus Veliko Tărnovo. Sie wurden jedoch an die Türken verraten und bezahlten dafür mit ihrem Leben.

Nur zwei Kilometer davon befindet das Kăpinovo-Kloster, mit einem großen schattigen Klosterhof eines der schönsten in Bulgarien. Nach seiner ersten Zerstörung wurde es durch hohe Steinmauern gesichert und konnte so über lange Zeit verteidigt werden. Ende des 18. Jahrhunderts war der spätere Bischof von Vraca hier Klostervorsteher, der mit den Mönchen die slawisch-bulgarische Geschichte von Paisij Chilendarski studierte. Die spätere Verschwörung der Mönche gegen die türkische Obrigkeit hatte aber keinen Erfolg. Bekannt ist das Kloster auch für die Wandmalerei von Joan Popovič. Er hat seine Interpretation vom Tag des Jüngsten Gerichts überdimensional auf der Kirchenmauer verewigt.

In der Nähe der Klöster liegt der hübsche Jovkovci-See

Von hier aus ist es nicht weit bis zum Jovkovci-See, der nur acht Kilometer von Elena entfernt ist und Gelegenheiten zum Baden und Angeln bietet.

Informationen zu allen drei Klöstern über die Touristeninformation in Veliko Tărnovo, Tel. 62 21 48, 60 07 68.

Elena und Umgebung

Elena liegt 40 Kilometer südöstlich von Veliko Tărnovo und ist von dort aus mit dem Zug oder Bus zu erreichen. Eine gute Alternative ist die Autofahrt über die Landstraße, um nach Belieben die reizvolle Landschaft zu erkunden. Dabei bieten sich für einen Halt an beispielsweise das mittelalterliche Kloster der Heiligen 40 Märtyrer in Merdanja und der Ort Zlatarica an.

Von Veliko Tărnovo aus fährt man nach Süden stets am Fluß Zlatariška entlang und durchmißt dabei eine Landschaft, die von felsigen Ufern, Wiesen und Wäldern geprägt ist.

In Elena ist die Atmosphäre der bulgarischen Renaissance noch sehr lebendig. Zwar strebt das Dorf eine größere touristische Bedeutung an, doch fehlt bislang die Unterstützung des Beautiful-Bulgaria-Projekts, mit dem landesweit unter anderem kulturhistorisch wertvolle Gebäude restauriert werden. Elena liegt etwas abgeschieden von den wichtigsten Routen und hat keine besonderen Solitäre zu bieten, aber auch hier sind über hundert Häuser aus der Wiedergeburtszeit erhalten, die Besuchern teilweise offen stehen. Dazu gehören beispielsweise das Haus von Ilarion Makariopolski, der sich erfolgreich für die Autonomie der bulgarischen Kirche einsetzte, oder das Haus des Popen Nikolov, das ganz aus Holz gebaut ist. Andere Häuser beherbergen das Wiedergeburtsmuseum, ethnographische Ausstellungen oder die Kunstgalerie, die im Haus des Schriftstellers Petko Ju untergebracht wurde.

Die beiden alten Kirchen Sveti Nikola und Sveta Bogorodica sind reich mit Holzschnitzerein der Künstler aus Trjavna ausgestattet, und wie in vielen anderen Orten schlägt die Glocke des Uhrturms seit Beginn des 19. Jahrhundert zu jeder vollen Stunde.

Am Hafen in Sozopol
Beim Karneval der Kulturen in Šumen; Dorfbewohnerinnen in Bansko

C 3234
ПОТАМО

Elena ist in sanfte Hügel gebettet

Im Ort selbst gibt es nur zwei Hotels, aber mehrere kleine Dörfer in der Umgebung, wie Jakovtsi, Veljuvci und Mijkovci, bieten private Unterkünfte an. Das macht Elena zu einem guten Ausgangspunkt für Badeausflüge, Angeltouren oder Wanderungen in den östlichen Balkanausläufern. Der Jovkovci-See, 8 Kilometer westlich von Elena, ist ideal zum Baden, Angeln und Zelten, ein Reitstall ermöglicht Ausritte in die Umgebung. Am Palici-See, 10 Kilometer östlich von Elena, kann man zelten, angeln und spazierengehen – und dies mit einer Einkehr in das Palici Gasthaus verbinden.

Vorwahl: 061 51, PLZ: 5070. Touristeninformation, pl. Ilarion Makariopolski 1, Tel. 23 79, 37 32, eltour@elena.vali.bg, elena_hotel@abv.bg. Turističesko Čumerna, ul. Stojan Michajlovski 3, Tel. 25 17, 41 91.

Postamt, ul. Christo Stanev 38, Mo–Fr 9–13 u. 14–17 Uhr.

Mönch im Rila-Kloster
Angler in Burgas

Balkanbank, ul. Christo Stanev 24, Tel. 23 30.

Von der 2 km östlich gelegenen Bahnstation fahren Züge nach Veliko Tărnovo, das man auch mit dem Bus, von der Busstation im Ortszentrum aus, erreichen kann. Hier halten auch Busse, die durch das östliche Balkangebirge nach Sliven fahren.

Elena, pl. Ilarion Makariopolski, Tel. 37 32, 21 89, 24 62, Tel./Fax 36 32, elena_hotel@abv.bg. Bestes Hotel im Ort, solide ausgestattete Zimmer mit Bad, Telefon und TV; Fitnessraum, Sauna, Restaurant, Café, Diskothek und bewachte Parkplätze.

Hotel Central, ul. Stojan Michajlovski 4, Tel. 23 48, 21 79, Fax 2396. Komfortable Zimmer mit Frühstück in einem modernen, zentral gelegenen Gebäude.

Familienpension Najdenov, ul. Vasil Levski 5a, Tel. 3549. Renoviertes Gebäude, bequeme, gemütliche Zimmer.

Pension Ivanovi, ul. Vasil Levski 31, Tel. 4983, 4816. Nahe Ortsmitte, einfach ausgestattete Zimmer.

Gästehaus Kostadinovata, etwas außerhalb im Weiler Dolni Čukani, Hanglage, Tel. 4438, Tel./Fax 3632. Sehr saubere und hübsch eingerichtete Zimmer mit Bad.

Unterkünfte findet man auch in verschiedenen Landhäusern der umliegenden Dörfer Jakovci und Veljuvci (beide 8 km entfernt, Richtung See), oder Mijkovci (20 km südlich). Nach diesen Unterkünften erkundigt man sich am besten im Touristenbüro.

Traditionelle Küche bieten alle Hotelrestaurants und mehrere Cafébars rund um den pl. Ilarion Makariopolski, die beste Empfehlung dort ist die Taverne Nacional mit eleganter Terrasse, ul. Christo Stanev 1.

Historisches Museum, Ilarion Makariopolski gewidmet, gegenüber dem Hotel Elena, pl. Ilarion Makariopolski, Tel. 2129.

Einige renovierungsbedürftige Häuser aus der Wiedergeburtszeit sind in der ul. Sava Katrafilov zu sehen oder 300 m oberhalb der Hauptstraße in der ul. Jovčev.

25 km südlich von Elena liegt der 1536 m hohe Gipfel Čumerna mit dem gleichnamigen Gasthaus, an das man über eine holprige Straße bis auf wenige Kilometer heranfahren kann. Im Winter ist das Gebiet auch bei Skifahrern sehr beliebt.

Beim Čumerna-Gipfel stößt man auf eine Gebirgswanderroute, die westlich nach 85 km zum Šipka-Pass führt und nordöstlich über 100 km bis in die Slannik Lisa Ebene abfällt. Wer sich für eine Wanderung zum Šipka-Paß entschließt, hat unterwegs Gelegenheit, in elf Gasthäusern einzukehren und zu übernachten.

Der südliche Balkan

Die Route von Sofija nach Burgas durch den südlichen Balkan ist so etwas wie die romantische Straße Bulgariens. Nicht wenige Ortschaften an und in unmittelbarer Nähe der Landesstraße 6 sind prachtvolle Zeugnisse alter Zeiten und wecken in so manchem Bulgaren den Nationalstolz. Mit Koprivštica, Žeravna und Kotel präsentieren sich ganze Dörfer als Freiluftmuseen der bulgarischen Renaissance. Bei Kazanlăk ist die romantischste Stelle erreicht, das Tal der Rosen. Der Erntebeginn im Frühsommer wird mit traditionsreichen Festen gefeiert. Die Region bietet hervorragende Möglichkeiten für ausgedehnte Wanderungen, zudem Bäder mit Heilquellen.

Alles andere als romantisch ist die Geschichte von Stara Zagora: Seit die Römer dort ihre Lager aufschlugen, wurde die Stadt mehrmals völlig zerstört. Sie ist immer wieder aufs neue entstanden und trägt heute auch noch zahlreiche Narben aus der kommunistischen Zeit. Dafür hat die Stadt eines der beliebtesten bulgarischen Biere hervorgebracht: Zagorka.

Koprivštica

Der Ort Koprivštica ist eher klein, aber als Gesamtensemble eine Sehenswürdigkeit von Rang. Schon die Lage ist äußerst idyllisch: der Fluß Tolponica, den immer wieder kleine Steinbrücken überspannen, die nahen Berge, Wald und Wiesen, auf denen Schafe, Ziegen, Kühe und Pferde weiden. Die alten Bauern- und Kaufmannshäuser aus Holz und Stein im Wiedergeburtsstil sind teils an den Hang, teils an kopfsteingepflasterten Gassen gebaut und von Mauern gesäumt. Über die Forstwege rattern Esel- und Pferdefuhrwerke. Koprivštica ist in der Tat ein Freiluftmuseum für jene Epoche wiedererwachten nationalen Selbstbewußtseins, die im späten 18. Jahrhundert begann.

Die Aufstände gegen die Türken im Jahr 1876 fanden hier ihren Anfang. Auch hat das Dorf – ebenso wie Kotel – eine Reihe namhafter Persönlichkeiten hervorgebracht, darunter den Dichter Dimčo Debeljanov und den Revolutionär Todor Kableškov, dem in einigen Quellen der erste Schuß auf die türkischen Besatzer zugeschrieben wird. Vor allem mit Viehhandel, Wolle, Fleisch- und Milchprodukten hatten sich die Bewohner Koprivšticas einen ansehnlichen Wohlstand erwirtschaftet. Das brachte dem Dorf den Beinamen Klein Istanbul ein.

Über 350 Architekturdenkmäler aus der bulgarischen Renaissance beherbergt dieses Dorfmuseum, dazu ein Dutzend Museumshäuser. Die Häuser in Koprivštica haben ihren eigenen Stil. Daher lohnt sich ein Besuch auch für diejenigen,

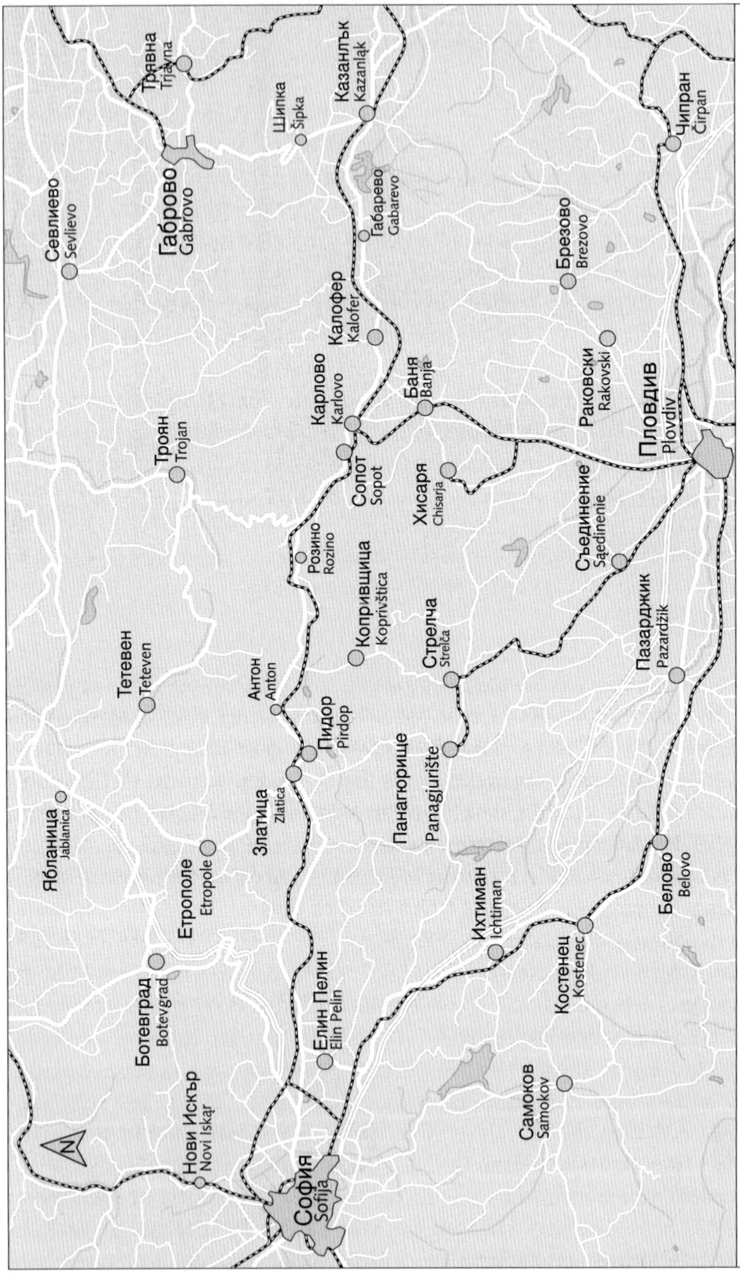

Der südliche Balkan

Das Ljutov-Haus ist eines der über zehn Museumhäuser

die meinen, sich an der Wiedergeburtsarchitektur bereits sattgesehen zu haben. Das Debeljanov-Haus befaßt sich mit Leben und Werk des Dichters Dimčo Debeljanov, das Kableškov-Haus beherbergt eine Ausstellung zur Revolution, das Karavelov-Haus aus der ersten Hälfte des 19. Jahrhunderts ist als Elternhaus des Revolutionärs Ljuben Karavelov sehenswert, das Ljutov-Haus ist ein hervorragendes Beispiel für den bulgarischen Barock, das Oleskov-Haus ein prunkvolles Kaufmannshaus im Wiedergeburtsstil von 1856, in dem unter anderem Möbel, Kleidung, Geschirr und Wandmalereien zu sehen sind.

Zwei Sakralbauten sind noch erwähenswert: die Kirche Sveti Nikola von 1844 und die Kirche Sv. Bogorodica von 1817, die eine interessante Ikonensammlung beherbergt. Koprivštica ist ein Gesamtkunstwerk inmitten der Natur, im Sommer allerdings entsprechend gut besucht.

Vorwahl: 071 84
Touristeninformation, ul. Ljuben Karavelov 1, Tel./Fax 21 91; täglich 9–18 Uhr, manchmal mittags geschlossen.

Koprivštica erreicht man über eine Abzweigung von der Fernstraße 6 Sofija–Burgas zwischen den Orten Anton und Rozino in südlicher Richtung.

Zwischen dem Bahnhof, 8 km nördlich des Dorfes, und dem Zentrum verkehren Busse. Außerdem werden von Sofija aus Ausflüge nach Koprivštica organisiert.

Koprivštica verfügt über eine große Zahl an kleinen Hotels, Pensionen und Privatzimmern. Allesamt untere bis mittlere Preisklasse:
Hotel Astra, bul. Chadži Nenčo Palaveev 9, Tel. 23 64, hotel_astra@hotmail.com.
Hotel im Wiedergeburtsstil, vier Zimmer.
Hotel Dalmatinec mit Restaurant, ul. G. Benkovski 62, Tel. 29 04.
Hotel Dona, ul. Džartazanov 6, Tel. 25 16.
Hotel Paradies, ul. Djado Liben 8, Tel. 26 37.
Hotel Trajanova mit Restaurant ›White Horse‹, ul. Gereniloto 5, Tel. 22 50.

Es gibt zahlreiche Restaurants, eine Bäckerei, mehrere Lebensmittelläden und ein Markt mit Produkten der Region. Die Preise sind sehr günstig.
Restaurant Chuchurra, ul. Chadži Nenčo Palaveev 66, Tel. 27 12. Bulgarische Spezialitäten am offenen Kamin.
Taverne Lomeva Haus, bul. Chadži Nenčo Palaveev 42, Tel. 20 91. Spezialitäten aus Koprivštica.
Taverne Starite Borove, bul. Chadži Nenčo Palaveev 64, Tel. 21 23. Regionale Gerichte.
Konditorei-Café ›20. April‹, pl. 20. Aprile, Tel. 21 22. Zentrale Lage; Kuchen, Gebäck, Pizza.

Benkovski-Haus, 1831, ul. Georgi Benkovski 5, (südöstlich des Zentrums), Tel. 28 11.
Debeljanov-Haus, ul. Dimčo Debeljanov 6, Tel. 20 77.
Kableškov-Haus, ul. Todor Kableškov 8, Tel. 20 54.
Karavelov-Haus, bul. Chadži Nenčo Palaveev 39, Tel. 21 76.
Ljutov-Haus, ul. Nikola Belovеždov 2, Tel. 21 38.
Oleskov-Haus, ul. Gereniloto 4, Tel. 25 55.
Kirche Sv. Bogorodica, ul. Dimčo Debeljanov 26a, nahe dem Kableškov-Haus.
Kirche Sveti Nikola, an der ul. Najden Popbojanov, südlich des Zentrums.

Folklore-Tage, größtes bulgarisches Folklorefestival mit ca. 3000 aktiven Teilnehmern, alle fünf Jahre im August, nächster Termin: 2005.

Kleine und größere Wanderungen in die Umgebung auf markierten Routen. Einige Bauern vermieten Pferde für Reitausflüge. Ausritte organisiert auch das Hotel Paradies.

Sopot

Ivan Vazor, um 1900

Sopot ist die Geburtsstadt des nationalrevolutionären Schriftstellers Ivan Vazov (1850–1921). Sein Roman ›Unter dem Joch‹, der das Leben während der türkischen Besatzung schildert, gilt als eines der bedeutendsten Werke der bulgarischen Literatur. An den Volkshelden erinnern eine Statue und ein Museum, das in seinem Geburtshaus eingerichtet wurde. Hier sind unter anderem Originalmanuskripte des Dichters, Fotos und Briefe ausgestellt. Vazovs Grab befindet sich nicht im Ort, sondern auf dem Friedhof der Kirche Sveti Sofija in der Hauptstadt, wo er nach der Befreiung von den Türken ein Ministeramt übernahm.

Sehenswert ist auch das zentral gelegene Nonnenkloster Sveti Văvedenie Bogorodično aus dem 17. Jahrhundert, in dem Ivan Vazov des öfteren Zuflucht suchte. Ein weiteres Kloster – Sveti Spa – liegt ein Stück nordöstlich des Zentrums.

Etwa fünf Kilometer nordwestlich von Sopot befindet sich die mittelalterliche Festung Anevsko kale, die als eine der am besten erhaltenen bulgarischen Anlagen jener Zeit gilt. Ansonsten ist Sopot wegen seiner Lage zwischen dem Zentralbalkan und der Sredna Gora vor allem als Ausgangspunkt für Wandertouren geeignet.

Vorwahl: 031 34.

Hotel Samoukova Kašta, in der Altstadt, Tel. 22 80, Nenovata_house@mail.bg. Neues Gebäude im Wiedergeburtsstil, günstige Preise.

Restauriertes Wiedergeburtshaus mit Ausstellungshalle, ul. Ivan Vazov.

Paragliding, Skynomad, ul. Stara Planina, Tel./Fax 42 51, www.skynomad.com/sopot.

Karlovo

Karlovo ist, wie auch das rund 60 Kilometer entfernte Kazanlăk, ein Tor in das Tal der Rosen. Schon früh war die Stadt durch Handwerk und den Rosenhandel zu Reichtum gekommen. Bis heute ist der Ort dieser Tradition verpflichtet, denn die Rosenöldestillation bildet einen wichtigen Erwerbszweig.

Karlovo ist außerdem bekannt als Geburtsstadt Vasil Levskis (1837–1873), des berühmtesten bulgarischen Befreiungskämpfers. Levski ist übrigens sein Pseudonym und bedeutet ›Löwe‹. Der eigentliche Name Levskis war Vasil Ivanov Kunčev.

Er war maßgeblich am Aufbau revolutionärer Zellen gegen die Türken beteiligt. Bevor jedoch im April 1876 in Koprivštica der erste Schuß fiel und das Signal zum Aufstand gab, wurde Levski in Sofija hingerichtet. Karlovo ist voller Andenken an den Revolutionär. So gibt es unter anderem ein Levski-Denkmal, ein Levski-Museum, eine Levski-Straße und einen Levski-Platz. Auch im Historischen Museum verdeutlicht eine ethnographische Ausstellung mit Schmuck, Werkzeugen und Textilien sowie Dokumenten vor allem das Alltagsleben während der Zeit der nationalen Wiedergeburt. Neben den Kirchen Sveti Nikola (erbaut 1847, Kirchturm von 1890) und Sveti Bogorodica (1851, Kirchturm von 1897) verkörpern auch einige hübsche Wohnhäuser den Stil der Bulgarischen Wiedergeburt.

Bei der Rosenernte

Vorwahl: 03 35
Touristeninformation, ul. Vodopad 35, Tel. 953 73, http://bulgaria.domino.bg/karlovo (engl.).

Überlandbusse auf der Strecke Sofija–Burgas halten meist in Karlovo. Weitere Busse verbinden Karlovo mit Stara Zagora und Trojan.

Der Bahnhof von Karlovo liegt zum einen auf der Zugstrecke Sofija–Burgas, zum anderen besteht eine Verbindung nach Plovdiv.

Hotel Remus, ul. Vasil Levski 87, Tel. 45 97.

Hotel Šerev, pl. 20. Juli, Tel. 33 80. Zentral.

Vasil Levski Museum, ul. Gen. Karcov 57, Tel. 34 89, täglich 8.30–13 u. 14–17 Uhr.

Historisches Museum, ul. Văzroždenska 4, Tel. 47 28.

Kirche Sv. Nikola, gegenüber dem historischen Museum.

Kirche Sveti Bogorodica, ul. V. Levski. Mit vielen Ikonen.

Rosenfestival (auch in Kazanlăk) mit Karnevalsumzügen, Prozessionen, Konzerten und Tanzauftritten, meist am 1. Sonntag im Juni.

Große Auswahl an Kunsthandwerksartikeln, die nach traditionellen Methoden gefertigt werden: Schmiedekunst, Holzfässer, Schnitzereien, Dudelsäcke, verzierte Messer, Spitzen, Stickereien und Teppiche. Näheres bei der Touristeninformation.

Teilnehmer des Rosenfestes

Traditionelles Kunsthandwerk

Bulgaren sind Überlebenskünstler. Ihr Talent, die natürlichen Ressourcen ihrer Umgebung sinnvoll zu verarbeiten und kunstvoll zu gestalten, spiegelt sich in den Legenden, im Brauchtum und in ihren Liedern, die oft vom Wetteifer der Handwerker oder ihrer Sehnsucht nach einem ungebundenen Leben handeln. Bis heute werden viele traditionelle Handwerke in Bulgarien gepflegt.

Das älteste Handwerk ist die Töpferei, die wird von den Bulgaren seit dem 9. Jahrhundert praktiziert wird. In der bulgarischen Mythologie wird die Tätigkeit des Töpfers hoch geachtet und einem schöpferischen Akt gleichgesetzt, da die rohe Tonerde lange von Hand vorbereitet werden muß, um sie überhaupt formbar zu machen. Dann erst können daraus Figuren, Vorratsgefäße, Teller, Schalen oder auch Weihrauchfässer und Taufbecken entstehen.

Fein eingeritzte Linien und geometrische Muster waren früher charakteristisch für die Töpferware aus Bulgarien. Seit dem Mittelalter wurde sie je nach Region auch gelb, grün, braun oder weiß glasiert und verziert. Die regional unterschiedlichen Rezepte tauschte man auf den Töpfermärkten, die landesweit stattfanden.

Von den Erfahrungen der Thraker bei der Metallgewinnung und -verarbeitung konnten die bulgarischen Schmiedemeister profitieren. Oft wurden ihnen magische Kräfte zugesprochen, da sie mit der reinigenden Kraft des Feuers arbeiteten. Der Eisenschmied brachte daraus Waffen und Schutzschilde hervor, großes Gerät und Werkzeuge, während das Handwerk der Gold- und Silberschmiede fast ausschließlich dekorativen Zwecken diente. Mit neuen Techniken wie plastischer Biegung und Faltung des Materials erlebten die bulgarischen Kupferschmiede im 18. und 19. Jahrhundert eine Blütezeit. Sie stellten vor allem Haushaltsgeräte wie Kessel, Kannen, Schalen und Teller her, denen sie durch die Dichte und Art der Hammerschläge ein dekoratives Muster verliehen oder die sie reich mit Gravuren verzierten.

Auch die Kunst des Webens wird in Bulgarien schon seit dem 9. Jahrhundert angewandt. Seit jeher webten die Bulgaren Teppiche und Decken aus Schafwolle oder Ziegenhaar und machten aus diesem Handwerk im Laufe der Jahrhunderte eine Kunstform. Jede Region war auf andere Formen, Muster und Farben spezialisiert, die aus pflanzlichen Substanzen wie dem Sud von Blüten, Beeren und Kräutern hergestellt wurden.

Zur Zeit der Wiedergeburt im 18. und 19. Jahrhundert entwickelten sich große Zentren der Teppichweberei in den Gebirgsorten Kotel, Čiprovci Panagjurište, Samokov und Pitor. Kotel spezialisierte sich auf dünne, vierfarbig gestreifte Čergis, in Čiprovci dagegen webte man kleine

Muster und Ornamente in die flauschigen Guberis, die oft als Decken genutzt wurden und Weltruhm erlangten.
Die Textilien aus handgewebter Seide, Baumwolle, Flachs und Hanf spielen auch bei der Herstellung von Trachten eine große Rolle. Blickfang ist immer die bunt verzierte Schürze. Darauf kommt die seit dem 16. Jahrhundert praktizierte Stickerei besonders gut zur Geltung. Entsprechend der regionalen und ethnischen Vielfalt bulgarischer Festtage sind auch die Schürzen bunt bestickt mit geometrisch angeordneten Figuren, Blumen, Tieren und anderen Symbolen aus der Natur. Jeder kleine Ort in Bulgarien hat sein eigenes ethnographisches Museum, in dem diese regionalen Kunstfertigkeiten zu bewundern sind.
Die Kunst der Holschnitzer entwickelte sich mit den ersten Schafhirten. Aus dem Holz, das sie auf ihren Wanderungen durch die Wälder fanden, schnitzten sie Hirtenstäbe oder Flöten, die sie mit Motiven aus der Natur verzierten. Seßhafte Holzschnitzer begannen früh damit, alltägliche Gegenstände wie Truhen, Kinderwiegen und Webstühle oder die Balken und Zimmerdecken ihrer Häuser mit geometrischen und floralen Ornamenten, Figuren und Himmelskörpern zu dekorieren. Als in der Wiedergeburtszeit zunehmend Kirchen, Klöster und Kapellen gebaut wurden, die man mit hölzernen Bischofsthrönen, Kanzeln und Ikonostasen ausstattete, war es Aufgabe der Holzschnitzer, sie so kunstvoll wie möglich zu gestalten. Die schönsten Beispiele dafür sind heute in Trjavna oder Samokov zu besichtigen.
Dank ihrer handwerklichen Fähigkeiten überstanden die Bulgaren auch die Jahrhunderte der Fremdherrschaft, während der sie Geschäftssinn entwickelten, Zünfte bildeten und sogar inoffizielle Machtzentren gründeten. Ende des 18. Jahrhunderts stifteten die wohlhabenden Töpfer, Schmiede, Baumeister, Textil- und Lederfabrikanten in ihren Heimatorten Kirchen, Schulen und Gemeindesäle, die den Menschen halfen, sich zu organisieren und Bildung zu erwerben.
So hatte das Kunsthandwerk auch eine bedeutende politische Funktion und ist nicht zuletzt aus diesem Grund bis heute ein wichtiger Teil der bulgarischen Identität.

Kazanlăk

Kazanlăk ist eine geschäftige, unspektakuläre 70 000-Einwohner-Stadt. Den Mittelpunkt bildet der große, leere Platz Sevtopolis, der dem wuchtigen Hotel Kazanlăk dominiert wird. Auf der nördlichen Seite des Platzes schließt sich ein kleiner Park an. Entlang der beiden kleinen Straßen, die von dieser Seite des Platzes wegführen, ist im Sommer am meisten los. Besonders am Abend füllen sich die Cafés und Restaurants mit studentischem Publikum.

Die touristischen Attraktionen liegen außerhalb des Zentrums. Sehenswert ist der Ethnographische Komplex, der aus mehreren prächtigen Häusern aus dem 19. Jahrhundert – selbstverständlich im Wiedergeburtsstil – mit sehr schönen Höfen und Gärten sowie landwirtschaftlichen Geräten aus jener Zeit besteht. Eines der Häuser gehörte dem reichen Rosenöl-Exporteur Chadži Eno. Gleich daneben befindet sich übrigens die sehr schöne Pension Chadži Eminova mit Restaurant – ebenfalls im Wiedergeburtsstil – mit preiswerten Zimmern.

Seit langen ist die Geschichte Kazanlăks mit der Verarbeitung von Rosen verbunden. Davon ist die Stadt vor allem im Frühsommer geprägt. Die Rosenernte dauert von Ende Mai bis Ende Juni und wird vom Rosenfestival begleitet. In den Tälern zwischen dem Balkan (Stara Planina) und dem Mittelgebirge (Sredna Gora) gedeihen die Blumen wegen des milden Klimas besonders gut. Seit Anfang des 18. Jahrhunderts war bulgarisches Rosenöl in New York und den Metropolen Europas ein gefragter Bestandteil für die Parfumherstellung. Heute produziert Bulgarien etwa vier Fünftel der Weltproduktion an Rosenöl. Das etwas außerhalb

Im Ethnographischen Komplex

Kazanlăks liegende Rosenmuseum zeigt Geräte zur Herstellung und Aufbewahrung von Rosenöl sowie historische Aufnahmen, an der Theke kann man Rosenhonig, Rosenöl, Parfums und Rosenlikör kaufen.

Im Tjulbeto-Park, ein Stück nördlich vom Ethnographischen Komplex, liegt der große Touristenmagnet Kazanlăks: Die thrakische Grabkammer aus dem späten 4. Jahrhundert v. Chr., gleich am oberen Ende der Treppen gelegen. In die UNESCO-Weltkulturerbeliste wurde sie vor allem wegen der Wand- und Deckengemälde aufgenommen, die als die besterhaltenen Kunstwerke Bulgariens aus der frühhellenistischen Zeit gelten. Das Mausoleum ist Teil einer thrakischen Totenstadt, deren einzelne Grabmale um Kazanlăk verteilt sind. Die Grabkammer selbst wirkt wegen ihrer Enge und den sehr schmalen Korridoren etwas bedrückend. Touristen können im übrigen nur eine Kopie der 1944 entdeckten Totenstätte besichtigen. Sie wurde angelegt, um das Original vor Beschädigungen durch zu viele Besucher zu schützen. In dieser Kopie sind auch die Ausgrabungen dokumentiert und einige Fundstücke ausgestellt. Zum Schutz der Originalgrabkammer wurde über die Ausgrabungsstelle ein Gebäude errichtet. Vor dieser historischen Kulisse im bewaldeten Tjulbeto-Park werden in manchen Sommernächten Theaterstücke aus der Zeit der Thraker aufgeführt.

Ruine der thrakischen Grabkammer

Vorwahl: 04 31.
Touristeninformation, bul. Knjaz Aleksandăr Battenberg 1, Tel. 249 17.

Magic Net, pl. Sevtopolis, gegenüber Hotel Kazanlăk, Kellerraum, täglich 24 Stunden geöffnet.

Anreise über die Fernstraße 6 Sofija–Burgas als auch über die Fernstraße 55 Veliko Tărnovo–Stara Zagora.

Gute Verbindungen an der Strecke Sofija–Burgas.

Pension Chadži Eminova, ul. Nikola Petkov 22, neben dem Ethnographischen Komplex,

etwa 15 bis 20 Gehminuten vom Zentrum, Tel. 420 95. Sehr schönes restauriertes Haus im Wiedergeburtsstil, angenehmer Innenhof mit Gartenrestaurant. 20 Leva pro Person.
Hotel Kazanlăk, pl. Sevtopolis 2, Tel. 632 10, 634 40, Fax 648 28. Zentral, mittlere Preisklasse.
Hotel Vesta, ul. Čavdar Vojvoda 3, Tel. 203 50, 400 39, Fax 648 28. Ca. 10 Gehminuten nördlich des Hauptplatzes, mittlere Preisklasse.
Einige Restaurants gibt es entlang des bul. Knjaz Aleksandăr Batenberg (ab pl. Sevtopolis in östlicher Richtung), Cafés und Bars in den kleinen Straßen, die auf der nördlichen Seite vom pl. Sevtopolis abgehen.
Historisches Museum ›Iskra‹ und Kunstgalerie Kazanlăk, ul. Kiril i Metodij 9, Tel. 637 62, Mo–Fr 9–17 Uhr (im Winter nach Absprache: Tel. 637 62).
Rosenmuseum, ul. Osvoboždenie, Tel. 640 57, 1. Mai bis 31. Oktober täglich 9–17 Uhr (im Winter nach Absprache: Tel. 637 62).
Ethnographischer Komplex, ul. Knjaz Mirski, und Thrakische Grabkammer, 1. Mai bis 31. Oktober täglich 9–17 Uhr (im Winter nach Absprache: Tel. 637 62).

Stara Zagora

Stara Zagora unterscheidet sich von fast allen anderen bulgarischen Städten durch das streng geometrisch angeordnete Straßennetz, ein klassisches Schachbrettmuster. Es geht auf eine Stadtplanung aus der zweiten Hälfte des 19. Jahrhunderts zurück, die nach der Zerstörung der Stadt durch türkische Soldaten während des russisch-türkischen Krieges entwickelt worden war.

Das Zentrum der 150 000-Einwohner-Stadt wirkt trotz einiger häßlicher Gebäude aus der Nachkriegszeit nie trostlos. Cafés und Restaurants, das viele Grün und die Berge im Hintergrund geben der Stadt eine angenehme Atmosphäre. Stara Zagora liegt zudem äußerst verkehrsgünstig, zum einen an der Straße zwischen Plovdiv und Sliven, und zum anderen an der Straße zwischen Veliko Tărnovo und Dimitrovgrad. Durch die nahen Ausläufer des Gebirges Sredna Gora ergeben sich gute Wandermöglichkeiten. Mit der Marke ›Zagorka‹ ist Stara Zagora übrigens die Heimat einer der besten Biersorten Bulgariens, die man nicht nur beim hiesigen jährlichen Bierfestival im August kennen lernen kann. Diese Sorte wird in ganz Bulgarien gern getrunken.

Eine hübsche Idee und zugleich eine gute Orientierungshilfe ist die Kette von kleinen Parks, die sich vom Hauptbahnhof in nördlicher Richtung zum kulturellen Zentrum zieht. Dort befinden sich noch immer Zeugnisse aus römischer Zeit.

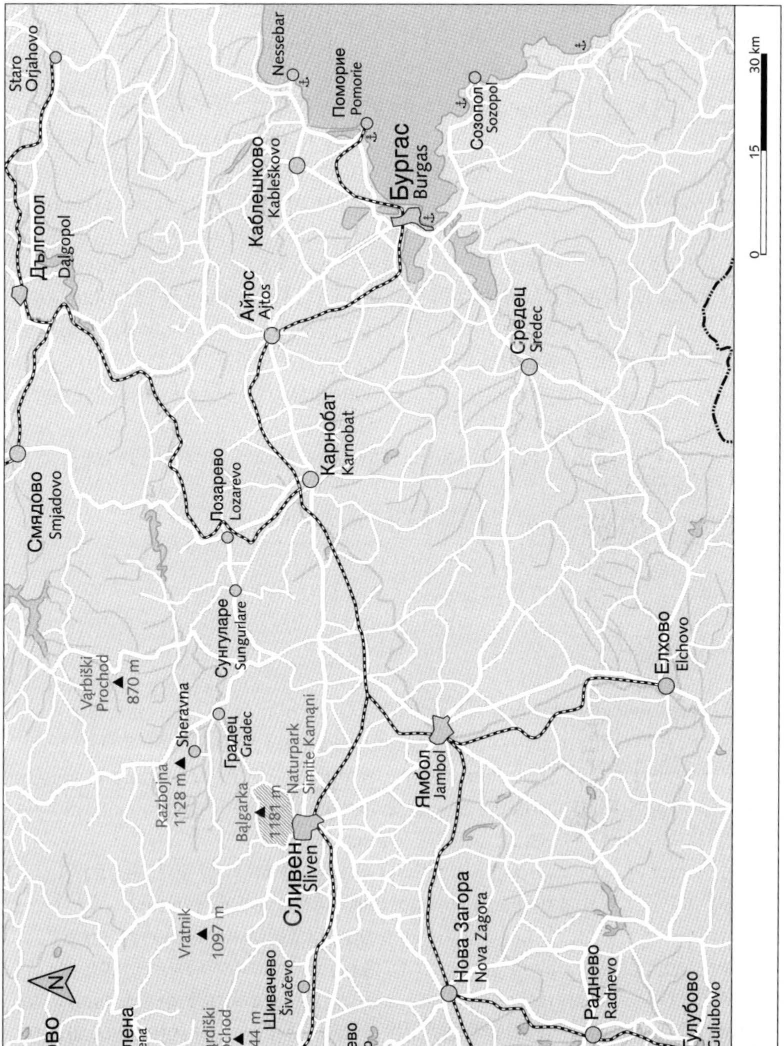
Südlicher Balkan II
Staro Orjahovo
Nessebar
Поморие
Pomorie
Бургас
Burgas
Созопол
Sozopol
Каблешково
Kableškovo
Дългопол
Dalgopol
Айтос
Ajtos
Средец
Sredec
Карнобат
Karnobat
Лозарево
Lozarevo
Смядово
Smjadovo
Сунгуларе
Sungurlare
Vąrbiški Prochod
870 m
Sheravna
Razbojna
1128 m
Градец
Gradec
Bąlgarka
1181 m
Naturpark Simite Kamąni
Ямбол
Jambol
Елхово
Elchovo
Сливен
Sliven
Vratnik
1097 m
Нова Загора
Nova Zagora
Шивачево
Šivačevo
Раднево
Radnevo
Гълъбово
Gulubovo
Велико Търново
Veliko Tąrnovo
Елена
Elena
Tvąrdiški Prochod
1044 m
Твърдица
Tvąrdica
Николаево
Nikolaevo
Гурково
Gurkovo
Стара Загора
Stara Zagora
Дряново
Drjanovo
Трявна
Trjavna
Мъглиж
Magliž
N
0
15
30 km

Die beiden Opernhäuser – eines alt und eines neu – bilden einen originellen Kontrast, daneben findet sich eine antike Theaterruine.

Wie das Leben in Stara Zagora während des Umbruchs im 19. Jahrhundert war, dokumentiert das Museum des Urbanen Lebens im 19. Jahrhundert in einem dazu passenden Kaufmannshaus aus dem Jahre 1883. Hier wird anhand der Einrichtungsgegenstände und der Kleidung deutlich, daß es in den Kreisen der Oberschicht trotz der Euphorie in der Zeit der Nationalen Wiedergeburt durchaus als schick galt, sich die Häuser mit Möbeln und Geschirr aus Österreich oder Rußland auszustatten.

Neolithische Behausungen, Öfen, Mühlen, Gefäße, Werkzeuge und Gegenstände zeigt ein Museum auf der Westseite des Krankenhauses, bei dessen Bau sie ausgegraben wurden; die Funde reichen etwa bis ins 6. Jahrtausend v. Chr. zurück.

Folgt man der Straße Metropolit Metodij Kusev in nördlicher Richtung bis zum Ende, gelangt man zum fast vier Quadratkilometer großen Ajazmo-Park – auch Metropolit Metodij Kusev Park – mit Freilufttheater, Observatorium, Zoo, Sport- und Spielplätzen.

Etwas außerhalb liegen weitere interessante Orte. Etwa 15 Kilometer nordwestlich bieten sich die Heilquellen Starozagorski Bani in schöner Berglandschaft dazu an, hier einen halben oder ganzen Tag in den Thermalbädern zu entspannen. Südwestlich von Stara Zagora, am Bereketska-Hügel, kann man die Ruinen der größten prähistorischen Siedlung Bulgariens besichtigen, die fast 8000 Jahre alt ist. Und rund 8 Kilometer nordöstlich, bei Meči Kladenec, liegen die ältesten Kupferminen Europas aus dem 5. Jahrhundert v. Chr.

Vorwahl: 042.

Täglich verkehrende Buslinien u.a. nach Plovdiv, Sofija, Veliko Tărnovo, Sliven und Burgas. Zu diesen Orten besteht auch eine Zugverbindung.

Hotel Dedov, ul. Car Simeon Veliki 162, Tel. 60 26-67, Fax -68. Klein, geschmackvoll, zentrumsnah, mittlere Preisklasse, Restaurant.

Hotel Ezeroto, ul. Bratja Žekovi 60 (zwischen Bahnhof und Zentrum), Tel. 60 01 03, Fax 60 04 09. Klein, stilvoll, mittlere Preisklasse, an einem kleinen Park mit See gelegen, zwei Restaurants und Bar.

Hotel Tangra, ul. L. Karavelov 80 (östlich des Zentrums), Tel. 60 09-01, Fax -03. Neu, klein, mittlere Preisklasse, Restaurant und Bar.

Neben den Hotelrestaurants gibt es gute Restaurants im Stadtzentrum, entlang der wichtigsten Straßen, etwa entlang des bul. M. M. Kusev oder in dem senkrecht dazu verlaufenden bul. Car Simeon Veliki.

Museum des Urbanen Lebens im 19. Jahrhundert, ul. Dimităr Naumov 68, Tel. 60 50 07 (Führungen), Di–Sa 9–12 Uhr u. 14–16 Uhr.
Geo-Milev-Haus, Leben und Werk des bulgarischen Dichters (1895–1925), ul. Geo Milev 37, Mo–Sa 8.30–16.30 Uhr.
Kunstgalerie, Gemälde aus dem 19. Jahrhundert, ul. Car Simeon Veliki 110, Tel. 223 80.
Museum zur Frühgeschichte, ul. Todor Stojanov, Tel. 60 50 07, Di–Sa 9–12 u. 14–16 Uhr.
Augusta Trajana, Reste der römischen Stadt mit Amphitheater aus dem 2. bis 5. Jahrhundert n. Chr. (das Südtor der antiken Stadt ist in einem städtischen Verwaltungsgebäude ausgestellt: bul. Ruski 38), Tel. 60 50 07, Di–Sa 9–12 u. 14–16 Uhr.
Bereketska-Hügel, Tel. 350 07, Fax 380 75, Di–Sa 9–12 u. 14–16 Uhr

Anfang August: Zigeuner-Festival mit Musik und Tanz im Ajazmoto Park; Bierfestival.
September: Geo-Milev-Tage, Literatur- und Kunstfestival ›Thrakien singt und tanzt‹.
Oktober: Stadtfest; Nationales Festival junger Trompeter.

Sliven

Nicht schön, aber schön gelegen – so läßt sich die 100 000-Einwohner-Stadt Sliven beschreiben. Im Norden der Stadt, in Gehweite einer wenig attraktiven Wohnblocksiedlung, erhebt sich weithin sichtbar das Gebirge Sinite Kamăni (die Blauen Felsen). Es ist das Herz des gleichnamigen Naturparks. Sliven, das Tor zu diesem Erholungsgebiet, befindet sich gut erreichbar auf der Strecke Burgas–Sofija (Bahn und Fernstraße 6).

Das Zentrum bildet der Platz Chadži Dimităr. Er ist nach dem Rebellen (1840–1868) benannt, der gemeinsam mit Stefan Karadža gegen die Türken gekämpft hat. An diesen Helden erinnern auch eine Statue auf dem

Skulptur vor der Kunstgalerie

Denkmal für den Widerstandskämpfer Chadži Dimităr, im Hintergrund die Blauen Felsen

Platz, eine Straße und ein Museum, das in seinem einstigen Haus eingerichtet ist. Die Ausstellung umfaßt mehrere Räume des Gebäudes mit Hof, das Dimitărs Familie als Hotel betrieb und heute im Stil des 19. Jahrhunderts eingerichtet ist, sowie Schriftstücke, Bilder, Waffen und Uniformen aus der Zeit des Widerstands. Das restaurierte Gebäude liegt etwas versteckt hinter dem größtenteils in einer Halle untergebrachten Markt auf der anderen Seite des Flusses Asenovska und der dazu parallel verlaufenden ul. Stefan Karadža. Ebenfalls am Platz, an der Westseite, findet sich die Kunstgalerie Sliven, zu erkennen an den Skulpturen vor dem Gebäude. Gezeigt werden überwiegend Werke bulgarischer Maler aus dem 19. und 20. Jahrhundert.

Weit weniger ansehnlich sind die großen Gebäude am Hauptplatz Chadži Dimităr: Das Hotel Sliven hat das Flair eines kommunistischen Protzbaus, während das Stefan-Kirov-Theater an ein Parkhaus erinnert. Eine architektonische Ausnahme ist die frühere Karawanserei, die heute die Stadtverwaltung beherbergt.

Angenehmer wird es, wenn man vom Platz in östlicher Richtung die recht lebhafte Straße Car Osvoboditel entlang geht. Gleich am Anfang dieser Fußgängerzone steht eine angeblich tausendjährige Eiche, die Glück bringen soll, wenn man sie umrundet. Gegen Nachmittag und Abend füllen sich die Cafés, Pizzerias und der Platz am Brunnen mit jungen Leuten. Wie weit die Privatisierung in Bulgarien geht, kann man ganz gut am Slivener Stadtpark sehen, der nun von einem zu Reichtum gelangten Geschäftsmann gekauft und zu einem Art Vergnügungspark umgerüstet wurde.

Zu ihrem Bürgermeister wählten die Slivener übrigens Ende 2003 den einstigen Fußballprofi Jordan Lečkov – er spielte unter anderem beim Hamburger SV –, dem auch das beste Hotel der Stadt gehört, das Imperija.

Touristische Hauptanziehungspunkte in der Umgebung von Sliven sind die beiden Orte Kotel und Žeravna, die für ihre Wiedergeburtshäuser in prächtiger Lage sind bekannt sind, sowie der Naturpark Sinite Kamăni mit seinen guten Wandermöglichkeiten.

Vorwahl: 044.

Chateau Alpia, ul. Velikoknjaževska 13, Tel. 224 32 oder 730 16, Fax 293 61, tourist@sl.bia-bg.com. Mittlere Preisklasse, mit Restaurant, am Eingang zum Naturpark Sinite Kamăni gelegen.

Hotel Sliven, pl. Chadži Dimităr 2, hotel_Sl@infotel.bg. Auffälliges Gebäude im Design der ›Grauen Ära‹, zentrale Lage direkt am Hauptplatz, mittlere Preisklasse.

Hotel Imperija, im Norden der Stadt, nahe dem Eingang zum Naturpark Sinite Kamăni. Neu, stilvoll, obere Preisklasse, mit Diskothek, Sportplätzen, Pool und Restaurant.

Eine große Auswahl an Lokalen findet sich entlang der Fußgängerzone (ul. Car Osvoboditel): viele, teils sehr schicke neue Cafés, Pizzerias und Restaurants.

Kunstgalerie, pl. Chadži Dimităr, Mo–Fr 8–17.30 Uhr. Eintritt frei.

Chadži Dimităr Museum, ul. Asenovska 2, Tel. 224 96, Mo–Sa 9–12 u. 14–17 Uhr. Eintritt 2 Leva, fast alle Informationen nur auf Bulgarisch, Führungen in englischer Sprache möglich.

Kotel

Kotel ist in die Berge des östlichen Balkans eingebettet und hat ein gutes Dutzend schöner Häuser im Wiedergeburtsstil zu bieten. Das große Dorf verfügt allein damit über ein beachtliches touristisches Potential. Erstaunlich ist allerdings, wie wenig diese Chancen genutzt werden. Insofern ist Kotel typisch für Bulgarien. Offensichtlich begnügt man sich damit, daß gelegentlich ein Bus voll All-inclusive-Touristen von der Schwarzmeerküste zum Teppichkauf angekarrt wird.

Dagegen findet man in einem Hotel oder Museum kaum jemanden, der wenigstens ein paar Sätze Englisch spricht. Davon sollte man sich nicht entmutigen lassen, denn ein Besuch in Kotel lohnt sich.

An erster Stelle ist das Pantheon des Nationalhelden Georgi S. Rakovski (1821–1867) am zentralen Platz zu nennen. Es ist nicht unbedingt schön und wirkt zugleich pathetisch und skurril: von der eigenwilligen Fassade über den Sarkophag, auf dem ein Säbel und vier Stofftulpen liegen, bis zur nebenstehenden Skulptur, die an einen frisch vom Kreuz genommenen Jesus erinnert.

Aufschlußreicher ist die Ausstellung zu Leben und Taten des Revolutionärs im Museum der Aufklärung, das sich im Kellergeschoß des Pantheon befindet. Zu sehen sind unter anderem Schriftstücke, Fotos, Waffen und Särge. Kotel war nicht nur ein Zentrum des Widerstands, das während der türkischen Besatzung 120 Aufklärer und Widerstandskämpfer aus allen Bevölkerungsschichten hervorgebracht hat. Es ist auch das älteste und größte Zentrum der bulgarischen Teppichweberei.

Diese Tradition vermittelt eine Ausstellung des Zentrums für Teppichwebekunst in der Galata-Schule, einem schönen, geräumigen Wiedergeburtshaus. Manche der dort gezeigten Teppiche sind so komplex und kunstvoll gewebt, daß nur einige wenige Weberinnen in ganz Bulgarien etwas Vergleichbares anzufertigen wissen. Daneben gibt es Kleidung, Möbel und Webemaschinen zu bewundern.

Nur ein paar Gehminuten entfernt liegt das Ethnographische Museum, ebenfalls in einem großartigen Wiedergeburtshaus (1872) untergebracht. Thema der Dauerausstellung ist das örtliche Leben im 19. Jahrhundert.

Pantheon für den Widerstandskämpfer Rakovski

Im Zentrum von Kotel, im Hintergund die Balkanausläufer

Beim Spaziergang durchs Dorf begegnet man noch einer ganzen Reihe weiterer Juwelen dieses eigenwilligen Baustils, wenn auch große Teile der Ortschaft bei einem verheerenden Brand Ende des 19. Jahrhunderts zerstört worden sind. Am Dorfrand hat sich ein ein naturwissenschaftliches Museum niedergelassen. Es zeigt eine beeindruckende Sammlung ausgestopfter Tiere der Region, darunter viele Raubvögel. Der Weg dorthin ist sehr angenehm, er führt durch einen großen Park mit intensivem Kieferndurft.

Vorwahl: 04 53.

Von Busbahnhof Sliven fahren täglich Busse nach Kotel.

Es werden auch Privatzimmer angeboten, doch gestaltet sich die Suche bisweilen recht kompliziert, zumal kaum jemand Englisch spricht.
Hotel Kotel, ul. Izvorska 59, Tel. 27 62. Tristes Gebäude im klassisch kommunistischen Design, preisgünstige Zimmer.
Hotel ›Iv Karite‹, etwas außerhalb: Den Waldweg entlang, am Friedhof vorbei, kommt man zu der netten, frisch renovierten und sehr preisgünstigen Pension mit Restaurant, Tel. 24 75; dort führt auch der Waldweg nach Žeravna (ca. 1,5 Std.) vorbei.

Am Hauptplatz und entlang der Straße Izvorska befinden sich kleinere Läden und Cafés sowie einige Restaurants.
Am Eingang zum Izvorite Park gibt

es ein größeres und sehr uriges Restaurant im Wiedergeburtstil, neben einem kleinen Teich gelegen, Tel. 23 60.

Patheon, am Hauptplatz. Ethnographisches Museum, ul. Altanla Stojan 5, Tel. 23 15. Historisches Museum/Galata-Schule für Weberei, ul. Izvorska 17, Mo–Fr 8–12 u. 13–17 Uhr, Sa/So auf Anfrage. Naturkundemuseum, etwas außerhalb am schönen Dorfpark (Izvorite Park) gelegen, Tel. 23 55, täglich 9–17 Uhr.

Žeravna

Ganz in der Nähe von Kotel liegt Žeravna. Alles in dem kleinen Ort, der in ein Tal eingebettet ist, scheint alt zu sein: Die Holzhäuser aus dem 17. bis 19. Jahrhundert, die Laubwälder, die das Dorf umschließen, und auch so mancher Bewohner, der vor seinem Häuschen sitzt. Es verwundert nicht, daß hier die Nationalromantik gedeihen konnte und der Ort in erstaunlich großer Zahl Dichter, Gelehrte und Revolutionäre hervorbrachte. Der Schriftsteller Jordan Jovkov, dessen Elternhaus besichtigt werden kann, ist nur einer von ihnen. Beim Spaziergang durch das Museumsdorf sollte man sich Zeit lassen für die Details der Häuser, die oft mit kunstvollen Schnitzereien verziert sind. Im Touristenviertel Zlatna Oreša findet man auch Privatzimmer, die selbstverständlich ebenfalls in liebevoll geschmückten und hergerichteten Wiedergeburtshäusern eingerichtet sind.

Vorwahl: 045 85

Žeravna liegt an einer Ab zweigung auf der Straße von Sliven nach Kotel und ist am besten mit dem Auto erreichbar. Die Busverbindungen von und nach Sliven oder Kotel sind nicht besonders gut. Wer auf den Bus angewiesen ist, sollte nach Kotel fahren, sich dort ein Quartier suchen, und dann über den schönen Waldweg zu Fuß nach Žeravna gehen.

Privatzimmer H. Nenov, Žeravna No. 25, Tel. 381 und 04 53/29 34. Privatzimmer D. Todorov, Tel. 242 und 370. Privatzimmer N. Tončev, Žeravna No. 63, Tel. 224.

Das Dorf ist ein Gesamtkunstwerk. In mehreren Häusern sind Museen eingerichtet.

Der Naturpark Sinite Kamăni

Das Gebirge der ›Blauen Steine‹, ein Teil des Naturparks Sinite Kamăni, gehört zu den östlichen Ausläufern des Balkans. Höchster Gipfel des etwa 7000 Hektar umfassenden Areals ist der Bălgarka mit 1181 Metern. Er befindet sich im nördlichen Teil des Parks, wie auch die beiden Tausender Kutelka (1119 Meter) und Charamijata (1100 Meter). Etwas zentraler liegt der Goljama Chalkata (1065 Meter). Innerhalb des Areals sind drei größere geschützte Zonen ausgewiesen: Meča Dupka am See Asenovec im Westen, das Reservat Kutelka im Herzen des Parks und Sinite Kamăni im Südosten. Der größte Teil des Naturparks ist dicht bewaldet mit Laub- und Nadelbäumen, darunter viele Buchen und Eichen. Wie die anderen Natur- und Nationalparks Bulgariens beheimatet auch der Sinite Kamăni eine große Zahl an Pflanzen- und Tierarten, darunter viele geschützte und einige bedrohte. Die eigentümliche Blaufärbung, die dem Park seinen Namen gab, stammt von verschiedenen Mineralien im Gestein, besonders vom Quarz. Am stärksten zeigt sich dieser Effekt im Morgengrauen und in der Abenddämmerung. Einige der Felsen weisen bizarre Formen auf, weshalb man ihnen Namen gab wie ›Der Hochzeitsring‹, der ›Handschuh‹ oder ›der Frosch‹ und entsprechende Legenden bildete. Der Ring beispielsweise soll heiratswilligen Paaren ihre Wünsche erfüllen, wenn sie Hände haltend in der richtigen Richtung (Blick nach Sliven!) durch die Felsformation steigen. Vom ›Fels der Tränen‹ heißt es, hier hätten die thrakischen Sklaven der Römer ihr Schicksal beweint, worauf dort eine Quelle entsprungen sei, die heute noch sprudelt.

Die touristische Infrastruktur ist relativ gut, wenn auch weder das Kartenmaterial noch die Markierungen mit dem Standard in den westeuropäischen Alpen vergleichbar sind. Zudem liegen die meisten Karten nur auf Bulgarisch vor. Wer nicht allein auf Wegweiser und Wanderpläne vertrauen will, hat grundsätzlich die Möglichkeit geführte Touren mitzumachen, die jeweils verschiedene Themen in den Mittelpunkt stellen, zum Beispiel Flora, Fauna oder Geschichte – schließlich finden sich dort neben Spuren der frühesten Siedler wie Thraker und Römer auch Erinnerungen an die aufständischen Heiducken, die im 19. Jahrhundert gegen die Türken kämpften und sich in den Bergen versteckt hielten. Zum Sinite Kamăni Park gehören auch typische Brauchtümer wie das Pferdefest ›Todorov‹ oder ›Enjov‹, zu dem bei Sonnenaufgang Heilkräuter gesammelt werden. Erste touristische Bewegungen im Sinite Kamăni entstanden vor etwa hundert Jahren, als die Heilquellen und spirituellen Orten sowie Naturphänomene wie die Drachenhöhle immer mehr Besucher anlockte. 1902 wurde die erste Berghütte errichtet, 1925 kamen die ersten Campingurlauber. Trotz der natürlichen und kulturellen Sehenswürdigkeiten und einer abwechslungsreichen Landschaft steht eine ganze Reihe der im Park gebauten Hotels und Gästehäuser leer, da sich nach der großen

Diese Seilbahn führt zu den Blauen Felsen

Privatisierungswelle bis heute keine Käufer und Investoren fanden.

Zum Besucherzentrum gelangt man über die Straße nach Kotel, die Sliven in östlicher Richtung verläßt und am südlichen Ende des Parks vorbeiführt. Nach dem ziemlich neuen Hotel Imperija – es gehört dem ehemaligen bulgarischen Fußballnationalspieler Jordan Lečkov, dem seit 2003 gewählten Bürgermeister von Sliven –, zweigt eine kleine Straße links ab. Nach einigen hundert Metern erreicht man einen Parkplatz und das Besucherzentrum, und nach weiteren 500 Metern das Hotel Alpia, dessen Architekten offensichtlich vom Felsenambiente der Umgebung inspiriert waren. Gleich daneben steht die Talstation des Sesselliftes. Von dort kann man zu Fuß losgehen oder rund 20 Minuten mit dem Lift fahren. Von der Bergstation des Lifts gelangt man auf eine asphaltierte Straße, die sich in nördlicher Richtung durch den Park schlängelt und in östlicher Richtung an einem leerstehenden Hotel mit Parkplatz endet. Ein guter Startpunkt sowohl für kleinere Spaziergänge im Wald als auch für längere Touren durch das Gebirge.

i Vorwahl: 044.

Es gibt zwar sowohl eine Parkverwaltung als auch ein Informationszentrum. Die Wahrscheinlichkeit, dort einen Mitarbeiter mit Englischkenntnissen anzutreffen, ist aber äußerst gering. Man sollte also auch für kleine Touren reichlich Zeit einplanen.

Besucherzentrum mit Ausstellung und Informationsmaterial, das meiste jedoch überteuert und nur auf Bulgarisch, gleich am Parkeingang, an der Straße zur Talstation der Seilbahn und zum Chateau Alpia, April bis November, täglich 8–16 Uhr.

Parkverwaltung, PO Box 122, ul. Orešak 15a, 8800 Sliven, Tel. 386 32, 662 96, 229 26, Fax 662 96, 229 26, dpp.skamani@sl.bia-bg.com, www.bg-parks.net,

Mo–Fr 8–16.30 Uhr (Zentrale in Sofija: siehe A-Z, National- und Naturparks).
Führungen: Wer an einer Parkführung teilnehmen möchte, muß sich mindestens zehn Tage vorher bei der Parkverwaltung anmelden. Gruppen zu 5 Personen zahlen pro Kopf und Tag 5 Euro. Thematische Führungen gibt es zu Flora, Fauna, Vögel, Geschichte und Archäologie.

Von Sliven (Zentrum) Busse Nr. 2, 12 und 16, Oberleitungsbusse Nr. 3 und 20. Vom Bahnhof Oberleitungsbus Nr. 18. Die Haltestelle nahe des Naturparks heißt Duleva reka.

Chateau Alpia (s. Serviceteil Sliven).
Weitere – teils recht einfache – Unterkünfte im Parkgebiet:
Ferienhaus Miroglio, Karandila (nahe der Seilbahn-Bergstation), Tel. 821 23.
Ferienhaus Stelit, Karandila, Tel. 885 94.
Ferienhaus Bjala mečka (›weißer Bär‹), Karandila, Tel. 823 90.
Ferienhaus Kvarc, Daula (Norden) Tel. 251 80.

Camping ist möglich bei Slunčeva poliana, am Gipfel Bălgarka und bei Ablanovo, wenn man im Park-Büro eine Gebühr von 1 Euro pro Person und Nacht bezahlt hat. Bei der Parkverwaltung können auch günstig Zelte (für 2 oder 3 Personen) geliehen werden.

Wegen unsicherer Öffnungszeiten und mangelhaften Kartenmaterials empfiehlt es sich, ausreichend Verpflegung dabei zu haben. Die Ferienhäuser Miroglio, Stelit, Bjala mečka und Kvarc haben Restaurants, es wird jedoch um Reservierung gebeten. Bei Karandila gibt es in der Nähe des Sees ein Café und Restaurant (8.30–22 Uhr).

Fahrradverleih wird nicht angeboten. Wer dennoch ein Fahrrad auftreibt, kann den Park – allerdings nur auf den asphaltierten Straßen – durchfahren, zum Beispiel die westliche Route von Sliven über Ablanovo nach Daula.

Die Schwarzmeerküste ist die bekannteste und am meisten frequentierte Region Bulgariens. An der teils felsigen, teils sandigen Küste gibt es touristische Angebote für jeden Geschmack. Kleinere Kur- und Badeorte laden ebenso zum Besuch ein wie die großen betriebsamen Hafenstädte Varna und Burgas, das Hinterland ist durch großzügige Naturparks und die Weite der Dobrudscha geprägt.

Die Schwarzmeerküste

Die südliche Schwarzmeerküste

Die südliche Schwarzmeerküste ist eine Region des zweiten Blicks. Natürlich findet man auch hier wie an der gesamten Küste fotogene Sandstrände und moderne Ferienanlagen, aber am meisten Spaß macht es, ein bißchen Entdecker zu spielen, einfach drafloszuwandern und statt der ausgetretenen Touristenpfade lieber mal die Seitenstraßen und kleinen Gassen zu nehmen.

Dazu zählt etwa eine Bootsfahrt auf dem Pomorie-See, bei der man Pelikane beobachten kann, oder ein Besuch des Salzmuseums, das nebenan noch echte Salinen auf traditionelle Weise bewirtschaftet. In Stoilovo im Naturpark Strandža kann es dem Besucher gar passieren, daß er vom Bürgermeister auf einen Esel gesetzt wird und einmal durchs Dorf reitet.

Burgas

Burgas ist neben Varna die zweite große Stadt am Schwarzen Meer. Sie liegt in der Mitte einer hufeisenförmigen Bucht, etwa 130 Kilometer südlich von Varna und rund 400 Kilometer östlich von Sofija.

Burgas beherbergt den größten Güterhafen Bulgariens und gilt eher als industrielles denn als touristisches Zentrum. Chemie-, Maschinenbau- und Lebensmittelindustrie-, Textil- und Holzverarbeitung sind die wichtigsten Wirtschaftszweige der Stadt.

Burgas ist mit – einschließlich der Gemeinden – 240 000 Einwohnern deutlich kleiner als Varna, eignet sich aber ebenso gut als Anlaufstelle für die Erkundung des östlichen Bulgarien. Der internationale Flughafen liegt nur etwa 20 Busminuten vom Zentrum entfernt, ein gutes Netz aus Bussen und Minibussen ermöglicht Tagesausflüge entlang der Küste sowie die Weiterreise ins Hinterland.

Burgas bietet dem Besucher zunächst das Bild einer bröckelnden Industriestadt voller häßlicher Wohnklötze, aus der vereinzelt moderne Hotels oder verglaste Autohäuser hervorstechen. Erst im Zentrum sieht man, daß die Stadt längst von Flaggschiffen des westlichen Kapitalismus erobert wurde.

Auf Fahnen prangen die – ausschließlich in lateinischer Schrift gehaltenen – Logos etwa von McDonalds, Benetton oder Wrangler. Dazwischen stechen Reklamen von Mobilfunkanbietern ins Auge, schick eingerichtete Cafés, Boutiquen und Banken. Handys sind genauso verbreitet wie im Westen, Jugendliche und auch nicht mehr ganz junge Menschen tragen mit Eifer modische Kleidung und Sonnenbrillen.

Die südliche Schwarzmeerküste

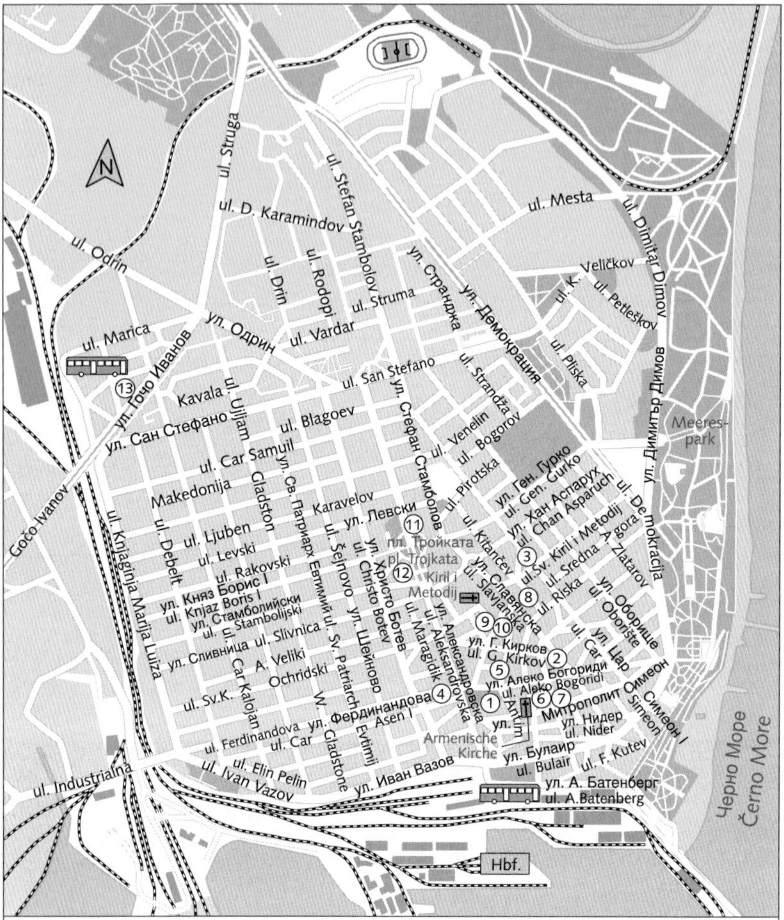

Burgas, Zentrum

Legende

1 Hotel Bălgarija
2 Hotel Plaza
3 Hotel Astoria
4 Internet-Service
5 Rathaus
6 Archäologisches Museum
7 Kunstgalerie
8 Ethnographisches Museum
9 Stadtmuseum
10 Naturwissenschaftliches Museum
11 Denkmal des Sowjetischen Soldaten
12 Buchhandlung Chelikon
13 Supermarkt Billa

Noch prägen vor allem junge Menschen das Stadtbild von Burgas, aber das könnte sich in den nächsten Jahren ändern. Denn viele Jugendliche sehen keine Perspektive in ihrem Land und wollen es lieber heute als morgen Richtung Westen verlassen.

Ein Stadtrundgang

Das touristische Leben spielt sich in Burgas vor allem an drei Stellen ab: entlang der beiden Fußgängerzonen Aleksandrovska und Aleko Bogoridi sowie am Stadtstrand, der durch einen breiten Grünstreifen, dem Meerespark, von der Stadt abgegrenzt ist. Die Aleksandrovska beginnt am Hauptbahnhof, wo sich auch der südliche Busbahnhof, ein Taxistand und ein Park befinden, und führt von dort nach Norden. Links und rechts der Aleksandrovska wechseln sich Geschäfte mit Banken und Cafés ab. Die auffälligsten Bauwerke sind das Hotel Bălgarija, ein riesiges Gebäude aus der kommunistischen Ära und wie alle Hotels längst privatisiert, sowie das Rathaus am pl. Svoboda.

Am Trojkata, dem größten Platz in Burgas, befinden sich das Denkmal für den sowjetischen Soldaten und die Freie Universität. Das ist ein Prunkgebäude, in dem einst die kommunistische Partei residierte.

Am Svoboda-Platz kreuzen sich die beiden Flanierstraßen Aleksandrovska und Aleko Bogoridi, an der die Cafés und Restaurants fast nahtlos ineinander

Die Kirche Kiril i Metodij stammt aus dem 19. Jahrhundert

übergehen. Die Aleko Bogoridi führt in östlicher Richtung direkt zum Strand. Etwa auf halbem Wege stehen zwei neue Hotels. Das Plaza wurde erst 2003 eröffnet: ein renovierter Altbau mit Glasfassade und heller Lobby mit Designermöbeln. Etwas weniger touristisch und dennoch sehr lebendig zeigt sich Burgas übrigens westlich und nordöstlich der Aleksandrovska.

Zwischen all dem Trubel auf der Aleko Bogoridi übersieht man leicht das Archäologische Museum. Funde aus der Steinzeit zeigen, wie weit die Geschichte Bulgariens zurückreicht. Die in der Nähe gefundene Vasen, Säulen und Münzen stammen von Thrakern, Griechen und Römern. Die Exponate reichen vom 4./5. Jahrtausend v. Chr. bis zum 15. Jahrhundert n. Chr. In Gehweite des Archäologischen Museums befinden sich auch das Ethnographische Museum. Es ist im prächtigen Wiedergeburtsstil eingerichtet und gibt mit Trachten, Einrichtungsgegenständen und Haushaltsgeräten Einblick in eben diese Epoche (19. Jahrhundert).

In der Nähe zeigt die Kunstgalerie Portraits, Landschaftsgemälde und abstrakte Kunst aus dem 20. Jahrhundert sowie Ikonen aus dem 17. bis 20. Jahrhundert. Sie ist in einer ehemaligen Synagoge (erbaut 1906) untergebracht. Auf einem Parkplatz stehend, präsentiert die Kirche Kiril i Metodij (19. Jahrhundert) die typische Innenausstattung eines bulgarisch-orthodoxen Gotteshauses: holzvertäfelte Altarwand, Deckengemälde und Wandmalereien.

Auf dem Weg zum Strand durchquert man den Meerespark mit seinen Blumenbeeten, Brunnen, Skulpturen, Cafés und einem Freilufttheater. Obwohl das Wasser in und um Burgas nicht gerade als sauber gilt, vor allem wegen der dort

Der schöne Meerespark bildet die Pufferzone zwischen Stadt und Land

ansässigen chemischen Industrie (Erdölverarbeitung), ist der Sandstrand bei Burgas im Sommer immer gut besucht. Der Strand wird regelmäßig gesäubert, und in kleinen Aussichtskabinen wacht Aufsichtspersonal über die Badenden. Wer nicht ins Wasser gehen will, sollte wenigstens einmal am Abend die Strandpromenade auf- und abgehen und sich den Duft von Kiefern und Fischrestaurants um die Nase wehen lassen. Die Atmosphäre ist äußerst romantisch, das Essen gut und preiswert. Beliebt ist auch ein Spaziergang über die Seebrücke, die gut hundert Meter ins Meer hinausragt und in einer Aussichtsplattform über drei Etagen endet. Tagsüber nutzen Jugendliche diesen großen Steg als Sprungturm, reifere Männer kommen zum Angeln. Am späteren Abend gehört er vor allem den Liebespärchen – auch wenn die Betonkonstruktion nicht unbedingt romantisch anmutet. Bei guten Sichtverhältnissen kann man in der Ferne die Küstenorte Pomorie und Černomorec erkennen.

Naturfreunde finden eine weitere Attraktion am Stadtrand: Die drei rund um Burgas gelegenen Seen Atanasov, Burgas (auch Vaja genannt, mit 28 Quadratkilometern der größte See Bulgariens) und Mandra. Zusammen mit dem Pomorie-See und dem Naturschutzgebiet Poda bilden sie ein wichtiges Feuchtgebiet, das über 300 Vogelarten als Futter- und Nistplatz dient, darunter Störchen, Pelikanen, Flamingos, Kranichen und allerlei Raubvogelarten. Besonders während der Migration im Frühling und Herbst lassen sich dort beeindruckende Szenen beobachten, etwa wenn sich eine Herde Pelikane im Licht der untergehenden Sonne vom Wasser in den Himmel erhebt.

Das Naturschutzgebiet Poda ist ein Projekt der Bulgarischen Gesellschaft zum Schutz der Vögel (BGSV). Es liegt südlich des Stadtzentrums an der Bucht von Burgas, direkt an der Fernstraße E 87 nach Sozopol. Poda ist ein ganzjährig geöffnetes Haus mit Bibliothek, Beobachtungsterrasse und Ferngläsern, das Führungen auf Anfrage anbietet.

i Vorwahl: 056.
Eine offizielle Touristeninformation gibt es in Burgas nicht, auch die Hotels sind in der Regel nicht besonders hilfreich. Geldautomaten und Wechselstuben gibt es in Burgas aber reichlich, besonders entlang der Aleksandrovska, zum Beispiel gegenüber dem Hotel Bălgarija. Auch am Flughafen kann man Geld wechseln.
Einen Stadtplan ist an Kiosken und in Buchhandlungen erhältlich, z. B. Buchhandlung Chelikon, pl. Trojkata 4, westlich vom Denkmal. Die Straßennamen des Stadtplans sind in Kyrillisch, die Legende auf Deutsch und Englisch; 2,50 Leva.
Kartentelefone gibt es in Blau und Orange in ausreichender Menge.
Internetservice: Ferdinandova 2a, eine Gehminute westlich vom Rat-

haus, 24 Stunden täglich geöffnet, 9 Terminals, Preis drei Leva/Stunde. Gepäckaufbewahrung: am Bahnhof, hinter dem Taxistand; geöffnet 6–22.15 Uhr, 0,80 Leva pro Gepäckstück und angefangenem Tag.

Nach Burgas führen die Fernstraßen 6 (in ost-westlicher Richtung über Sliven) und 9 (in nord-südlicher Richtung über Varna).

Täglich mehrmals fahren Auto- und Minibusse zu den wichtigsten touristischen Orten entlang der Küste, etwa Nesebăr, Pomorie oder Sozopol. Auch gehen von Burgas Busse nach Varna, Malko Tărnovo und Istanbul sowie zu den größeren Orten im südlichen Balkan.

Züge fahren nur ins Landesinnere. Zwischen Sofija und Burgas bestehen zwei Bahnlinien. Eine nördliche Route über Sopot, Karlovo, Kasanlăk und Sliven. Und eine südliche Route über Pazardžik, Plovdiv, Stara Zagora (oder Dimitrovgrad) und Jambol. Die Reiseziele und Informationen am Bahnhof Burgas gibt es nur auf Kyrillisch.

Der Flughafen befindet sich etwa 20 km nordöstlich der Stadt. Zwischen dem Abflug-Terminal und dem Bahnhof in Burgas verkehren etwa halbstündlich Busse. Die Fahrt mit einem städtischen Bus (zum Beispiel Nr. 15) kostet etwa 40 Stotinki. Im Sommer landen täglich mehrere Flugzeuge aus fast allen deutschen Flughäfen. Deshalb kann es manchmal ein bis zwei Stunden dauern, bis man an der Paßkontrolle vorbei ist und das Gepäck in Händen hält.

›Bălgarija‹, Aleksandrovska 21, Tel. 84 26 10, 84 28 20, 87 52 30, Fax 84 12 91, 84 15 01, HotelBulgaria@2plus.bg, www.bulgaria-hotel.com. Zentral, Fassade im Sowjetstil, aber modern eingerichtete Zimmer, Panorama-Restaurant (18 bis 2 Uhr), Internet-Service für Hotelgäste.

›Plaza‹, A. Bogoridi 42, Tel. (Auskunft) 84 62-94, Tel. (Reservierung) -95, Fax -96, info@plazahotel-bg.com, reservations@plazahotel-bg.com. Zentral, modern.

Weitere Hotels unter www.bourgashotels.com, Privatzimmer (um die 15 Leva) vermittelt die Agentur ›Teddy-Kam‹.

Gut und preisgünstig essen kann man in den meisten Restaurants entlang der Uferpromenade, zwischen dem Meerespark und dem Strand, nördlich des Steges. Wer bulgarisch spricht oder bulgarisch sprechende Begleitung hat, sollte ruhig einmal die Restaurants abseits der Flaniermeilen probieren, die eher regionale Gerichte servieren und bei denen das Preis-Leistungs-Verhältnis meist noch besser ausfällt. Fast überall bekommt man einen guten Espresso.

Archäologisches Museum, bul. A. Bogoridi 21, geöffnet 15. Juni–15. September Mo–Sa 9–18 Uhr; sonst Mo–Fr 9–17 Uhr. Beschriftungen nur auf Bulgarisch,

Informationsblätter auf Deutsch und Englisch.
Ethnographisches Museum, Slavjanska 69 (nahe der Kirche ›Kiril i Metodij‹); geöffnet 15. Juni–15. September Mo–Sa 9–18 Uhr, sonst Mo–Fr 9–17 Uhr. Führungen auf Anfrage.
Städtische Kunstgalerie, Mitropolit Simeon 24, Mo–Fr 9–12 u. 14–18 Uhr; Eintritt frei, www.bourgas.net/ArtGallery.
Burgas hat drei Kinos, die überwiegend aktuelle amerikanische Produktionen zeigen. Englische oder amerikanische Filme im Original kosten nur etwa drei Leva.
Im Meerespark und am Strand gibt es einige Diskotheken.
Naturschutzzentrum Poda, Tel. 85 05-40, Fax -41, bspbpoda@mobikom.com, www.bspb-poda.de. Geöffnet Mo–So 8.30–17.15 Uhr, Führungen und Gruppentermine auf Anfrage. Im Zentrum wird deutsch und englisch gesprochen. Zugvogelbeobachtung März bis Mai (Frühlingszug) und August bis Oktober (Herbstzug). Die Busse Nr. 5, 17, 18 und 51 fahren am Besucherzentrum vorbei, Abfahrt in Burgas an der Haltestelle ›Dritte Poliklinik‹, bul. Demokracija, ungefähr Ecke ul. General Gurko. Ein Taxi vom Zentrum kostet zwischen sechs und zehn Leva (Preis vorher absprechen!).

Festival der sinfonischen Musik: Internationales Folkfestival, Mitte August bis Mitte September

Im Zentrum gibt es einige kleinere Lebensmittelläden, unzählige Cafés und Restaurants, besonders entlang der touristischen Straßen und Plätze. Westlich der Aleksandrovska, in der ul. Ibaljo, gibt es einen größeren Obst- und Gemüsemarkt, sowie Kleidungsgeschäfte und Bäckereien. Ein großer Supermarkt (›Billa‹) befindet sich nordwestlich des Zentrums beim westlichen Busbahnhof.

Der Strand von Burgas ist nicht wirklich schön, für einen Spaziergang oder zum Sonnen taugt er allemal. Schöner und meist sauberer sind die Strände südlich und nördlich von Burgas.

Geführte Wanderungen und Radtouren: Via Pontica Co, Ltd, ul. Demokracija Str. 6/13, Tel. 84 01 06, 84 03 36, www.biking-in-bulgaria.com, office@biking-in-bulgaria.com. Bietet unter anderem Touren in den Gebieten Strandža, Zentralbalkan, Südliche Rhodopen, Vitoša und entlang der Schwarzmeerküste.
Anbieter für Touren zur Vogelbeobachtung: Bourgas Wetlands (Feuchtzonen Burgas), Ljubomir Profirov, ul. Ferdinandova 78, 1. Eingang, 1. Stock, Tel. 84 54 75 oder Tel./Fax 84 46 17, bw@bsbcp.org, www.pomonet.bg/bourgaslakes; Rusi Todorov (Bootstouren), Tel. 056-89 21 19 (Auch via Bourgas Wetlands erreichbar).

Das Schwarze Meer

Ursprünglich war das Schwarze Meer ein Binnenmeer, das 150 Meter tiefer als das Mittelmeer lag. Nach der letzten Eiszeit stieg der Meeresspiegel des Mittelmeers jedoch durch abschmelzende Gletscher rapide an und brach vor 7500 Jahren schließlich zum Bosporus durch. Die gewaltigen Fluten, die nun ins Schwarze Meer stürzten, haben immer wieder Spekulationen hervorgerufen, die in diesem Vorgang den historischen Kern der Sintflut sehen, wie sie im Alten Testament beschrieben ist.

Seit ihren ersten Anfängen gestaltet sich die Schiffahrt auf dem Schwarzen Meer durch unberechenbare Strömungen und stürmische Nordwinde sehr schwierig. Dies allein ist jedoch nicht der Grund für die Bezeichnung Schwarzes Meer. Vielmehr bezieht sie sich auf düstere Zeiten, in denen es wilde Reiterstämme, Plünderer und Eroberer umkreisten und umkämpften. Die Skythen, ein ostiranisches Nomadenvolk, zogen vor 2500 Jahren durch seine östlichen und nördlichen Küstenregionen. Seither war es das dunkle, schwarze Meer (skythisch: aksaena). Und auch für die Griechen, die zur selben Zeit die südwestliche Küste besiedelten, war es im Vergleich zum Mittelmeer eher ungastlich, und so nannten sie es Pontus Axeinos (ungastliches Meer). Erst mit der Kolonisierung der Küsten und der Entstehung gastfreundlicher Häfen wurde dieses Meer in römischer Zeit zum Pontos Euxinos, zum gastlichen Meer.

Touristen empfinden das Schwarze Meer heute als einladend: Badeurlauber können sich darüber freuen, daß das Wasser bis zu 15 Metern Tiefe sehr klar ist und die Gezeiten im Vergleich zu anderen Meeren kaum zu bemerken sind, für Taucher wirkt sich der geringe Salzgehalt vorteilhaft aus. Er ist dem Zufluß vier großer Ströme zu verdanken: der Donau in Rumänien, dem Dnjestr in Moldawien, dem Dnjepr in der Ukraine und dem Don in Rußland.

Diese Ströme und die kleineren Flüsse, die ebenfalls ins Schwarze Meer münden, tragen auch dazu bei, daß sich dort hunderte von Tierarten tummeln. Darunter sind verschiedene Arten des Stör wie der große Hausen und der kleine Sterlet, die den exklusiven Kaviar liefern. Fischarten wie Stör, Thunfisch, Steinbutt, Meeräsche, Makrelen und Sprotten boten jahrhundertelang den Siedlern rund ums Schwarze Meer die Möglichkeit, vom Fischfang zu leben.

Seit dem Industriezeitalter leidet das Schwarze Meer aber wie andere Meere auch durch die Überfischung mit staatlichen Trawlern unter schwindenden Beständen. Außerdem führten die Flüsse immer häufiger verschmutztes Wasser mit sich. Die darin enthaltenen Rückstände von Handelsdünger und Reinigungsmitteln führten zur Eutrophierung. Dabei verursachen Phosphate und Stickstoffverbindungen eine starke

Vermehrung von Algen, die sehr viel Sauerstoff verbrauchen, der den Fischen und anderen Tieren zum Leben fehlt. Als einzige Lebewesen profitieren davon bestimmte Quallenarten, die vermehrt dort auftreten, wo sich Algen ausbreiten.
Beträchtliche Störungen des ökologischen Gleichgewichts im Schwarzen Meer und in den angrenzenden Flußlandschaften hatten auch zur Folge, daß Tierarten wie Mönchsrobben, Pelikane und Delphine selten geworden sind. Für das verminderte Vorkommen der Delphine gibt es noch einen anderen Grund: Obwohl der Delphinfang seit 1966 verboten ist, wurden sie oft illegal gefangen und verkauft und landeten häufig in Wanderzirkussen oder Zoos. Dort gehen sie, da sie an eine komplexe Sozialstruktur gewöhnt sind, oft schnell zugrunde. So bleibt zu hoffen, daß das 2002 erneuerte Fang- und Exportverbot der Internationalen Artenschutz-Konferenz Wirkung zeigt.
Als Osteuropa 1990 den politischen und wirtschaftlichen Kollaps erlebte, stand das Schwarze Meer bereits vor dem ökologischen Zusammenbruch. Seitdem arbeiten viele internationale und nationale Kommissionen und Organisationen an Plänen zu seiner Regeneration. 1996 unterzeichneten die sechs Anliegerstaaten Türkei, Georgien, Rußland, Ukraine, Rumänien und Bulgarien nach mehrjährigen Verhandlungen den Aktionsplan des Black Sea Environmental Project (BSEP) und erklärten den 31. Oktober zum Internationalen Tag des Schwarzen Meeres.
Mit dem geplanten Beitritt Rumäniens und Bulgariens in die EU wird das Schwarze Meer in näherer Zukunft zum Küstengebiet der Europäischen Union. Ihre Initiative EROS beschäftigt sich seit 1994 damit, die Fähigkeiten des Schwarzen Meeres, sich selbst zu regenerieren, aufzuzeigen und zu fördern.
Aber immer noch ist die Donau nicht nur der größte Zufluß, sondern auch der Hauptverschmutzer des Schwarzen Meers. Da sie durch zehn Länder fließt, sind die Bemühungen um eine Verbesserung mühsam. Umso erfreulicher gestaltet sich die Arbeit unabhängiger Gruppen wie dem World Wide Fund for Nature (WWF), der mit dem Projekt ›Grüne Donau‹ die teilweise Renaturierung des Donaudeltas erreicht hat.
Viel sauberes Wasser muß also noch die Donau hinabfließen, um dem Schwarzen Meer eine Chance zur dauerhaften Regeneration zu geben. Bis dahin können nur vereinzelte Strände wie in Bulgarien mit der Blauen Flagge als Zeichen für einen ökologisch einwandfreien Zustand ausgezeichnet werden.

Sozopol und Umgebung

Die Altstadt von Sozopol liegt auf einer kleinen Halbinsel, die sich wie ein Horn ins Meer krümmt. Den Übergang zwischen Neu- und Altstadt markieren ein Streifen Sandstrand im Osten, die Bushaltestelle mit Marktständen und der Hafen im Westen. Den Weg von hier zum etwas höher gelegenen historischen Viertel säumen zahllose T-Shirt-, Imbiß- und Souvenirstände, kräftig beschallt mit aktueller Popmusik. In den schmalen Straßen und Gassen lösen sich der Rummel und das Gedränge etwas auf. Dieser Teil Sozopols wirkt wie ein gut besuchtes Freiluftmuseum im Stil der Wiedergeburtsarchitektur. Die typischen Häuser des 19. Jahrhunderts sind hier in großer Zahl und allerlei Variationen zu sehen. Mal sind sie durchweg aus Holz gebaut, mal mit steinernem Erdgeschoß und mal mit hölzernem Aufbau versehen. In den Gärten und Grünflächen wachsen Weinreben, Feigenbäume und wie fast überall in Bulgarien wilde Pflaumen.

Sozopol gilt als älteste griechische Kolonie an der Schwarzmeerküste. Im siebten Jahrhundert v. Chr. ließen sich Griechen in der thrakisch besiedelten Region nieder. Das spätere Sozopol nannten sie Apollonia, dem Gott des Lichtes und Patron der Künste geweiht. Reger Handel ließ die Stadt erblühen, aber machte sie auch für feindliche Mächte interessant. Sozopol wurde mehrmals erobert und zerstört.

Spuren aus der älteren Geschichte Sozopols finden sich nur noch im Archäologischen Museum. Wesentlich jüngeren Datums, aber recht interessant, ist die Einrichtung der bulgarisch-orthodoxen Kirche Sveti Georgi an der ul. Apolonija,

Vom nördlichen Ende Sozopols sieht man die Insel Sv. Ivan

Blick von der Neustadt auf Strand und Altstadt

einer der Hauptstraßen durch die Altstadt. Mit ihren zwei in der Mitte stehenden Holzöfen, deren Rohre jeweils quer durch die halbe Kirche gehen, den drei Kronleuchtern, die dicht beieinander an der relativ niedrigen Holzdecke hängen, und den mit vielen kleinen Bildern tapezierten Wänden erinnert sie an einen gemütlichen Flohmarkt. Nur die weißen Steinsäulen wirken etwas deplaziert.

Am Hafen haben einige Männer ihre Fischkutter zu Wassertaxis umfunktioniert, und Veranstalter werben mit Küstenrundfahrten und Ausflügen zur nahe gelegenen Insel Sveti Ivan, deren Leuchtturm man von der Altstadt aus sehen kann. Nordwestlich des Boothafens liegt ein Stützpunkt der bulgarischen Marine. Wer hungrig ist und Wert auf einen guten Ausblick legt, findet entlang der küstennahen Gassen und Straßen eine ganze Reihe von Restaurants und Cafés mit Sicht aufs Meer oder die Inseln. Trotz des Touristenrummels bieten die meisten Lokale durchaus Gerichte zu günstigen Preisen an.

Nördlich von Sozopol erstreckt sich die hufeisenförmige Bucht Sveti Nikola mit dem kleinen Ort Černomorec. Sie ist stets gut besucht. Um den schmalen Streifen Sandstrand gruppieren sich Ferienhäuser, dazwischen finden sich Lebensmittelläden, Cafés und Restaurants. Mit der Sonne verschwindet am Abend aber auch das beste Argument für Černomorec. Wer das Nachtleben sucht, sollte entweder nach Burgas oder Sozopol ausweichen.

Südlich von Sozopol macht der kleine Ort Djuni seinem Namen alle Ehre: Dünen durchziehen den breiten, leuchtend gelben Sandstrand. Das Ufer ist so flach, daß man selbst nach hundert Metern noch stehen kann – ideal für Kinder, die noch nicht schwimmen können. Djuni ist ein All-inclusive-Feriendorf, neu und durchaus luxuriös. Einige Villen der dreigeteilten Anlage, die etwa 1400 Betten hat, sind dem Stil der Nationalen Wiedergeburt nachempfunden. Zudem wurden Formen der anliegenden Landschaft, etwa die Dünen und Pflanzen, in den Außenanlagen wieder aufgenommen. Djuni bietet die komplette Infrastruktur eines modernen Touristenressorts einschließlich Sportanlagen, Cafés, Restaurants, Bars und Discos.

Das Gebiet bei der Ropotamo-Mündung, einige Kilometer südlich von Djuni, bietet gute Möglichkeiten zur Vogelbeobachtung. Außerdem eignet sich das Naturschutzgebiet mit seinen Wäldern und Sümpfen prima für Wanderungen zu Fuß oder Erkundungen mit dem Boot.

▶ Sozopol:
Vorwahl: 055 14
Touristeninformation, pl. Republikanska, Tel. 33 36, www.sozopol.com (englisch). Geldautomaten am Anfang der ul. Apolonija, linke Seite, dazu mehrere Telefonzellen und ein Postamt.
▶ Černomorec:
Vorwahl: 055 10
Touristeninformation, ul. Sv. Nikolas 6, Tel. 27 44.
▶ Djuni:
Vorwahl: 055 14

Sozopol liegt ca. 35 km südöstlich von Burgas. Es ist mit Minibussen von Burgas und Kiten zu erreichen (Preise: Kiten–Sozopol: zwei Leva, Sozopol–Burgas: 2,10 Leva); Fahrtzeit etwa 45 Minuten.

▶ Sozopol:
Hotel ›The house with the sun‹, ul. Glarus 4, (im nordwestlichen Teil der Altstadt, nahe der Kirche zur Heiligen Jungfrau) Tel. (in Sofija) 02-980 44 31 und 02-981 14 02. Renoviertes und modernisiertes Wiedergeburtshaus zu fairen Preisen; mit Sauna und Whirlpool.
Ferienhaus Peneva, ul. Rila 8, Neustadt, Tel. 38 12, mobil: 088-733 11 09.
Orion Hotel, ul. Vichren 28, Neustadt, Tel. 31 39, Fax 20 37, hotel_orion@yahoo.com.
Hotel Slănce (Sun), ul. Strandža 6, Neustadt, Tel./Fax 24 31.
▶ Černomorec:
Hotel San Susi, ul Slavjanska 16, Tel. 2712, mobil: 088-53 24 38, www.discoverbulgaria.com.
E. Vulčeva, Privatzimmer, ul. Slavjanska 11, Tel. 29 38, Fax 29 34.
▶ Djuni:
Djuni Holiday Village, Tel. 22 60, Fax 24 67, duni@bse.bg, www.travel-bulgaria.com/duni. Moderne Ferienanlage mit All-inclusive-Angeboten in verschiedenen Preisklassen.

Campingplatz Gradina in Černomorec, südlich der Stadt. Direkt an einem schönen Strand gelegen.

Sozopol:
Café Morski Skapi; direkt am Uferweg, prächtiger Blick auf die Felsenküste. Große Auswahl an preiswerten Gerichten.
Das Café gegenüber der Kirche Sveti Georgi hat eine große Kuchenauswahl.
Taverne Odissej, ul. Apolonija 35, Tel. 41 24, mobil: 098/71 48 39.
Nettes Hinterhofcafé direkt neben dem Art Club (ul. Apolonija 36), preiswerte bulgarische Küche.

Sozopol: Livemusik im Art Club, ul. Apolonija 36.

Galerie Laskaridi in Spozopol, ul. Kiril i Metodij 17.
Viel Kitsch, aber auch Stadtführer zu Sozopol, Keramik, Postkarten.

Sozopol:
April: Frühlings-Musik-Festival mit Konzerten in Klassik und Jazz.
Anfang bis Mitte September: Kunstfestival Apolonia, Konzerte verschiedener Musikrichtungen, Tanz, Theater. Freiluftaufführungen an historischen Schauplätzen; http://apollonia.dir.bg (engl.).

Primorsko und Kiten

Bei Primorsko beginnt der längste zusammenhängende Sandstrand der Küste. Dieser gut zehn Kilometer lange Abschnitt wird immer wieder als der schönste Strand Bulgariens bezeichnet. Während des Kommunismus war Primorsko ein Zentrum internationaler Jugendbegegnung, in dem sich, vom Staat organisiert, Jahr für Jahr tausende Jugendlicher aus aller Welt trafen. Der zugehörige Gebäudekomplex wurde inzwischen privatisiert. Anders als Djuni fehlt Primorsko jegliche ästhetische Struktur. Dennoch scheint der Ort noch immer Jugendliche besonders aus Osteuropa anzuziehen, da die Preise vergleichsweise günstig sind. Zudem wurden die Strände wegen ihrer Sauberkeit und der Wasserqualität mit der Blauen Flagge (2003) ausgezeichnet. Der örtliche Friedhof liegt auf einem Felsvorsprung, von dem aus sich eine beeindruckende Perspektive auf den Strand eröffnet.

Das etwas weiter südlich gelegene Kiten ist ein typischer Strandort, der sich auf die pauschaltouristischen Grundbedürfnisse beschränkt: Sonne, Sand und Meer, Essen und Trinken. Kiten wird bevorzugt von Touristen aus dem Inland und den benachbarten osteuropäischen Ländern – zum Beispiel Serbien – besucht.

Je näher man dem Strand kommt, desto dichter stehen die Stände mit Souvenirs, Badeausstattung oder Eß- und Trinkwaren. Viele der Häuser werden als Ferienwohnungen vermietet, außerdem ragen einige Hotels in den Himmel. Der Sandstrand ist im Sommer bis auf den letzten Quadratzentimeter gefüllt. Wer sich erfrischen will, hat die Wahl zwischen Surfen, Jet-Ski und Tretboot.

Kitens geschützte Bucht mit ihrem Sandstrand zieht stets viele Gäste an

Vorwahl: 055 61. Touristeninformation Primorsko, pl. Treti Mart, Tel. 30 76.

Vom Südbahnhof in Burgas fahren mehrmals täglich Busse.

► Primorsko: Surf Hotel, Internationales Jugendzentrum, Tel./Fax 055/ 30110, mobil 003 59/88/335 53. Spectrum Place Hotel, ul. Treti Mart 82, Tel. 055/335 29, Fax 323 49. Nur saisonal geöffnet. ► Kiten: Hotel Chiplakoff, ul. Primorska 2, Tel. 0550/368 49, mobil: 090 87 63, http://hotel-chiplakoff.hit.bg. Hotel Elit, ul. Černo More 2, Tel. 368-97, -98, Fax -97, www.hotelelit.dir.bg. Zahlreiche Familienhotels und Privatzimmer vor Ort. Außerdem ein Campingplatz nördlich der Stadt.

In Primorsko zahlreiche Restaurants, Straßen- und Strandcafés. Eine Spezialität der Delfin Snack Bar sind panierte Muscheln. In Kiten reihen sich den ganzen Weg zum Strand und besonders die letzten hundert Meter Cafés und Imbißbuden aneinander.

Abends mehrere Open-Air-Discos am Strand.

Zahlreiche Wassersportmöglichkeiten in Kiten: Surfen, Jet-Ski, Tretboot.

Carevo, Achtopol und Sinemorec

Zu Ehren der Zaren, die auf die kleine Halbinsel, auf der Carevo liegt, zum Baden kamen, wurde der Ort Vasiliko in Carevo um die Wende zum 20. Jahrhundert umbenannt. Die Kommunisten tauften das Dorf Mičurin, nach Ivan Vladimirovič Mičurin (1855–1935), der sich durch hunderte neuer Obstzüchtungen einen Namen gemacht hat. Seit den 90er Jahren heißt es offiziell wieder Carevo.

Die meisten der 6000 Einwohner leben vom Fischfang, der Land- und Forstwirtschaft und dem Schiffsbau, der Tourismus spielt wirtschaftlich nur eine kleine Rolle. Carevo ist auch nicht sonderlich attraktiv – lediglich die Dreifaltigkeitskirche im Wiedergeburtsstil ist interessant, da sie ein kleines Geschichtsmuseum beherbergt –, die nicht sehr zentral gelegenen Strände sind daher bei weitem nicht so überlaufen wie beispielsweise die in Kiten.

Das idyllische Fischerstädtchen Achtopol steht auf felsigem Grund und erinnert durch seine dem Meer ausgesetzte Lage und den engen Gassen, durch die Wiedergeburtshäuser und Feigenbäume an Nesebăr und Sozopol. Allerdings zeigt sich Achtopol weit weniger touristisch. Man hat hier viel weniger das Gefühl, über einen Flohmarkt zu schlendern. Am Meer gibt es kleine Sandstrände, die mit Felsen voneinander abgeschirmt sind.

Als die Griechen hierher kamen, nannten sie den Ort Agatopolis, was je nach Quelle mit Stadt des Glücks oder Stadt der Liebe übersetzt wird. Heute kommen die Besucher vor allem aus osteuropäischen Ländern, nicht zuletzt weil Achtopol auch preislich günstiger ist als die touristischeren Küstenorte. Zahlreiche Bau-

Wanderweg durch den Naturpark Strandža nördlich von Malko Tărnovo

stellen lassen indes erahnen, daß man hier in Zukunft ein wenig mehr vom Tourismuskuchen abbekommen möchte.

Seine idyllische Lage verdankt Sinemorec – vier Kilometer südlich von Achtopol gelegen – der Mündung der Veleka: An seinem östlichen Ende entfaltet der Naturpark Strandža noch einmal seine ganze Pracht. Es ist ein wunderbares Zusammenspiel von Wald, Flußdelta und Meer, wo sattgrüne Wiesen in Sandbänke übergehen, die sich wiederum an Felsen brechen.

Der elf Kilometer lange Küstenstreifen zwischen Sinemorec und Rezovo – südlich von Sinemorec, unmittelbar an der Grenze zur Türkei – bildet das Naturschutzgebiet Silistar. Es beheimatet mehrere endemische und seltene Pflanzen und Tiere wie beispielsweise die Sandlilie, sowie die Mönchsrobbe und über hundert Vogelarten, darunter Uhu, Kormoran und Seeadler. Die Strände befinden sich im Norden und im Süden des Dorfes Sinemorec.

► Carevo: Vorwahl:055 62.
► Achtopol: Vorwahl 05 50.
► Sinemorec: Vorwahl 055 63

Zwischen Achtopol und Sinemorec verkehren mehrmals täglich Busse.

► Carevo: Hotel Čajka, am Hautplatz, nahe der Busstation, Tel. 33 86.
Im Ort werden mehrere Ferienwohnungen vermietet, z.B. bei Alekto Bungalows, Tel. 47 64, mobil: 088-62 56 85 oder 098-26 92 09, e-mail: alekto@abv.bg, http://alekto.tzarevo.com/de. Wahlweise auch über die Agentur ›Diskos Melani‹, ul. Geradžikov 18, am Strandpark.
► Achtopol: Hotel Valdi, ul. Černo More 22a, Tel. 623 20, Fax 624 78, hotelvaldi@hotmail.com, http://hotelvaldi.hit.bg/english.htm.
► Sinemorec: Hotel Villa Philadelphia, Tel. 02/989 33 57 (Sofija), oder 05 50/661 06 (Achtopol), information@villaphiladelphia.com, www.villaphiladelphia.com.
Außerdem werden vor Ort zahlreiche Privatzimmer vermittelt.

Campingplatz Nestinarka, ein Stück südlich von Cavero an der Küste.

Entlang der Fußgängerzone in Carevo befinden sich mehrere Cafés, gegenüber dem Strandpark liegt das Restaurant Jalta, ul. Kramorie 18, Fisch und Lammgerichte.
Achtopol: Café Juka, benannt nach den Yucca-Palmen, die hier dank der milden Winter wachsen, gegenüber der neuen Post (erkennbar an der Wandmalerei).

Der Naturpark Strandža

Der größte Naturpark Bulgariens mit einer Fläche von 1200 Quadtratkilometern liegt im äußersten Südosten des Landes. Im Süden endet er an der Grenze zur Türkei, im Osten am Schwarzen Meer. Die nördliche Begrenzungslinie markieren die Orte Bogdanovo im Westen und Carevo im Osten. In ost-westlicher Richtung erstreckt sich der Naturpark Strandža über 50 Kilometer, in nord-südlicher Richtung über 25 Kilometer. 1995 wurde dieses Gebiet, in dem fünf Reservate und zwölf separate Naturschutzgebiete ausgewiesen sind, zum Naturpark erklärt.

Zwar werden die Höhenzüge im Naturpark als Strandža-Gebirge bezeichnet, es sind jedoch eher bewaldete Hügel als wuchtige Felsen. Mit einer Höhe von 1031 Metern liegt der höchste Punkt zudem auf der türkischen Seite, wogegen es der höchste Gipfel auf bulgarischer Seite, der Berg Goljamo gradište, auf gerade 709 Höhenmeter bringt. Das Landschaftsbild prägen Wiesen, Felder, dichte Eichen- und Buchenwälder, Flußtäler und Dörfer. Das Wappen des Naturparks ziert die Strandža Zelenika, eine violette Rhododendronart, die im Mai im Küstenwald blüht.

Im Naturpark Strandža läßt es sich vom Frühjahr bis zum Herbst gut wandern, radfahren und reiten, man sollte sich jedoch besonders im April und Mai vor Zecken in Acht nehmen. Einige Wanderrouten sind markiert. Vogelfreunde können sich über eine große Artenvielfalt freuen: Der Naturpark Strandža liegt auf der

In Brăšljan dürfen Häuser nur im örtlichen Wiedergeburtsstil gebaut werden

Noch immer gängiges Transportmittel auf dem Land

Zugvogel-Route Via Pontica; man hat hier 261 Vogelarten gezählt. Und der Fluß Veleka mit seinen Auen beheimatet die größte Fischotterpopulation Bulgariens.

Im Strandža leben etwa 9000 Menschen, die sich auf die beiden Städte Malko Tărnovo im Süden und Achtopol im Osten sowie mehrere über den Park verstreute Dörfer verteilen. Die Orte sind durch ein Straßennetz verbunden, das Verkehrsaufkommen jedoch trotz des Grenzübergangs relativ gering. Einige Dörfer rund um Malko Tărnovo bieten sehr schöne und günstige Übernachtungsmöglichkeiten, da sich der Tourismus bisher vor allem entlang der Küste angesiedelt hat. Wer sich an den Wiedergeburtshäusern noch nicht satt gesehen hat, findet in einigen Dörfern wie Brăšljan, Kondolovo, Stoilovo und Kosti die für das Strandža-Gebirge typische bescheidenere und zweckmäßigere Variante dieser Architektur.

Die Region hat einige sehr leckere Gerichte hervorgebracht. Dazu zählt beispielsweise Zelenik, das an Quiche erinnert, und selbstverständlich aus lokal angebauten Zutaten bereitet wird, oder Fisch, der in einem gekrümmten Dachziegel zubereitet und serviert wird, sowie ein besonderer und äußerst gesunder Honig.

Jedes Dorf veranstaltet sein eigenes traditionelles Jahrmarktsfest. Anfang Juni feiert das Dorf Bălgari die Feuertänze (nestinarstvo) zu Ehren der Heiligen Konstantin und Elena. Bei diesem Ritual tanzen in Trance versetzte Frauen und Männer über glühende Kohlen. Zwar sind westliche Fremdsprachen in den Dörfern noch weniger verbreitet als in den Städten, doch im Sommer helfen hier und dort sprachkundige Studenten aus.

Die Wanderungen lassen sich gut mir Abstechern in die Orte verbinden. Sie sind nicht spektakulär, bieten aber auch einige Sehenswürdigkeiten:

In Malko Tărnovo stehen am frisch renovierten Hauptplatz unter anderem das Besucherzentrum des Naturparks Strandža, einige restaurierte oder auf ihre Restauration wartende Wiedergeburtshäuser und die orthodoxe Kirche Uspenie Bogorodično. Etwa vier Kilometer nordwestlich von Malko Tărnovo, in Propada, liegt eine thrakische Grabkammer, etwa genauso weit entfernt in südwestlicher Richtung (Miškova niva) befindet sich ein thrakisches Hügelgrab.

Das Dorf Brăšljan ist ein Architekturreservat für Wiedergeburtshäuser im Strandža-Stil aus dem 18. und 19. Jahrhundert. Im Ethnographischen Museum sind Handwerkskunst und Trachten aus dieser Epoche ausgestellt. Die Kirche Sveti Dimităr ist ein kleines Holzgebäude aus dem 17. Jahrhundert mit angebauter Schule. Außerdem verfügt Brăšljan über ein kleines Naturpark-Informationszentrum.

Kosti ist ein hübsches Dorf mit Wiedergeburtshäusern und der bulgarisch-orthodoxen Kirche Sveti Kiril i Metodij. In Petrova Niva sind Kirche, Museum und Denkmal für die Gefallenen des Aufstands gegen die Türken sehenswert. Auch in Stoilovo findet man einige gut erhaltene Wiedergeburtshäuser, zudem einen netten Biergarten, in dem sich am Abend die Männer des Dorfes versammeln. Dem Besucher kann es passieren, daß er auf einen Esel gesetzt und durchs Dorf geführt wird. Anschließend bekommt er eine Urkunde, eine Art Esel-Lenker-Diplom.

Die beste Anlaufstation für den Naturpark Strandža ist die Grenzstadt Malko Tărnovo, etwa 80 Kilometer südlich von Burgas. Dort hat die Parkverwaltung am Hauptplatz ein Informationszentrum eingerichtet. Leider braucht man auch hier Glück, um auf einen englischsprachigen Mitarbeiter zu treffen. Dennoch bemüht man sich nach Kräften, dem Besucher zu helfen. Das gilt im Übrigen generell für die liebenswerten Bewohner dieser Region, wo die Gastfreundschaft tief verwurzelt ist.

Vorwahl Malko Tărnovo: 059 52

Naturpark Strandža, Malko Tărnovo, ul. Janko Maslinkov 1, Tel. 28 96, 22 29, Fax 22 29, strandja_park@abv.bg, www.bg-parks.net. Weitere Informationsstellen (Geschichte, Aktivitäten, Wanderrouten) gibt es in den Dörfern Mladežko (Rathaus, Tel. 059 59-349), Brăšljan (Rathaus, Tel. 21 26), Kosti (Rathaus, Tel. 055 69-327), Gramatikovo (Gemeindezentrum, Tel. 059 58-224),

Achtopol (Rathaus, Tel. 05 50-623 24), Sinemorec (Rathaus, Tel. 05 50-660 47); geöffnet jeweils Mo–Fr 8–12 Uhr u. 13–17 Uhr.
Karte: nature park Strandja, Maßstab 1:70 000, Kartenausschnitt: Bogdanovo (Nordwesten), Kiten (Nordosten), im Süden endet die Karte entlang der türkischen Grenze; Sprache: Englisch.
Entlang der türkischen Grenzen ist der Strandža-Park nur bedingt zugänglich und bedarf einer befristeten Genehmigung der Grenzbehörden. Wegen möglicher Kontrollen empfiehlt es sich zudem, einen Reisepass mitzuführen.

Generelle Auskunft erteilt die Parkverwaltung in Malko Tărnovo, Tel. 22 29, Fax 22 63 (8–17 Uhr).
Hotels und Pensionen gibt es nur entlang der Küste. Einige Dörfer im Park vermieten Privatzimmer, zum Beispiel Brăšlian (ca. 30 Zimmer). Für rund 15 Leva pro Person und Tag erhält man Übernachtung mit Vollpension. Ferner bietet der Park einige geschützte, überdachte Rastplätze, Jagdhütten mit Betten und Kochgelegenheit (auf der Karte verzeichnet).
Campingplätze gibt es entlang der Küste, etwa nördlich von Kiten (Oasis), zwischen Kiten und Lozenec (Koral) und südlich von Carevo (Nestinarka). Wildes Campen ist nur an bestimmten Stellen erlaubt, etwa entlang des Flusses Veleka.

Entlang der Küste gibt es besonders an den touristischen Stränden ein ausreichendes Angebot an Restaurants, Cafés und Imbißbuden. Schwieriger wird es im Park, wo es nur in den größeren Orten (zum Beispiel Stoilovo) Lokale gibt. Wer ein Privatzimmer hat, sollte deshalb das Angebot auf Verpflegung nutzen. Viele Rastplätze liegen an Trinkwasserstellen, die in oben genannter Karte eingezeichnet sind.

Im Strandža-Gebiet selbst gibt es keine Touren-Anbieter. Die Parkverwaltung arbeitet jedoch mit Veranstaltern aus Sofija, Burgas und Varna zusammen.
Geführte Radtouren: Via Pontica (siehe Service Burgas).

Zwischen Burgas und Varna

Zwischen den beiden Schwarzmeerzentren Burgas und Varna verläuft, immer an der Küste entlang, die Fernstraße 9 (E 87). Zwar sind auch hier die Spuren der Beton-Ära unübersehbar, etwa im Norden von Burgas oder in den Neubausiedlungen Pomories, doch findet man oft in unmittelbarer Nähe Oasen. Dazu zählen zum Beispiel der Pomorie-See oder das Salzmuseum mit seinen Salinen, das die traditionelle Art der Salzgewinnung dokumentiert und für die Nachwelt bewahrt. Die Altstadt von Nesebăr – als Unesco-Weltkulturerbe ausgewiesen – mit seinem Ensemble aus antiker, mittelalterlicher und bulgarischer Renaissance-Architektur zählt zu den größten Schätzen Bulgariens und lohnt den Besuch trotz der abschreckenden Dichte an Touristen und Souvenirläden.

Erholung von der Kultur gibt es an zahlreichen Stränden, etwa am berühmten Sonnenstrand oder im Touristendorf Elenite. Auf dem letzten Abschnitt vor Varna geht es ein wenig ruhiger zu, nach Bjala schwenkt die Straße ins Landesinnere und kehrt erst bei Varna wieder an die Küste zurück. Gerade hier liegen besonders ausgedehnte Sandstrände, und an den Hängen dieses Küstenstreifens gedeihen edle Weinsorten.

Sonnenblumenfelder säumen die Straße nördlich von Burgas

Pomorie

Pomorie könnte heute ähnlich aussehen wie Sozopol oder Nesebăr. Dann hätte der auf einer schmalen Halbinsel errichtete Ort eine historische Altstadt aufzuweisen, an deren verwinkelten Gassen sich prächtige Wiedergeburtshäuser und Ruinen thrakischer Kirchen abwechselten. Doch 1906 brannte die Stadt fast vollständig ab. Einige Widergeburtshäuser blieben erhalten und auch die Kirche Preobraženie Gospodne aus dem 18. Jahrhundert sowie das Kloster Sveti Georgi (18./19. Jahrhundert) mit einigen Gebäuden im Wiedergeburtsstil, einer bulgarisch-orthodoxen Kirche und schönem Garten. Es liegt an der Hauptstraße Knjaz Boris I./Manastirska.

Die interessanteste architektonische Sehenswürdigkeit ist jedoch die thrakische Grabkammer aus dem 2. Jahrhundert, etwa zwei Kilometer südlich der Stadt. Der Eingang liegt am Fuße eines kleinen, grasbewachsenen Hügels. Von dort führt ein Gang in ein kuppelförmiges Gewölbe, in dessen Mitte sich eine hohle Säule mit etwa drei Meter Durchmesser befindet, die am oberen Ende pilzförmig in das Deckengewölbe übergeht. In dieser Säule befand sich das eigentliche Grab.

Bekannt ist die 15 000-Einwohner-Stadt jedoch für Wein, Heilschlamm und Vogelschutzgebiete. Eine wichtige Voraussetzung sowohl für das Vogelvorkommen wie für den Heilschlamm ist ein Rohstoff, der in Anchialo – dies war der Name Pomories bis 1934 – schon in frühester Geschichte gewonnen wurde: Salz.

Im berühmten Weingebiet Pomorie

Die ausgedehnten Feuchtgebiete dienen vielen Vögeln als Lebensraum

Die kleinen Salinen am Altstadtstrand werden heute vom neu gegründeten Salzmuseum betrieben. Dort sind auch die Geschichte der Salzgewinnung und die Verfahren dokumentiert. Über 2000 Jahre reicht diese Kultur zurück.

Der Heilschlamm stammt aus dem Pomorie-See, der sich nördlich der Stadt erstreckt. Die medizinischen Anwendungsgebiete sind vielseitig, darunter Erkrankungen des Atmungssystems, der Haut, Gelenke, Geschlechtsorgane und des Nervensystems. Behandlungen bieten das Sanatorium am Pomorie-See sowie mehrere Hotels in Pomorie an.

Vogelbeobachter können am Pomorie-See und an der Mündung des Flusses Acheloj unter anderem Pelikane, Flamingos und Störche sehen. Das geschützte Feuchtgebiet rund um den Pomorie-See dient vielen einheimischen Vögeln und Zugvögeln auf der Route ›Via Pontica‹ als Futter-, Rast- und Nistplatz. Ein weiterer Ausflug könnte zu einem begehbaren thrakisches Hügelgrab führen. Es liegt etwa sieben Kilometer südwestlich von Zentrum, gegenüber dem Campingplatz Europa.

Auch Weintrinker kommen in Pomorie auf ihre Kosten: Das Weinbaugebiet der Region Burgas gehört zu den besten in Bulgarien. Die renommierte Weinkellerei und Destillerie ›Black Sea Gold‹ produziert neben Weinen wie Chardonnay auch exzellenten Brandy. Als besondere Spezialität gilt der über 17jährige Brandy. Probieren lassen sich Wein und Brandy am besten im Gartenrestaurant des Weinkellers ›Via Pontica‹. Im Sommer wird auch ein Folkoreprogramm geboten. Wer es eilig hat, kann die flüssigen Souvenirs in einem kleinen Laden am Eingang zur Fabrik erstehen, wo sie erheblich günstiger sind als in den Geschäften der Stadt.

Vorwahl: 05 96. Weitere Infos unter www.pomorie.com.

Pomorie liegt ca. 10 km östlich vom Flughafen Burgas. Die Fahrzeit von Burgas nach Pomorie beträgt ca. 25 min.

Jana Hotel, ul. Dobri Chintulov, Tel. 342 25, Fax 321 97, spoljar@infotel.bg.

Zeltplatz Europa, ca. 7 km südwestlich des Zentrums, an der Straße nach Burgas.

›Via Pontica‹ Weinkeller mit Gartenrestaurant, Weinverkauf, Tel. 323 88.
Taverne ›Lovno Chanče‹, ul. Stara Planina 8, Tel. 227 25, mobil: 089-62 36 34. Rustikal-skurriles Lokal mit einem ganzen ausgestopften Zoo als Dekoration.

Salzmuseum, Ausstellung Tel./Fax 253 44, mobil: 087-37 71 10 (Milčo Skumov), alas@unacs.bg, www.aegean.gr/alas.
Stadtmuseum und Galerie, Chan Boris I, 33a, Tel. 61 19, geöffnet 10–12 Uhr u. 16–20 Uhr.

Ostern: Karneval
August: Woche des Meeres
Sommer: Kunst Festival ›Javorov-Tage‹ (dem bulgarischen Dichter Pejo Javorov gewidmet)

St. George Center, ul. Tărgovska 5, Tel. 251 80, Fax 223 27, stg@pomonet.bg. Der moderne Bau beherbergt eines der ältesten Kur-Ressorts in Bulgarien und sitzt quasi direkt an der Heilschlammquelle.

Black Sea Gold, Wein- und Spirituosenfabrik, günstiger Verkauf von Wein und Spirituosen in einem Laden vor der Fabrik.

Nesebăr

Nesebăr und Sozopol sind sich sehr ähnlich. Die Altstädte beider Orte liegen auf einer Halbinsel mit einer äußerst schmalen Verbindung zum Festland, sie haben beide eine stattliche Zahl an Wiedergeburtshäusern und sie sind im Sommer gleichermaßen von Touristen überlaufen.

Außerdem waren Sozopol und Nesebăr einige Jahrhunderte lang von den Griechen besiedelt. Nesebăr ist jedoch zweifellos die ältere Stadt: Mehr als 3000 Jahre haben ihr Wissenschaftler bescheinigt. Anfangs war sie eine thrakische Siedlung namens Menebria, im 6. Jahrhundert v. Chr. wurde sie eine griechische Kolonie. Aus dieser Zeit stammen auch die meisten Ruinen, darunter die Akropolis, der Apollotempel und Teile einer Festungsmauer. Im Mittelalter machte Nesebăr als byzantinischer Schwarzmeerhafen Karriere. An jene Zeit erinnern das Skelett der zentral gelegenen Sofija Starata Mitropolija Bazilika (auch Sofien-Basilika) und die Reste der Festung am südwestlich gelegenen Hafen. Seit 1983 steht die verwinkelte Altstadt unter dem Schutz der UNESCO. Wer die historische Atmosphäre ohne Kitsch und Rummel erleben will, sollte Nesebăr entweder früh am Morgen oder am späten Abend besuchen.

Neustadt und Altstadt verbindet eine Straße auf einem schmalen Landstreifen, in dessen Mitte eine hölzerne Windmühle steht. Die Busse und Taxis halten auf einem großen Platz unterhalb des Stadttors. Daneben sieht man die Überreste der griechischen Wehrmauer, die von den späteren Besatzern ausgebaut wurde. Gleich hinter dem Tor wartet auf der rechten Seite das Archäologische Museum mit Fundstücken aus den verschiedenen Epochen und ihren Kulturen. Darunter sind thrakische Steinanker aus dem 12. bis 11. Jahrhundert vor Christus, griechische Keramikgefäße, römischer Goldschmuck und im Untergeschoß auf Holz gemalte Ikonen und ein sehr unbequem wirkender Bischofsthron aus dem 18. Jahrhundert zu sehen.

Die über neunhundertjährige Kirche ›Johannes der Täufer‹ beherbergt neben einer Galerie – unter anderem mit Werken des zeitgenössischen bulgarischen Künstlers Stavri Kalinov – auch zwei Fresken, die bei Restaurationsarbeiten ent-

Die Ruine der mittelalterlichen Sofien-Basilika ist ein Relikt glorreicher Zeiten

Harmonisches Miteinander von Kitsch und Kunst in der Altstadt

deckt wurden. Während der osmanischen Herrschaft wurde die Kirche als Stall genutzt – keine günstige Voraussetzung für ein langes Leben der Wand- und Deckenmalereien; sie sind in dieser Zeit verloren gegangen.

Dank einiger raffiniert gewählter kleiner Mauernischen, die das Echo schlucken, ist dagegen die Akustik erstaunlich. Sie kommt vor allem zwischen Mai und September trefflich zum Tragen, dann treten hier regelmäßig – meist klassische – Ensembles auf, darunter die Burgas Philharmoniker.

Sehenswert ist auch das Ethnographische Museum am östlichen Ende der ul. Mesămbrija, das in einem urigen, stark nach Holz duftenden Wiedergeburtshaus mit einem kleinem romantischen Hof untergebracht ist. Passend dazu zeigt die Ausstellung Kleidung, Teppiche, Webmaschinen und Alltagsgegenstände aus dieser Epoche. Aus dem Fenster hat man zudem einen wunderbaren Blick auf den Stadtstrand.

Die Kirche Christos Pantokrator (13./14. Jahrhundert), an einem Platz neben der ul. Mesămbrija gelegen, hat die schönste Fassade; die rot-weißen Wände sind aus verschiedenartigen Steinen gebaut und jede Seite ist anders dekoriert. Das Innere ist angefüllt mit Werken von ungefähr 60 zeitgenössischen bulgarischen Künstlern. Diese beeindruckende Sammlung wurde von dem Galeristen Georgi Kostov zusammengetragen. Die Gemälde, Skulpturen, Ikonen und Collagen – vom Don Quijote (aus zusammengelötetem Metallschmuck) bis zur Außenansicht der Kirche (Ölfarbe auf Leinwand) – bedienen die unterschiedlichsten Geschmäcker und stehen auch zum Verkauf.

Überhaupt wird in den Gassen von Nesebăr wird so ziemlich alles verkauft. So bekommt man im ›Antique Shop‹ nicht etwa griechische Statuen und römische Münzen, sondern Pelzmützen und Gasmasken aus Beständen der Roten Armee. Für viele Künstler, die sich in Nesebăr niedergelassen haben, erweist sich der touristische Rummel nicht nur als Segen: Zum einen ist die Konkurrenz groß, zum anderen verlieren sich einfallsreiche Kunstwerke schnell zwischen den Mengen an Kitsch und Souvenirs.

Vorwahl: 05 54.
Allgemeine Informationen unter www.nessebar.net.

Halbstündlich Busse von und nach Burgas, im Sommer letzter Bus nach Burgas gegen 21 Uhr; Fahrtzeit ca. 1 Stunde.

Hotel Monte Christo, Altstadt, Tel. 420 55, Fax 455 55, montecristo@infotel.bg.
Chronos Hotel, ul. Goce Delčev 3, Tel. 435 45, mobil +359-89/ 6495 66, hotel_hronos@mail.bg.

Archäologisches Museum, gleich rechts nach dem Stadttor.
Ethnographisches Museum, ul. Mesămbrija, geöffnet So–Fr 10–14 u. 15–18 Uhr.
Art Gallery Pantokrator, in der Kirche ›Christos Pantokrator‹, Eingang ul. Mesămbrija, Tel. 45 000; geöffnet im Sommer täglich 9–23 Uhr, im Winter: an Wochenenden und auf Anfrage. Werke zeitgenössischer bulgarischer Künstler.
Kirche ›Johannes der Täufer‹, ul. Mitropoliska. Kunstgalerie, im Sommer auch klassische Konzerte.

Slănčev brjag und Elenite

Etwa 35 Kilometer nördlich von Burgas liegt der bekannteste und meistbesuchte Strand Bulgariens, Slănčev brjag (Sonnenstrand). Anfang der 1960er Jahre kamen die ersten Urlauber hierher; stetig wurden es mehr, da dieses Tourismusziel auch während der sozialistischen Ära gefördert wurde. Anfangs wohnten die Gäste noch in kleinen Häusern, heute stehen in Slănčev brjag über hundert Hotels und Ferienanlagen, die in der Hauptsaison gut 30 000 Urlauber beherbergen. Der Strand ist mehrere Kilometer lang, feinkörnig und flach, das Meer relativ sauber. Die Infrastruktur läßt kaum Wünsche offen, zahlreiche Strand- oder Wassersportarten – beispielsweise

Am Sonnenstrand wird Entertainment großgeschrieben

Surfen, Segeln, Wasserski, Beach-Volleyball – werden angeboten. Auch Cafés, Restaurants und Discotheken gibt es in Hülle und Fülle. Zu den neuesten Attraktionen von Slănčev brjag gehört der im Sommer 2003 eröffnete ›Action Aquapark‹ mit künstlichem Fluß, Bars, Restaurants, Wasserrutschen, Piratenschiff, Wasserschloß und weiteren Einrichtungen.

Wer kulturelle Interessen hat, findet im fünf Kilometer südlich gelegenen Nesebăr eine große Auswahl an Kirchen, Wiedergeburtshäusern, Museen und Galerien. Mehrmals täglich fahren Busse nach Nesebăr, ebenso zu den Städten Burgas und Varna.

Genauso schön wie der Sonnenstrand in Slănčev brjag ist der Strand in Elenite. Das 1000-Betten-Feriendorf Elenite liegt in einer ruhigen Bucht und bietet mit seinen modernen kleinen bungalowartigen Häusern einen angenehmen Kontrast zu Slănčev brjag. Zum Landesinneren hin ist der Strand durch dicht bewaldete Hügelketten abgeschirmt. So erweitert sich das ohnehin sehr üppige Freizeitangebot um einige schöne Wandermöglichkeiten.

Vorwahl Slănčev brjag und Elenite: 05 54. Allgemeine Informationen unter www.travel-bulgaria.com/elenite.

► Slănčev brjag Grand Hotel Sunny Beach, Tel. 280-00, Fax -02, boroin@netel.bg.
Hotel Iglika, Tel. 227 79 und 056/84 26 06, Fax 056/84 12 01, inter_travel@infotel.bg.

► Elenite: Feriendorf mit Bungalows, Restaurants, Cafés, Diskotheken, Sportangebot usw., Tel. 68-811, Fax -450, elenite@infohotel.bg.

Action Aquapark, Tel. 262-35, -36, -45, -46, www.aquapark.bg. Wasservergnügungspark in Slănčev brjag, ab Mitte Mai täglich 10–19 Uhr.

Obzor und Bjala

Die Griechen nannten Obzor Heliopolis – Stadt der Sonne. Das ist eine Bezeichnung, die als naheliegende touristische Namensgebung auch heute zutreffen würde: Obzor, auf halbem Wege zwischen Burgas und Varna gelegen, ist ein typisches Ressort mit Sandstrand, Campingplätzen, neuen Hotels und Wassersportmöglichkeiten. Zum Landesinneren hin zieht sich dichter Laubwald die Hänge der Balkanausläufer hinauf. Der Rummel ist wesentlich dezenter als etwa am Sonnenstrand, das Publikum vorwiegend einheimisch. Auf römische Spuren stößt

Blick auf Obzor

man im Stadtpark: Dort stehen die Reste eines Jupitertempels. Die Ruinen eines mittelalterlichen Forts sowie ein Leuchtturm lassen sich am Kap Emine, etwa 14 Kilometer südlich, besichtigen.

Der kleine Küstenort Bjala ist bekannt für seinen Wein. Ansonsten ist er wie auch Obzor ein vergleichsweise entspanntes Tourismusressort. Ein geologisches Informationszentrum erklärt unter anderem die Entstehung bizarrer Kalksteinformationen in Bulgarien. Wer im Hafen eines der Fischrestaurants besucht, sollte unbedingt zum Essen den lokalen Dimjat-Wein probieren.

▶ Obzor :Vorwahl: 055 04. Touristeninformation, Rathaus, ul. Ivan Vazov 2, Tel. 3351.
▶ Bjala: Vorwahl: 051 43.

Die meisten Busse zwischen Varna und Burgas halten auch in Obzor und Bjala.

▶ Obzor: Hotel Amfora, Tel./Fax 326 70, amphorahotel@kirkhamgate.net, http://amphora.hit.bg.
Hotel Nanev, ul. Mladežka 10, Tel. 330-36, -47, Fax -48.
Hotel Koral, ul. Vasil Levski 44, Tel. 30 85. Familienhotel mit Restaurant und Live-Musik.
▶ Bjala: In Bjala gibt es ein paar Hotels und eine Reihe Privatunterkünfte, außerdem Ferien-Bungalows auf dem Campingplatz.
Hotel Starata Kotva (Der alte Anker), Tel. 22 70, theoldanchorhotel@abv.bg,

www.infovarna.com/theoldanchor-hotel. Kleines, neues Hotel, zentral, unteres Preisniveau.

Campingplatz Bachvata, Tel. 29 21, 3 km südöstlich von Bjala auf einem Hügel direkt am Strand; Bungalows mit je 2 DZ, WC und Bad.

Restaurant Čajka am Hafen in Bjala, pl. Čajka, Tel. (mobil) +359-88/81 80 00. Fischspezialitäten.

Dokumentationszentrum ›Weiße Felsen‹, Tel. 20 96.

Škorpilovci und Kamčija

Wer bei Staro Orjachovo eine Abzweigung zur Küste nimmt, stößt an ihrem Ende auf den Ort Škorpilovci. Er ist romantisch in Dünen gebettet und von Wald umgeben. Nördlich und südlich des Dorfes befinden sich Campingplätze.

Nicht weit von der Mündung des Flusses Kamčija entfernt befindet sich der gleichnamige Ort. Kamčija ist ungeben von Hügeln, Ackerland, Weinreben und Wäldern. Rund um die Flußmündung wurde ein Naturreservat angelegt, das man bei einer Bootsfahrt über die Kamčija erforschen kann. Auf der Nordseite des Flußdeltas schließt sich ein hübscher Strand an. Unterkunft bieten Hotels und mehrere Campingplätze. Südlich der Kamtshijamündung reichen die Sandstrände kilometerweit über Kap Černi und Cap Sveti Atanas hinaus bis zum stürmischen Kap Emine. Diese Strände werden wegen des niedrigen Preisniveaus in der Gegend, die gerade erst touristisch erschlossen wird, bevorzugt von einheimischen Gästen frequentiert. Hier sollte man weder großen Komfort noch besondere Serviceleistungen erwarten.

Vorwahl: 051 44.

Hotel Kamčija, Kamčija 3, Tel. 048/96 95 63, kamchia@dir.bg.
Ferien-Bungalows: Villas Raj (nordöstlich von Kamčija), Tel. 262.

Zeltplätze alle nordöstlich von Kamčija: Camping Raj, Tel. 735. Villen mit je zwei DZ, Bad, WC und Kochgelegenheit; Bungalows, Komfort-Villen.
Camping Pirin, Tel. 052/61 22 80. Villen mit je zwei DZ, Bad, WC und Kochgelegenheit.

Die nördliche Schwarzmeerküste

Zwischen der Großstadt Varna und der Grenze zu Rumänien liegen einige turbulente Seebäder, die ihre Beliebtheit nicht zuletzt dem goldgelben Sandstrand und den umschließenden dichten grünen Wäldern verdanken. Aber dieser Küstenabschnitt bietet nicht nur Trubel: Schon ein paar Kilometer hinter Albena, dem bekanntesten Urlaubsziel, bilden Felswände aus weißem Kalksandstein eine eindrucksvolle Kulisse beispielsweise für das Schloß in Balčik oder den Ort Kavarna, der im 14. Jahrhundert Hauptstadt der Dobrudža war. Zwischen dem legendären Kap Kaliakra und Kap Šabla lädt eine ursprüngliche Steppe mit geschützten Wildblumen und Kräutern zu einsamen Wanderungen ein, während unten am Meer kleine Felsbuchten ungestörten Badeaufenthalt garantieren. Festungsruinen, ein Derwischkloster und ehemals bewohnte Höhlen sind auf dem nördlichsten Küstenstreifen zu entdecken, der schließlich die Seenlandschaften von Šabla und Durankulak preisgibt, dem letzten Ort vor der rumänischen Grenze.

Varna

Auf Varnas Panoramahügeln hat seit einiger Zeit ein bemerkenswerter Bauboom eingesetzt – aus gutem Grund: Das einstige Seebad mit dem kilometerlangen Park am Meer, dem Primorski Park, hat sich zur bekannten Kulturmetropole entwickelt. Beim Festival ›Varnaer Sommer‹ treffen hier alljährlich Opernstars auf Jazzpianisten und Ballettänzer auf Folkloresänger, um an internationalen Wettbewerben teilzunehmen. Viele Auftritte werden unter freiem Himmel im Theater im Meerespark (Leten Teatăr) veranstaltet oder in den Sälen des riesigen Festivalkomplexes, in dem beim Festival im Herbst Filmfans zusammenkommen. Die meisten Filme sind englisch untertitelt, und so braucht man auch nicht auf die neuesten Produktionen zu verzichten, die stets in den zehn Kinos der Stadt anlaufen. Entspannung und Erholung kann man dagegen eher in der kühleren Jahreszeit finden. Dann bevölkern Kurgäste, die den vielversprechenden Angeboten der Balneotherapie in den angrenzenden Badeorten folgen, den Meerespark.

Auf der Suche nach neuem Siedlungsraum eroberten Griechen im siebten Jahrhundert vor Christus das Gebiet und gründeten auf thrakischen Pfahlbauten den Ort, dem sie den Namen Odessos gaben (›Stadt am Wasser‹). Er war wegen des Hafens in späteren Zeiten auch für die Römer und Byzanz ein wichtiger Handelsort. Ab dem siebten Jahrhundert siedelten sich Slawen an, im achten Jahrhundert eroberten Bulgaren den Ort. Unter ihrer Herrschaft entwickelte sich Varna zu

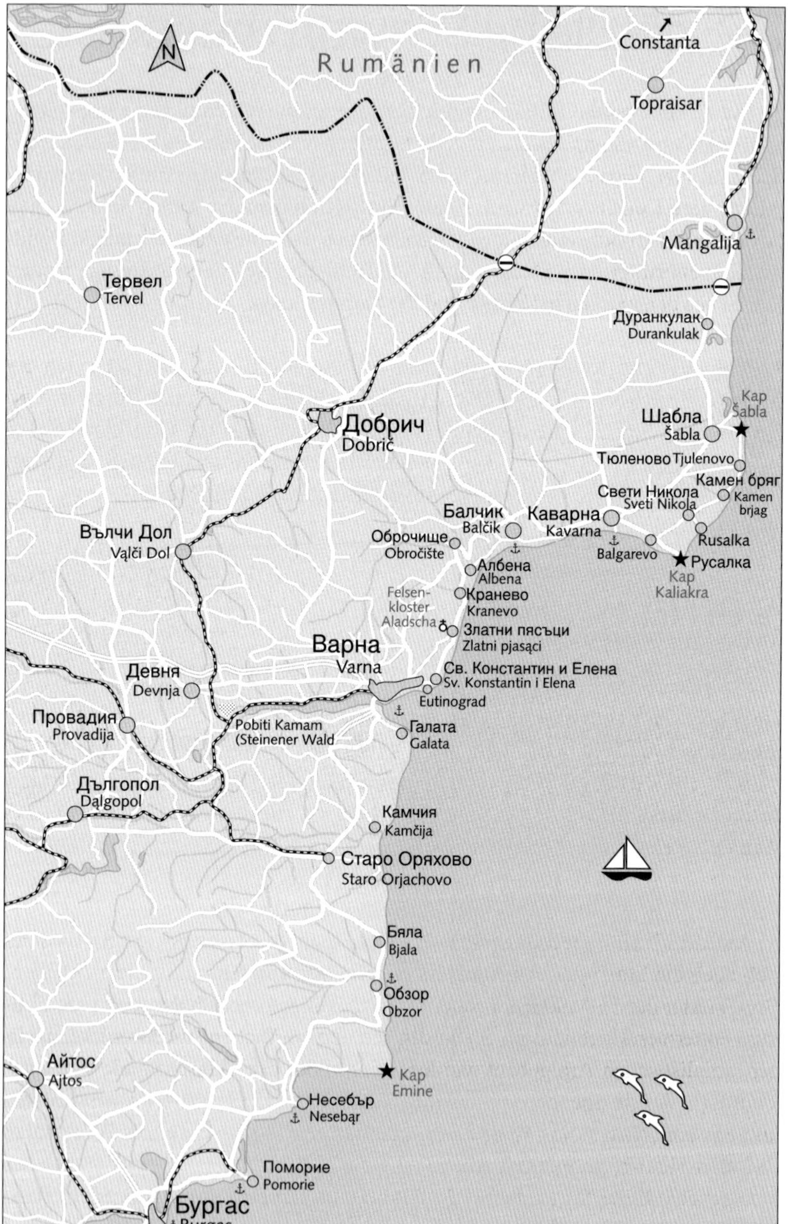

Die nördliche Schwarzmeerküste

0 15 30 km

einer bedeutenden Hafenstadt, bis sie 1391 von den Türken eingenommen wurde. Nach der Befreiung von der türkischen Fremdherrschaft avancierte der Ort zu einem kulturellen Zentrum der Schwarzemeerküste.

Heute wird die alte Hafenstadt mit dem internationalen Flughafen zunehmend für Handelsgesellschaften aus aller Welt attraktiv und zieht das Kapital investitionskräftiger Firmen an. Historische Stätten, Gebäude und Denkmäler bilden interessante Gegensätze zu modernen Geschäftsstraßen, in denen sich Filialen bekannter Fastfoodketten und Modeboutiqen aneinanderreihen, fliegende Händler Sonnenbrillen und Handytaschen anbieten und der Duft der bulgarischen Küche aus den zahlreichen Cafés und Restaurants lockt.

Angler am Hafen

Auf dem Bazar gegenüber der Kathedrale bieten viele Stände Bücher an, die sich auch die Studenten der vier Hochschulen und Universitäten leisten können. Drei Viertel der 350 000 Einwohner leben in den etwa vier Kilometer vom Zentrum entfernten Hochhäusern der westlichen und nördlichen Außenbezirke, die in der sozialistischen Ära gebaut wurden. Hier bildet der Museumspark Vladislav Varnenčik die einzige Abwechslung. In dem Park erinnert ein Mausoleum an den jungen polnischen König Warnenczyk, der im Jahr 1444 seine letzte Schlacht im Befreiungskampf gegen die Türken verlor und fiel.

Nachdem Ende des 19. Jahrhunderts die erste Eisenbahnlinie Bulgariens Ruse an der Donau mit der Hafenstadt Varna verband, begann die Industriezone rund um den westlichen Teil der Stadt zu florieren. Inzwischen sind viele Fabriken ver-

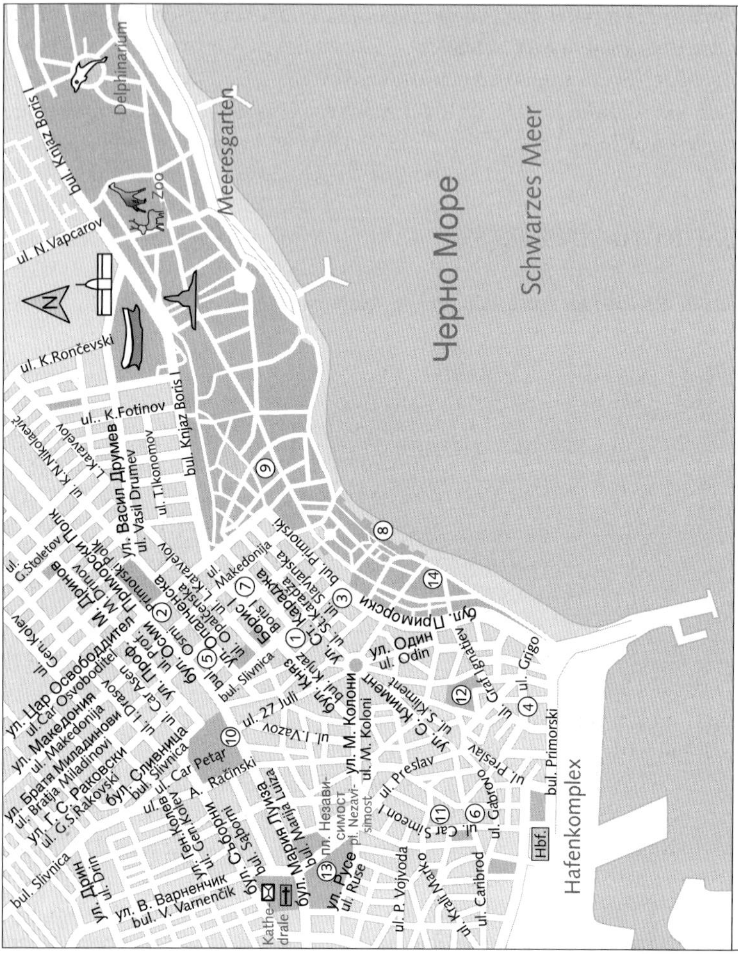

Varna, Zentrum

Legende

1 Hotel Černo More
2 Hotel Orbita
3 Hotel Odessos
4 Restaurant Studen kladenec
5 Taverne Chašove
6 Restaurant Našentsi
7 Café Vienna
8 Diskothek Zone
9 Open-Air-Theater
10 Archäologisches Museum
11 Ethnographisches Museum
12 RömischeThermen
13 Theater
14 Aquarium

kauft oder stillgelegt worden, wie zum Beispiel eine Chemiefabrik, deren Abfälle das Baden im Varna-See verhinderten. Glücklicherweise wurden in den letzten Jahren aber viele Umweltprobleme gelöst und viele Strände an den Urlaubsorten nördlich und südlich der Metropole sogar mit der ›Blauen Flagge‹ als ökologisch einwandfrei ausgezeichnet.

Ein Stadtrundgang

Varna, oft als ›Schwarzmeerkönigin‹ bezeichnet, ist eine der ältesten Städte der Welt. Ihr Name ist slawischen Ursprungs (vrana bedeutet Krähe), aber schon Thraker, Griechen und Römer lebten hier. Ihre Spuren lassen sich zwischen allen Merkmalen einer modernen europäischen Metropole, die Varna heute aufweist, bei einem kurzen Bummel durch die Innenstadt leicht entdecken.

Einen sehr guten Einblick in die Siedlungsgeschichte Nordostbulgariens gibt die Sammlung des Archäologischen Museums (Archeologičeski Muzej) auf dem bul. Marija Luiza. Es ist ein Museum der Superlative: Ausgestellt sind im Renaissancegebäude einer ehemaligen Mädchenhochschule die jeweils größte Sammlung antikes Terracotta Bulgariens und der ältesten Goldschatz der Menschheit. Daneben werden auf zwei Etagen antiker Gold- und Silberschmuck und östliche Fayence-Gefäße, unzählige raffinierte Werkzeuge sowie mit floralen Ornamenten und Tiersymbolik verzierte Gegenstände des Alltags und rituellen Gebrauchs ausgestellt. Im Park vor dem Museum erinnert ein Denkmal an die Gefallenen des serbisch-bulgarischen Krieges von 1885.

Die beiden Ringstraßen Marija Luiza und Christo Botev treffen am pl. Simeon-Mitropolit aufeinander. Dort steht ein Wahrzeichen der Stadt, die Maria-Himmelfahrts-Kathedrale (Sveto Uspenie Bogoroditčno). Sie wurde aus Dankbarkeit für die russischen Befreier Ende des 19. Jahrhunderts nach Bauplänen einer Kirche in Sankt Petersburg errichtet und kürzlich mit Spendengeldern aufpoliert. Ihre goldenen Kuppeln sind wieder weithin sichtbar, besonders nachts, wenn sie angestrahlt werden. An Sonn- und Feiertagen gibt ein Männerchor Kostproben seines reichhaltigen Repertoires und damit eine Vorstellung von der hervorragenden Akustik in der Kathedrale.

Nur zwei Blocks weiter nördlich weist das Minarett der frisch renovierten Azizie-Moschee in der ul. Angel-Georgiev den Weg zum moslemischen Gottesdienst.

Am Taxistand vor der Kathedrale fordern Fahrer mit geschultem Blick erschöpfte Reisende zu teuren Fahrten auf, aber abgesehen davon ist der Platz ein beliebter Treffpunkt, weil die Innenstadt von hier aus in wenigen Gehminuten erreichbar ist. Auch Souvenirs sind in unmittelbarer Reichweite: Im kleinen Park neben der Kathedrale bieten alte Damen ihre kunstvollen Stickereien feil, und auf

Blick auf die Maria-Himmelfahrts-Kathedrale in der Abenddämmerung

dem großen Bazar im Park gegenüber finden sich Kleinigkeiten wie Schnitzhandwerk, Lippenstifte oder Ledergürtel.

Die Fußgängerzone beginnt hier mit der ul. Preslav. Am barocken Varnaer Dramatischen Theater und Opernhaus Stojan Bačvarov führt sie vorbei zum pl. Nezavisimost. Von hier strömen die meisten Fußgänger östlich in Richtung Meeresgarten, während die ul. Preslav südlich zum Bahnhof führt. Ein Schlenker durch das südliche Viertel lohnt sich aber für den kulturhistorisch interessierten Besucher. Wenn man hinter dem Kaufhaus am pl. Nezavisimost rechts in die ul. Car Simeon I. abbiegt, gelangt man 150 Meter weiter zum ethnographischen Museum (Etnografski Muzej), in dem Wohnräume und Werkstätten den bulgarischen Lebensstil des 19. Jahrhunderts veranschaulichen. Dabei lernt man zum Beispiel bulgarische Neujahrsriten oder die Bedeutung der Masken für das Kukeri-Fest kennen.

Wer es genauer wissen will, braucht von hier aus nur 300 Meter weiter durch die ul. Chan Omurtag zu gehen und steht bald vor dem Stadtmuseum (Muzej za Nova Istorija), das in nachgestellten Szenen Aufschluß über Wirtschaft und Kultur desselben Zeitraums gibt. Das Museum veranschaulicht die kulturelle und wirtschaftliche Entwicklung Varnas anhand vieler Fotografien, beispielsweise von den bulgarischen Musiktagen 1926, aus denen sich das internationale Musikfestival Varna entwickelt hat. Eine Fotoausstellung der Schönheitswettbewerbe rundet die Vorstellung über das Leben im alten Seebad Varna ab und macht Lust auf einen Besuch der Römischen Thermen (Rimski Termi). Über die ul. Osmi Novemvri, in der auch das alte Museum der revolutionären Befreiung steht, erreicht man sie schon nach wenigen Minuten.

Das Spa der wohlhabenden Römer erstreckte sich auf 7000 Quadratmetern und war damit das drittgrößte römische Bad überhaupt. Seine Überreste lassen auch heute noch auf das erholsame Wellnessleben zu Beginn des dritten Jahrhunderts schließen: In mit Marmor und Mosaiken ausgestatteten Ruheräumen, Kältebecken und Wärmebädern erholte man sich nach Geschlechtern getrennt und fand schließlich im großen Saal zusammen, um den Tag bei Wettkämpfen und Tratsch gemeinsam ausklingen zu lassen.

Dazu paßt ein Abstecher ins nahegelegene Medizinmuseum (Muzej po Istorija na Medicinata), dessen Exponate die Geschichte der Medizin vom Altertum bis in die Zeit nach Bulgariens Befreiung im 19. Jahrhundert verdeutlichen. Es ist im ehemaligen Krankenhaus in der ul. Paraskeva Nikolau untergebracht, aber die Ausstellung von Schädeln und altertümlichen Instrumenten wirkt recht makaber. Empfehlenswert ist hier eher das gute Essen im angrenzenden Restaurant, das sich vor dem Spaziergang durch den Meerespark auch für eine Mittagspause eignet.

Interessante Einblicke in die Stadtgeschichte gewähren auch die beiden Kirchen nahe den Thermen, aus denen sonntags liturgische Gesänge ertönen. In der kleinen Kirche Heilige Mutter Gottes (Chram Sveta Bogorodica) aus dem Jahr 1602 wird eine angeblich wundertätige Ikone aufbewahrt, während im Inneren der

In der Fußgängerzone

prächtigen Kirche Heiliger Atanassius (Chram Sveti Atanas) eine Ikonensammlung mit griechischen Inschriften darauf hinweist, wer dieses Viertel ursprünglich belebte, nämlich Griechen.

Spaziert man von hier aus die ul. Knjaz Dondukov oder die ul. Chan Krum stadteinwärts, trifft man im griechischen Viertel auf die kleine armenische Kirche Heiliger Sarkis (Chram Sveti Sarkis). Sie wurde zu Beginn des 20. Jahrhunderts errichtet und verrät die Herkunft von etwa 3000 Armeniern, die nach dem Genozid von 1915 auf der Flucht vor den Türken in Varna Zuflucht fanden. Etwas weiter trifft die ul. Sveti Kliment auf den schattigen pl. Ekzarch Josif. Hier kommen Einheimische gerne auf ein Schwätzchen zusammen oder füllen das Mineralwasser der öffentlichen Brunnen in Kanister ab.

An der abzweigenden ul. 27. Juli bietet das Museum der nationalen Wiedergeburt – eingerichtet in der ersten Schule Bulgariens und der angrenzenden orthodoxen Kirche – Einblicke in den Kampf gegen das Osmanische Reich. Weiter sind hier die ältesten bulgarischen Schul- und Kirchenbänke sowie eine Sammlung bulgarischer Ikonen ausgestellt. Allein der hübsche Garten im Innenhof ist einen Besuch wert. Westlich und nördlich des Platzes führen die Straßen wieder zur Fußgängerzone und zum Haupteingang des Meeresparks.

Der Meerespark

Nicht nur Naturwissenschaftler kommen auf ihre Kosten, wenn sie beim Medizinmuseum die breite Verkehrsstraße ul. Primorski überqueren. Schräg gegenüber steht das Marinemuseum (Morski Muzej) im südlichsten Teil des Meeresparks, der sich von hier aus kilometerlang in nordöstlicher Richtung am Meer entlangstreckt. Das Marinemuseum hat sich im ehemaligen italienischen Konsulat eingerichtet. Hier ist die Geschichte der bulgarischen Militär- und Handelsflotte dokumentiert, eine Ausstellung von Schiffen und Kanonen findet sich im dazugehörigen Parkgelände. Auf gepflegten Pfaden flanieren von früh bis spät Familien, jugendliche Cliquen oder alte Freunde und Bekannte durch die abwechslungsreichen Baumalleen, um neue Pläne zu schmieden und sich vom täglichen Streß zu erholen.

Unweit des Marinemuseums, vor dem ein kleines U-Boot ausgestellt ist, das stolz auf den Sieg über ein großes türkisches Schiff hinweist, befindet sich das efeubewachsene Aquarium, davor ein Café und ein dem Schwarzen Meer nachgebildetes leeres Becken. Es wurde 1932 als erste biologische Station des Landes eröffnet und erklärt die Besonderheiten des Schwarzen Meeres. Im Gebäude sind Meerestiere aus allen Meeren zu bewundern.

Von hier aus ist es nicht weit zu Varnas öffentlichem Badestrand (Morski bani), aber die breiteren Wege führen zum Planetarium nahe dem Haupteingang, an dem sich auch der Festivalkomplex befindet.

Wer noch Zeit übrig hat, sollte den Spaziergang im Meerespark in nördliche Richtung fortsetzen, um dem zwei Kilometer entfernten Delphinarium einen Besuch abzustatten. Dabei passiert man das Open-Air-Theater und erreicht über einen Weg, der von Büsten wichtiger bulgarischer Persönlichkeiten wie Christo Botev, Paisij Chilendarski und Vasil Levski und flankiert ist, auch das Naturkundemuseum (Prirodonaučen Muzej). In verschiedenen Abteilungen erläutern die zoologischen und botanischen Sammlungen die Flora und Fauna rund ums Schwarze Meer.

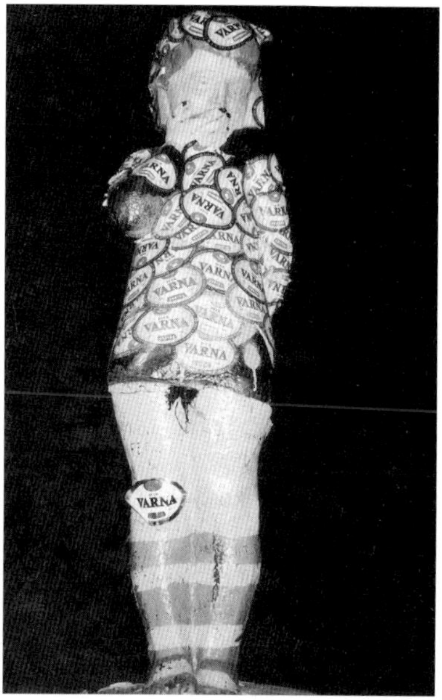

Steinfigur im Meerespark

Ein paar Schritte weiter erinnert das Russische Denkmal am Pantheon an russische Soldaten, die im Kampf um die Befreiung Varnas gefallen sind. Von hier aus ist das Delphinarium noch 400 Meter entfernt, und auf dem Weg dorthin besteht noch die Möglichkeit, einen Blick in den Zoo zu werfen, in dem Kamele und Raubkatzen die Welt aus fragenden Augen betrachten.

Nach der nächsten Pause im nahegelegenen Café läßt sich der Aufenthalt in Varna gut mit einem Galeriebesuch abrunden. Beispielsweise zeigt der Sport- und Kulurpalast direkt auf der gegenüberliegenden Straßenseite der ul. Knjaz Boris I. ständig wechselnde Ausstellungen zeitgenössischer Künstler, und etwas weiter in der Art Galerie Varna erhält der Besucher einen Katalog aller Kunstgalerien der Stadt. Die Galerie selbst präsentiert auf zwei Etagen eine Sammlung von Gemälden und Skulpturen bulgarischer Künstler.

Varna ist eine aufgeschlossene Stadt und offen für neue Gesichter.

i Vorwahl: 052, PLZ: 9000. Behörde für Tourismus, ul. Preslav 26, Tel. 60 21 21, 60 26 72, 23 62 26, Fax 60 21 20, 60 02 36, 23 61 55, office@tourexpo.bg. Touristische Auskünfte erteilen auch die Hotels und zahllose Agenturen, die Ausflüge organisieren und Unterkünfte vermitteln, z. B.: Agentur SM92 Travel, ul. Car Simeon 36, Tel. 63 07 76, Fax 60 23 51, smtouristagency@yahoo.com; Agentur Balkan-Tours, ul. Makedonija 16, Tel. 60 34 89, 61 16 56, Fax 23 72 62, 60 02 14, office@nbta.bg; Varna Management GmbH, ul. Musala 3, Tel./Fax 60 02 37, vmcvarna@mail.vega.bg.

Post: bul. Săborni 36, Mo–Sa 8.30–19.30 Uhr, So 8–12 Uhr.

Bank: Bulbank, ul. Petko Karavelov 1, Tel. 213 23 83, Fax 60 34 42, und Biochim-Bank, ul. Ljuben Karavelov 7, Tel. 60 01 50, Fax 60 01 51.

Internet-Club, ul. Voden 19, und Cyber-X, ul. Knjaz Boris I. 53, Ecke bul. Slivnica.

Der zentrale Busbahnhof (Avtogara) liegt zwei Kilometer nordwestlich des Zentrums, bul. Vladislav Varnenčik 195. Verbindungen nach Sofija, Plovdiv, Burgas, Sliven, Chaskovo, Stara Zagora, Veliko Tărnovo, Gabrovo, Šumen, Dobrič, Silistra, Kavarna, Ruse und Istanbul. Auskünfte unter Tel. 44 83 49, 25 67 34. Anschluß in das Stadtzentrum, Haltestelle Kathedrale, hat man mit den städtischen Bussen Nr. 22 und 41.

Der Bahnhof (Gara) liegt im südlichen Stadtzentrum nicht weit vom Hafen entfernt am pl. Petko Slavejkov. Verbindungen nach Veliko Tărnovo, Plovdiv, Pleven, Sliven, Šumen, Ruse, Dobrič, Auskünfte unter Tel. 63 04 44, 66 26 43, Fahrkarten in den Reiseagenturen der Stadt, zum Beispiel bei Rila-Büro, ul. Preslav 13, Tel. 22 62 73, Mo–Fr 8–18 Uhr, Sa/So 8–15 Uhr.

Der internationale Flughafen (Letište) liegt zehn Kilometer nordwestlich des Zentrums. Verbindungen nach Sofija und Charterflüge zu europäischen Metropolen wie Zürich, Wien, Berlin. Auskünfte unter Tel. 65 04 52, 65 08 35, www.varna-airport.bg. Tickets sind erhältlich bei Bulgarian Air Charter im Flughafen, Tel. 50 50 92, oder im Stadtzentrum bei der International Airport Agentur, ul. Knjaz Boris I. 15, Tel. 62 29 48. Anschluß in das Stadtzentrum, Haltestelle Kathedrale, bietet der Bus Nr. 409, der über Sveti Konstantin i Elena bis nach Zlatni Pjasăci fährt.

Der Hafen mit Passagier-Hafen (Pristanište) liegt südlich des Stadtzentrums. Verbindungen nach Nesebăr, Burgas, Sozopol, Sveti Konstantin i Elena, Zlatni Pjasăci, Balčik. Auskünfte unter Tel. 68 32 24, www.port-varna.bg, Fahrkarten direkt am Hafen oder in den Reiseagenturen der Stadt.

Hotel Aqua, ul. Devnja 12, Tel. 63 90 90, Fax 63 13 90, 100 Meter vom Bahnhof entfernt. Modernster Standard.
Hotel City Planet, ul. Car Samuil 5, Tel. 60 98 09, Fax 60 31 04, planet@dp-bg.net. Im griechischen Viertel nahe am Meerespark; äußerlich unscheinbar, dennoch großer Komfort (Fahrstuhl, Restaurant und

Bar). Abholung von Flughafen und Bahnhof.
Hotel Černo More, bul. Slivnica 33, Tel. 22 39 25, Fax 23 63 11. Im höchsten Gebäude der Stadt auf 20 Etagen komfortable kleine Zimmer mit Balkon, fantastischer Blick auf die Umgebung. Sauna, Fitnessraum, mehrere Bars und Panoramarestaurant.
Hotel Argo, ul. Marko Balabanov 25, Tel. 60 80 08. Klein, zentral gelegenen; einige Appartements sind neben Küchenzeile, TV, Telefon und Minibar auch mit Internet- und Faxanschluß ausgestattet.
Hotel Perfect, ul. Petko Karavelov 8, Tel. 60 38 82. Nicht weit vom Meerespark und Festivalkomplex entfernt, Appartements mit TV und Klimaanlage; für Selbstversorger geeignet.
Hotel Orbita, ul. Car Osvoboditel 25, Tel. 61 23 50 Fax 60 26 18, orbita@abv.bg. Zentral gelegen, mit Restaurant und Fahrstuhl; auf sechs Etagen über 30 modernisierte Zimmer und Appartements.
Hotel Duchess, Tel. 88 21 54, e-mail: duchess_varna@yahoo.com. Acht Doppelzimmer mit Bad, französischen Betten, TV und Minibar in einer alten Villa im Meerespark gegenüber dem Delphinarium. Schönes Kamin- und Frühstückszimmer, Fax- und Internetanschluß.
Villa Sagona, 500 Meter nördlich vom Delphinarium im Meerespark, Tel. 30 37 83, sagona@mail.vega.bg. Klein, Zimmer mit Bad, Telefon und TV sowie Restaurant, Swimming-Pool und Tennisplatz.

Fast-Food-Ketten haben sich längst in Varna etabliert. Zusätzlich hat die Stadt aber mehrere Restaurants der internationalen Küche und attraktive Lokale mit einheimischer Gastronomie zu bieten.
Delikatessenrestaurant Studen kladenec, ul. Osmi Novemvri 11, Tel. 60 37 93. Nahe den Thermen, Salate nach griechischen und italienischen Rezepten, große Auswahl an Fischgerichten, Spezialitäten wie Hühnerleber und Lammfilet.
Restaurant Paraklis, bul. Primorski 47, Tel. 22 34 95. In einem großen alten Hof beim Medizinmuseum, köstliche Menüs, bulgarische Spezialitäten wie Desislava (Hühnchen, Gurken und Äpfel), Mechana kebap (Kalbfleisch mit Pilzen in Rahmsauce) und Avliga (Pfannkuchen mit Schokolade und Früchten).
Gartenrestaurant Leo, ul. Knjaz Batenberg 13, Tel. 60 74 17. Zentral gelegen, Fischteich im großen Garten, auch bei Einheimischen sehr beliebt, traditionelle Gerichte in gemütlicher Atmosphäre.
Restaurant KFC, pl. Mitropolit Simeon (gegenüber der Kathedrale), Tel. 61 18 88. Kinderfreundlich, sonntags 10.30–12.30 Uhr spezielle Vorführung für Kinder. Vor allem preiswerte Hühnchengerichte – für Kinder inklusive Spielzeug.
Taverne Chašove, bul. Osmi Primorski Polk 97, Tel. 25 52 36.

Urige Taverne, große Auswahl an Fischgerichten.
Restaurant Godzilla, bul. Marija Luiza 23, Tel. 60 44 69, Filiale auf dem bul. Knjaz Boris I. 66. Bunt ausgestattetes Kellergewölbe, viele preiswerte Gerichte, leckere Zubereitung, freundliches Personal.
China-Restaurant Šan-Chaj, ul. Car Osvoboditel 25, Tel. 22 52 75. Preiswerte Reisgerichte und europäische Küche, chinesische Musik.
Restaurant El Taco, pl. Nezavisimost gegenüber der Oper: Enchilladas, Burritos, und Tequilla.
Snackbar, ul. Ruse 29. Hinter dem Markt bei der Oper, alkoholfreie Getränke wie Hirsebier zum Banitza-Gebäck.
Wineclub Varna, ul. Ivan Vazov 36, Tel. 60 92 24, 60 10 42. Weinkenner haben hier Gelegenheit, sich mit der Geschichte der Weinproduktion Bulgariens vertraut zu machen.
Café Santana, bul. Knjaz Boris I. 28, Tel. 611139. Schick, köstliche Eisbecher auf drei Etagen und im Sommergarten; Spezialität: Kuchen- und Cocktailvarianten.

Archäologisches Museum, bul. Marija Luiza 41, Tel. 23 70 57, archeoiv@mt-eink.bg, Di–Sa 10–17 Uhr, im Winter Di–Fr 10–17 Uhr.
Ethnographisches Museum, ul. Panagjurište 22, Tel. 63 05 88, 22 00 98, Di–Sa 10–17 Uhr, im Winter Di–Fr 10–17 Uhr.
Stadtmuseum, ul. Osmi Novemvri 3, Tel. 63 26 77, 23 70 62, Di–So 10–17 Uhr, im Winter Di–Sa 10– 17 Uhr.
Römische Thermen, ul. San Stefano, Tel. 45 64 76, 23 70 57, Di–So 10–17 Uhr, im Winter Di–Sa 10–17 Uhr.
Medizinmuseum, ul. Paraskeva Nikolau 7, Tel. 24 10 15, Mo–Fr 10–16 Uhr.
Museum der Nationalen Wiedergeburt, ul. 27 Juli 9, Tel. 22 35 85, Di–Sa 10–17 Uhr, im Winter Di–Fr 10–17 Uhr.
Marinemuseum, bul. Primorski 2, Tel. 63 30 15, 63 30 16, 22 26 55, navmus@mail.vega.bg; Mo–So 10.30–18 Uhr, im Winter Mo–Fr 8.30–17 Uhr.
Aquarium, im Meerespark, Tel. 22 25 86, Di–So 9–19 Uhr.
Delphinarium, im Meerespark, Shows Di–Sa jeweils um 11 und 15 Uhr; angrenzendes Café, Tel. 30 21 99.
Naturkundemuseum, im Meerespark, Tel. 22 81 94, Di–So 1 0–17 Uhr.
Zoo, im Meerespark, Tel. 30 25 28, täglich 9–17 Uhr.
Kunstgalerie Varna, ul. Ljuben Karavelov 1, Tel. 24 31 23, 24 31 41, Fax 24 30 88, Di–So 10–18 Uhr.

Varna bietet unzählige Möglichkeiten zur abwechslungsreichen Gestaltung der Abende und Nächte. Mehrere Kinos im Stadtzentrum zeigen neue Filme mit englischen Untertiteln, beispielsweise das Kino Mustang oder das Kino im Festivalkomplex am Meerespark. Im Sommer sind die Theater und das Opernhaus während der Festivals von Juni bis Oktober meist ausgebucht, zahllose Live-Veranstaltungen werden geboten, und in den Bars, Pubs, Diskotheken und Nachtclubs wimmelt es von Nachtschwärmern.

Cocktailbar Bodo, bul. Slivnica 33, Tel. 60 84 15. Terrasse, große Auswahl heißer und kalter Getränke zu günstigen Preisen.

London Pub Taifun, bul. Knjaz Boris I. 58, Tel. 23 55 60. In traditionellen roten und blauen Farben eingerichtet, über 100 Plätze auch unter freiem Himmel.

Bierlokal Tari, bul. Slivnica 22, Tel. 61 02 69. Rockmusik vom Band, Snacks und eine Karte mit 30 Biersorten.

In der Straße unterhalb des Meeresparks zwischen Aquarium und Open-Air-Theater reihen sich am Strand mehrere Diskotheken aneinander, darunter The Zone, die eine Bühne für Live-Konzerte von Rock- bis Latinmusik bietet und manchmal auch für Balletaufführungen.

Komiks-Klub, ul. Christo Samsarov (nördlich der Kathedrale), und Disko Tututeka im Festivalkomplex, bul. Slivnica 2. Techno.

Red Pub, ul. Čataldža 33, Ecke bul. Osmi Primorski Polk, Tel. 23 03 78. Jederzeit für einen Absacker gut, den man auch auf den Holzbänken im Freien zu sich nehmen kann, rund um die Uhr geöffnet.

Nach dem Programm und Karten für die Oper erkundigt man sich am besten an der Theaterkasse, Tel. 60 20 86, und für das Theater Stojan Bačvarov unter der Tel. 60 07 79. Popkonzerte sind auch im Open-Air-Theater (Leten Teatăr) keine Seltenheit, aber während des internationalen Musik-Festivals ›Varnaer Sommer‹ stehen dort hauptsächlich Klassik-Konzerte auf dem Programm, im Meerespark, Tel. 22 83 85.

Internationales Musikfestival ›Varnaer Sommer‹. Klassische Konzerte von Ende Juni bis Ende Juli sowie Jazzfestival im August.

Filmfestival ›Liebe ist Wahnsinn‹ von August bis September, Festival des bulgarischen Films ›Goldene Rose‹ im Oktober.

Puppentheater (Kuklen Teatăr), ul. Dragoman 6, Tel. 22 83 55. Nicht nur für Kinder.

Jazzlokal Club Stage, ul. Car Boris III. 24. Abwechselnd international bekannte Jazzer oder die Varna Big Band.

Sportpalast, bul. Knjaz Boris I. 115, Tel. 22 81 20, Fax 23 72 01, office@palace.triada.bg. Größere Rock- und Pop-Konzerte.

Quasimodo, bul. Vasil Levski (nordöstlich des Zentrums beim Stadion). Wenig Geld für Eintritt und Bier, Liveauftritte vor allem bulgarischer Rockbands.

Die Umgebung von Varna

In der Umgebung von Varna finden sich sehr unterschiedliche Sehenswürdigkeiten, darunter ein Schloß und ein steinerner Wald. Diese eint aber, daß sie vom Zentrum aus gut erreichbar sind.

Die Asparuchovobrücke verbindet Varnas Innenstadt mit den südlichen Stadtteilen Asparuchovo und Galata. Als längste und sehr hohe Brücke Bulgariens übt sie einen unwiderstehlichen Reiz auf Bungeespringer aus. Wenn man sich hinter der Brücke auf der Hauptstraße links hält, kommt man zum Asparuchovopark mit einem ethnographischen Komplex besonderer Art, der Fanagoria heißt. Hier wurde ein altbulgarisches Kriegslager aus dem sechsten bis achten Jahrhundert originalgetreu nachgebaut. Die Kultur dieser Zeit spiegelt sich in der Ausstattung der großen, runden Zelte wider, in denen Volkstrachten, Haushaltsgegenstände und Waffen zu besichtigen sind. Es werden auch Feste gefeiert und Stücke in mehreren Akten aufgeführt, die Sitten und Gebräuche der altbulgarischen Stämme darstellen.

Sein eigenes Zelt kann man bereits vier Kilometer weiter auf dem Campingplatz am Kap Galata aufschlagen. Hier läßt es sich auch angeln, Sonnenanbeter sind am weiter südlich gelegenen FKK-Strand gut aufgehoben.

Das sechs Kilometer nördlich vom Stadtzentrum entfernte Schloß Evksinograd dient Regierungsoberhäuptern seit 1883 als Sommerresidenz. Zu dem Schloß, das stilistisch einem französischen Chateau nachempfunden ist, gehört ein 80 Hektar großer Besitz mit Weinanbaugebiet und exotisch angelegtem Park. Gegen geringe Gebühr ist der Spaziergang auf den gepflegten Wegen gestattet. Symmetrisch geschnittene Hecken, Zypressen und Palmen im Blick, nimmt man den Pfad zur hundertjährigen Himalayazeder und zieht vielleicht die Übernachtung in Erwägung. Die ist ebenso im oberen Preisniveau angesiedelt (etwa 500 Euro) wie das Angebot erlesenster Wein- und Kognaksorten, das im Weinkeller auf Besucher wartet.

Auf der Landstraße westlich von Varna geraten nach ungefähr 18 Kilometern jenseits des Straßenrandes plötzlich seltsame steinerne Säulen ins Blickfeld. Dabei handelt es sich nicht um Ruinen von Menschenhand, sondern um ein Naturphänomen. Die bis zu sechs Meter hohen Steine verteilen sich auf etwa 30 Quadratkilometern und sind als ›Steinerner Wald‹ (Pobiti Kamăni) bekannt. Dieses Denkmal der Erdgeschichte entstand vor rund 50 Millionen Jahren, als die Wellen des Schwarzen Meeres hier noch übereinander schlugen. Nachdem sich das Meer zurückgezogen hatte, bildete der darunterliegende Sand mit Mineralwasser und Kalkablagerungen Stalagmitenformen, die durch Wind und Wetter freigelegt wurden.

Etwa auf halber Strecke zwischen Varna und Šumen lohnt sich ein Zwischenstop in der 15 000 Einwohner zählenden Stadt Provadija. Sie liegt zehn Kilometer

Das stilvolle Schloß Evksinograd dient dem Staatspräsidenten als Sommerresidenz

südlich der Ost-West-Routen am Fluß Provadijska in einem Engpaß zwischen zwei Felswänden und ist auch mit der Bahn zu erreichen. Die Festung der Stadt ist byzantinischen Ursprungs und war eine wichtige Bastion im Zweiten Bulgarischen Reich. Nach der Befreiung von der türkischen Fremdherrschaft haben sich hauptsächlich Bulgaren hier angesiedelt und mehrere berühmte Künstler hervorgebracht, wie zum Beispiel den Schriftsteller Concho Rodev und den Maler Georgi Čapkănov. Zu besichtigen sind das Haus des Komponisten Svetoslav Obretenov, die prächtige Kirche Heiliger Nikolaus (Sveti Nicolas), die Moschee aus dem 16. Jahrhundert oder die Kunstgalerie am Flußufer in der ul. Car Osvoboditel, die über 300 Gemälde bekannter bulgarischer Künstler ausstellt. Hier bieten sich auch Restaurants und Cafés für eine Pause an. Im Wiedergeburtskomplex Varoša in der Altstadt stellt das historische Museum Funde der Region und volkstümliche Trachten aus.

Provadija: Vorwahl: 05 18, PLZ: 92 00.
Touristeninformation im Rathaus, Tel. 22 34, und in der Agentur Ovеč, ul. Car Osvoboditel 13, Tel. 20 40.

Post in Provadija, ul. Dimitrov 3, täglich 7–10 Uhr.

Bahnhof und Busstation liegen an der nördlichen Ortsgrenze Provadijas. Hier halten Züge und Busse der Linien Sofija–Varna. Mit den Bussen hat man Anschluß nach Devnja und Šumen.
Der Steinerne Wald ist von Varna aus mit dem Zug zu erreichen, wenn man Richtung Devnja fährt und in Beloslav aussteigt. Von hier ist dieser erstaunliche Flecken Erde in nördlicher Richtung zu durchwandern. Bequemer ist es, sich die meterhohen Steine auf der Weiterfahrt bis nach Devnja einfach aus dem Zugabteil anzuschauen.

► Villa Jura, ul. Sveti Nicolas 59 (nahe Schloß Evksinograd), Tel. 052-30 12 08, Fax 30 36 57, rio@nat.bg. Schöner Garten, komfortabel ausgestattete Zimmer mit Bad, Restaurant-Terrasse, regionale Speisen und Getränke.
► Provadija: Hotel Radika, ul. Car Osvoboditel 62 (Ortsmitte), Tel. 40 36. Einfache Zimmer mit Frühstück.
Übernachtungen im renovierten Wiedergeburtshaus Lambovata Kašta in der Altstadt vermittelt das Rathaus, Tel. 22 34.

► Pobiti Kamăni: Wenn man den Steinernen Wald mit dem Auto ansteuert, empfiehlt sich unterwegs ein Abstecher nach Aksakovo, um in dem schönen Gartenrestaurant Aksakovska Panorama einzukehren und auf der Terrasse ein köstliches Menü zu bestellen, beispielsweise die Gemüseplatte Zelena magija und Truthahn nach

argentinischer Art,
Tel. 051 13-34 33.
► Provadija: Tavernen Zeleni Kamăni und Nirvana, beim Rathaus am Hauptplatz. Traditionelle Gerichte.
Einheimische Spezialitäten bieten vor allem drei Restaurants in der Ortsmitte: Restaurant Brakonierski Spomeni, ul. Car Osvoboditel 57, Tel. 72 88; Restaurant Familija, ul. Dunav 37, Tel. 20 93; Restaurant Zlatnoto Pile, ul. Georgi Kirkov 2, Tel. 33 02.

► Fanagorija-Komplex: Kontaktadresse für Besuche ist ul. Makedonija 129, Tel. 052-25 94 77, Fax 24 63 62, info@fanagoria.org.
► Schloß Evksinograd: Führungen durch Park und Schloß bucht man unter Tel. 052-36 20 98, 39 35 10 und 39 34 10.
► Provadija: Varoša-Komplex, Tel. 20 33, Mo–Fr 9–12 u. 13–17 Uhr.
Svetoslav-Obretenov-Museum, ul. Svetoslav Obretenov 2, Tel. 32 63.
Städtische Kunstgalerie, ul. Car Osvoboditel 53, Tel. 29 18.

Bungeespringer wenden sich am besten an eine der Agenturen in Varna, zum Beispiel SM92 Travel, ul. Car Simeon 36, Tel. 052-63 07 76, Fax 052-60 23 51, smtouristagency@yahoo.com.

Sveti Konstantin i Elena

Acht Kilometer nördlich von Varna liegt das älteste Seebad der bulgarischen Küste. Rund um das Kloster Sveti Konstantin i Elena entstanden vor etwa hundert Jahren die ersten Ferienhäuser inmitten eines großzügig angelegten Kurparks. Hier erholten sich Varnas Bewohner am liebsten vom turbulenten Stadtleben und trafen dabei auf Gäste aus Tschechien, Polen und Deutschland. Damals konnten Besucher im Kloster übernachten, aber das ist heute nicht mehr möglich. Wer sich für Urlaub in Sveti Konstantin i Elena entscheidet, wohnt in einem der 36 Hotels und kann in einem balneologischen Zentrum mit Heilwasser seine Gesundheit fördern. Die köstliche Küche des Klosters genießt man im angegliederten Restaurant oder geht in eines der 30 anderen Lokale zum Essen, wahlweise chinesisch, mexikanisch oder indisch. Das Casino im Grand Hotel Varna lockt mit Roulette-, und Automatenspielen, während zahllose Stände in der Ladenstraße Kunsthandwerk, Kleidung und Lederwaren anpreisen. Da fehlen weder die obligatorischen Portraitzeichner noch Ikonenmaler oder Holzschnitzer und Postkarten- und Schuhverkäufer. Durch die stark frequentierte schmale Straße zwängt sich gegen 23 Uhr noch die letzte Bimmelbahn, um Gäste in die Nähe ihrer Feriendomizile zu bringen.

Bimmelbahn in Sveti Konstantin i Elena

Erholung und Entspannung verspricht der in mehrere Buchten untergliederte feine Sandstrand. Das Wasser ist sehr flach, bietet aber trotzdem die Möglichkeit für Sportarten wie Windsurfen oder Wasserski.

Vorwahl: 052, PLZ: 9006. Das Informationszentrum mit Zimmervermittlung, Geldwechsel und Autovermietung liegt 200 Meter südlich der Busstation, Tel. 36 10 03, Tel. 36 13 26, Fax 84 35 30, 36 12 60, abravisimo@abv.bg.

Die Post ist schräg gegenüber dem Informationszentrum, eine Bank schräg gegenüber dem Grand Hotel Varna im alten Ortsteil Sveti Elias.

In fast allen größeren Hotels stehen mehrere Internetanschlüsse zur Verfügung.

Von Varna aus fährt Bus Nr. 8 direkt nach Sveti Konstantin i Elena. Der Bus Nr. 409 zwischen Varna und Albena hält außerhalb des Ressorts beim Hotel Panorama. Von dort ist das Zentrum in wenigen Minuten zu erreichen.

Grand Hotel Varna, im alten Ortsteil Sveti Elias, Tel. 36 14 91, 36 14 98, Fax 36 28 71, ghv-res@mail.techno-link.com. Gigantischer Gebäudekomplex mit 300 luxuriös eingerichteten Zimmern inmitten einer Parkanlage; sechs Restaurants, mehrere Bars, Nachtclub, Spielcasino, balneologi-

sches Zentrum und drei Swimming-Pools.
Hotelkomplex Sveti Elias, zwischen Grand Hotel Varna und Yachthafen. Vier ehemalige Erholungsheime wurden komplett renoviert und modernisiert, daraus entstanden die Vier-Sterne-Hotels Dolphin 1 und 2, Rubin und Lebed. Alle Hotels bieten Zimmer mit Bad und Balkon, Restaurants mit einheimischer und internationaler Küche sowie mehrere Sportplätze und Swimming-Pools. Besonders geschmackvoll eingerichtet sind das Hotel Lebed, Tel. 36 20 44, Fax 36 19 20, und das Hotel Rubin, Tel. 36 10 94, Fax 36 19 20; die Hotels Dolphin 1 und 2 sind mit Kinderclub und Spielplatz besonders für Familienurlaub geeignet, Tel. 36 11 71, 36 11 75, Fax 36 19 20.
Hotel Bor, in einem Pinienwald im Ortsteil Sveti Elias, Tel. 36 14 66, 36 12 51, 36 28 42, hotel_bor@abv.bg. Modern, ukrainisches Restaurant, Strand in 30 Meter Entfernung.
Hotel Emona, Tel./Fax 60 32 55. Garten, einfache Unterkünfte in Doppel- und Dreibettzimmern mit Balkon, 350 Meter vom Strand.
Hotelkomplex Sunny Day, am nördlichen Strandende von Sveti Konstantin i Elena. Zufahrtsschranke, da ursprünglich Regierungsmitgliedern vorbehalten. Zum Komplex gehören: Luxushotel Palace, Vier-Sterne-Hotels Marina und Mirage und Drei-Sterne-Hotel Veronica. Kinderswimmingpool, Spielplatz und Animationsprogramm, gut für Familien geeignet.

Mehrere Snackbars im Zentrum bieten die üblichen Grillgerichte mit Salaten und laden ab 17 Uhr mit Cocktails zur Happy Hour ein. Danach fällt die Wahl zwischen Nasi Goreng im Fan Huan oder Tortillas bei Mexikano im 500 Meter weiter nördlich gelegenen Sveti Elias leichter. In dieser Richtung stößt man auch auf das renommierte Lokal Bălgarska Svatba, in dem schon viele bulgarische Hochzeiten ausgerichtet wurden. Eine weitere Möglichkeit, exotische Küche zu genießen, bietet das indische Restaurant Dehli neben dem Grand Hotel Varna oder das ukrainische Folklore-Restaurant Cobi-Picknick Bor, das auf einem kleinen grünen Hügel in Strandnähe liegt.
Außerdem:
Klosterkeller Manastirska Izba, zentral zwischen Grand Hotel Varna und Informationszentrum gelegen, Tel. 361300. Rustikale Einrichtung, deftige bulgarische Küche nebst Weinen und den appetitlichen Obstschnäpsen.
Sirius, ehemaliges an der Mitte des Strandes vertäutes Fischerschiff, Tel. 36 19 32. Fischspezialitäten.

Grand Hotel Varna: Tanzabende, Folkore- und Varietéshows im Nachtclub, Spielcasino.
Diskothek El Diablo, in der Nähe des Informationszentrums, Disko- und Rockmusik.

Bulgariens erster Kurort wird hauptsächlich von Urlaubsgästen besucht, die Erholung in den balneologischen Zentren der Hotelanlagen suchen. Die sportlichen Angebote beschränken sich auf Segeln, Wasserski, Surfen, Reiten, Tennis und Bowling. Der Strand ist etwa zwei Kilometer lang und unterteilt sich in mehrere Buchten. Hinter dem Restaurantschiff Sirius verläuft er nördlich in einem Stück, wird bis zu 100 Meter breit und ist mit der Blauen Flagge ausgezeichnet.

Zlatni pjasăci, Naturpark Zlatni pjasăci und Felsenkloster Aladža

Zlatni pjasăci (Goldstrand) ist der Name des Strandes, des Nationalparks und des vitalsten Urlaubsortes nördlich von Varna. Rund 70 Hotels und Ferienhäuser stehen Gästen am vier Kilometer langen Sandstrand zur Verfügung. Sie versprechen einen erholsamen Aufenthalt und übertreffen sich dabei gegenseitig mit Angeboten im medizinisch-sportlichen Bereich. Dazu gehören Behandlungen mit Heilschlamm, Akupunktur, Lichttherapie, Massagen und das aus zwei Quellen am Strand entspringende warme Mineralwasser, das in den balneologischen Zentren wie auch in Hallen- oder Freibädern genutzt wird. Die Wasserrutschen und das zentral gelegene Kinderzentrum bieten den Kleinen Spaß und Abwechslung, während Erwachsene Tennis, Bowling oder Minigolf spielen, im Fitnesscenter ihre Kräfte messen oder sportlichen Aktivitäten bei Wasserski, Surfen, Paragliding oder Tauchen nachgehen. Abends vergnügt sich das polyglotte Publikum in nicht weniger als zehn über das Areal verteilten Nachtclubs.

Tagsüber bieten sich ein Ausflug nach Istanbul oder auch nur ein Stück die Küste entlang oder eine Wanderung durch das Naturschutzgebiet an – die Möglichkeiten sind vielfältig und abwechslungsreich.

Der Naturpark Zlatni pjasăci (Naroden park Zlatni pjasăci) verläuft neun Kilometer an der Küste entlang und unterscheidet sich mit nur 270 Metern über dem Meeresspiegel von der Flora und Fauna der anderen Nationalparks. Markierte Wanderwege (Dauer zwischen 40 Minuten und viereinhalb Stunden) führen im Norden durch Eichen- und Hainbuchenwälder, die den Blick auf bizarre Felsgebilde freigeben, an endemischen Gewächsen wie der türkischen Herbstzeitlosen und dem bulgarischen Birnbaum vorbei. Nahe des Aussichtspunkts Kaleto bieten mehrere Bänke und überdachte Plätze Gelegenheit für eine Rast. Ein anderes Wanderziel ist der Aussichtspunkt Beschanata mit der gleichnamigen Quelle und mehreren Rastplätzen in der Nähe, die sich mit Tischen und Stühlen vorzüglich für ein Picknick eignen. Dort kann man die unterschiedlichsten Schmetterlinge, verschiedene Vogelarten, Eichhörnchen und hin und wieder ein Wildschwein beobachten. Der Eichenbestand ist charakteristisch für den Park und setzt sich auch im zentralen Bereich fort. Er wird von Hainbuchen und Pflanzen wie der kaukasischen Primel, stechendem Mäusedorn oder Kräuterarten wie Türkenbund und Tausendgüldenkraut unterbrochen. Zwischendurch finden sich auch künstlich angelegte Nadelhölzer wie Schwarzkiefern und Zedern. Da der südliche Teil des Parks feuchter ist, sind Moor oder Schlingpflanzen, die sich um Laubbäume ranken, keine Seltenheit. Hier entspringen auch mehrere Quellen, in deren Umgebung den Spaziergängern wieder Bänke und Rastplätze zur Verfügung stehen. Gleich vier Quellen befinden sich nahe des Felsenklosters Aladža.

Diese sagenumwobene Anlage befindet sich vier Kilometer westlich vom Urlaubsort Zlatni pjasăci und ist über eine Asphaltstraße durch den Nationalpark erreichbar. Die von mehreren Quellen umgebenen Kalksandsteinhöhlen im Hančukawald boten schon Steinzeitmenschen eine wichtige Zufluchtsstätte, und Funde wie in Fels gehauene Kreuze und Münzen aus dem sechsten Jahrhundert deuten darauf hin, daß hier eine frühchristliche Gemeinschaft lebte. Darauf lassen auch die nahegelegenen Ruinen einer Kirche, mehrerer Siedlungen und einer kleinen Festung schließen. Später entstand das Kloster, das wohl von Hesychasten bewohnt war, christlichen Einsiedlermönchen, deren Bestreben darin lag, die göttliche Einheit durch Gebete und absolute Stille zu erreichen.

Bild der Katakomben im Klostermuseum von Aladža

Auf zwei miteinander verbundenen Ebenen lebten die Mönche in Zellen, denen Eßraum, Kirche und Krypta angegliedert waren. In der Kapelle im oberen Teil sind heute noch Spuren farbiger Wandmalereien zu sehen, denen das Kloster vermutlich seinen Namen verdankt. Denn erst seit der türkischen Eroberung Ende des 14. Jahrhunderts wird es Aladža genannt, und das bedeutet bunt oder farbig. Im Laufe der Zeit ist ein Stück der Vorderwand aus dem weichen Kalksteinfelsen rausgebrochen. Daher sind die Räumlichkeiten nur noch teilweise ersichtlich, aber Rekonstruktionen im modernen Museum beim Eingangsbereich stellen die Geschichte Aladžas eindrucksvoll dar.

Der Legende nach bewacht Mönch Rim-Papa die Schätze des Klosters und des umgebenden Waldes. Einmal jährlich tritt er aus seiner Höhle und fragt, was sich verändert hat, nur um wieder hineinzugehen und die Antwort im Schlaf abzuwarten.

Vorwahl 052, PLZ: 9007. Touristeninformation bei der zentralen Haupteinfahrt, Tel. 35 60 01, 38 28 21, www.goldensands.bg. Zimmervermittlung, Broschüren.
Weitere Auskünfte in den Hotels und in vielen Agenturen, beispielsweise Balkantourist im Grand Hotel International, Tel. 35 71 91, 36 19 04, Fax 35 71 90, 36 28 71.

Postamt, Internet-Zentrum und eine Filiale der Bulbank befinden sich im zentralen Bereich nahe des Grandhotels International.

Die Busse der Linien 109, 209, 309, und 409 zwischen Varna und Albena halten an allen drei Einfahrten in das Ressort.

Grand Hotel International, Tel. 35 71 91, 36 19 04, Fax 35 71 90, 36 28 71. Eines der ältesten und luxuriösesten Hotels in Zlatni pjasăci. Eigener Mineralwasserpool für Kinder, vielfältiges gastronomisches Angebot, u. a. Weinlokal, Konditorei und Panorama-Bar auf der 15. Etage.
Hotelanlage Morsko Oko Beach, südlich des Yachthafens am Strand, Tel. 355501. Komplett renoviert, viel Komfort mit Restaurants, Läden, Kindergarten und eigenem Kurzentrum.
Hotel Kaliakra Palace, hotel-kaliakra@goldensands.bg. Elegante Ausstattung, Swimming-Pool, Sauna, Frisör, Skybar mit Panoramablick.
Hotel Ambassador, am südlichen Ende des zentralen Bereichs, Tel. 35 54 31, 35 54 33, Fax 35 61 10, ambassad@ardes.bg. Modern, hoteleigene Wellnessanlage mit Thalassotherapie, Akupunktur, Heilschlamm und balneologischen Behandlungen im Mineralwasser-Pool.
Hotelanlage Mimosa, 200 Meter vom Strand entfernt, Tel. 38 66 00,

38 65 50, Fax 35 51 75. Heilmassagen, Aromatherapie und Kosmetik, für Kinder eigene Schwimmbäder, Spielplätze und Veranstaltungen.
Hotel Perunika, Tel. 35 53 10.
Etwas einfacher, aber freundlich ausgestattet, Pool und Kegelbahn.
Bungalow-Anlage Oasis,
Tel. 35 52 42. Nördlich des zentralen Bereichs und 250 Meter oberhalb des Strandes, einfache Unterkünfte.

Campingplatz Panorama, Tel. 85 56 03, 35 53 33, zwei Kilometer nördlich im Waldgelände an der Straße.

Neben Tarator, Kebabče und Šopska stehen längst Hamburger, Döner und Kieler Sprotten im Angebot der 50 Kaštas und Tavernen von Zlatni pjasăci. Viele Restaurants führen speziell indische, georgische, griechische oder chinesische Küchen, beispielsweise das Chinarestaurant im Hotel Ambassador.
Das Grand Hotel International bietet eine umfangreiche Speisekarte und einen grandiosen Ausblick aus dem Panoramarestaurant, während das Hotel Gradina am Südende des Ressorts in seinen gemütlichen Weinkeller einlädt. Tips:
Restaurant Vodenicata, in der Nähe der Oasis Bungalows. Bulgarische Spezialitäten, schattige Terrasse, abends oft Live-Folkloremusik.
Restaurant Riviera, direkt am Strand, gehört zum Riviera Holiday Club, der südlich an Zlatni pjasăci grenzt. Die besten Fischgerichte am Ort.

Näheres über kulturelle Veranstaltungen wie Konzerte im Open-Air-Theater am Yachthafen oder Varietés in den Hotelanlagen ist zu erfahren unter Tel. 35 53 91, Fax 35 55 87.
Grillparties mit Musik und Tanz finden im Sommer wöchentlich statt auf der Meča poljana, der Bärenwiese bei der zentralen Haupteinfahrt, und im Ciganski tabor, dem Zigeunerlager am Waldrand beim Hotel Merkurij.
Zum Tanzengehen bieten sich Diskotheken wie das Dionisos beim Yachthafen an oder das Jalta im Zentrum, aber auch einige Nachtclubs in den Hotels, beispielsweise der Lady Club im Hotel Pliska.

Der Strand ist dreieinhalb Kilometer lang, bis zu 100 Meter breit und mit der Blauen Flagge ausgezeichnet. Der FKK-Strand liegt am nördlichsten Ende hinter dem Yachtclub mit Schwimmbad und Sportplätzen in der Nähe. Auf dem Gelände verteilen sich die Plätze der drei Tennisclubs, Schwimmbäder, Fahrradverleih, Fitnessclubs, und an mehreren Stellen entlang des Strandes wird Paragliding, Surfen und Jetski angeboten. Der Reitstall liegt am südlichsten Ende, und zwischen Post und Grand Hotel International bietet die Wassersportschule Tauch-, Surf- und Wasserski-Kurse an, Tel. 35 67 01.

Tagesausflüge ins Landesinnere, an die Donau, entlang der Küste, mit der Yacht aufs Meer oder mit dem Jeep zum Picknick, bieten die Hotels oder zum Beispiel Balkantourist, Tel. 35 71 91, 36 19 04.
Nähere Informationen über Wanderungen im Naturpark sind erhältlich bei BAAT (Bulgarian Association for Alternative Tourism) in Varna, Julija Tumbarkova, ul. Radko Dimitriev 10, Tel. 052-60 82 39, zlatni@mail.vega.bg, in den Hotels und Agenturen oder bei der Behörde für Tourismus in Varna, Tel. 052-60 21 21, Fax 052-60 21 20, office@tourexpo.bg.

Felsenkloster Aladža, Tel. 052-35 54 60, Klosteranlage und Museen Di–So 10–17 Uhr, im Winter Di–Sa 10–17 Uhr.

Kranevo und Albena

Der kleine Ort Kranevo liegt oberhalb des Meeres an der E87 und ist eine preiswerte Alternative zu den großen bekannten Urlaubsressorts. Unterkunft bieten kleine Familienhotels oder Privatzimmer, und mehrere Restaurants in der Ortsmitte servieren Grill- und Fischgerichte. Ein markierter Wanderweg führt in den nördlichen Teil des Nationalparks Zlatni pjasăci mit dem Aussichtspunkt Kaleto, und hangabwärts ist nach einem Kilometer der Strand erreicht, den man bis nach Albena entlangspazieren kann.

Dieser Ort entstand erst in den letzten Jahrzehnten. Bis 1968 noch unbebaute Wald- und Wiesenlandschaft, besteht er heute aus 40 Hotels inmitten grüner Landschaft, die bis zum goldgelben Sandstrand reicht. Vielfältige Freizeitmöglichkeiten werden den Gästen geboten, das Angebot reicht vom Jachtclub über Tennis bis zum Reitunterricht.

Die Einfahrt in das Areal ist durch Schranken geschützt, denn es soll möglichst frei von Abgasen bleiben – es ist schon genug, was durch den Transport der täglich ein- und ausreisenden 3000 Mitarbeiter verursacht wird. Zur Zeit wird sogar über die ausschließliche Nutzung von Elektroautos in Albena nachgedacht, und jeder auswärtige Autofahrer muß eine Gebühr von vier Leva pro Tag bezahlen.

Albena ist der sauberste aber auch teuerste Urlaubsort an der nördlichen Küste. Die Hotels der Kategorien zwei bis vier Sterne sind durch Swimming-Pools oder hübsch angelegte Gärten voneinander getrennt. Viele ältere Gebäude wurden komplett renoviert und nennen sich jetzt Arabella, Oasis oder Malibu, und alle bieten interessante Ausflüge in die Umgebung an, nach Sofija oder sogar nach Rumänien, Istanbul oder Kairo. Abendveranstaltungen in Sportpalast, Stadion

Albena hat sich ganz auf die Touristen eingestellt

oder Kulturzentrum runden das örtliche Angebot ab, tagsüber flaniert man in der Einkaufsstraße nahe dem Hotel Dobrudža, um sich spaßeshalber barock einkleiden, schminken und fotografieren zu lassen, zum Shopping oder ganz einfach zum Restaurantbesuch.

Beliebte Sportarten am schönen breiten Sandstrand sind Paragliding und kurze Trips mit dem Bananaboot, auf dem bis zu zwei Familien Platz finden. In rasender Geschwindigkeit wird es von einem Motorboot ein paar Schleifen übers Meer gezogen, und viele Besucher, die auf dem Boot keinen Platz mehr gefunden haben, stehen am Ufer, um das Schauspiel zu filmen. Sprotten, Hamburger und Pizza heißen die kulinarischen Angebote links und rechts der Strandpromenade, an der auch ein Karaokelokal zum Mitmachen aufruft – Albena hat sich ganz auf die Touristen aus Westeuropa eingerichtet.

Jenseits allen Trubels finden sich aber im angrenzenden dichten Wald auch ruhige Restaurants oder stille Plätzchen zum ungestörten Nachdenken, und genau dieser Kontrast macht einen Aufenthalt in Albena so reizvoll.

i ► Kranevo:
Vorwahl: 057 22, PLZ: 9649.
Touristeninformation in den Hotels oder der Behörde für Tourismus in Varna, Tel. 052-60 21 21, Fax 052-60 21 20, office@tourexpo.bg.

► Albena:
Vorwahl: 05 79, PLZ: 9620.
Mehrere Informationsbüros sind über das Gelände verteilt, das Informationszentrum liegt an der Hauptstraße zwischen Busstation und Strand, Tel. 620 90, 629 20, 621 48, Fax 625 75, office@albena.bg, www.albena.com. Buchungen und Informationen zu Tagesausflügen nach Veliko Tărnovo, Šumen, an die nördliche Küste, nach Burgas und Nesebăr, Silistra, Constanza in Rumänien sowie Folklore-Ausflügen ins Landesinnere, Yachtausflügen aufs Meer und Jeep-Safaritouren. Buchungen oft auch in den Hotels möglich.

Post und Internet-Zentrum gegenüber vom Informationszentrum in Albena, täglich 8–20 Uhr.

Biochim Bank im Gebäude des Informationszentrums in Albena, Tel. 626 07, Fax 626 54.

In der Ortsmitte in Kranevo halten Busse der Linien Varna–Albena und Varna–Dobrič. Die Busstation in Albena liegt an der Einfahrt und ist 800 Meter vom Strand entfernt. Von hier Busse nach Varna, Dobrič, Balčik und Sofija, Tel. 62860. Anschluß zu verschiedenen Hotels und ins Zentrum des Ressorts mit dem Taxi oder der kleinen Bimmelbahn.

► Kranevo:
Hotel Apolon, ul. Bălgarija 49, Tel./Fax 666 46. Familiäre Atmosphäre, hübsche helle Zimmer mit Bad, TV und Telefon.
Hotelanlage Palma, direkt am breiten Sandstrand, Tel. 664 77, Fax 632 62. 100 Zimmer, etwas spartanisch eingerichtet, dafür Balkon mit Meeresblick.
Hotel-Restaurant Sirena, ul. Černo More 6, Tel. 666 67, 666 68, Tel./Fax 666 65, sirena_bg@abv.bg. Geräumige Zimmer mit Bad, TV und Minibar, empfehlswertes Essen im hübschen Gartenrestaurant.
Hotelanlage Cristal Park, ul. Černo More, Tel. 666 71, Fax 666 70. 500 Meter von der Busstation entfernt, Kinder zahlen die Hälfte, komfortabel.
Hotelanlage Albatros, ul. Černo More 13, Tel. 057 96-66 85, Tel./Fax 057 96-66 89. Außerhalb gelegen, 100 Doppelzimmer mit Bad und Balkon, Telefon und TV, gutes Restaurant.
Ferienanlage Venera, ul. Černo More, Tel. 669 73, 62 81 56, Fax 60 08 38. Fünf moderne kleine Landhäuser im Grünen, komfortable Dreibettzimmer mit Bad und Balkon; Laden, Restaurant und Bar.

► Albena: Kontakt zu allen folgend genannten Unterkünften läßt sich herstellen über: office@albena.bg.
Hotel Dobrudža, im Zentrum, Tel. 620 11, 620 20, 625 01, Fax 622 16. Vier Sterne, eines der ältesten Hotels in Albena und dort der Dreh- und Angelpunkt für Unterhaltungs- und Gesundheits-Programme. Hunderte mit gedie-

genen Möbeln ausgestattete Luxuszimmer, mehrere Restaurants und Bars sowie eine eigene Mineralquelle.

Am südlichen Strand fallen sechs pyramidenförmig gebaute Hotels ins Auge, von denen das Hotel Gergana, Tel. 629 10, Fax 620 68, bei der Flußmündung neben dem üblichen Standard auch Maisonette-Wohnungen und Nichtraucherzimmer bietet. Alle sechs Hotels haben eigene Restaurants, Bars und Parkplätze und erlauben auch Haustiere.

Laguna, große Hotelanlage, Tel. 629 59, Fax 620 30. Internetsaal, mehrere Kindergärten und Hallenbad.

Auf dem Gelände zwischen dem großen Hotel Dobrudža und dem Strand sind mehrere hübsche Hotels neu entstanden, darunter: Hotel Kaliopa, Tel. 629 12, Fax 627 09, klein; Hotel Malibu, Tel. 622 79, Fax 625 75, guter Service von Babysitter bis Spazierstock.

Hotel Oasis, Tel./Fax 627 01, Balkonzimmer mit Meeresblick und Swimming-Pool.

Hotel Kardam, Tel. 629 89, nur 200 Meter vom Strand entfernt. Zwei Sterne, kinderfreundlich, Balkonzimmer mit Meeresblick und Swimming-Pool.

Hotel Ralica, westlich der Einfahrt zum Albena, Tel. 623 91, Fax 624 86. Drei Sterne, Hallenbad, Swimming-Pool, Tennisplatz, Internetsaal, Kindergarten und Spielplatz.

Hotel Vita Park, neben Hotel Ralica, Tel. 622 67, Fax 628 55. Ausstattung wie Ralica.

Hotel Com, schräg gegenüber dem Hotel Vita Park, Tel. 621 18. Bogenschießen, Skaten, Surfen und Internet-Surfen möglich.

Hotelanlagen Magnolia, Tel. 621 35, und Orchideja, Tel. 629 51, etwas nördlich gelegen. Komfortabel, beide mit Internetsälen, Sport- und Spielplätzen, Swimming-Pools und Läden.

Von den Zwei-Sterne-Hotels Kiev, Lajpcig und Praga liegt letztgenanntes am zentralsten und nur 400 Meter vom Strand entfernt, Tel. 622 17. 200 Balkon-Zimmer mit TV, Radio und Tresor, auch Nichtraucher-Zimmer.

Es gibt mehrere modernisierte Bungalow-Anlagen im Grünen, sämtlich Zwei-Sterne-Standard mit Bad, Küche und Balkon. Sie sind in Villas West, Villas East und Villas Arabella eingeteilt, die am nördlichen Waldrand den größten Komfort bieten. Informationen unter Tel. 052-60 50 33 oder vor Ort unter Tel. 629 20.

Campingplatz Gorska Fej in Albena, hinter der Einfahrt, Tel. 629 61, Fax 625 75. Hübsche Bungalows am Waldrand mit Kühlschrank und Terrasse. Von hier aus fahren Minibusse und Bimmelbahn zum Strand. Am Weg dorthin Post mit Internetzugang, Einkaufsmöglichkeit und Lokale.

► Kranevo: Die besten Küchen führen die Hotelrestaurants, in denen man ausgiebig speisen kann. Für einen Imbiß empfehlen sich auch die Tavernen in der Ortsmitte und am Strand.

► Albena: Entlang des Bazars im Zentrum werben viele Lokale mit bunten Schildern und Livemusik um die Gunst der Gäste. Einige Tips:

Poco Loco. Freundliche Bedienung, gelegentlich schwungvolle Tanzeinlagen auf der Bühne.

Hotel Dobrudža, Chinarestaurant und Panorama-Restaurant auf der 17. Etage.

Restaurant Starobălgarski Stan (altbulgarisches Haus). Üppige Menüs in einer Waldwirtschaft hinter der Bowlingbahn.

Starjat Dub (alte Eiche), am Strand bei der Batova-Mündung, Tel. 621 08. Traditionslokal, gute Fischgerichte.

Grillabende mit Folkloremusik bieten: Restaurant Horizont, zwischen den Hotels Maastricht und Panorama nahe der nordöstlichen Villenanlage; Ribarska Chiža (Fischerhütte), beim Arabella-Schiff am nördlichen Strandende, Tel. 622 73.

Restaurant Slavjanski Kăt, in einem sehr schönen Garten am westlichen Waldrand, Tel. 629 33. Besonders zu empfehlen.

Einige gehen in Albena abends Bowling spielen, andere zum Roulette im Casino des Hotels Dobrudža. Alternativ empfiehlt sich ein Spaziergang zum nördlichen Strandende, wo die Arabella-Bar mit Piratenflair auf einem alten Segelschiff trinkfeste Gäste erwartet. Ebenso amüsant läßt sich der Abend auch in der Bar Ganvie oder an der südlichen Strandhälfte in der Karibi-Bar gestalten.

Besonders lustig geht's zu in der Bar Gorski Car (Zar Waldkönig), südlich der Bowlingbahn.

Nach Varietés im Theater, Konzerten in der Sporthalle oder Musik- und Tanzabenden irgendwo auf dem Gelände erkundigt man sich am besten im zentral gelegenen Kulturzentrum, Tel. 628 28, 622 51.

Albenas Sandstrand ist vier Kilometer lang und 100 Meter breit, fällt flach ins Wasser ab und eignet sich daher auch gut für Kinder und Nichtschwimmer. Nach verschiedenen Wellnesskuren mit Gewichtsreduzierung, Massagen und Kosmetikberatung oder Antistress-Programmen erkundigt man sich am besten im Kurzentrum, beim Hotel Dobrudža, Tel. 624 82, Fax 624 86, spa@albena.bg.

Informationen über Sportplätze, Reitunterricht, Wettbewerbe, Paragliding oder Wassersportarten wie Segeln, Surfen, Tauchen und Wasserski erteilt das Sportzentrum: Tel. 623 80, sport@albena.bg.

Im Gelände gibt es mehrere Stellen, die Fahrräder, Tretwagen, Skates oder Boote verleihen.

Medizinische Poliklinik in Albena, hinter dem Hotel Dobrudža, Tel. 623 05.

Obročište

Das besondere an diesem kleinen Durchgangsort sind die Ruinen eines Derwischklosters, nach dem er bis 1934 auch benannt war: Tekke. Das ist der türkische Begriff für ein muslimisches Kloster, das hiesige hieß Arat Tekke. Es liegt auf einem Hügel und bietet einen schönen Ausblick auf den unterhalb gelegenen Ort. Erbaut wurde es im 16. Jahrhundert, während der osmanischen Herrschaft, von Ak Yazula Baba, als noch viele moslemische Mönche von einer Gemeinde zur nächsten pilgerten. Bis zu 200 Gläubige fanden im Kloster Platz und wurden von einer großen Küche verköstigt, deren Schlot noch heute, einem Minarett ähnlich, in den Himmel ragt. In einem der beiden siebeneckigen Gebäude befindet sich das Grab des Gründers, dessen Segen Reisende erbeten, indem sie ihre Hand in die Öffnung der Grabkammer halten. Ak Yazula Baba erfährt seine Verehrung auch von Christen, die hier an bestimmten Feiertagen gemeinsam mit den Moslems Feste feiern mit Opferspeisen, Gesang und Tanz. Denn die Bulgaren halten den Platz auch für die letzte Ruhestätte des Heiligen Athanasius, dem Schutzpatron der verlorenen Schafe. Ihm zu Ehren wurden bisher hunderte von Schafe geopfert, und daher hat der Ort seinen heutigen Namen: Obročište bedeutet Opferplatz.

Busse der Strecke Albena–Dobrič halten hier.

In der Nähe liegt die Ferienanlage Panorama-Bultrac, Tel. 05 79-642 30, 642 47, 631 49, Fax 631 09. Komfortable geräumige Zimmer mit Bad und Balkon, Restaurants, Swimming-Pool, Tennisplatz und Garage.

Balčik

An der Küste der Süddobrudža, knapp 50 Kilometer nördlich von Varna, liegt die schöne alte Hafenstadt Balčik. Zwar gibt es keinen breiten Sandstrand, aber dafür entschädigt der bezaubernde Anblick weißer Häuser mit roten Ziegeldächern, die terrassenförmig aus den hellen Kalksteinwänden herauszuwachsen scheinen und sich bis zum Meer hinab erstrecken.

Gegründet wurde die Stadt schon vor über 2000 Jahren von den Griechen, die ihr wegen der vielen natürlichen Quellen zunächst die Bezeichnung Krunoi (›Stadt an den Quellen‹) gaben, aber schon bald in Dionysopolis umbenannten, dem Gott des Weines und der Fruchtbarkeit zu Ehren. Denn sie bauten Wein an, der hier gut gedieh.

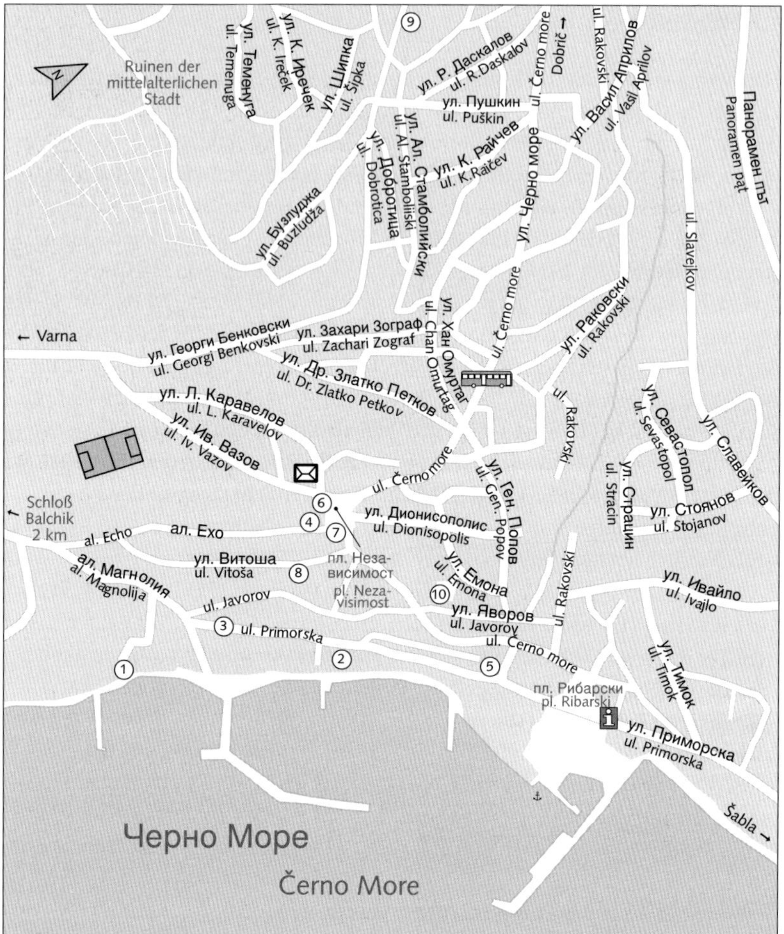

Balčik

Legende

1 Hotelanlage Dvata Petela
2 Hotel Latos
3 Hotel Jupiter
4 Hotel Balčik
5 Restaurant Morsko oko
6 Restaurant Želeni
7 Historisches Museum
8 Ethnographisches Museum
9 Ethnographischer Komplex
10 Städtische Kunstgalerie

Die hellen Kalksteinfelsen geben Balčik ein unverwechselbares Gesicht

Ende des 14. Jahrhunderts geriet der Ort in den Besitz des Bojaren Balik, von dessen Name sich die Bezeichnung Balčik ableitet. Während der Osmanischen Besetzung entwickelte sich der Ort zur Hafenstadt, und viele Tataren siedelten sich hier an. Nach dem Zweiten Balkankrieg wurde Balčik Rumänien zugesprochen und erhielt die Bezeichnung Silberküste (Srebaren brjag), seit 1940 gehört Balčik wieder zu Bulgarien.

Der alte Hafen, die kleine Moschee am pl. Ribarski, das Tatarenviertel – all das trägt zu dem Charme der über Jahrhunderte gewachsenen Stadt bei, die eine erfrischende Abwechslung zu den weiter südlich gelegenen Urlaubsressorts bildet.

Ein Spaziergang über die Pflastersteine der steilen Straßen führt an mehreren Kunstgalerien vorbei, in denen örtliche Künstler Gemälde, Schmuck oder Holzobjekte anbieten. Graphiken und Skulpturen zeigt die in einem großen weißen Gebäude untergebrachte städtische Kunstgalerie in der ul. Otec Paisij, in der die Marmorstatue des Dionysos eine permanente Attraktion darstellt, während die Ausstellungen im Untergeschoß monatlich wechseln.

Im Historischen Museum am pl. Nezavisimost belegen eine Kutsche aus thrakischer Zeit wie auch Artefakte der römischen und griechischen Periode eine wechselhafte Vergangenheit. Insgesamt reichen die Exponate bis 1940, dem Jahr der Gründung von Balčik. Besucher im gegenüber gelegenen Ethnographischen Museum können die Entwicklung traditioneller Handwerkskünste wie Teppichweberei, Kupferschmiederei und Holzschnitzerei studieren, die von folkloristischen Kostümen und Erntewerkzeugen ergänzt werden. Daneben sind auch Möbel und Alltagsgegenstände des 19. Jahrhunderts ausgestellt.

Um den etwas oberhalb gelegenen pl. Nezavisimost gruppieren sich Cafés, italienische Restaurants und ein Kino. Von dem Platz zweigt auch die längste Straße der Stadt ab, die ul. Černo More, die nach 300 Metern zur Busstation führt.

Folgt man der Straße weiter bergauf, gelangt man nach einem etwa halbstündigen Spaziergang zu einer weiteren Sehenswürdigkeit: Denn auch in Balčik dient eine renovierte Schule aus der Wiedergeburtszeit als Museum und bildet zusammen mit der Kirche Heiliger Nikolaus (Sveti Nikolaj), 1845 nach Plänen von Koljo Rajčov, den Ethnographischen Komplex. Die Ikonostase der Kirche ist mit Gemälden mazedonischer Künstler geschmückt, und links hinter dem Eingang ist ein vergoldetes Gemälde vom Heiligen Nikolaus zu bewundern, dem Schutzpatron der Seefahrer. Mit den im Komplex ausgestellten Schreibbänken, Schriftstücken und Ikonen gewinnt der Besucher einen Eindruck vom Stolz der Bulgaren auf ihre Bildungschancen und nationale Identität.

Von Balčik führt eine Straße vier Kilometer östlich an der Küste entlang bis nach Tuzlata. Der kleine Ort ist bekannt für den Heilschlamm, der hier aus einer Salzgrube gewonnen wird. Er kommt nicht nur in den beiden Sanatorien Tuzlatas, sondern auch in verschiedenen balneologischen Zentren der nördlichen Küste zur Anwendung. Unterwegs genießt man den Blick auf die hellen Kalksteinfelsen. Oder man hält an, um ein paar wildwachsende Küchenkräuter zu pflücken.

Schloß Balčik

Für die rumänische Königin Maria war die Silberküste von magischer Anziehungskraft, und so kaufte sie 1924 mehrere Grundstücke südlich vom Ortseingang. Nach ihren Vorstellungen errichteten die italienischen Architekten Augustino und Amerigo sowie der schweizer Gärtner Jeannis eine elegante Sommerresidenz auf dem 3000 Hektar großen Gelände, und dabei bewies die 47jährige Mutter von sechs Kindern einen erlesenen Geschmack. Ihr ist letztlich ein nicht abreißender Besucherstrom in Balčik zu verdanken, denn das Schloß und der botanische Garten gelten als attraktivste Sehenswürdigkeit des Ortes.

›Stilles Nest‹ nannte die Königin ihr Anwesen, in dem sie Freunde empfing, um mit ihnen zu den alten Mühlen am Wasserfall zu spazieren, zum Kakteengarten beim kleinen exotischen Zoo, über die Brücke der Seufzer zur Schloßkapelle, oder durch den römischen Säulengang am Rosengarten vorbei zum Rauchsalon, der sich für den Austausch von Intimitäten bei etwas Kaffee- oder Opiumgenuß vortrefflich eignete. Die Touristen zieht es heute auch zum künstlichen Sandstrand, von dem aus sich ein weiter Blick über das Meer eröffnet.

Das Märchenschloß der früheren rumänischen Königin Maria

Die weltbürgerliche Einstellung der Königin äußert sich in vielen Details des Anwesens, für das die Architekten Baumaterial aus der Umgebung verwendeten, während sie für den Park Pflanzen aus aller Welt herbeiholten. Christliche und orientalische Motive sind gleichermaßen darin zu entdecken, aber der Kontrast zwischen dem Minarett des Schlößchens, in dem die Königin wohnte, und der Kapelle, in der sie ihr Herz bestatten ließ, drückt am deutlichsten aus, wie sie die Gegensätze in ihrem Leben tolerierte und vereinte.

Vorwahl: 05 79, PLZ: 9600. Vermittlung von Privatunterkünften und Organisation von Ausflügen: Agentur Čajka, pl. Ribarski 2, Tel. 720 53; Agentur Zora, pl. Ribarski 4, Tel. 72732; allgemeine Informationen in der Ferienanlage Hotel Beljat Brjag, ul. Černo More 5, Tel./Fax 725 31.

Für einen kurzen Ausflug aufs Meer vermieten verschiedene Anlegestellen im Hafen Motorboote, Ruderboote und Tretboote.

Postamt, ul. Ivan Vazov 1, Tel. 724 90, Fax 721 73.

Biochim Bank, pl. Nezavisimost 7, Tel. 740 61, Fax 740 61.

Die Busstation liegt einen Kilometer vom Meer entfernt oberhalb des Stadtzentrums. Verbindungen nach Varna, Dobrič, Kavarna und in kleinere Orte der Umgebung, Tel. 740 69.

Hotelanlage Dvata Petela, ul. Samara 3 (westlich vom

Hafen), Tel. 764 60, Fax 764 65. Modern, klein, Zimmer mit Bad und Balkon zur Meerseite, Telefon, TV und Minibar, Restaurant, Swimming-Pool und Tennisplatz.

Hotel Lotos, ul. Primorska 12, Tel. 721 95, Fax 721 96, lotos_hotel@abv.bg. Am Meer, Ausstattung wie Dvata Petala, gutes Restaurant mit Panoramablick.

Hotel Jupiter, ul. Primorska 1a (am Meer), 764 70, 723 54. 15 komfortabel eingerichtete Zimmer mit Balkon, Swimming-Pool, Tennisplatz, Fitness- und Billiardraum.

Hotel Bjala Kašta, ul. Geo Milev 18, Tel. 738 51, 739 51. Weiße Villa am Meer, hübsche Zimmer mit dunklen Holzdielen und TV, Balkon mit Meerblick, gutes Restaurant.

Hotel Balčik, pl. Nezavisimost, hinter dem Kino, nur 300 Meter von der Busstation entfernt, Tel. 728 09, 725 60, Fax 728 62. 30 modern ausgestattete Zimmer mit Bad und Balkon, Restaurant und Bar.

Beljat brjag, ul. Černo More 5 (1 Kilometer östlich vom Hafen), Tel. 728 70, Fax 762 20, seafoods@abv.bg. Große kinderfreundliche Ferienanlage mit Hotel, Zimmer mit Bad und Balkon, nicht der übliche Standard, aber sehr hübsch eingerichtet; Bungalows, Schwimmhalle, Sportplätze, Restaurants, Läden, Diskothek und eigener Strand, Spielplätze und Kindergarten.

In den letzten Jahren entstanden mehrere Hotels in der Umgebung von Schloß Balčik:

Hotel Ajsberg, Tel. 750 31, Fax 750 33, geöffnet von April bis Oktober. Moderne Zimmer mit Bad und Balkon, Telefon, TV und Minibar. Sauna, Fitnessraum, Tennisplatz und eine kleine Bar.

Hotel Biser, nördlich vom Eingang zum Schloßpark, Tel./Fax 6032 55. Ganz neu, aber ohne wesentlichen Komfort; hoteleigener Campingplatz vier Kilometer westlich.

Für den kleinen Imbiß zwischendurch stehen viele Snackbars und Bistros am Hafen und entlang der Uferpromenade oder zwischen dem pl. Nezavisimost und dem pl. Ribarski zur Wahl. Für den großen Hunger empfehlen sich die reichhaltigen Speisekarten der Hotelrestaurants. Tips:

Restaurant Morsko oko, zwischen ul. Černo More und ul. Primorska. Schöne Terrasse, köstliche Fischgerichte, sehr beliebt bei Einheimischen und Gästen.

Restaurant Želeni, pl. Nezavisimost, neben dem Kino, Pizza und Spaghetti sowie einheimische Spezialitäten.

Am Schloß:

Gegenüber dem Eingang zum Schloßpark liegt das Geschäftszentrum Dvoreca mit Läden und einem Bistro.

Restaurant Mitko, direkt beim Eingang zum Schloßpark, Tel. 088-27 21 75. Große Auswahl

an Fleisch- und Fischgerichten, die man auch auf der Holzveranda genießen kann.
Städtische Kunstgalerie, ul. Otec Paisij 4, Tel. 741 30, 743 09, täglich 9–12 Uhr u. 14–17 Uhr.
Historisches Museum, pl. Nezavisimost 1, Tel. 721 77, Mo–Fr 9–12 u.13–16.30 Uhr.
Ethnographisches Museum, ul. Vitoša 3, Tel. 721 77, Mo–Fr 9–12 u. 13–16.30 Uhr.
Ethnographischer Komplex, ul. Christo Botev 4, Tel. 740 86, täglich 9–12 u. 14–15.30 Uhr.
Schloß Balčik, im Ortsteil Dvoreca (zwei Kilometer westlich des Zentrums), Tel. 725 59, Fax 720 32, täglich 9–18 Uhr. Vor dem Eingang zum Schloß halten Busse der Linie Balčik–Albena

Kavarna und Kap Kaliakra

Die Industriestadt Kavarna – 12 000 Einwohner – liegt 17 Kilometer östlich von Balčik und 50 Kilometer südöstlich von Dobrič, der Hauptstadt der Dobrudža. Dobrotica, der Sohn des mächtigen Bojaren Balik, versuchte im Zweiten Bulgarischen Reich Unabhängigkeit von den Zarenherrschern zu erlangen, indem er ausschließlich die Gesetze des Gegners Byzanz befolgte. Die Stadt Kavarna war damals Hauptstadt der Region, aber da sie zu Ende des 19. Jahrhunderts von Plünderern völlig zerstört wurde, blieb kaum etwas Sehenswertes erhalten. Doch die zwei Kilometer vom Meer entfernt und oberhalb auf einem Felsplateau gelegene Stadt ist ein günstiger Ausgangspunkt für Ausflüge in das Hinterland, zu steilen Kliffs mit mehreren Höhlen oder in die nördliche Seenlandschaft.

In der Nähe des Hotels Dobrotica ist das Stadtmuseum in einem ehemaligen türkischen Badehaus untergebracht und gibt näheren Aufschluß über die Geschichte Kavarnas, unter anderem an den mächtigen Aristokraten Balik, der im 14. Jahrhundert die Küstenregion bis zum Kamčija-Delta beherrschte. Einige Häuserblocks weiter westlich befindet sich das Ethnographische Museum in einer früheren, mittlerweile renovierten Schule aus der Wiedergeburtszeit. Dort ist das sorgfältig und geschmackvoll eingerichtete Wohnhaus des Gemeindelehrers zu besichtigen, in dem das Leben einer bürgerlichen Familie zu Ende des 19. Jahrhunderts anschaulich wird: unten Lagerräume und die offene Sommerküche, oben die Wohnung mit sternförmig angeordneten Räumen für Großeltern, Eltern, Gäste und die Winterküche.

Sehenswert ist auch die Sammlung der Kunstgalerie Kavarna. Sie zeigt Werke bulgarischer Künstler und gelegentlich eine Ausstellung französischer oder italienischer Maler.

Abendstimmung am romantischen Kap Kaliakra

Das gastronomische Angebot der Stadt reicht von bulgarischen Gerichten in mehreren Cafés der ul. Černomorska bis zu gegrilltem Fisch, der in den Imbißbuden am Strand frisch zubereitet wird.

Von Kavarna ist es nicht weit nach Kap Kaliakra. Dieses zwei Kilometer weit ins Meer hinausreichende Kap wurde schon von Thrakern und Römern als natürliche Festung genutzt. Als Fürst Dobrotica Mitte des 14. Jahrhunderts seine Herrschaft über die Dobrudža festigte und auf dem Höhepunkt seiner Macht angelangt war, baute er noch stärkere Verteidigungsanlagen, deren Mauern die Festung in drei Gebiete unterteilte: Vorstadt, äußere Stadt und innere Stadt. Viehzüchter, Fischer, Seefahrer bewohnten die Vorstadt, über die man in die äußere Stadt gelangte. Hier lebten die Kaufleute, Beamten und Geistlichen. In der inneren Stadt, der Zitadelle, lebten die Oberschicht und – in seinem Schloß auf einer hohen Terrasse– der Herrscher.

Wie viele Münzfunde mit Dobroticas Prägung beweisen, hatte ein schwunghafter Handel mit Getreide aus der Dobrudža die Festungsstadt recht gut versorgt. Um den Transport zu erleichtern, wurden 70 Meter tiefe Schächte von oben durch den Fels bis zum Hafen getrieben, der unterhalb der äußeren Stadt lag. Viele natürliche Höhlen dienten als Lagerräume oder auch als Kapellen und Mönchszellen. In eine dieser Höhlen ist heute ein Museum und in eine weitere ein zweistöckiges Restaurant gebaut, von dem man eine phantastische Aussicht auf das Meer und die Küste hat. Neben römischen und griechischen Funden erinnert die Ausstellung im Museum mit mehreren Exponaten an die Niederlagen der türkischen Flotte im Kampf gegen die russische und die bulgarische Seemacht.

Um 1400 herum kämpften hier verschiedene türkische und walachische Feldherren um Kaliakra, bevor die Osmanen 1420 schließlich die Oberhand gewannen. Nach den verheerenden Schlachten blieben nur noch Ruinen von der Festung übrig und eine traurige Legende: Um einer Zukunft als Haremsdame und Vergewaltigungen durch die türkischen Eroberer zu entgehen, ergriffen 40 junge Frauen die Flucht und liefen so weit sie konnten. Das führte sie bis zum ausweglosen Ende des Kaps, wo sie entschlossen ihre Zöpfe aneinander banden und in die Tiefe sprangen. An diese Geschichte erinnert eine große Skulptur vor der äußeren Festungsmauer.

► Kavarna: Vorwahl: 05 70, PLZ: 9650.
Touristeninformation in den Hotels und im Rathaus, Tel. 31 17.

Postamt, ul. Dobrotica 29.

Biochim Bank, ul. Dobrotica 33, Tel. 861 51.

Vom Busbahnhof am pl. Dobrudža fahren Busse nach Varna, Dobrič, Balčik und Minibusse an die weiter nördlich gelegenen Küstenorte Rusalka und Šabla.
Keine öffentlichen Verkehrsmittel nach Kap Kaliakra, Es ist am besten mit dem eigenen Auto zu erreichen oder von den Urlaubsorten an der Küste im Rahmen einer Tagesexkursion.

► Kavarna: Hotel Dobrotica, ul. Černomorska 22 (Stadtmitte), Tel. 21 91, 23 96, 2398. Einfach ausgestattete Zimmer, Restaurant. Zum Hotel gehört auch der Campingplatz Morska Svezda mit Taverne, der zwei Kilometer weiter südlich am Strand liegt und auch preiswerte Bungalows vermietet.
Hotel Kavarna, ul. Dobrotica 4a, Tel./Fax 822 15. Zentral in einem hübschen alten Haus, bekanntestes Hotel am Ort, leider nur wenige Zimmer mit üblichem Standard und Bad.
Hotel Venera, ul. Čajka 6, Tel. 848 78, 840 98, Fax 822 54. Modern möblierte Zimmer mit Bad und Balkon, Panoramarestaurant und eine Gartenterrasse.
Hotelanlage Denica, Tel. 822 47, Tel./Fax 822 43. Etwas außerhalb, luxuriös, Restaurant, Schwimmbad, Tennisplatz, Sauna, Konferenzräume und Autovermietung.

► Kavarna: Zahlreiche Tavernen in der ul. Černomorska, am Strand oder im Kavarna-Park servieren gegrillte Fleisch- und Fischgerichte. Tips: Die verschiedensten bulgarischen Weine der Sorten Chardonnay, Misket, Merlot und Cabernet stehen im Weinkeller Elixier zum Kosten bereit, ul. Bălgarija 1, Tel./Fax 821 54.
Das große Restaurant Shatra Atraction veranstaltet häufig Folkloreabende oder auch Discoabende, pl. Ikantaluka, Tel. 860 01.

► Kap Kaliakra: Restaurant Nos Kaliakra, in einer großen Höhle am Kap, Tel./Fax 057 44-778, täglich 10–22 Uhr. Mehrere Ebenen, so daß mehrere Reisegruppen gleichzeitig darin Platz finden. Das geschulte Personal geht freundlich auf spezielle Wünsche zahlreicher Gäste ein. Die delikaten Vorspeisen und Fischgerichte der üppigen Speisekarte sind besonders zu empfehlen.

► Kavarna: Stadtmuseum, ul. Čirakman 1, Tel. 821 50, Di–Sa 8–12 u. 13–18 Uhr.
Ethnographisches Museum, ul. Sava Gančev 18, Tel. 850 17, Mo–Fr 9–12 u. 13–17 Uhr.
Kunstgalerie Kavarna, ul. Acheloj 1, Tel. 842 36.
► Kap Kaliakra: Museum, Mai–Okt. täglich 10–18 Uhr.

Die Küste von Kavarna bis Durankulak

Steppe, Felsen, Buchten, Strände und Seen kennzeichnen den 50 Kilometer langen Küstenabschnitt zwischen Kavarna und der rumänischen Grenze. Eine Straße, die zwar mehr Schlaglöcher als die parallel verlaufende E87 aufweist, dafür aber 20 Kilometer direkt an der Küste entlang führt, zweigt auf halber Strecke zwischen Kavarna und Kap Kaliakra in dem kleinen Ort Bălgarevo ab. Wer eine Vorliebe für naturbelassene, wilde Steppe und zerklüftete Felsgebilde hat, sollte sich Zeit für diese alternative Route nehmen.

Man fährt ab Bălgarevo fünf Kilometer und kommt in den Ort Sveti Nikola, der nach dem Schutzpatron der Seefahrer benannt ist. Von hier aus biegt eine steile Straße in die Bucht der Vögel (Tauk Liman) ab, und man erreicht den Urlaubsort Rusalka. Die wildromantische Landschaft mit Zwergsträuchern, alten Eichen und mehreren Sand- und Kiesstränden zwischen felsigen Buchten hatte zuerst der Club Mediterranée für sich entdeckt und damit viele französische Gäste in die Gegend gelockt. Daraus ging die All-inclusive-Anlage ›Russalka Elite‹ hervor, in der heute Gäste aus aller Welt an Fitness- oder Anti-Streß-Programmen teilnehmen. Man wohnt in kleinen weißen Bungalows, genießt komfortable Einrichtungen wie Sauna und Jacuzzi-Pool und nutzt sportliche Angebote, die von Tennis über Bogenschießen bis zu Tauchen und Kajakfahren reichen.

Wer Ferien dieser Art verschmäht, fährt von Sveti Nikola gleich fünf Kilometer weiter, um die Urlaubswelt einiger Naturliebhaber kennenzulernen, die sich

Grüner Germer (Piringebirge)
Sonnenblumenfeld bei Burgas; Steinbrech und Moos (Piringebirge)

Der Leuchtturm von Kap Šabla markiert den östlichsten Punkt Bulgariens

jeden Sommer in den Höhlen der Kliffs zwischen Kamen brjag (Steinküste) und Tjulenovo einfinden.

In Kamen brjag lohnt sich ein Spaziergang über den Küstenpfad in südliche Richtung. Er führt an byzantinischen Festungsruinen vorbei zum archäologischen Reservat Jajlata, einer thrakischen Höhlensiedlung mit Nekropolen und einem zum Meer ausgerichteten Thron, Opferaltar und Weinkeller. Funde aus diesem Reservat sind im archäologischen Museum in Varna ausgestellt.

Von Kamen brjag führt die Küstenstraße zehn Kilometer über Tjulenovo zum Kap Šabla mit dem rot-weißen Leuchtturm, der den östlichsten Punkt des Landes markiert. Auch hier stehen noch Fundamente einer römischen Festung. Mehrere Restaurants am kleinen Hafen bieten köstliche Fischgerichte, und man kann in den Bungalows des nahen Ferienlagers zu günstigen Preisen übernachten. Landeinwärts stößt man nach drei Kilometern in dem Bauerndorf Šabla wieder auf die E 87. Das Kulturzentrum dieses Ortes veranstaltet jährlich Ende Mai ein Folklorefest.

Zwei Kilometer nordöstlich von Šabla liegt das Naturreservat Šabla-See, aus dem der Heilschlamm für die Urlaubsorte dieser Gegend stammt. Der See und seine Umgebung beheimaten viele seltene Fisch-, Pflanzen- und Vogelarten; vor allem Wildgänse finden hier ihre Nistplätze.

Hibiskus (Piringebirge); in Burgas
Ruine in der Altstadt von Pomorie

Weite Sandstrände schließen sich nördlich daran an mit dem Ferienort Krapec, der hinter den Dünen liegt und außer einem Campingplatz auch ein Hotel zu bieten hat.

Von hier aus erreicht man nach sieben Kilometern ein weiteres Naturreservat, den Durankulak-See. Er ist nur durch eine Sandbank vom Meer getrennt und Heimat für etwa 70 bedrohte Tier- und Pflanzenarten. Alljährlich überwintern hier tausende von Zugvögeln. Eine Halbinsel mit einer großen prähistorischen Siedlung ragt in den See, die Forschern Rätsel aufgibt. Bisher wurden ein Tempel und mehrere Gräber einer Nekropole mit wertvollen Keramikfunden freigelegt, die im Historischen Museum von Dobrič zu sehen sind.

Nördlich des Sees kann man Quartier auf einem Campingplatz beziehen, der durch einen Weg mit Durankulak verbunden ist, dem letzten Ort vor der rumänischen Grenze.

Bălgarevo: Büro in der Ortsmitte, Tel. 057 44-424. Fahrradverleih.
Šabla: ul. Ravno Pole 35, Tel./Fax 057 43-31 77.

Täglich Buslinien zwischen Šabla und Balčik sowie Šabla und Krapec.

Ferienanlage Russalka Elite, Tel. 05 70-831 05, 962 42 15, Fax 851 85, 962 47 05, www.russalka-holidays.com. Exklusiv, all-inklusive.
Hotel Kosmos, Tel. 057 43-24 43. Klein, zentral in Šabla, Restaurant.
Villa Ribarska Srešta, in Šabla, Tel. mobil 089-45 95 49, 089-79 55 92. Vier helle Zimmer mit Bad, TV und Balkon; schönes Restaurant mit Meeresblick.
Hotelkomplex Dobrudža, ul. Lorenc 5 (zwischen Šabla-See und Meer), Tel. 057 43-35 52, 34 13, 22 72, 33 77. Komfortable Unterkünfte in vier renovierten Hotels. Läden, Post und Campingplatz mit preiswerten Bungalows.
Hotel Janica in Krapec, Tel. 057 49-324, Fax 057 49-325. Drei Sterne, inmitten einer Grünanlage und nur hundert Meter vom Meer entfernt; Spielplatz, Swimming-Pool, Bar und Terrassen-Restaurant.

Krapec: Campingplatz am Strand mit Bungalows und Taverne.
Außerhalb von Durankulak: Campingplatz am Meer mit einfach ausgestatteten Bungalows. Zu dem Areal gehören Sport- und Spielplätze, Läden, ein Restaurant und ein Café, Tel. 057 48-375, 525.

Überall bieten Restaurants, Tavernen und Cafébars einheimische Spezialitäten an. Besonders zu empfehlen sind Fischgerichte, beispielsweise in der Mechana Gagausa in Bălgarevo oder in den Tavernen Pri Bej Petăr und Zlatna Ribka beim Leuchtturm in Šabla.

Im Landesinneren

Ausflüge von Varna ins Landesinnere führen zu den Ursprüngen bulgarischer Geschichte. Rings um die Festungsstadt Šumen, in der man die größte Moschee Bulgariens besichtigen kann, liegen die Hauptstädte des Ersten und Zweiten Bulgarischen Reiches, Pliska und Preslav, sowie das archäologische Reservat Reiter von Madara (Madarski konnik). Dort stellt das gleichnamige Felsrelief das älteste Zeugnis gemeinsamer Kultur von Slawen und Protobulgaren dar. Die Besichtigung dieser historischen Stätten läßt sich gut mit Wanderungen über die Hügel des auslaufenden Balkangebirges verbinden oder mit Spaziergängen durch die dichten Wälder des Nationalparks Šumenplateau.

Alle Ferienorte an der Küste bieten Tagesausflüge in dieses Gebiet an, das rund 80 Kilometer westlich von Varna zu erreichen ist.

Šumen

Die Geschichte der Stadt Šumen – rund 100 000 Einwohner – ist eng mit der Entstehung und Entwicklung Bulgariens verbunden. Šumen bedeutet ›mit Zweigen und Blättern bedeckt‹. Dieser Name verweist auf die grüne Hügellandschaft der Umgebung, in der Bulgariens erste Hauptstädte Pliska und Preslav und das Reservat Madara liegen.

Auf dem Šumenplateau, von dem der Blick weit über Donauebene und Gebirgspässe reicht, entstand eine starke Festung und unterhalb davon die Stadt. Sie galt im Zweiten Bulgarischen Reich als sicherste in Nordbulgarien und zog auch jüdische, armenische und griechische Siedler an. Šumen wurde im Jahr 1388 von den Türken erobert und entwickelte sich zur mächtigen Garnisonstadt. Hier zog der polnische König Warnenczyk 1444 mit seinem Heer durch, bevor er in der Schlacht bei Varna fiel. Als das Osmanische Reich Ende des 19. Jahrhunderts schon im Verfall begriffen war, kamen rund 2000 ungarische und polnische Einwanderer nach Šumen, die an der kulturellen Entwicklung des Landes Anteil hatten.

Nach der Befreiung 1878 zerstörten die Bulgaren gerade in dieser Stadt, in der die Fremdherrschaft Jahrhunderte lang durch das Militär besonders präsent gewesen war, viele türkische Einrichtungen. Daher ist heute von dem ehemals orientalischen Flair in Šumen kaum etwas zu spüren. Am deutlichsten bezeugen noch zwei Gebäude in der Altstadt diese Vergangenheit: die Tombul Džamija Moschee und der überdachte Markt (Besisten). Beide entstanden aus dem Baumaterial zerstörter Kirchen der einstige Hauptstädten Pliska und Preslav.

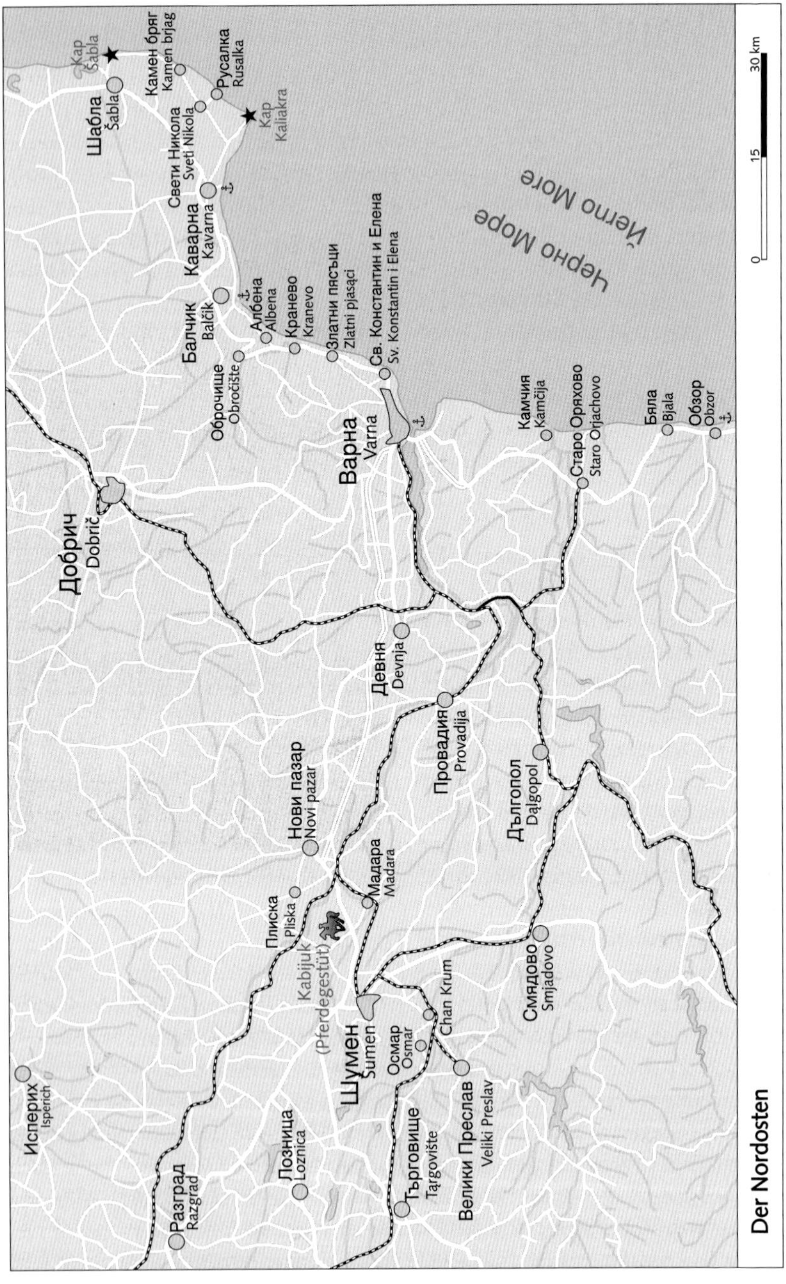
Кап Šabla
Шабла
Šabla
Камен бряг
Kamen brjag
Русалка
Rusalka
Свети Никола
Sveti Nikola
Кап Kaliakra
Каварна
Kavarna
Балчик
Balčik
Албена
Albena
Кранево
Kranevo
Златни пясъци
Zlatni pjasąci
Св. Константин и Елена
Sv. Konstantin i Elena
Оброчище
Obročište
Черно Море
Варна
Varna
Камчия
Kamčija
Старо Оряхово
Staro Orjachovo
Бяла
Bjala
Обзор
Obzor
0
15
30 km
Добрич
Dobrič
Девня
Devnja
Провадия
Provadija
Нови пазар
Novi pazar
Дългопол
Dąlgopol
Мадара
Madara
Плиска
Pliska
Kabijuk
(Pferdegestüt)
Смядово
Smjadovo
Chan Krum
Шумен
Šumen
Осмар
Osmar
Велики Преслав
Veliki Preslav
Исперих
Isperich
Лозница
Loznica
Търговище
Tąrgovište
Разград
Razgrad
Der Nordosten

In der Altstadt

Von Bahnhof, Busstation und Stadtpark im östlichen Teil der Stadt ist die einen Kilometer weiter westlich gelegene Altstadt am leichtesten über den bul. Slavjanski zu erreichen. Dabei fällt schon nach 500 Metern links ein großes Backsteingebäude auf, das Historische Museum (Istoričeski Muzej), in dem Funde der Bronzezeit aus Smjadovo, thrakisches Silber und Artefakte aus Pliska und Preslav ausgestellt sind, darunter edles Pferdegeschirr, Gürtelschnallen und Münzen. Das Museum gibt einen Überblick über die Geschichte der Region von der Frühgeschichte bis zur Gegenwart. Ein Modell zeigt die Festung in ihrem ursprünglichen Zustand, den efeubewachsenen Innenhof nutzt ein Café.

Vor dem Museum erstreckt sich der große Platz, von dem der Aufstieg zum Denkmal ›1300 Jahre Bulgarien‹ beginnt, das seit dem Jubiläumsjahr 1981 auf dem Plateau prangt. Wer schon mal oben ist, sollte sich auch dazu entschließen, die drei Kilometer entfernte Festung zu besichtigen oder aber die fünf Kilometer von der Innenstadt aus mit dem Auto zurücklegen.

In der Tombul Džamija Moschee

Westlich ist die Stadt vom Kjoškove Park begrenzt, von Südwesten her fließt der Porojna-Fluß in die Altstadt. Den Fluß entlang führt die ul. Dojran, ein Stück parallel dazu die ul. Rakovska.

Dort steht die Tombul Džamija Moschee, die größte Bulgariens. Sie wurde 1744 auf Veranlassung von Scherif Halil Pasha gebaut, der als künftiger Großwesir auch für die Bildung der Bewohner Sorge trug und dem geistigen Zentrum eine Schule angliederte. Das Minarett ragt wie ein Ausrufungszeichen in den Himmel und ist weithin sichtbar. Von einem kleinen Vorhof ist der rechte Innenhof zugänglich, den drei Seiten eines Gebäudes umgeben. Darin ist die große Bibliothek untergebracht. Rundherum führen schattenspendende Arkadengänge, und in der Mitte steht ein überdachter Brunnen für rituelle Waschungen. Innen sind die Wände und Gewölbe des Gebetsraums mit arabischen Schriftzeichen und floralen Ornamenten in gedeckten Farben verziert. Von der 20 Meter hohen Kuppel baumeln Glühbirnen und beleuchten bunt zusammengewürfelte Teppiche, die auch auf den von Holzbalustraden umgebenen Emporen ausgelegt sind. Die Moschee wird seit einigen Jahren wieder verstärkt von den islamischen Bewohnern genutzt, kann aber außerhalb der Gebetsstunden besichtigt werden. Dazu schlägt rechtzeitig die Glocke vom Uhrturm auf der anderen Uferseite. Seit 1740 läutet sie pünktlich zur vollen Stunde und mußte noch nie repariert werden.

Nur hundert Meter entfernt von der Moschee steht der überdachte Markt (Besisten) aus dem 16. Jahrhundert. Reiche Händler aus Dubrovnik richteten hier eine Zweigstelle ein, die auf 800 Quadratmetern ausreichend Platz bot, um alle Waren auszubreiten und frisch zu halten – von der Schafherde bis zur Honigspezialität. Die renovierungsbedürftige Halle ist nicht gänzlich zweckentfremdet, denn auch heute findet man hier Läden, Cafés und ein Restaurant.

Neben dem Besisten führt die ul. Antim I. zur ältesten Kirche der Stadt und zum Geburtshaus von Vasil Kolarov, einem früheren Ministerpräsidenten, in der ul. Ikonomov. Wer zum Flußufer zurückkehrt, findet bald zum Oborište-Platz, dem Mittelpunkt der Altstadt. Um den Platz herum gruppieren sich das Hotel Šumen,

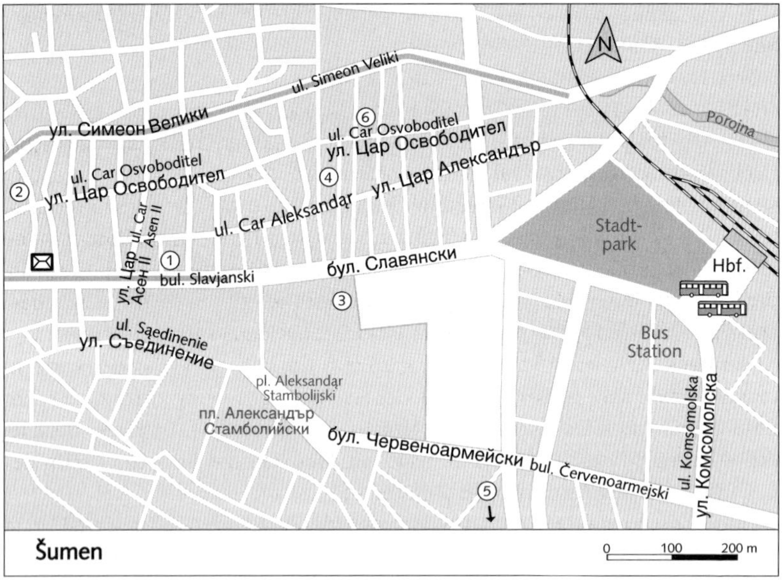

Legende

1 Hotel Madara
2 Restaurant Veliki Preslav
3 Historisches Museum
4 Kossuth Museum
5 Monument ›1300 Jahre Bulgarien‹
6 Museum Panajot Volov

Restaurants und eine Reihe renovierter Wiedergeburtshäuser, in denen Läden und Werkstätten an über 40 verschiedene Handwerkskünste erinnern.

An diesem Platz beginnt auch die ul. Car Osvoboditel. Der Weg entlang dieser langen Straße führt in den östlichen Stadtteil zu Bahnhof, Busstation und Stadtpark und gleicht einem Spaziergang durch das 19. Jahrhundert. Viele Künstler und Politiker lebten damals in den Häusern der ul. Car Osvoboditel, so zum Beispiel der vielseitige Dobri Vojnikov, der Kritiker, Autor, Komponist und Begründer des bulgarischen Theaters war. In seinem früheren Wohnhaus (Nummer 157) sind eine Reihe von Bühnenbildern und Fotos ehemaliger Darsteller zu sehen, daneben Fotos und Arbeitsentwürfe sowie Erstausgaben seiner historische Dramen zu sehen.

Gaida-Spieler in Šumens Umgebung

Zwar hatte der in Šumen lebende Ungar Mihaly Safrany 1851 das erste bulgarische Orchester gegründet, aber ein Museum wurde dem bulgarischen Komponisten und Dirigenten Pančo Vladigerov (Nummer 136) gewidmet. Er schuf patriotische Werke wie die Oper ›Car Kalojan‹, und sein Lebenslauf führte ihn von Zürich über Berlin nach Sofija – vielleicht ein Grund für die sparsame Auswahl der Exponate. Denn außer dem zugehörigen Musiksaal gibt es nicht viel zu sehen, eher zu hören, wenn seine Stücke dem Besucher auf Band vorgespielt werden.

Im Haus Nummer 115 fand der Ungar Lajos Kossuth, ein glühender Verfechter der Demokratie, auf seiner Flucht aus der Heimat für einige Monate im Jahr 1849 Unterschlupf. Das zweistöckige Holzhaus ist ein besonders schönes Beispiel der Wiedergeburtsarchitektur und heute ein Museum, das über das Leben des ungarischen Widerstandskämpfers informiert.

Weitere schöne Wiedergeburtshäuser sind die Gebäude Nummer 75 und 76, in dem sich ein Kulturverein eingerichtet hat. In der Nummer 42 steht noch das Geburtshaus des Revolutionärs Panajot Volov, der 26jährig als Kämpfer für die nationale Befreiung beim Aprilaufstand 1876 umkam. Heute ist es ein Museum und nach ihm benannt, Dokumente und eine Waffe machen seinen Lebensweg lebendig im nach ihm benannten Haus-Museum, ul. Car Osvoboditel 42, Tel. 634 29, Mo bis Fr von 8 bis 17 Uhr.

Vor der nächsten Pause in einem Café unter Linden und Kastanien auf dem parallel verlaufenden bul. Slavjanski lockt vielleicht noch der Besuch einer Kunstgalerie: In der ul. Car Ivan Aleksandăr Nummer 81 verdeutlichen auf über 300 Quadratmetern die Gemälde, Skulpturen und Graphiken verschiedenster bulgarischer Künstler den Umgang mit ihrer Geschichte und Gegenwart.

Die Festung Šumen

Der Nationalpark Šumenplateau ist eine mit dichtem Wald bewachsene Hochebene, die auch vom Kyoshkove-Park westlich der Altstadt zugänglich ist. Dort führen einige Pfade aufwärts an Bunkern aus dem Zweiten Weltkrieg und einer Brauerei vorbei zur Festung (Šumenska Krepost oder Starijat Grad), die nach etwa 45 Minuten in Sicht kommt.

An dem ursprünglich von Thrakern befestigten Ort errichteten Römer ein Kastell, das von Byzantinern erweitert und schließlich von Bulgaren zur Festungsanlage ausgebaut wurde. Hinter den restaurierten fünfeckigen Wehrtürmen sind die Ruinen der Zitadelle, Wohnhäusern, Werkstätten und mehreren Kirchen zu erkennen. Sie verdeutlichen, daß es hier einmal sehr lebhaft zugegangen sein muß und lassen die einstige Bedeutung der Šumen-Festung erahnen. Verstärkt wird der Eindruck durch die Ausstellung im kleinen Pavillon am Eingang, in dem thrakische Keramik und Eßgeschirr aus dem Zweiten Bulgarischen Reich zu sehen sind.

Die Ruinen der früheren Festung lassen noch Dorfstrukturen erkennen

Das Leben im spätmittelalterlichen Šumen läßt sich hier gut nachempfinden, aber auf dem Waldweg, der drei Kilometer weiter östlich zu dem Denkmal führt, das ›1300 Jahre Bulgarien‹ genannt wird, hat der Besucher genügend Zeit, um in die Gegenwart zurückzufinden. Denn auf dem von Akazien, Buchen und Eichen gesäumten Weg nähert er sich einem Monument aus Beton, das in kubistischer Manier historisch bedeutende Persönlichkeiten des Landes verewigt hat: Khan Asparuch, Zar Boris I., die allgegenwärtigen Brüder Cyrill und Method, der Freiheitskämpfer Vasil Levski und viele andere sind hier in Überlebensgröße dargestellt oder als Mosaik abgebildet. Über dem Ganzen thront ein in Bronze gegossener Löwe als Symbol für die zurückeroberte Macht. Von hier aus führt der Weg über 1300 Stufen zurück in die Innenstadt.

Ausflüge von Šumen

15 Kilometer nordöstlich von Šumen diente das Pferdegestüt Kabijuk von 1864 einst der staatlichen Pferdezucht. Das leistet sich heute niemand mehr, und so vermehren sich die englischen, arabischen und ostbulgarischen Pferde des 3000 Hektar großen Gestüts auf natürliche Weise. Oft wird es von Reisegruppen besucht, die von hier aus kurze Ausflüge mit der Pferdekutsche unternehmen. Auch die Möglichkeit für selbständige Ausritte in die schöne Landschaft besteht – jedoch nur nach vorheriger Anmeldung.

Bei Weinkennern ist das zehn Kilometer entfernte Dorf Osmar ein beliebtes Ziel. Es liegt südlich unterhalb des Šumen-Plateaus. Im Weinkeller Osmar kostet man den mit Obst und Kräutern in Eichenfässern gereiften roten oder weißen Pelin. Die passenden Speisen werden im Gutshof Sveštarova Kašta aufgetischt, der auch komfortable Zimmer vermietet.

Vorwahl: 054, PLZ: 9700. Touristeninformation in den Hotels oder den Agenturen: Aris-Tour, ul. Todor Ikonomov 5, Tel. 525 09, Fax 590 31, aristour@mbyte.bg; Avistra, ul. Makedonija 29, Tel./Fax 461 54, 53308, avistra@iservice.bg; Transkontinental, ul. Rakovski 2, Tel. 545 81 34, Fax 545 81 72, transmit@psit35.net.

Postamt, pl. Osvoboždenie 2, täglich 7–10 Uhr.

Bulbank, bul. Slavjanski 64, Tel. 80 06 97, Fax 80 00 63; Biochim Bank, bul. Slavjanski 8, Tel. 83 02 26, Fax 83 02 28.

Internetservice im im Hotel Madara.

Bahnhof, ul. Stancionna, Tel. 601 55, und Busstation, Tel. 616 18, liegen einen Kilometer östlich vom Zentrum an den Linien zwischen Sofija und Varna. Anschluß nach Ruse, Silistra, Dobrič, Burgas, Veliko Tărnovo und in kleinere Orte der Umgebung.

Hotel Šumen, pl. Oborište 2, Tel. 591 41, 591 44, Fax 580 09, transmit@psit35.net. Zentral, außer Konkurrenz, Sauna, Swimming-Pool, Disko, Bar und Panoramarestaurant im Haus.

Hotel Madara, pl. Osvoboždenie 1 (zentral, unweit der Tombul-Džamija-Moschee), Tel. 575 98, Fax 525 91. Teurer als Hotel Šumen, Hotel auf sieben Etagen.

Hotel Orbita, einen Kilometer westlich vom Stadtzentrum, Tel. 523 98, 581 44, Fax 80 02 86. Im ruhigen schattigen Kjoškove-Park, Zimmer sparsam möbliert, aber sauber und gemütlich.

In der Einkaufsgegend zwischen dem alten Bezisten und dem neuen Markt oder auf dem bul. Slavjanski hat man die Wahl zwischen vielen Cafébars, die kleinere Snacks anbieten.

In den Wiedergeburtshäusern oberhalb des pl. Oborište warten die vier gemütlichen Tavernen Popšejtanova Kašta, Srebrova Kašta, Starjat Bor und Osmarsa Izba auf Gäste. Alle servieren ihre regionalen Spezialitäten auch auf Gartenterrassen, aber die zuletzt genannte bietet die größte Auswahl.

Restaurant Mechana Starija Šumen, im Šumen-Hotel. Folkloristische Einrichtung, traditionelle Gerichte.

Restaurant Veliki Preslav, ul. Car Osvoboditel 60. Hauptsächlich bulgarische Gerichte. Restaurant Jo-Jo, ul. Car Osvoboditel 29. Spezialität: Huhn in allen Variationen.

Café Viena, ul. Christo Botev 7 (zwischen pl. Oborište und pl. Osvoboždenie), gutes Angebot an Kaffee und Kuchen.

Weinkeller Osmar, Tel. 335 18, Tel./Fax 054-461 54, avistra@iservice.bg.

Historisches Museum, bul. Slavjanski 17, Tel. 574 10, 521 86, 575 96, Mo–Fr 9–17 Uhr.

Informationszentrum des Monuments ›1300 Jahre Bulgarien‹, Tel. 525 98, 521 07, Fax 591 68, täglich 8.30–17 Uhr.

Festung Šumen mit Museum, Tel. 580 51, täglich von 8 bis 19 Uhr.

Museum Dobri Vojnikov, ul. Car Osvoboditel 157, Tel. 568 97, Mo–Fr 8–17 Uhr.

Museum Pančo Vladigerov, ul. Car Osvoboditel 62, Mo–Fr 8–17 Uhr.

Museum Lajos Kossuth, ul. Car Osvoboditel 35, Tel. 572 01, Mo–Fr 8–17 Uhr.

Museum Panajot Volov, ul. Car Osvoboditel 42, Tel. 634 29, Mo–Fr 8–17 Uhr.

Kunstgalerie Elena Karamichajlova, ul. Car Ivan Aleksandăr 81, Tel. 421 26, Mo–Fr 9–12 u. 14–18 Uhr.

Pferdegestüt Kabijuk, Anmeldung über Tel. 054-570 57 oder die Agentur Aris-Tour (s.o.).

Die Umgebung von Šumen

Der fast 4000 Hektar große Nationalpark Šumenplateau grenzt südwestlich an Šumen und bietet gute Gelegenheiten zum Wandern durch dichte Wälder. In der näheren Umgebung von Šumen befinden sich außerdem drei wichtige historische Stätten: das Reservat Reiter von Madara, die erste Hauptstadt Pliska und die zweite Hauptstadt Veliki Preslav. Sie liegen jeweils etwa zwei bis drei Kilometer von gleichnamigen Ortschaften entfernt, die auch Möglichkeiten zur Übernachtung bieten. In relativer Nähe zu Šumen liegt auch die Kleinstadt Tărgovište, die gegenüber den anderen Orten von geringerer historischer Bedeutung ist.

Der Nationalpark Šumenplateau

Vor allem Linden, Buchen, Eschen, Eichen und Birken bilden den reichhaltigen Baumbestand des Nationalparks. Sie säumen die markierten Wanderwege, die zu Höhlen, bizarren Felsgebilden und schönen Aussichtspunkten führen. Dort laden Tische und Bänke zum Rasten ein, und mit etwas Glück kann man Schwarzspechte, Rehe oder auch mal ein Wildschwein beobachten. Unterhalb des Plateaus entspringen viele Quellen und bilden Feuchtgebiete, in denen Reiher, Gänse und die bunten Eisvögel zu Hause sind.

Begegnung in der Nähe des Gestüts Kabijuk

Ein günstiger Ausgangspunkt für einen Ausflug ist der kleine Ort Osmar, der auf halber Strecke zwischen Šumen und Veliki Preslav südlich des Plateaus liegt und bekannt ist für seinen köstlichen Pelin-Wein. Zwei Kilometer weiter zeugen Überreste einer Verteidigungsanlage in der Nähe des Ortes Chan Krum von der Stärke und Entschlossenheit, mit der das Land im neunten Jahrhundert verteidigt wurde. Von hier aus bekämpfte Khan Omurtag (814–831), Sohn des Khan Krum (802–814), erfolgreich die aus den Gebirgspässen einfallenden byzantischen Truppen, die es auf die weiter nördlich gelegene Hauptstadt Pliska des Ersten Bulgarischen Reichs abgesehen hatten.

Veliki Preslav

Zar Simeon ernannte das in den Hügeln gelegene Veliki Preslav 893 zur Hauptstadt. Eigentlich hätte sein Bruder Vladimir Nachfolger von Zar Boris I. werden sollen, aber Vladimir weigerte sich Christ zu werden und hatte daher das Nachsehen. Mit Veliki Preslav wählte Zar Simeon den richtigen Ort für einen Neubeginn, denn der Ort galt bald als die prächtigste Stadt auf dem Balkan und zog viele Menschen an, die sich in den Außenbezirken niederließen.

Die runde Kirche in Veliki Preslav

Von einem Hügel strahlten die goldenen Kuppeln der 908 erbauten Runden Kirche weit ins Land. Innen war sie von Marmorsäulen gestützt und reich mit Mosaiken verziert. Ihre Rekonstruktion beeindruckt heute Besucher aus aller Welt.

Veliki Preslav ist ähnlich wie die Festung in Pliska konstruiert. Dicke Steinmauern mit Wachtürmen schützten die Gebäude der Innenstadt und die dekorierten Paläste und Kirchen in der Zitadelle.

Mit der neuen christlichen Religion und dem eigenen slawischen Alphabet wurde die Hauptstadt zum Anziehungspunkt für Schriftsteller und auch Künstler, die beispielsweise Schmuck oder Keramikikonen herstellten. Deshalb lohnt sich auch der Besuch des zum Reservat gehörigen archäologischen Museums, in dem ein erst 1978 in Preslav gefundener Goldschatz zu besichtigen ist. Die edelsteinbesetzten, fein ziselierten Halsketten, Ohrringe und Medaillons zierten einst Haut und Kleidung der Aristokratie. Modelle veranschaulichen die luxuriöse Ausstattung der Paläste Preslavs, und man kann hier für zehn Leva eine fachkundige Führung durch das Reservat buchen. Auch eine berühmte Keramikikone ist in dem Museum ausgestellt. Sie bildet den Heiligen Theodorus ab, einen glühenden Gegner des Ikonoklasmus, und wurde im einige Kilometer entfernten Patlejna Kloster hergestellt, in dem Zar Boris I. vermutlich seine letzten Jahre verbrachte.

Tărgovište

Als Zwischenstop für eine Fahrt ins Gebirge ist die Kleinstadt Tărgovište geeignet, die 35 Kilometer westlich von Šumen an der E 772 liegt. Der Ort am Vrana-Fluß entwickelte sich im 16. Jahrhundert zum Marktzentrum Eski Džumaja (alter Freitag). Sein Name geht auf den Wochentag zurück, an dem Händler aus der Umgebung zum Markt kamen, um beispielsweise Ziegen gegen Teppiche zu tauschen. Eine ganze Woche lang dauerte das Markttreiben jeweils im Mai. Dann kamen auch Händler aus Westeuropa und Rußland, um Pferde zu begutachten, da diese für ihre Qualität weithin bekannt waren. Während dieser einwöchigen Handelsmesse vergnügten sich die Kaufleute am liebsten mit Ringkämpfen, Pferderennen und Wetten. Kaum etwas in der Stadt erinnert heute noch an dieses lebhafte Treiben.

Der steigende Wohlstand, den die Kaufleute von Tărgovište erlangten, ist dagegen noch im Ortsbild auszumachen. Von bulgarischen Freiheitskämpfern rund um Christo Botev ermutigt, bauten sie im 19. Jahrhundert Lesesäle und Schulen. Im Altstadtviertel (Varoš-Viertel) am westlichen Flußufer bezeugen noch etwa 30 Gebäude die Zeit der Wiedergeburt, darunter eine Schule, in der das Historische Museum eingerichtet wurde. Es informiert auch über die bewegte Stadtgeschichte.

Weiter südlich auf der anderen Uferseite zeigt die Kunstgalerie über 1000 Arbeiten international anerkannter Künstler, darunter Zeichnungen, Skulpturen und Aquarelle des einheimischen Malers Nikola Marinov.

Der Reiter von Madara

Den Reiter von Madara können Eilige auch im Vorbeifahren aus der Nähe betrachten, denn eine Kopie des Monumentalreliefs wurde direkt gegenüber einer Raststätte an der Schnellstraße acht Kilometer östlich von Šumen aufgestellt.

Der einzigartige Reiter von Madara, ein Felsrelief

Aber jeder, der sich Zeit für eine Besichtigung des Originals nimmt, wird auch von dessen Umgebung angenehm überrascht sein. Denn das 15 000 Quadratmeter große archäologische Reservat vermittelt ein gutes Bild von der Lebensweise und religiösen Werten der Menschen, die als erste inmitten einer mystischen Landschaft in Bulgarien seßhaft wurden. Madara ist von Šumen zehn Kilometer entfernt und bequem mit Bus oder Bahn zu erreichen.

Wenn man sich dem Reservat zu Fuß nähert, kommen zunächst römische Relikte in Sicht: eine Villa, ein Brunnen, ein Bad. 400 Meter weiter gibt es einen großen Parkplatz mit Restaurant und ein kleines Museum, in dem die Fundstücke Madaras ausgestellt sind. Dort beginnt der Aufstieg zu Europas einzigem monumentalen Felsrelief des frühen Mittelalters. Über die 230 Stufen kreuzen Wege, die links zu heidnischen Kultstätten, Fundamenten eines Kirchen- und Klosterkomplexes, Felsengräbern und einem Wasserbecken führen. Nach rechts führt der Weg zu einem frühmittelalterlichen Getreidespeicher, in dem große Amphoren in die Erde eingegraben waren und als Kühlgefäße für das Getreide dienten. Weiter oben in der Felswand ist ein Felsenkloster mit Mönchszellen, Kapelle und Krypta zu sehen sowie zwei Höhlen, die schon, wie die darin gefundenen Knochen und Steinwerkzeuge beweisen, zu Urzeiten besiedelt waren. Eine besondere Attraktion stellt die größere Höhle dar, von der aus Besucher einen weiten Blick in die Ebene haben: Hier finden im Sommer klassische Konzerte statt.

Die phantastische Aussicht kann man auch von den Ruinen der nahen Festungsanlage genießen, die im vierten Jahrhundert auf dem Felsplateau errichtet wurde, bis sie 1000 Jahre später von den Osmanen zerstört wurde. Auch von hier aus führt ein Pfad zu der eigentlichen Attraktion des Ortes, dem riesigen Felsrelief Reiter von Madara, das mittlerweile unter UNESCO-Schutz steht. Es ist 23 Meter über der Erde in den Fels gemeißelt, und Wind und Wetter haben seine Konturen bereits stark strapaziert. Trotzdem erkennt man deutlich hoch zu Roß einen Krieger. Sein Speer hat einen Löwen erlegt, der den Sieg über Byzanz darstellt, während der Hund hinter ihm das treu ergebene bulgarische Volk symbolisiert. Das Felsrelief aus dem siebten Jahrhundert ist von griechischen Inschriften umgeben, die über das Verhältnis zwischen Slawen und Urbulgaren zur Zeit der ersten Khans berichten.

Pliska

25 Kilometer nordöstlich von Šumen liegt Pliska, ein kleines Dorf mit 1200 Einwohnern, weitere zwei Kilometer nördlich davon die Ruinen einer Festungsanlage, der ersten bulgarischen Hauptstadt. Ein Ausflug dorthin kann sich allerdings gerade im Hochsommer als strapaziös erweisen, da die Überreste auf dem 23 Quadratkilometer großen, flachen Gelände kaum Schatten spenden. Überzeugte Altertumsforscher wird aber zumindest das rekonstruierte Modell der Festung im Museum beim Haupteingang an der Ostseite interessieren und die große, außerhalb gelegene Basilika. Hier machten die Apostel der slawischen Schrift im neunten Jahrhundert das kyrillische Alphabet publik.

Die Festung selbst war rechteckig angelegt, mit Gräben und Schutzwällen vor der Außenstadt, in der das einfache Volk lebte. Dicke Steinmauern trennte es von der Innenstadt, die den Palästen und Tempeln der vornehmen Gesellschaft vorbehalten war. Nur sie konnte auch hinter die Backsteinmauern der Zitadelle flüchten, wenn Gefahr im Verzug war. Dort sind die Fundamente der Vorratskammer und des Wasserspeichers erhalten, wie auch des 560 Quadratmeter kleinen Palastes, in dem der Khan lebte.

► Nationalpark Šumen-Plateau: Nähere Auskünfte erteilt die Agentur Aris-Tour in Šumen, ul. Todor Ikonomov 5, Tel. 525 09, Fax 590 31, aristour@mbyte.bg.

► Târgovište: Vorwahl: 06 01, PLZ: 7700. Touristeninformation In den Hotels und der Agentur Simov, ul. Benkovska 3, Tel. 276 51, 27 74.

Postamt in Târgovište, ul. Slavejkov 47.

An Bahnhof und Busstation am nördlichen Stadtrand von Tărgovište halten Züge und Busse der Linien von Sofija nach Varna.

► Veliki Preslav: Preiswerte Zimmer mit Bad vermietet das Hotel Preslav im Ort, Tel. 05 38-33 05.

► Tărgovište: Hotel Mizija, pl. Svoboda 1 (Stadtzentrum), Tel. 625 33, Fax 646 93. Einfache Zimmer mit TV inklusive Frühstück. Wesentlich mehr Komfort bieten die beiden Hotelanlagen Paradise, Tel. 242 97, Fax 256 27 und White Horse, Tel. 235 61, Fax 246 17, im fünf Kilometer außerhalb gelegenen Freizeitpark Tărgovište.

► Pliska: Motel Pliska, in der Nähe des Reservats, Tel. 053 23-24 18.

Campingplatz Madara, in der Nähe des Reservats, Tel. 053 13-99 53 13. Zur Anlage gehört ein kleines Restaurant.

Traditionelle bulgarische Gerichte im Stadtzentrum von Tărgovište servieren zum Beispiel die Tavernen Native Place, ul. Osvoboditel 10, und Majkop, ul. Stefan Karadža 11.

► Veliki Preslav: Archäologisches Reservat mit Museum, Tel. 05 38-26 30, täglich 8–18 Uhr.

► Targovižte: Historisches Museum, bul. Mitropolit Andrej 1, Tel. 439 78, 252 16, 221 31, Di–Sa 8.30–12 u. 14–17.30 Uhr. Kunstgalerie Nikola Marinov, Borovo Oko Park, Tel. 277 60, Mo–Fr 8–12 u. 14–18 Uhr.

► Reiter von Madara: Archäologisches Reservat, Tel. 053 13-20 95, täglich 8–18 Uhr.

► Pliska: Archäologisches Reservat Pliska mit Museum, Tel. 053 23-22 71, 20 12, täglich 8–18 Uhr.

Die östliche Donauebene

Der östliche Teil dieser fruchtbarsten Gegend des Landes ist als Süd-Dobrudscha bekannt. Ihre zwischenzeitliche Zugehörigkeit zu Rumänien – zwischen 1913 und 1940 – wird besonders in der Stadt Silistra deutlich. Die Stadt Ruse empängt ihre

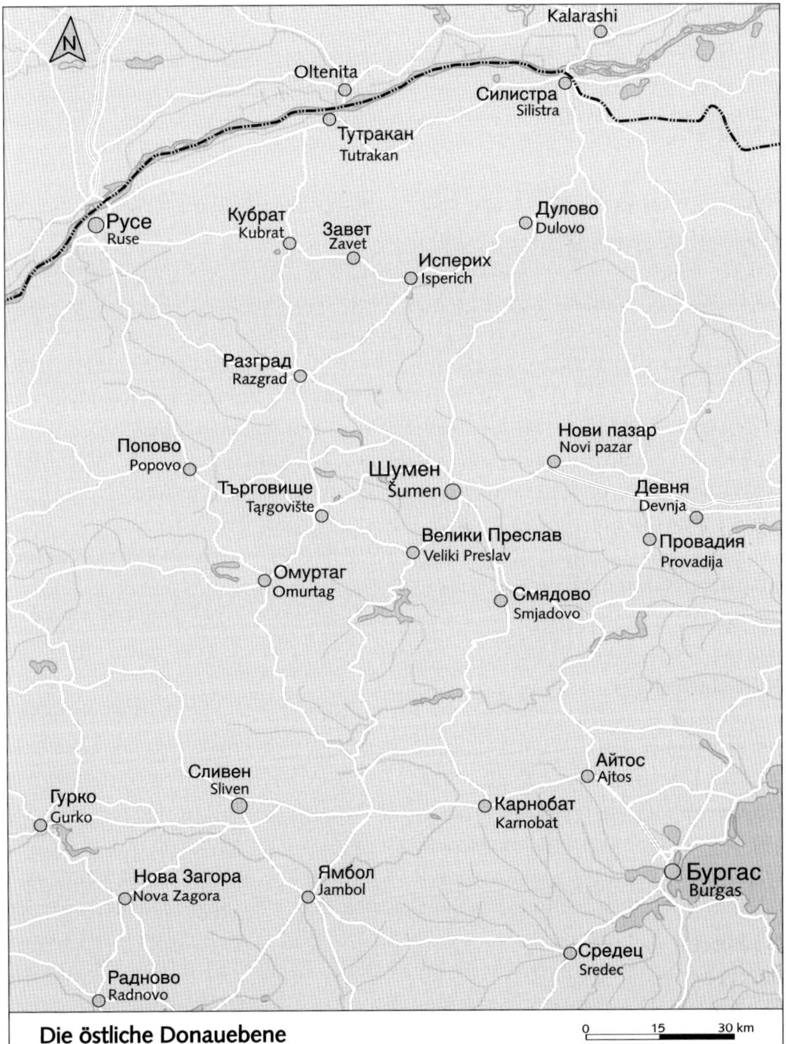

Die östliche Donauebene

Gäste dagegen mit einem Flair, das den Einfluß westeuropäischer Kultur des 19. Jahrhunderts lebendig hält. In unmittelbarer Umgebung beider Städte bieten Naturschutzparks Gelegenheit zur Vogelbeobachtung und zu Wanderungen durch unberührte Natur. Eine Fahrt durch die Ludogorie, die Landschaft zwischen Silistra und Russe, führt an Getreidefeldern und Obstplantagen vorbei durch Dörfer, in denen mehr Eselskarren als Autos unterwegs sind. Zu den reizvollsten Ausflugszielen in diesem Gebiet gehören orthodoxe Klöster, muslimische Gebetsstätten und thrakische Kuppelgräber.

Ruse

Rund 180 000 Einwohner leben heute in der größten bulgarischen Stadt an der Donau. Ruse ist das kulturelle Zentrum im Norden. Diesen Ruf verdankt es neben einigen Kinos vor allem mehreren Theater, einem der angesehensten Opernhäuser Bulgariens und überregional bekannten Veranstaltungen: Jedes Jahr während der ›Internationalen Märzmusiktage‹ erhält Ruse Besuch von Dirigenten und Sinfonikern aus aller Welt, im Juni bevölkern vor allem einheimische Folkloregruppen die Straßen und Plätze und im Herbst kommen Tänzer und Schauspieler aus dem ganzen Land in die Stadt, um am Festival ›Rusetage‹ teilzunehmen.

Mit eineinhalb Kilometern ist die Donau hier relativ breit und bietet viele Ankerplätze. So entstand schon im ersten Jahrhundert der römische Hafen Sexaginta Prista (60 Schiffe), in dem die seinerzeit größte Flotte der unteren Donau lag. Nach dem Untergang des Römischen Reiches fielen immer wieder Goten und in späteren Jahrhunderten Awaren und Slawen in den Ort ein. Schließlich benannten ihn die hier siedelnden heidnischen Stämme nach einem Kult um die Maid Roussa, deren Glückwünsche die jungen Männer beschützte, wenn sie in die Schlachten zogen.

Große wirtschaftliche Bedeutung gewann die Stadt erst mit den Osmanen, die für den Handel mit den unterschiedlichsten Gütern innerhalb ihres riesigen Reiches die Donau als Verkehrsader nutzten. Im Jahr 1864, als das Osmanische Reich bereits im Zerfall begriffen war, wurde Midhat Pasha zum Gouverneur der Donauprovinz ernannt und verbesserte die Infrastruktur innerhalb weniger Jahre. Der südlich von Ruse geborene ethnische Türke mit Ausbildung in Frankreich setzte seinen ganzen Ehrgeiz in die Reformierung wirtschaftlicher und sozialer Grundlagen und veranlaßte den Ausbau der Verkehrswege. Bekanntestes Beispiel hierfür ist die erste bulgarische Eisenbahnlinie, die ab 1867 Ruse mit Varna am Schwarzen Meer verband. Gleichzeitig berücksichtigte er die Ideen der europäischen Aufklärung, entwarf eine demokratische Verfassung und öffnete Rust-

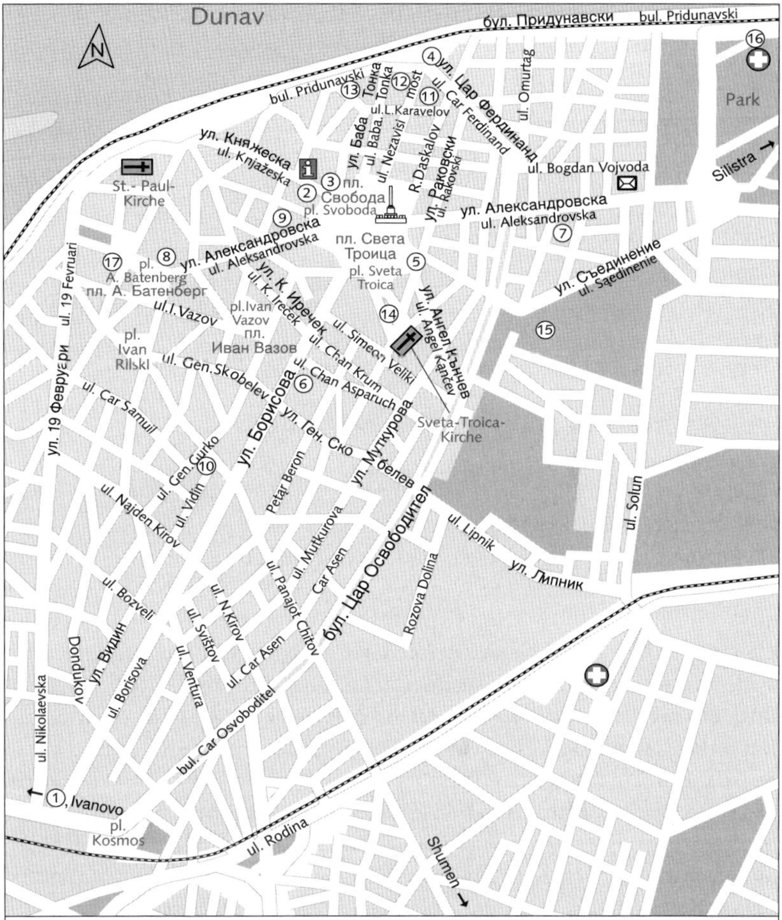

Ruse, Zentrum

Legende

1 Bahnhof
2 Post
3 Hotel Splendid
4 Hotel Riga
5 Hotel Danube Plaza
6 Hotel Bistra & Galina
7 Chinarestaurant Pauchi
8 Restaurant Mechana Čiflika
9 Restaurant Olimpiec
10 Geburtshaus von Elias Canetti
11 Kaliopa-Haus
12 Baba-Tonka-Museum
13 Zachari Stojanov Museum
14 Oper
15 Pantheon
16 Verkehrsmuseum
17 Historisches Museum

Die schönen Cafés in Ruse bieten sich für eine Pause an

schuk, so der türkische Name für die Stadt, europäischen Einflüssen. Hierher kamen auch die Widerstandskämpfer des Landes, um mit den Genossen aus Bukarest und der freien Walachei, dem Gebiet am gegenüberliegenden Donauufer, zu konspirieren und Pläne für eine Revolution zu schmieden – Ruse war in vielerlei Hinsicht das ›Tor zur Welt‹ für die Bulgaren.

Davon berichtet auch der 1905 in Ruse geborene Nobelpreisträger Elias Canetti, der wohl berühmteste Sohn der Stadt, in seinen Memoiren ›Die gerettete Zunge – Geschichte einer Jugend‹ : ›Die übrige Welt hieß dort Europa, und wenn jemand die Donau hinauf nach Wien fuhr, sagte man, er fährt nach Europa. Europa begann dort, wo das türkische Reich einmal geendet hatte‹. Canetti beschreibt in seinen Erinnerungen die Zeit um die Jahrhundertwende, als sich viele europäische Geschäftsleute in Ruse niederließen und etablierten: ›Es lebten dort Menschen der verschiedensten Herkunft, an einem Tag konnte man sieben oder acht Sprachen hören. Außer den Bulgaren, die oft vom Lande kamen, gab es noch viele Türken, die ein eigenes Viertel bewohnten, und an dieses angrenzend lag das Viertel der Spaniolen, das unsere. Es gab Griechen, Albanesen, Armenier, Zigeuner. Vom gegenüberliegenden Ufer kamen Rumänen. Es gab, vereinzelt, auch Russen.‹

Die prachtvollsten Gebäude, zu denen auch drei Großbanken zählen, zeugen noch heute von dieser konjunkturellen Blüte. Nach einer Bauvorschrift von 1893 mußten sogar alle Häuser der Hauptstraßen mit Steingravuren dekoriert werden.

Profitiert haben davon hauptsächlich zwei Firmen in Ruse, die Rosetten, Pflanzen, Tierköpfe und anderen Rokoko-Verzierungen an die hier tätigen deutschen, österreichischen und italienischen Architekten liefern konnten. Die aufwendige Erhaltung dieser Gebäude kostet das ›Beautiful Bulgaria Project‹ heute viel Zeit und Geld, sichert aber auch dringend notwendige Arbeitsplätze. Bei einem Bummel durch die Innenstadt bieten diese schönen hellen Sandsteingebäude auf jeden Fall eine optische Bereicherung und einen interessanten Einblick in die kulturelle Entwicklung der Stadt.

Im Stadtzentrum

Beliebtester Treffpunkt in Ruse ist der große zentral gelegene Platz der Freiheit (ploštad Svoboda), der dank seiner ursprünglichen Bestimmung als Stadtpark genügend schattige Plätze unter dem Geäst alter Bäume bietet. In seiner Mitte steht das Wahrzeichen der Stadt, eine Art bulgarische Freiheitsstatue. Sie ist von zwei Bronzelöwen flankiert, die die durchbrochenen Ketten der Knechtschaft in den Pranken halten und Schilde tragen, auf denen das Wort ›Freiheit‹ steht. Dieses Denkmal der Freiheit wurde aus Spendengeldern der Einheimischen finanziert und 1906 zu Ehren der Helden und Mitstreiter der bulgarischen Freiheitskriege errichtet. Das Theater im majestätischen Renaissancegebäude an der Südwestseite des Platzes wurde 1896 in der Absicht errichtet, dem Volk Bildung und Kultur in Verbindung mit Konsumgenuß nahezubringen. Schon damals hatte eine Baukommission beschlossen, daß neben einem Theater mindestens neun Geschäfte, eine Bibliothek und ein Café darin Platz finden sollten. Doch waren und blieben die Angebote in diesem kulturellen Zentrum, dem Theater von Ruse, zu teuer für die meisten Einwohner.

Dank Fontänen und umliegender Cafés ist der Platz der Freiheit ein angenehmer Ort zum Verweilen, und ganz in der Nähe ist eine schöne Einkaufsgegend. Am populärsten sind die angrenzenden alten Handelsstraßen ul. Aleksandrovska und ul. Nikolaevska mit vielen schönen Häusern aus der Gründerzeit. Hier wurde 1891 das aus Südfrankreich importierte Straßenpflaster auf Anordnung der Stadt von den Bürgern selbst verlegt.

Folgt man der ul. Aleksandrovska in südwestlicher Richtung, gelangt man nach 300 Metern auf den pl. Aleksandăr Batenberg. Den gleichnamigen Renaissancepalast an der Nordseite hat 1879 der österreichische Architekt Friedrich Grünanger entworfen. Darin ist seit einigen Jahrzehnten das Historische Museum untergebracht. Es hat über 100 000 Exponate in seinem Bestand, darunter Silberschätze aus Borovo und Červen, europäisches Porzellan, eine Münz- und eine Waffensammlung sowie Fresken aus dem Felsenkloster von Ivanovo.

Ein Spaziergang durch die östlich vom pl. Aleksandăr Batenberg gelegenen Straßen führt durch ein Wohnviertel mit schönen Häusern aus dem 19. Jahrhundert zum pl. Ivan Vazov. Der Obst- und Gemüsemarkt bietet eine günstige Gelegenheit, sich mit den guten Aprikosen dieser Gegend zu versorgen. Ganz in der Nähe verläuft die lange Zufahrtsstraße ul. Borisova. Dort lockt in der Nummer 39 die große Kunstgalerie von Ruse mit Werken international bekannter Künstler wie Victor Vasareli, Susumo Endo und Andre Lanskoy, aber auch einer Sammlung zeitgenössischer bulgarischer Maler, Grafiker und Bildhauer. Seit einigen Jahren organisiert die Galerie auch thematische Events, die Musik-Vision, Musik und Material oder Raum im Raum heißen.

Parallel zur ul. Borisova verläuft die die ul. General Gurko. Ein Schlenker hierher ist vor allem wegen der Nr. 13 interessant. Das ist das Geburtshaus von Elias Canetti, das er in seinen Memoiren ausführlich beschrieb. Leider ist es nicht zu besichtigen, da es privat genutzt wird.

Der pl. Svoboda geht nach Osten in den kleineren Platz pl. Sveta Troica über. Hier steht das angesehene Opernhaus von Ruse, dessen Philharmonieorchester durch Gastspiele in fast allen europäischen Ländern zu internationalem Ruhm gelangte. Gegenüber ist die Kirche Sveta Troica mit ihrer barocken Fassade aus dem 17. Jahrhundert sehenswert. Wie alle Kirchen, die zur Zeit der Osmanenherrschaft gebaut wurden, durfte sie die Moscheen an Höhe nicht überragen. Die Stufen führen deshalb in ihr Inneres hinab, in dem die prächtige Ausstattung überrascht: Unter einer von Säulen gestützten Stuckdecke fällt das Licht durch bunte Glasfenster auf russische Ikonen in einer holzgeschnitzten Ikonostase.

Östlich hinter dem verkehrsreichen bul. Car Osvoboditel liegt der 4000 Quadratmeter große Park Văzroždencite, der auf einem ehemaligen städtischen Friedhof entstand. In seiner Mitte leuchtet die goldene Kuppel eines Pantheons. Er wurde 1978 zum hundertsten Jahrestag der bulgarischen Befreiung errichtet und birgt die sterblichen Überreste vieler Helden aus der Epoche der Nationalen Wiedergeburt, so von Ljuben Karavelov, Zachari Stojanov, Stefan Karadža, Panajot Chitov, Baba Tonka, Nikola Obretenov, Panajot Volov, Angel Kănčev und anderen. Im Inneren des Pantheons bilden ihre in Marmor gravierten Namen mit dem ewig brennenden Feuer eine feierliche Gedenkstätte.

Vom Park führt der Weg, an Straßenhändlern und Blumenverkäufern vorbei, nördlich über die ul. Săedinenie zum Park der Jugend (Mladecki Park). Am südlichen Eingang erinnert ein Denkmal von 1949 an die im Zweiten Weltkrieg gefallenen russischen Soldaten. Der 5000 Quadratmeter große Park ist sehr beliebt und bietet viele Freizeiteinrichtungen wie zum Beispiel Sport- und Spielplätze. Ein Spaziergang durch die in ihm angelegten Alleen mit alten Linden, Buchen und Tannen gibt schließlich den Blick auf die Donau frei, deren Ufer über eine Treppe auf der Nordseite zu erreichen ist.

Am zentralen ploštad Svoboda

Dort lohnt sich in der ul. Bratja Obretenovi ein Besuch des Verkehrsmuseums, in dem Ruses erste Eisenbahnstation die Zeit der ersten Bahnlinie Bulgariens ins Gedächtnis ruft. Sehenswert sind auch die alten Lokomotiven, darunter eine Dampflok aus dem Jahr 1867, sowie alte Waggons, die einst Sultan Abdul Aziz, Zaren und Prinzessinnen transportierten.

500 Meter weiter westlich ist am Donauufer bildet das 20stöckige Hochhaus des Hotels Riga einen markanten Orientierungspunkt. Dazu bildet das kleine ethnographische Museum von Ruse, das Kaliopahaus in der ul. Car Ferdinand gegenüber, einen schönen Kontrast. Es gehörte der Frau des preußischen Konsuls, der Griechin Kaliopa Kalish, die eine Liaison mit dem Gouverneur Midhat Pasha verband und war Sitz des preußischen Konsulats. Das Haus repräsentiert mit noblem Interieur und darauf abgestimmten Wand- und Deckenmalereien den Einfluß, den das westliche Europa im späten 19. Jahrhundert auf Bulgarien ausübte.

Aufschluß über Ruses Befreiungskämpfer der Wiedergeburtszeit geben ganz in der Nähe zwei Museen auf dem bul. Pridunavski.

Das Baba-Tonka-Museum war das Wohnhaus der Familie Obretenov und im späten 19. Jahrhundert ein Zentrum der Begegnung vieler Revolutionäre. Mutter Tonka Obretenova war eine eiserne Kämpferin im Widerstand gegen das türkische Joch, und so wuchsen alle ihre Kinder zu Befreiungskämpfern heran. Selbst nachdem vier ihrer Söhne gefallen waren, blieb Tonka Obretenova ihrer patriotischen Einstellung treu. Einer ihrer Söhne war Nikola Obretenov. Er gehörte dem Revo-

Parkanlage in der Fußgängerzone

lutionskomitee in Bukarest an und organisierte mehrere Aufstände. Nach der Befreiung kehrte er 1878 nach Ruse zurück und ließ das Haus erweitern, in dem heute Fotos und Manuskripte die Aktivitäten der rebellischen Familie dokumentieren. Besonderes Schmuckstück ist der Schädel des gehängten Widerstandskämpfers Stefan Karadža, den Mutter Baba Tonka eigenhändig nach Hause trug. An sie erinnert eine große Statue vor dem Haus.

Hundert Meter weiter in derselben Straße steht das Zachari-Stojanov-Museum. Das Haus gehörte einer Tochter von Baba Tonka, Anastasija Obretenova, die mit Zachari Stojanov verheiratet war. Als Mitstreiter von Nikola Obretenov organisierte Stojanov im Jahr 1875 den Aufstand in Stara Zagora und den Aprilaufstand 1876.

Nach der Befreiung, die er als einer der wenigen Revolutionäre erlebte, lebte er in Ruse als Schriftsteller und verfaßte unter anderem die Autobiographie ›Notizen über den bulgarischen Aufstand‹. In dem Museum veranschaulichen Bücher, Manuskripte und persönliche Gegenstände wie ein Koffer sein bewegtes Leben.

Weiter westlich am Donauufer, etwa 200 Meter entfernt, wartet die katholische Kirche St. Paul der Gekreuzigte auf Besucher. Sie ist mit Kronleuchtern, Ikonen, Wandmalereien und bunten Glasfenstern ausgestattet sowie einer Orgel – der ersten, die in einer bulgarischen Kirche aufgestellt wurde und deren Klang an Sonntagen bis auf die Straße hinaus zu hören ist.

Außerhalb des Stadtzentrums

Wer einen Ausflug nach Giurgiu in Rumänien unternehmen will, kann sechs Kilometer östlich des Zentrums mit dem Zug, Bus, Auto oder Motorrad über die 50 Jahre alte Brücke der Freundschaft (Družba) fahren. Sie ist die bisher einzige zwischen Bulgarien und Rumänien, und man sollte wissen, daß diese Stahlkonstruktion nur motorisiert überquert werden darf. Alternativ hat man die Möglichkeit, mit der Fähre, die seit 1993 sehr häufig verkehrt, vom nahegelegenen Hafen Ost überzusetzen.

Zehn Kilometer östlich vom Zentrum liegt der Lipnik-Park mit Campingplatz, der vorwiegend von Einheimischen aufgesucht wird. In der landschaftlich schönen Gegend am bewaldeten Ufer des Lipnik-Sees gibt es einen kleinen Zoo, einen Sportplatz und Restaurants. Informationen darüber erteilt auch die NCRDA.

Zehn Kilometer südlich von Ruse, bei Basarbovo, erreicht man Sveti Dimităr Basarborski, das einzige aktive Felsenkloster Bulgariens. Viele Blumen und Obstbäume zieren den großen Garten, in dem man Heilwasser aus dem überdachten Brunnen schöpfen kann. Einige Stufen führen zur Felsenterrasse mit einem wunderbaren Blick über das grüne Tal am Lom-Fluß, andere zu verschiedenen Höhlen. In eine der Höhlen ist der kürzlich renovierte Speisesaal eingerichtet worden.

Vorwahl: 082, PLZ: 7000. In Ruse gibt es noch keine Touristeninformation. Informationen über Sehenswürdigkeiten und mögliche Ausflüge sind nur in den großen Hotels und Reisebüros erhältlich. Das Büro der North Central Regional Development Agency (NCRDA) erteilt Auskünfte zu Reisezielen und Strecken in der Region, ul. Car Ferdinand 3a, Tel. 22 54 74, Fax 82 27 12, www.ncrda.bg, ncrda@chamber.rousse.bg.

Postamt, ul. Sredec 1 (westlich am pl. Svoboda), Mo–Fr 7.30–18.30 Uhr u. Sa 7.30–18 Uhr.

Bulbank, pl. Sveta Troica 5 (bei der Oper), Tel. 23 13 83, Fax 23 90 23.

Unter den wenigen Internetcafés in Ruse ist Ch@t, ul. Aleksandrovska 73, zu empfehlen.

Hauptbahnhof und Busstation liegen südwestlich des Zentrums in der ul. Borisova, Tel. 22 43 20, 22 22 13. Fahrkarten verkauft auch die Agentur Rila, ul. Knjažeska 39, westlich vom pl. Svoboda, Tel. 22 80 16, Mo–Fr 9–12 u. 12.30–17 Uhr.

Seit jeher waren Geschäftsleute die wichtigste Klientel und bestimmten den Standard der größeren Hotels in Ruse, und so wurden fast alle ihre Häuser in den letzten Jahren modernisiert. Entsprechend stiegen auch die Preise auf ein höheres Niveau. Privatunterkünfte vermittelt die Agentur Dunav-Tours auch in außerhalb gelegenen Ausflugszielen wie dem Nationalpark Rusenski-Lom, pl. Chan Kubrat 5, Tel. 22 42 68, 22 30 88, Fax 27 71 67, dtbktu@dunavtours; Mo–Fr 9–12.30 u. 13–17.30 Uhr.

Hotel Danube Plaza, pl. Svoboda 7, Tel. 82 28 51, 82 29 29, Fax 82 29 52, tours@danubeplaza.com, www.rousse.net/danubeplaza/. Zentral, über 100 geschmackvoll eingerichtete Zimmer mit Minibar, TV und Telefon; Gartenrestaurant, verschiedene Cafés, Reisebüro, Internetanschluß, Sauna und medizinische Betreuung.

Hotel Splendid, ul. Aleksandrovska 40, Tel. 82 29 29, 23 59 51, Fax 82 29 52, 23 81 92, splendid@rousse.bg, www.splendid.rousse.bg/. Ruhig, zentral, Zimmer mit TV, Minibar und Klimaanlage; Restaurant, Bar und Konferenzraum sind modern eingerichtet, bewachter Parkplatz.

Hotel Bistra & Galina, ul. Chan Asparuch 8, Tel. 82 33 44, Fax 82 33 45, hotel@chamber.rousse.bg, www.studentholidays.com/hotel/bulgaria/bistraigalina. 27 saubere, hell eingerichtete Zimmern. Freundliches Personal, ruhig gelegen.

Hotel Riga, ul. Pridunavski 22, am Donauufer, Tel. 22 21 81, Fax 23 03 66. 20-stöckig, die einzigen Gästezimmer der Stadt mit Donaublick. Zimmer-Service rund um die Uhr, Fitness- und Einkaufszentrum mit Friseursalon, modernes Büro.

Hotel Nacional, ul. Nikolaevska 51, Tel. 27 31 62, 82 57 64, 82 41 20, 82 41 22. Gemütliche, einfache Zimmer im Stadtzentrum.

Sechs Kilometer südlich des Zentrums in Richtung Bjala/Sofija liegt am Donauufer der Prista-Park in der Nähe der Festungsruinen von Sexaginta Prista, Tel. 23 01 23, Mo–Fr 9–12 u. 13–17 Uhr. Außer den Stellplätzen auf dem Campingplatz werden auch saubere Bungalows zu adäquaten Preisen vermietet.

Von hier aus ist ein Ausflug auf die Donau-Insel Luljaka zu empfehlen. Dem Areal, das von Mai bis September bewirtschaftet wird, ist das Restaurant Ribarska Koliba (Fischerhütte) angeschlossen, Tel. 22 40 68, vom Zentrum ab ul. Nikolaevska mit dem Bus Nr. 6 und 16 zu erreichen.

Auf der Nordseite des pl. Svoboda laden mehrere schicke Cafés zu einer Pause ein, links davon, beim Theatergebäude, bietet eine Filiale der landesweiten Happy Bar & Grill-Kette preiswerte und schnelle Küche.

Pizzeria Gerber, ul. Aleksandrovska 31. Pizza und Pasta.

Vinarija, ul. Aleksandrovska 33. Für Weinkenner.
China-Restaurant Pauchi, ul. Aleksandrovska 90. Preiswert und lecker.
Restaurant Mechana Čiflika, ul. Otec Paisij 2 (nicht weit vom pl. Aleksandăr Batenberg). Traditionelle bulgarische Küche zu günstigen Preisen.
Restaurant Budapest, ul. Borisova 16. Deftige Gerichte, aber auch Exotisches aus der Küche des Mittleren Ostens.
Olimpiec, ul. Christo G Danov 4. Gepflegte Atmosphäre, Terrasse, empfehlenswerte Grilteller.
Restaurant Leventa. Beliebtes Ausflugslokal an der südlichen Stadtgrenze, bulgarische Küche und Folkloremusik live im alten türkischen Waffenlager. Erreichbar mit Bus Nummer 18, beim Fernsehturm aussteigen.

Pri Mitaka, pl. Ivan Vazov 2. An warmen Sommerabenden mit Biergarten, am späteren Abend wird auch Rockmusik gespielt.
13th Street, ul. Olimpi Panov 14. Disco mit Tanzflächen auf zwei Ebenen.
Karten für die Oper am pl. Sveta Troica 7 verkauft die Konzertagentur in der ul. Aleksandrovska 61, Tel. 23 43 03, Mo–Fr 10–13 u. 15–18 Uhr. Dort sind auch Programm-Informationen und Tickets für die Philharmonie und das Dramatische Theater Sava Ognjanov im schönen Renaissancegebäude am pl. Svoboda erhältlich, das gelegentlich Stücke von Bertolt Brecht, Victor Hugo oder Elias Canetti aufführt.

Historisches Museum, pl. Aleksandăr Batenberg 3, Tel. 23 01 23, 23 61 15, museumRusse@mink.net; Di, Do u. Fr 10–12 u. 15–18 Uhr, Sa 10–12, So 15–18 Uhr.
Kunstgalerie, ul. Borisova 39, Tel 82 17 35, 22 14 94, Fax 82 17 36, artgallery@acvilon.com; Di–So 9–13 u. 14–18 Uhr.
Verkehrsmuseum, ul. Bratja Obretenovi 13, Tel. 23 61 15, 22 20 12; Mo–Fr 9–12 u. 14–17 Uhr.
Kaliopa Haus, ul. Car Ferdinand 39, Tel. 22 77 42; Mo–Fr 9–12 u. 14–17 Uhr. Baba-Tonka-Museum, ul. Pridunavski 6, Tel. 323 64, 241 30; Mo–Fr 9–12 u. 14–17 Uhr.
Zachari Stojanov Museum, ul. Pridunavski 14, Tel. 22 29 27; Mo–Fr 9–12 u. 13–17 Uhr.
Galerie Toma Kardžev, ul. Toma Kardžev 13, Ecke ul. Ljule Burgaz, Tel. 23 20 85, Mo–Fr 9–12 u. 13–17 Uhr. Wechselnde Gastausstellungen präsentiert, sowohl alte als auch moderne Kunst.
Kloster Sveti Dimităr Basarborski, bei Basarbovo, Tel. 22 51 85.

Festival der März-Musik-Tage: Jährlich in den letzten beiden Märzwochen, große Auswahl klassischer Konzerte international renommierte Musiker.
Folklore Festivals Golden Rebeck:

Anfang Juni, Tanzfestival.
Ruse-Tage: Erste Oktoberhälfte, Auftritte verschiedener Musik- und Theatergruppen.

Englische Bücher und Karten verkauft der Pingvinite Buchhandel, gegenüber von MacDonalds nördlich am pl. Svoboda, Ecke ul. Aleksandrovska.

Die Umgebung von Ruse

20 Kilometer südlich von Ruse münden die drei Flüsse Beli Lom, Malki Lom und Černi Lom in den Rusenski Lom, einen Nebenfluß der Donau. Über Jahrhunderte haben sich die Flüsse tief in den weichen Kalkstein eingegraben, und so entstanden in einer Wald- und Wiesenlandschaft hohe steile Felswände, wie sie eigentlich für Canyons charakteristisch sind. Unzählige Nischen und Felsplateaus boten hier seit jeher ideale Lebensbedingungen für Raubvögel, und viele Adler- und Geierarten sind noch heute im Nationalpark Russenski Lom zu sehen.

Auch Mönche fanden hier ein geeignetes Rückzugsgebiet, bauten Nischen zu bewohnbaren Höhlen aus und gründeten im 13. Jahrhundert Einsiedlerkolonien. Ein Beispiel dafür ist das berühmte Felsenkloster Ivanovo. Der Kalkstein dieser Gegend wurde aber auch als Baumaterial genutzt, wie die Brücke in Bjala heute noch zeigt.

Der Nationalpark Russenski Lom bietet auch Eulen Lebensraum

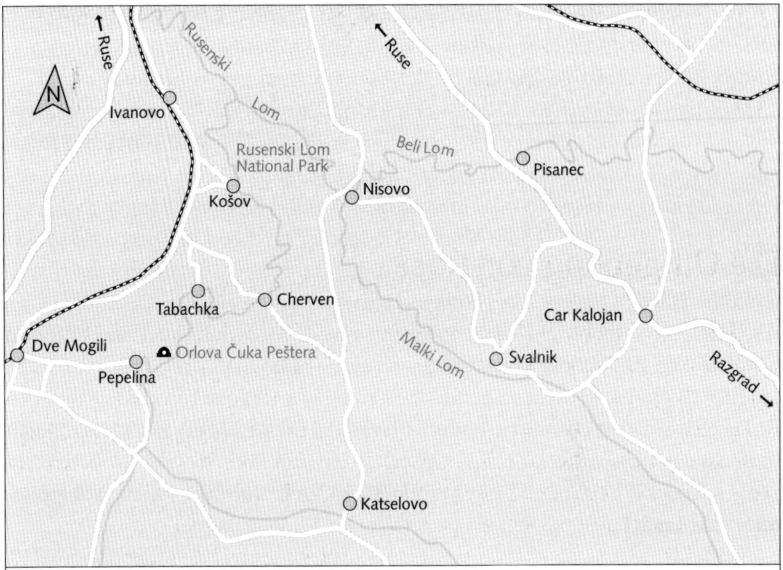

Der Nationalpark Russenski Lom

Der Nationalpark Russenski Lom

Im Jahr 1970 wurden 3200 Hektar des Gebietes Russenski Lom zum Nationalpark erklärt. Heute leben hier über 15 Greifvogelarten; Steppenweihe, Habichte und Schreiadler fliegen über die Felsplateaus, auf denen Rötelfalken, Schmutzgeier, Schlangenadler und Adlerbussarde ihre Horste bauen. In den grünen Schluchten darunter lassen sich Uhus, Eulen und Schwarzstörche beobachten oder Spechtarten, die zum Nisten hauptsächlich Eichen, Eschen und Linden vorfinden. In den flachen Feuchtgebieten kann man bunte Eisfischer, Waldwasserläufer oder auch mal einen Wiedhopf sehen, den man an seinem gestreiften Gefieder und seiner Haube erkennt, die er manchmal wie einen Fächer ausbreitet.

Schon vor Jahrhunderten zogen sich gerne Mönche in diese Gegend zurück. Sie bauten die Felsnischen links und rechts der Flußufer zu Behausungen und Kapellen aus, die sie oft in jahrelanger Arbeit mit Felsmalerien schmückten. Diese Höhlen sind teilweise noch entlang des Flusses Beli Lom erhalten und machen eine Wanderung durch das Gebiet besonders reizvoll. Ein günstiger Ausgangspunkt dafür ist der Ort Ivanovo am nordwestlichen Rand des Nationalparks.

Das Felsenkloster Ivanovo

In den steilen Felswänden am Fluß Rusenski Lom bei Ivanovo entstand im 13. Jahrhundert ein großer Klosterkomplex mit mehreren Kirchen, Kapellen und vielen Mönchszellen. Das geschah zu der Zeit, als das Zweite Bulgarische Reich eine kulturelle Blütezeit erlebte. Der Zarenhof finanzierte die Künstler, die das Felsenkloster von Ivanovo mit einzigartigen Wandmalereien ausstatteten. Neben biblischen Szenen sind antike Motive wie Säulen auf Löwenkörpern und nackte Karyatiden dargestellt, weibliche Figuren, die die Last des Gebäudes auf Schultern oder Händen tragen. Zwei Bilder zeigen die Zaren Ivan Aleksandăr und Ivan Asen bei der symbolischen Übergabe der Kirchen an Maria und den Erzengel Michael. Der Einfluß der Malschule von Veliko Tărnovo macht sich in dem realistischen Stil bemerkbar, der die Personen und ihre wirkliche Umgebung abbildet.

Leider befinden sich die besonders wertvollen Fresken heute in einem schlechten Zustand, obwohl ihre Einzigartigkeit bereits seit über 20 Jahren bekannt ist. Denn schon 1979 hat die UNESCO das Felsenkloster von Ivanovo zum Weltkulturerbe ernannt.

Červen

Von Ivanovo führt eine Wanderung entlang des Flusses Černi Lom in südlicher Richtung nach zwölf Kilometern nach Červen. Der Ort liegt an einer Flußbiegung in einer tiefen Schlucht mit unzugänglichen Felswänden, die mit den Mauern der mittelalterlichen Festung Červen auf dem Felsplateau noch höher wirken. Die Festung entstand vor über 2000 Jahren als Rückzugsort vor den Invasionen nordischer Reitervölker und gewann im späten Mittelalter wirtschaftliche und kulturelle Bedeutung. Ihre Mauern mit zwei Toren umgeben die Ruinen eines Bojarenpalastes. Einer der Wachtürme ist so gut erhalten, daß er als Vorbild zur Rekonstruktion des Baldvin-Turms der Festung in Veliko Tărnovo dienen konnte. Von dort hat man eine wunderbare Aussicht auf die Schlucht und die umgebende Flußlandschaft. Von hier bietet sich ein Abstecher an: Sechs Kilometer südlich von Červen befindet sich die zweitlängste Höhle Bulgariens, die Orlova Čuka.

Bjala

Die heute etwas desolat wirkende 10 000-Einwohner-Stadt zwischen Ruse und Veliko Tărnovo war im 18. Jahrhundert ein lebhafter Treffpunkt für Kaufleute, Davon profitierten die Gasthäuser und Herbergen. Noch zahlreicher wurden die

Gäste, nachdem Midhat Pasha, der Gouverneur von Ruse, den namhaften Architekten Koljo Fičeto mit dem Bau einer Brücke über den Jantra-Fluß beauftragt hatte, die 1867 eingeweiht wurde.

Bjala heißt weiß, und das bedeutet, daß die Stadt nach den weißen Kalksteinfelsen der Umgebung benannt ist. Fičeto dienten sie als Baumaterial für die Brücke, an der sieben Jahre gearbeitet wurde. Er verlieh ihr fließende, barocke Formen und ließ sie mit Schwänen, Nymphen und Drachenköpfen verzieren. 14 Bögen überspannten die 9 Meter breite und 275 Meter lange Konstruktion. 1897 brachte eine starke Flut die mittleren Bögen zum Einsturz, so daß sie durch eine Stahlkonstruktion ersetzt werden mußten. Erhalten sind noch die äußeren Steinfundamente der Brücke (Belenski Most), die heute ein Kulturmonument von nationaler Bedeutung ist und nur zu Fuß überquert werden darf.

Ein Denkmal aus dem gleichen weißen Kalkstein am westlichen Brückenaufgang erregt die Aufmerksamkeit. Es ist den drei Revolutionären Panajot Volov, Georgi Ikonomov und Stefan Angelov gewidmet, die sich nach dem Aprilaufstand 1876 in der Umgebung versteckt hielten. Auf ihrer anschließenden Flucht versuchten sie, die Jantra schwimmend zu überqueren, und kamen dabei ums Leben.

Nationalpark Rusenski Lom: Informationen in der Nationalparkverwaltung in Ruse, ul. General Skobelev 7, Tel. 082-27 23 97, n-park@acvilon.com. Die Verwaltung organisiert auf Wunsch auch Ausflüge dorthin.

Nach Unterkünften in Bjala erkundigt man sich am besten im Büro der Gemeinde am pl. Ekzarch Josif 3, Tel. 08 17-24 74. Gästehaus in Košov, etwas abseits der Straße zwischen Ruse und Bjala an der westlichen Parkseite, Tel. 081 59-479, 082-82 40 85. Guter Ausgangspunkt für Wanderungen am Fluß Černi Lom. Von hier aus liegen das Felsenkloster Ivanovo (flußabwärts) und das archäologische Reservat Červen (flußaufwärts) jeweils fünf Kilometer entfernt. Sechs DZ, kein Telefonanschluß, aber gemütliche Eßecke am Kamin und vor der Tür ein kleines Schwimmbad.

Haus Edelweiß in Dve Mogili, südwestlich des Parks bei der Straße zwischen Ruse und Bjala, Tel. 081 41-29 56, 07 21-24 22. Guter Ausgangspunkt für Wanderungen zur sechs Kilometer entfernten Orlova-Čuka-Höhle. Preiswerte und komfortable Unterkünfte mit Telefon und TV, das ganze Jahr über bewirtet.

Archäologisches Reservat Ivanovo Felsenkloster, Tel. 081 16-22 03, Mi–So 9–13 u. 14–18 Uhr.

Archäologisches Reservat Červen, Tel. 081 41-981 56, Mi–So 9–13 u. 14–18 Uhr.

Die Ludogorie

Die Ludogorie ist das Gebiet, das etwa zwischen Šumen, der Donau, Ruse und Dobrič liegt. Es ist eine vorwiegend ländliche Gegend, die größtenteils von Moslems türkischen und tatarischen Ursprungs besiedelt wird.

Von Ruse führt eine Landstraße knapp hundert Kilometer über Kubrat und Isperich Richtung Osten. Die beiden etwa 30 Kilometer voneinander entfernten Orte mit jeweils 10 000 Einwohnern haben selbst nichts Aufsehenerregendes zu bieten, sind aber wichtig zur Orientierung in der schönen Landschaft, deren fruchtbares Weideland von grünen Hügeln umgeben ist.

Während Kubrat auf Gäste spezialisiert ist, die Jagd auf Rotwild und Wildschweine machen, kann Isperich mit kulturell interessierten Besuchern rechnen. Denn in seiner Nachbarschaft liegt das zehn Quadratkilometer große archäologische Reservat Sborjanovo. Dieses Hügelfeld zwischen Sveštari und Malăk Porovec umfaßt – in Bulgarien eine Seltenheit – eine antike Siedlung mit zwei Nekropolen, einer Kultstätte und vielen unerschlossenen Hügelgräbern. Besonders sehenswert sind dort der muslimische Schrein Demir Baba Tekke und das thrakische Königsgrab bei Sveštari.

Das thrakische Königsgrab bei Sveštari und die Demir Baba Tekke

Unter dem Erdhügel Ginina Mogila wurde 1982 ein thrakisches Grab entdeckt, das von der UNESCO aufgrund der ungewöhnlichen Architektur und der reichen Dekorationen in die Liste des Weltkulturerbes aufgenommen wurde. Viele Experten vermuten, daß es sich hierbei um das Grab des getischen Herrschers Dromichaetes aus dem dritten Jahrhundert vor Christus handelt. Darauf deutet auch der teils griechische Stil der Austattung hin.

Der thrakische Stamm der Geten beherrschte zu dieser Zeit die Gebiete der unteren Donau und ließ sich kulturell von den an der Küste ansässigen Griechen beeinflussen.

Zur Grabanlage führt ein vier Meter langer Gang, an dessen Ende zwei Säulen den Eingang schmücken. Dahinter liegen drei quadratische Grabkammern aus hellen Kalksteinblöcken, die von einem halbzylindrischen Gewölbe überdacht sind. Ein Fenster verbindet den vorderen Raum mit der Nebenkammer, in der man nur noch Pferdeknochen fand – die übrigen Grabbeigaben wurden schon vor langer Zeit gestohlen. In der größten Grabkammer, die viereinhalb Meter hoch ist, stehen zwei steinerne Liegen für den zu Grabe getragenen Herrscher und seinen

Bauern bei der Heuernte

Begleiter. Die hier gefundenen Knochen offenbarten, daß der Tote ein für damalige Zeiten sehr hohes Alter von sechzig Jahren erreicht hatte und seine Begleiterin eine junge Frau war.

Das Steinrelief, das die Kammer an drei Wänden umgibt, zeigt zehn Frauenfiguren, die wie griechische Karyatiden mit ihren Armen das Gewölbe stützen. Auf der Nordseite oberhalb des Reliefs bildet ein Fresko den Herrscher zu Pferde ab. Links stehen ihm Waffenträger zur Seite und rechts Dienerinnen, von denen ihm eine den Lorbeerkranz reicht.

Zwei Kilometer entfernt von dem Königsgrab bei Sveštari, im Kamen-Rid-Gebiet des Sborjanovo-Reservats, steht in einem Wäldchen ein muslimischer Schrein aus dem 17. Jahrhundert. Wie Ausgrabungen in der Gegend beweisen, war der Platz schon für ältere Kulturen von spiritueller Bedeutung und galt auch den Thrakern als heilig. Erst viel später wurde das kleine quadratische Gebäude mit dem pyramidenförmigen Dach über dem Grab des heiligen Demir Baba errichtet.

Seine Bedeutung läßt sich an den kleinen Geschenken und Kerzen ermessen, die vorbeiziehende Pilger in dem Schrein zurücklassen. Mehrmals jährlich finden hier auch Rituale zur Abwehr böser Geister oder Fruchtbarkeitsrituale statt, und an bestimmten Feiertagen in den wärmeren Jahreszeiten treffen sich hier Muslime und Christen, um gemeinsam den Frühling zu begrüßen, die Mittsommernacht zu feiern oder das Ende der Erntezeit zu zelebrieren.

Das archäologische Reservat Sborjanovo liegt 40 Kilometer nordöstlich von Razgrad bei Isperich. Von dort erreicht man das sechs Kilometer entfernte Dorf Sveštari an der nordöstlichen Seite des Reservats mit dem Bus. Ein Spaziergang von Sveštari durch die grüne Landschaft des Reservats führt nach zwei Kilometern zum Königsgrab.
Im Nordwesten des Sborjanovo-Reservats bei Isperich, und zwar im Kamen-Rid-Gebiet an der Krapinec-Schlucht, steht der muslimische Schrein Demir Baba Teke, den man zwei Kilometer westlich vom Königsgrab Sveštari erreicht.

Bei der Vermittlung von Privatunterkünften in der Umgebung ist das Museum in Isperich behilflich, ul. Car Osvoboditel 6, Tel. 08 35-47 83, 56 31, 56 19, 35 00; Mo–Fr 9–12 u. 15.30–19.30 Uhr.

Razgrad

Die 50 000-Einwohner-Stadt Razgrad ist die größte Stadt in der Ludogorie und entstand am Rande der römischen Siedlung Abritus an den Ufern des Flusses Beli Lom. Sie hat eine gewisse Bekanntheit, da hier der römische Kaiser und Christenverfolger Decius im Jahr 251 bei heftigen Gefechten zwischen Römern und Goten ums Leben kam. In Abritus wurde auch ein vier Kilo schwerer Schatz aus Goldmünzen gefunden, der im Historischen Museum beim archäologischen Reservat ausgestellt ist. Insgesamt haben sich seit der Gründung des Museums vor hundert Jahren über 50 000 Exponate angesammelt. Zum Haus gehören ein Restaurationsatelier und das archäologische Reservat Abritus, einen Kilometer östlich vom Zentrum entfernt an der E 70.

Vom Museum erreicht man nach zwei Kilometern die Altstadt von Razgrad, das Varoša-Viertel. Besonders sehenswert ist dort die zweitgrößte Moschee Bulgariens, die Ibrachim-Paša-Moschee aus dem Jahr 1614. Beeindruckend ist sie allein aufgrund des 25 Meter hohen Minaretts und der großen Kuppel. Leider kam ihre Restaurierung aus finanziellen Gründen zum Stillstand, obwohl die Pläne schon vor Jahrzehnten ausgearbeitet wurden. Und so rosten die Baugerüste im Inneren vor sich hin.

Vor der Moschee steht die beeindruckende Bronzeskulptur ›Kalin, der Adler‹, eine männliche Figur mit großen Adlerflügeln. Nicht weniger faszinierend ist Bulgariens einzige antike Frauenskulptur aus Bronze, die eine große Amphore auf der Schulter trägt. Sie ziert den Brunnen Momina Česma in der Altstadt. Dort schlägt nach der Renovierung auch die Uhr des Uhrturms wieder pünktlich und vermeldet, ob die Zeit noch für einen Besuch in einer der beiden Kunstgalerien ausreicht. Anderenfalls bieten mehrere Restaurants und Cafés in der Umgebung Gelegenheit für eine Pause.

Kunstliebhaber zieht es wohl eher in zwei Galerien: Die Kunstgalerie Ilja Petrov sammelt die verschiedensten Werke der schönen Künste und veranstaltet gelegentlich auch Events mit zeitgenössischen Künstlern, in der Kunstgalerie Dragan Danailov sind Gemälde und Grafiken bulgarischer Gegenwarts-Künstler ausgestellt.

Vorwahl: 084, PLZ: 7200. Touristeninformation: Agenturen Evrotur, bul. Bălgarija 13, Tel. 230 23; Diana Tour, ul. Žeravna 15, Tel. 226 37, 243 35; Buina Gora, ul. Knjaz Boris 76, Tel. 267 61.

Biochim Bank, ul. Marica 9, Tel./Fax 66 06 63; Bulbank, bul. Bălgarija 7, Tel./Fax 66 07 62.

Der Bahnhof liegt fünf Kilometer nördlich von Razgrad auf der Strecke Ruse–Varna und ist durch eine Buslinie mit dem Ort verbunden, Tel. 224 36. Busstation am östlichen Stadtrand, zwei Kilometer vom Zentrum, bul. Bălgarija 2 , Tel. 269 79, 223 56.

Hotel Zentral, ul. Beli Lom 40 (in der Ortsmitte am Beli-Lom-Fluß), Tel. 66 09 19, 66 09 18, 242 55, 271 09, Fax 242 24, 226 65. 50 Zimmer mit Telefon und TV, Fitness- und Konferenzraum, Cocktailbar, gutes Restaurant, bewachter Parkplatz. Hotel Razgrad, ul. Žeravna 15, Tel. 66 08 01, 209 81, Fax 209 83. Hochhaus, zentral gelegen; komfortable Zimmer, ähnliche Einrichtungen wie im Hotel Zentral, Diskothek.

Für Restaurants mit exotischer Küche ist Razgrad nicht berühmt, aber Kebab-Spieße mit Šopska-Salat, Banica- oder Baklava-Gebäck werden in vielen Kaštas sehr gut zubereitet, zum Beispiel im Baj Kiro, ul. Marica 4, Tel. 273 87; im Akademi, ul. Rakovski 11, Tel. 341 58; im Starata Kašta, bul. Sveti Kliment 53, Tel. 434 32.

Varoša-Viertel, ul. Antim 20, Tel. 360 71, 369 71. Sechs Wiedergeburtshäuser bilden einen Häuserkomplex, in den das Ethnographische Museum eingezogen ist. Historisches Museum, Tel. 242 73, 273 78, 246 12; Di–So 9–12 u. 13–18 Uhr.
Kunstgalerie Ilja Petrov, ul. Kiril i Metodij 10, Tel. 270 67, 296 18; Mo–Fr 9–12 u. 15–19 Uhr.
Kunstgalerie Dragan Danailov, ul. G. S. Rakovski 7, in der Altstadt.

Die Dobrudža

Die weiten Ebenen zwischen der Donaumündung und Varna am Schwarzen Meer erhielten ihren Namen im 14. Jahrhundert nach dem dort herrschenden Bojaren Dobrotica. Nach seinem Tod fiel das Gebiet an das Osmanische Reich und bildete dessen nördliche Grenze. Sie war nicht leicht zu verteidigen, denn ständig nutzten von dort einfallende Reitervölker die extrem dünn besiedelte Dobrudža als Korridor auf ihrem Weg nach Süden. Sultan Mehmet I. besiedelte das neu eroberte Gebiet daher mit Türken, die es landwirtschaftlich nutzten und für Eindringlinge bald eine abschreckende Präsenz darstellten.

Die anderen Gruppen, die sich von Ende des 18. bis zur Mitte des 20. Jahrhunderts hier ansiedelten, bildeten mit den ansässigen Türken ein bunt gemischtes Immigrantenvolk: Von Russen vertriebene Tataren, vom Genozid bedrohte Armenier, Juden sowie Griechen aus den südlichen Küstenregionen. Die Kolonisten formten aus den zuvor unwirtlichen Donauebenen einträgliche Anbauflächen, und so wurde das Gebiet nach dem Verfall des Osmanischen Reiches zum Zankapfel.

Die Süddobrudža gehörte zwischen den beiden Weltkriegen zu Rumänien, das sich in groß angelegten Umsiedelungsaktionen beeilte, das Gebiet zu rumänisieren: 10 000 Türken wurden zurück in ihre Urheimat Türkei geschickt, dagegen rumänischsprachige Walachen aus Mazedonien ermuntert, ihren nomadischen Lebensstil in der Dobrudža fortzusetzen. Als der südliche Teil ab 1940 wieder zu Bulgarien gehörte, kam es zu einem erneuten Bevölkerungsaustausch: 100 000 Rumänen wanderten vom Süden in den Norden der Dobrudža und damit von Bulgarien nach Rumänien, 61 000 Bulgaren gingen den umgekehrten Weg.

Hühnerfarm in der Dobrudža

Die Dobrudža ist durch schier endlose Getreide-, Mais- und Sonnenblumenfelder, Obstplantagen und Weinreben geprägt. Hirten leiten ihre Schafherden über saftige Wiesen, rund um die kleinen Ortschaften fahren mehr Pferdekarren als Autos. Auf den Straßen plaudern Popen mit jungen Männern, alte Damen spielen mit kleinen Kindern – alle nehmen sich Zeit für ein Schwätzchen.

Aber in den kleinen Dörfern fällt der Blick zuweilen auch auf Dächer, die mit Satellitenschüsseln gespickt sind und die Frage aufwerfen, wie lange sich die Dorfidylle noch hält. Schon heute ist die Süddobrudža ein bedeutendes Zentrum der Nahrungs- und Genußmittelindustrie, und schon hinter der nächsten Kirche könnte ein Gewerbegebiet entstehen.

Silistra

Silistra liegt im äußersten Nordosten Bulgariens. Unmittelbar danach vollzieht die Donau einen Schwenk nach Norden und wird so von einem Grenzfluß zu einer innerrumänischen Angelegenheit. Silistra ist 250 Kilometer von der Donaumündung entfernt und gehörte zwischen 1913 und und 1940 zu Rumänien. Vielleicht entstand das spürbar angespannte Verhältnis zu den rumänischen Nachbarn in dieser Epoche, vielleicht auch erst danach: Nicht selten zieht verschmutzte Luft aus der metallurgischen Fabrik im rumänischen Kalarasch herüber.

Vor 60 Jahren hatte die Donau hier noch Trinkwasserqualität, man konnte darin baden und angeln. Heute ist das nicht mehr möglich. Unter besseren Umwelt-

Römische Ruinen im Zentrum

bedingungen könnte man Qualität und Erträge der angebauten Nahrungsmittel steigern und von Silistra aus auch gut verschiffen. So könnten auch dringend benötigte Arbeitsplätze entstehen. Da es einen eklantanten Mangel daran gibt, ist die Stimmung in der Stadt alles andere als optimistisch. Etwa fünf Prozent der 50 000 Einwohner Silistras arbeiten in Fabriken, die Textilien für den Westen und elektronische Kassen für den Osten herstellen, oder Schreibpapier, das im In- und Ausland abgesetzt wird.

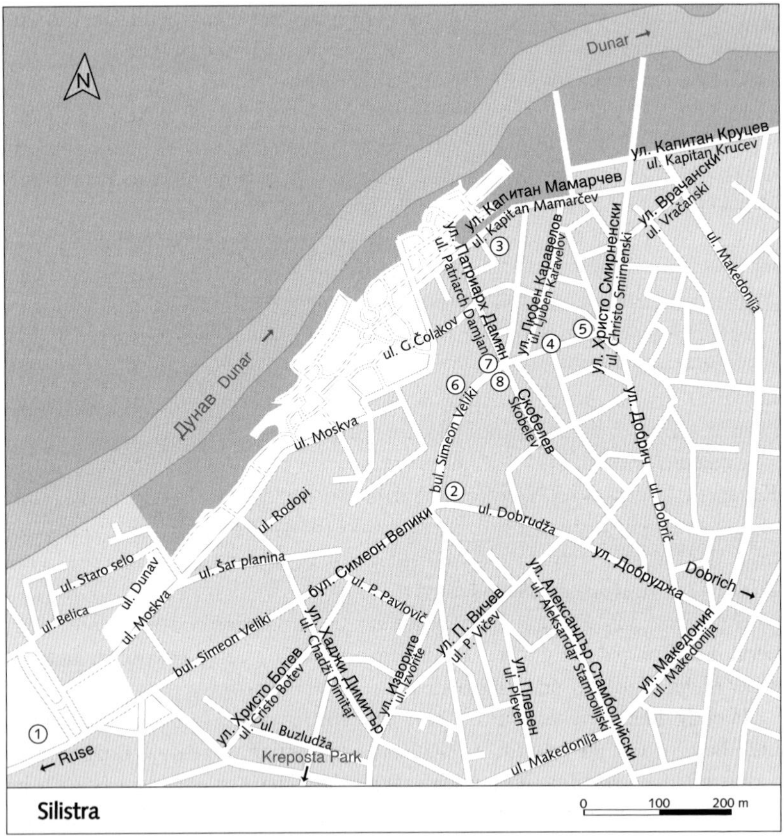

Legende

1 Bahnhof
2 Hotel Zlatna Dobrudža
3 Hotel Bartimex
4 Restaurant Stara Kašta
5 Historisches Museum
6 Römische Ruinen
7 Archäologisches Museum
8 Theater

Es ist nicht einfach für Touristen, sich direkt vor Ort über die Stadt zu informieren. In den gut besuchten Cafés und Restaurants der Innenstadt kann auch ein bulgarischer Gast nicht unbedingt mit einer freundlich interessierten Auskunft rechnen, zudem existiert kein Informationsbüro für Touristen.

Dabei hat die Stadt viele reizvolle Seiten und einmalige Sehenswürdigkeiten zu bieten. Silistra (›an der Donau‹) wurde im zweiten Jahrhundert als Durostorum (›starke Festung‹) von den Römern begründet und erst für das römische, später für das bulgarische und dann für das osmanische Reich zum bedeutendsten nordöstlichen Grenzstützpunkt. Die Stadt war Zankapfel der unterschiedlichsten Kulturen, deren Spuren in vielen Teilen der Stadt heute noch sichtbar sind.

Dazu zählt die osmanische Festungsruine Medžitabija aus dem 17. Jahrhundert. Sie ist von dem gepflegten Kreposta-Park umgeben, der zum Spazierengehen einlädt. Vom Café des nahegelegenen Fernsehturms läßt sich die Aussicht auf die Stadt und die Donau genießen, denn das Areal liegt auf einem Hügel vier Kilometer südlich der Stadt.

Vom Südwesten führt der lange bul. Simeon Veliki in das Stadtzentrum. Über ihn erreicht man auch die wichtigsten Sehenswürdigkeiten. Zwischen dem Hotel Zlatna Dobrudža und dem großen zentralen Platz, dem pl. Svoboda, wird er zum Fußgängerbereich, hinter dem er sich noch zweihundert Meter fortsetzt. Dort ist das Historische Museum, das die Geschichte der Stadt mit Schriftstücken und Alltagsgegenständen in vier Abteilungen darstellt. Unter den Funden aus der Antike ist unter anderem ein goldener thrakischer Streitwagen.

Rund um den zentralen Platz gruppieren sich das archäologische Museum, die Kunstgalerie und das Theater, neben dem die große Bronzeskulptur ›Pegasus‹ steht. Sie stammt von dem Bildhauer Luben Bojkov und stellt das geflügelte Pferd des Bellerophon dar, eines Helden der griechischen Mythologie, der mit Hilfe von Pegasus gefährliche Abenteuer bestand.

Das große gelbe Renaissancegebäude auf der gegenüberliegenden Seite beherbergt die Kunstgalerie mit mehreren hundert Werken zeitgenössischer bulgarischer Maler, Zeichner und Bildhauer.

Fünfzig Meter weiter wurden römische Ruinen freigelegt und mit Bänken umgeben, so daß sie wie im Amphitheater präsentiert werden. Sie tauchen so unvermittelt im Straßenbild auf, daß damit das Interesse für einen Besuch im nahegelegenen archäologischen Museum geweckt wird. Hier sind Artefakte aus der Festung Medžitabija ausgestellt, und viele Exponate geben Aufschluß über die Zeit des römischen Durostorums, wie beispielsweise Schmuck oder Grabsteine der Soldaten oder eine reich dekorierte Sonnenuhr aus dem ersten Jahrhundert. Zu dem Museum gehört auch ein archäologisches Reservat außerhalb des Stadtzentrums, wo überraschend gut erhaltene Fresken eines römischen Grabmals sowie bulgarische Funde aus dem Mittelalter zu sehen sind.

Der Passagierhafen von Silistra

Südlich des zentralen Platzes bezeugt die gut besuchte alte Kursunlu Moschee die Präsenz der moslemischen Gläubigen, während Bürgerhäuser aus dem 19. Jahrhundert nördlich des Platzes die Kulisse entlang schattiger Straßen bilden. Sie führen zum Donauufer. Dort laden viele Parkbänke zu einer Pause ein, in der man sich in Ruhe zwischen einem Schiffsausflug auf der Donau oder einer Überfahrt mit der Fähre nach Rumänien entscheiden kann.

Vorwahl: 086, PLZ: 7500. Auskünfte für Touristen erteilen: Agentur Tour-Istar im Hotel Zlatna Dobrudža; Ladatours, ul. Aleksandăr Stambolijski 11, Tel./Fax 291 28; Agentur D. Michajlov, ul. Dobrudža 9, Tel. 272 17. Informationen auch in den Hotels.

Biochim Bank, bul. Simeon Veliki 29a, Tel. 82 08 49, Fax 82 08 47.

Bahnhof, Tel. 268 13, und Busstation, Tel. 234 18, 239 97, liegen einen Kilometer südwestlich vom Zentrum in der Industriezone am pl. Albena.

Hotel Zlatna Dobrudža, pl. Svoboda 3, Tel. 223 92, 239 76, 257 67, 228 62, Fax 228 61, 280 14, tourist@ccpro.com. Zentral, Zimmer mit Bad und TV, Restaurant mit Garten und abwechslungsreicher Speisekarte; Informationen zu Schiffsausflügen auf der Donau. Hotel Bartimex, ul. Kapitan Marmačev 20, Tel. 623 17, 223 66, 221 07, Fax 229 65, bartimex@ccpro.com.

Zentral, hübsch und klein, komfortable Zimmer.
Hotel Silistra, ul. Ilija Blăskov 1, Tel. 266 74, Fax 226 61. Saubere und gemütliche Zimmer.
Hotel Orbit, drei Kilometer südlich vom Stadtzentrum auf einem Hügel im Kreposta-Park nahe der Medžitabija Festung, Tel. 257 20. Gepflegte Zimmer, sämtlich mit Balkon zur Donauseite.

Auf den Plätzen in der Umgebung des Zlatna Dobrudža Hotels haben mehrere Cafébars ihre Tische und Stühle aneinandergestellt und servieren dort Snacks und Getränke.
Restaurant Stara Kašta, ul. Ljuben Karavelov 8 (in einem alten Wiedergeburtshaus). Große Auswahl leckerer bulgarischer Gerichte.
Restaurant Beli Brezi, ul. 31 Regiment 92 (südlich des Zentrums). Traditionelle bulgarische Küche und Delikatessen in besonders gemütlicher Atmosphäre.

Historisches Museum, ul. Rakovski 24, Tel. 270 40, 238 94, 238 55; Mo–Fr 8–12 u. 14–18 Uhr.
Kunstgalerie, pl. Svoboda 88, Tel. 268 38, 223 95; Mo–Fr 8–12 u. 14–18 Uhr.
Archäologisches Museum, bul. Simeon Veliki 120, Tel. 238 94, Mo–Fr 8–12 Uhr u. 14–18 Uhr. Hier erkundigt man sich am besten auch nach Führungen zu dem römischen Grab (Rimska grobnica) an der Stadtgrenze. Man sieht dort sehr gut erhaltene Fresken aus dem vierten Jahrhundert unserer Zeit, die eine Gruppe von Dienern mit Grabbeigaben und ein mit Blumen und Vögeln reich verziertes Gewölbe darstellen.
Dramatisches Theater Sava Dobroplodni, bul. Simeon Veliki, Tel. 269 37, 231 01. Informationen über die Aufführungen in den Hotels.

Das Naturreservat Srebărna

Eines der weltweit bedeutendsten Biosphären-Reservate liegt nur 15 Kilometer westlich von Silistra und steht seit 1984 unter dem Schutz der UNESCO. Das 1100 Hektar große Gebiet umfaßt den Srebărna-See, der 600 Hektar groß und durch einen schmalen Kanal mit der Donau verbunden ist. Zu dem Reservat gehört auch die kleine Donauinsel Komluka. Der Uferwald und das den See umgebende Röhricht sind beliebte Rastplätze für viele Arten von Zugvögeln. Hier überwintern Scharen von Rothalsgänsen, Alpenstrandläufern und Sanderlingen. Im Winter sind auch Seeadler zu sehen, Blässgänse und gefährdete Rotmilane, die hier nisten, so wie hin und wieder die Rosapelikane. Als größte Attraktion des Reservats gelten die vom Aussterben bedrohten Krauskopfpelikane, die am nördlichen Seeufer eine Brutkolonie gegründet haben. Leider hat diesen großen langhaarigen Vögeln die Luftverschmutzung zugesetzt, und so sind viele von ihnen in Gebiete geflohen, in denen die Luft reiner ist. Im Sommer erblickt man viele Tauchvögel am See, zum Beispiel Silberreiher, Rothalstaucher oder Löffler. Zwischen Weidesträuchern und Schilfgewächsen nisten Kräkenten, Sumpfseeschwalben, die türkisfarbenen Blauracken, dunkel gefiederte Arten wie die gefährdeten Zwergscharben und Moorenten, schwarzköpfige Buntmeisen und die kleinen bunten Bienenfresser. Rund hundert Vogelarten leben in dem Reservat.

Flora und Fauna des Reservats werden in einer kleinen ökologischen Station an der Südwestseite des Sees, nahe dem Dorf Srebărna, erforscht und überwacht. Vom Dorf führt ein Pfad zu einem Naturmuseum und einem Aussichtspunkt, von dem die Krauskopfpelikane am besten zu beobachten sind. Mit einem guten Fernglas erkennt man vielleicht auch Goldregenpfeifer, Tüpfelsumpfhuhn oder eine der sieben Greifvogelarten wie Wespenbussard, Rotfußfalke oder Wiesenweihe.

Alfatar

In einem typischen Wiedergeburtshaus

Der kleine Ort Alfatar, 20 Kilometer südlich von Silistra gelegen, ist ein beliebtes Ausflugsziel für Urlauber, die auf einer Tagesexkursion mit der typischen Gastfreundschaft und Folklore der Dobrudža bekanntgemacht werden. Unter finanzieller Beteiligung mehrerer Institutionen wurde hier ein stattliches Anwesen aus der Wiedergeburtszeit als Museum eingerichtet. Am Tor des ›Dobrudža-Hauses‹ wird die Besuchergruppe von einem Musiker und einer vermeintlichen Hausherrin in Folkloretracht erwartet, die für jeden ein Stück frisch gebackenes Brot und einen Aprikosenschnaps bereithält. Damit setzt man sich an den Tisch im blühenden Garten und wartet auf die musikalische Darbietung mit Tanz. Zwischendurch gibt es Gelegenheit, die Sommer- und Winterküche, den Vorratskeller, die Gaststube und andere Räume im Haus zu inspizieren, bis die nächste Besuchergruppe am Tor empfangen wird.

Am Ortsrand steht Besuchern auch die kleine Dreifaltigkeitskirche (Sveti Troica) offen, auf der Empore präsentiert sie eine Ausstellung wertvoller Ikonen.

Alfatar ist in den meisten Programmen der Exkursionen enthalten, die von den Urlaubsorten der nördlichen Küste aus zur Donau unternommen werden. Wer sich selbständig auf den Weg macht, erkundigt sich am besten im Büro der Gemeinde, Tel. 085 11-22 04, obshinta_alfatar@abv.bg, nach Unterkünften.

Unterkünfte im Dorf Vetren, zwei Kilometer westlich des Reservats am Donauufer, vermitteln die Agenturen in Silistra.

Haus Počiven in Srebărna (südwestlich des Sees), ul. Lebed 35, Tel. 085 15-462, Tel./Fax 086-741 33.

Naturmuseum, Tel. 086-238 94; täglich 9–12 u. 14–18 Uhr.

Tutrakan

Ein Aufenthalt in der 20 000-Einwohner-Stadt lohnt sich für jeden, der genauer wissen will, wie die untere Donau das Leben der Anlieger geprägt hat. Tutrakan liegt 50 Kilometer westlich von Silistra und existierte schon zu römischer Zeit als Grenzort in Form einer Festung, die immer wieder heftig umkämpft wurde. Der Name ist militärischen Ursprungs und bedeutet sinngemäß ›Jemand, der den Ort schützt und verteidigt‹. Dabei wurden die Bulgaren auch von Russen unterstützt, die sich im 10. Jahrhundert hier ansiedelten. Gegen die Osmanen hatte jedoch auch Tutrakan keine Chance. Das Fort wurde zerstört, und die Stadt lebte erst Mitte des 19. Jahrhunderts wieder auf, als die Bewegung der bulgarischen Befreiungskämpfer bis hierher vordrang.

In dieser Epoche wurden Lesesäle, Schulen, Zeitungen und ein Verlagshaus gegründet, ein neues Nationalbewußtsein entwickelte sich. Das trug auch dazu bei, daß 1877 viele Freiwillige aus Tutrakan in den Krieg gegen die Türken zogen. Viele von ihnen starben im Kampf. Nach und nach wurden auch Rumänen hier ansässig, die dezimierte Einwohnerzahl wuchs wieder an, und um die Jahrhundertwende wurde die Stadt zum Zentrum für Fischerei und Bootsbau. Neue wirtschaftliche und kulturelle Probleme entstanden 1940 mit dem Bevölkerungsaustausch zwischen 4000 ansässigen Rumänen gegen Bulgaren aus der Norddobrudža.

Das Ethnographische Museum in Tutrakan ist heute das einzige in Bulgarien, das an den Lebensstil und die Traditionen der Fischer erinnert. Diese wagten sich oft bis in das mehr als 200 Kilometer entfernte Donaudelta vor, um mit ihren Fängen ganze Sippen zu ernähren.

Die Exponate stammen aus einheimischen Familien und benachbarten Fischerorten und sind in den Räumen eines ehemaligen Badehauses ausgestellt. Neben Knochenharpunen und Steinankern, Fischernetzen mit Tongewichten, Angelruten, Haken und Köchern zeigt das Museum ebenso die Bekleidung der Fischer, die mit speziellen Stiefeln, Hosen und Mänteln auch in den umliegenden Seen und Sümpfen auf Beutefang gingen.

An Zeiten, als sich an Tutrakans Ufer etliche Wassermühlen aneinander reihten und hunderte von Fischerbooten festmachten, erinnern auch Fotos und Fischereigerät im historischen Museum.

Es ist in einem schönen Haus der Jahrhundertwende untergebracht und präsentiert seine Exponate auf drei Etagen. Der Schwerpunkt der Ausstellung liegt auf Folklore und Mobiliar und einer Ikonensammlung aus der Zeit der Nationalen Wiedergeburt (18. und 19. Jahrhundert). Außerdem sind thrakische und römische Artefakte zu sehen. Allein weges des schönes Gebäudes lohnt der Aufstieg auf den Hügel.

Ein Spaziergang von der Busstation im Osten der Stadt zur Donau führt durch das Fischerviertel (Ribarskata Machala) und schließlich zur Uferstraße Transmarijska. Dort gibt es eine Touristeninformation, die im Sommer mit Bootsausflügen zu Donauinseln wirbt. Dabei wird den Gästen der Umgang mit Fischernetzen und Angeln und die Zubereitung von Fischgerichten demonstriert.

Vorwahl: 0857, PLZ: 7600. Touristeninformation, ul. Transmarijska 20, Tel./Fax 22 51, tutrakan_tour@dir.bg, Mo–Fr 9–17 Uhr; Agentur Aleko, ul. Dočo Michajlov 3, Tel. 38 95; auch in den Hotels. Im Sommer Organisation von Bootsausflügen zur Donauinsel Požarevo mit Angeln, Grillen und Campen.

Von der Busstation oberhalb des Viertels Ribarskata Machala verkehren regelmäßig Busse nach Ruse, Silistra, Razgrad und Kubrat. Nach Fährverbindungen erkundigt man sich am besten am Schiffsanlegeplatz, Tel. 25 65.

Manche Hausbesitzer im Viertel Ribarskata Machala haben ihre Häuser renoviert und darin Gästezimmer eingerichtet; Kontakt und Auskünfte erteilt die Touristeninformation.

Pension Melin, ul. Vasil Levski 11 (nicht weit von der Busstation), Tel. 21 09, 33 78. Gemütliche Zimmer.

Pension Ribarskata Kašta, ein paar hundert Meter vom Ortszentrum entfernt bei der Nikolaikirche. Rustikale Zweibettzimmer mit Frühstück.

Hotel Royal Kompleks, fünf Kilometer außerhalb in Richtung Ruse bei Nova Čerkva, Tel. 085 34-891, -893. Komfotabler und familienfreundlich als die Pension Ribarskata Kašta, das Hotelrestaurant serviert köstliche Fischgerichte.

An der Uferpromenade Transmarijska gibt es verschiedene Cafébars.

Restaurant Moskva, ul. Transmarijska 36, Tel. 23 49. Auch russische Gerichte.

Taverne Ribarskata, ul. Rajko Daskalov (oberhalb des Viertels Ribarskata Machala). Traditionelle bulgarische Gerichte.

Brazil Café, ul. Belasica 1 (Ortszentrum). Guter Ort für eine Kaffeepause.

Historisches Museum, bul. Suvorov 1, Tel. 52 35, 34 64, Mo–Fr 8–12 u. 13.30–17 Uhr.

Ethnographisches Museum, ul. Transmarijska 5, Tel. 23 52, 21 52, Mo–Fr 9–12 u. 15–18 Uhr.

Dobrič

Die im Zentrum der Kornkammer Bulgariens gelegene Provinzhauptstadt war bis zum 19. Jahrhundert auch als Chadžioglu Pazardžik (Pilgerstätte) bekannt, benannt nach einem reichen Händler, der hier ein großes Wirtshaus besaß.

Auf den Märkten Pazardžik trafen sich Landwirte, Handwerker und von weither angereiste Pferdehändler. Nach dem Ende der türkischen Fremdherrschaft wurde die Ortschaft zu Ehren eines russischen Marshalls und Helden der Roten Armee in Tolbuchin umbenannt, heißt aber seit 1990 wieder Dobrič.

Mit dem Namen fand die Stadt auch wieder zu ihrer ursprünglichen Bedeutung zurück: günstig einkaufen! Denn wie eh und je werden in den Produktionsstätten in und um Dobrič wichtige Alltagsgegenstände hergestellt und zu Markte getragen, beispielsweise Textilien, Lederwaren, Haushaltszubehör, Geräte für die Landwirtschaft sowie Nahrungs- und Genußmittel. Die Preise sind hier im Vergleich zu den touristisch stark frequentierten Küstenorten noch verhältnismäßig niedrig, und so böte sich ein Abstecher von dort allein wegen der günstigen Preise an. Dobrič ist aber allein wegen seiner Sehenswürdigkeiten einen Abstecher wert.

Mittel-, guter Orientierungs- und damit auch Ausgangspunkt eines Rundgangs ist der große, zentral gelegene pl. Svoboda zwischen Bahnhof und Busstation. Hier steht auch das größte Hotel der Stadt, das unter anderem mit einem Panoramarestaurant in der obersten Etage aufwartet. Nördlich des Platzes versteckt sich hinter einem Hochhaus Alt-Dobrič (Starija Dobrič), ein komplett restaurierter Häuserkomplex der Wiedergeburtszeit mit reaktivierten Ateliers. Dort lassen sich Weber, Buchbinder, Goldschmiede und andere Handwerker in mehr als 15 Werkstätten bei der Arbeit zuschauen; sie verkaufen auch ihre Erzeugnisse. Dazwischen bieten Fotoladen und Apotheke ihre Dienste an, und für Eilige hält ein Souvenirshop verschiedene Waren bereit.

Glücksbringer in Dobrič

Dobrič

Legende

1 Hotel Bulgaria
2 Hotel Sport Palace
3 Komplex Stariya Dobrič
4 Restaurant Bulgarsko Pivo
5 Chinarestaurant Fan Tai
6 Historisches Museum
7 Jordan-Jovkov-Museum
8 Ethnographisches Museum

Alte, schattenspendende Platanen wachsen in den breiten Fußgängerstraßen rund um den pl. Svoboda, und so wird der Weg über den bul. 25 Septemvri in den 300 Meter südlich gelegenen kleinen Park zum angenehmen Spaziergang. Hier fasziniert die reich dekorierte Ikonostase in der hübschen dreischiffigen Kirche des Heiligen Georg (Chram Sveti Georgi) aus dem 19. Jahrhundert, während die Exponate des Historischen Museums nebenan eher ernüchternd wirken. Mit unzähligen Schwarz-Weiß-Fotos ein- und ausmarschierender Armeen soll hier Licht in die wechselhafte Geschichte der Dobrudža gebracht werden. So wird auch die wiederholte Zugehörigkeit der Süddobrudža zu Rumänien am Beginn des 20. Jahrhunderts dokumentiert.

Das Jordan-Jovkov-Museum (Jordan-Jovkov-Muzej) um die Ecke ist interessanter und an seiner großzügigen Fassade aus Zement und Glas auch leicht zu erkennen. Der Schriftsteller Jordan Jovkov lebte vor 100 Jahren in der Dobrudža und beschrieb das Leben der hier ansässigen Landwirte, Handwerker und Han-

Im Ethnographischen Komplex Alt-Dobrič

delsleute. Für seine realistische Erzählkunst ist der ehemalige Lehrer bis heute bekannt und beliebt. Die ausgestellten Familienfotos, zeitgenössischen Möbel und Bücher vermitteln einen Eindruck seiner Lebensweise, wenn auch nicht sehr viel über seine Arbeit mitgeteilt wird.

Ein paar Häuser weiter, ebenfalls am bul. 25 Septemvri, befindet sich das Ethnographische Museum (Etnografski Muzej). Die originalgetreu eingerichteten Zimmer eines Wohnhauses vermitteln hier den eleganten Lebensstil eines reichen Kaufmanns der Wiedergeburtszeit. Ansonsten gibt es im vornehm ausgestatteten Wiedergeburtshaus Kunsthandwerk, Folkloretrachten und landwirtschaftliches Werkzeug zu sehen.

Westlich vom pl. Svoboda mündet die Fußgängerstraße ul. Bălgarija bei der regionalen Kunstgalerie (Chudožestvena Galerija) in die ul. Nezavisimost. In der Galerie sind Gemälde der Portraitmaler Meister Vladimir Dimitrov, Dečko Uzunov und anderer bulgarischer Expressionisten zu bewundern.

In der Straße findet man auch Kino, Disco und Cafés. Folgt man ihr nach Westen, hat man nach 500 Metern den Bahnhof erreicht.

Traditionell viele Besucher hat die Stadt zur Landwirtschaftsmesse im September. Da geht es ziemlich turbulent zu, zumal mit dem Ende dieses Monats auch ein Feiertag näherrückt. Seit 1990 feiert Dobrič die Zugehörigkeit der Dobrudža zu Bulgarien jedes Jahr mit dem Dobrič-Tag, dem 25. September.

Vorwahl: 058, PLZ: 9300. Auskünfte sind in den Hotels erhältlich sowie in den Agenturen Happy Travel 2000, bul. 25 Septemvri 38, Tel. 276 27, und Vega, ul. Chadži Dimităr 6, Tel. 459 13, Fax 456 72, vegatursbg@yahoo.com.

Postamt, ul. Văzraždane 7, Mo–Sa 8–18 Uhr.

Biochim Bank, ul. Bălgarija 3, Tel. 60 03 92, Fax 60 04 82. Bulbank, ul. Nezavisimost 7, Tel. 60 00 82, Fax 60 01 19.

Internetcafé, ul. Nezavisimost 5.

Der Bahnhof, Tel. 390 78, 238 23, liegt 800 Meter westlich vom pl. Svoboda, die Busstation, Tel. 222 40, liegt 500 Meter östlich davon.

Hotel Bălgarija, pl. Svoboda 8, Tel. 254 44, 240 35, Tel./Fax 60 10 07, ta@bulgaria.bergon.net. 150 Zimmer, gediegene Einrichtung; Sauna, Schwimmbad, Fitnessraum, mehrere Bars und Parkplätze. Einen schönen Blick auf die Stadt bietet das Panoramarestaurant im achten Stock.
Hotel Sport Palace, bul. 25 Septemvri 1, im Stadtpark, Tel. 436 22, 220 60, Fax 285 96. Klein, modern, Swimming-Pool und Sauna.
Hotel Dobrudža, ul. Nezavisimost 2, Tel. 243 21. Einfach ausgestattet, aber zentral gelegen.
Saubere und gemütliche Zimmer, die in der Hauptsaison aber schnell ausgebucht sind, vermietet auch die Verwaltung im ethnographischen Komplex Starija Dobrič, bul. 25 Septemvri 37, Tel. 436 11.

In den Fußgängerzonen rund um den pl. Svoboda gibt es eine große Auswahl an Cafébars.
Folklore-Restaurant Bălgarsko Pivo, bul. 25 Septemvri 38, Tel. 224 55. Urig, üppige Grillteller und Salatschüsseln.
China-Restaurant Fan Taj, ul. General Kolev 1, Tel. 300 48. Reichhaltige Speisekarte.
Happy Bar & Grill, ul. Bălgarija 3, Tel. 301 69. Leckere Standardgerichte zu günstigen Preisen in der Filiale der Kette.

Diskothek Petijat Element, ul. Nezavisimost 12, Tel. 263 23. Rockmusik.

Ethnologischer Komplex Starija Dobrič, bul. 25 Septemvri 37, Tel. 293 07, im Sommer Mo–So 8–18 Uhr, im Winter Mo–So 8–17 Uhr.
Historisches Museum, im Stadtpark, Tel. 282 13, Fax 282 56, Mo–Fr 8–12 u. 13–17 Uhr.
Jordan-Jovkov-Museum, ul. General Gurko 4, Tel. 243 08, 282 13, 281 59, Mo–Fr 8–12 u. 13–17 Uhr.
Ethnographisches Museum, bul. 25 Septemvri, Ecke ul. Slavjanska, Mo–Fr 9–12 u. 14–18 Uhr.
Kunstgalerie, ul. Bălgarija 14, Tel. 282 15, 290 91, Mo–Sa 9–12.30 u. 13.30–18 Uhr, im Winter Mo–Fr 9–12.30 u. 13.30–18 Uhr.

Sprache

Bulgarisch gehört zu den südslawischen Sprachen und zusammen mit allen anderen slawischen Sprachen zur indogermanischen Sprachfamilie. Die Ähnlichkeit zu Kroatisch ist augenfällig. Ein großer Unterschied zu Kroatien – nicht jedoch Serbien – besteht allerdings in der Schrift, die im Falle Bulgariens heute noch auf das kyrillische Alphabet zurückgreift. Dieses wiederum ist eine Weiterentwicklung der glagolitischen Schrift (Glagolica) aus dem 9. Jahrhundert, eine Erfindung der beiden Mönche Kyrill und Method, mit der die bis dahin nur mündlich existierende slawische Sprache ihren Weg in die Bücher finden sollte.

Kleiner Sprachführer Deutsch-Bulgarisch

Die bulgarische Sprache verwendet das kyrillische Alphabet. Eigennamen werden im Text nach der wissenschaftlichen Transliteration in die lateinische Schrift übertragen. Die folgende Tabelle zeigt die Umschrift der einzelnen Buchstaben sowie ihre Aussprache.

Transliteration des Bulgarischen

kyrillisch	lateinisch	Aussprache
А, а	A, a	a
Б, б	B, b	b
В, в	V, v	w, wie in Wanne
Г, г	G, g	g
Д, д	D, d	d
Е, е	E, e	e, wie in extra
Ж, ж	Ž, ž	j, wie in Journal
З, з	Z, z	s, stimmhaft wie in Rose
И, и	I, i	i, wie in wir
Й, й	J, j	j, wie in Jäger
К, к	K, k	k
Л, л	L, l	l, wie in Wall Street
М, м	M, m	m
Н, н	N, n	n
О, о	O, o	o
П, п	P, p	p
Р, р	R, r	r, gerolltes Zungenspitzen r

kyrillisch	lateinisch	Aussprache
С, с	S, s	s, stimmlos wie in Rast
Т, т	T, t	t
У, у	U, u	u
Ф, ф	F, f	f, wie in Fasan
Х, х	Ch, ch	ch, wie in acht
Ц, ц	C, c	z, wie in Zeit
Ч, ч	Č, č	tsch, wie in Kutsche
Ш, ш	Š, š	sch, wie in Schule
Щ, щ	Št, št	scht, wie st in Stadt
Ъ, ъ	Ă, ă	e wie in Tasse -, ь -
, '	jo (nur in Verbindung	
		mit o)
Ю, ю	Ju, ju	ju, wie i Junge
Я, я		Ja, ja ja, wie in Jagd

Allgemeine Wendungen
(Die betonten Vokale sind fettgedruckt)

Guten Tag!
Добър ден! [Dobăr den!]

Guten Morgen!
Добро утро! [Dobr**o** **u**tro!]

Guten Abend!
Добър вечер! [Dobăr v**e**čer!]

Wie geht es dir/Ihnen?
Как си/сте? [Kak si/ste?]

Auf Wiedersehen!
До виждане! [Do v**i**ždane!]

Gute Reise!
На добър път! [Na dobăr păt!]

Danke.
Благодаря! [Blagodarj**a**!]

Bitte!/Keine Ursache.
Заповядай/те [Zapovj**a**daj/te]

Ja/nein
да/не [da/ne]

Keine Ursache
Няма защо! [Nj**a**ma zašt**o**.]

Ich verstehe kein Bulgarisch.
Не разбирам български.
[Ne razb**i**ram bălgarski.]

Sprechen Sie Englisch/Deutsch?
Говорите ли немски?
[Gov**o**rite li n**e**mski?]

Wie ist Ihr Name?
Как е името Ви? [Kak je **i**meto Vi?]

Ich heiße...
Казвам се... [Kázvam se...]

Fragewörter

wo/wohin?
къде?/накъде?
[kăde?/nakăde?]

wer?/wann?
кой/кога [koj/koga]

Wieviel?
колко? [kolko?]

Warum?
защо? [zašto?]

Orientierung

Wie komme ich nach...?
Как мога да стигна до?
[Kak moga da stigna do...?]

Eingang/Ausgang
вход/изход [vchod/izchod]

Links/rechts
надясно/наляво
[nadjasno/naljavo]

Geradeaus
просто [prosto]

Gegenüber
срещу [sreštu]

Kreuzung
кръстопът [krăstopăt]

Straße/Platz
улица/площад [ulica/ploštad]

außerhalb
извън [izvăn]

nah/weit
близко/далече
[blizko/daleče]

Ampel
светофар [svetofar]

Kirche/Kloster
черква/манастир
[čerkva/manastir]

Museum/Rathaus
музей/кметство
[muzej/kmetstvo]

Fluß/See
река/езеро
[reka/ezero]

Denkmal
паметник [pametnik]

Touristeninformation
туристическа информация
[turističeska informacija]

Öffentliche Einrichtungen

Geöffnet/geschlossen
отворен/затворен
[otvoren/zatvoren]

Kasse
каса [kasa]

Toilette
тоалет [toalet]

Damen/Herren
женски/мъжки [ženski/mǎžki]

Apotheke
аптека [apt**e**ka]

Arzt
лекар [l**e**kar]

Restaurant
ресторант [restor**a**nt]

Bar/Café
бар/кафе [bar/kaf**e**]

Stadt/Dorf
град/село [grad/s**e**lo]

Fähre
сал [sal]

Friseur
фризьор [friz'**o**r]

Bank
банка [b**a**nka]

Wechselstube
пункт за обменяне на валута
[punkt za obm**e**njane na val**u**ta]

Postamt
поща [p**o**šta]

Geschäft
магазин [magaz**i**n]

Markt
пазар [paz**a**r]

Strand
плаж [plaž]

Weg
път [pǎt]

Im Geschäft/Lokal

Haben Sie... ?
Имате ли...? [**I**mate li...?]

Ich möchte gern...
Бих желал... [Bich žel**a**l...]

Was kostet...?
Колко струва...? [K**o**lko str**u**va...?]

Zahlen, bitte.
Плаща, моля. [Pl**a**šta, m**o**lja.]

Zum Wohl!
Наздраве! [Nazdr**a**ve!]

Tasse
чаша [čaša]

Lebensmittel

Fleisch
месо [mes**o**]

Fisch
риба [r**i**ba]

Obst
овощия [ov**o**štija]

Gemüse
зарзават [zarzav**a**t]

Apfel
ябълка [jabǎlka]

Bier
бира [b**i**ra]

Bohnen
фасул [fas**u**l]

Brot
хляб [chljab]

Butter
масло [m**a**slo]

Ei
яйце [jajc**e**]

Eis
сладолед [sladol**e**d]

Kaffee
кафе [kaf**e**]

Kartoffeln
картоф [kart**o**f]

Käse
сирене [s**i**rene]

Kohl
зеле [z**e**le]

Kuchen
сладкиш [sl**a**dkiš]

Milch
мляко [mlj**a**ko]

Mineralwasser
миерална вода
[miner**a**lna vod**a**]

Pilze
гъби [găbi]

Quark
извара [izv**a**ra]

Saft
сок [sok]

Salz
сол [sol]

Tee
чай [čaj]

Tomaten
домат [dom**a**t]

Wein
вино [v**i**no]

Wurst
колбас [kolb**a**s]

Zucker
захар [zachar]

Zwiebel
лук [luk]

Zahlen

Eins
едно [edn**o**]

Zwei
два [dva]

Drei
три [tri]

Vier
четири [č**e**tiri]

Fünf
пет [pet]

Sechs
шест [šest]

Sieben
седем [s**e**dem]

Acht
осем [**o**sem]

Neun
девет [d**e**vet]

Zehn
десет [d**e**set]

Elf
единадесет [edin**a**deset]

Zwölf
дванадесет [dv**a**nadeset]

Zwanzig
двадесет [dv**a**deset]

Einundzwanzig
двадесет и едно
[dv**a**deset i edno]

Zweiundzwanzig
двадесет и два
[dvadeset i dva]

Vierzig
четиридесет [četir**i**deset]

Hundert
сто [sto]

Zweihundert
двеста [dv**e**sta]

Tausend
хиляда [chilj**a**da]

Zweitausend
две хиляди [dve chiljadi]

Zeitangaben
Wie spät ist es?
Колко е часът? [K**o**lko e časăt?]

Jetzt
сега [seg**a**]

Heute
днес [dnes]

Gestern
вчера [vč**e**ra]

Morgen
утре [**u**tre]

Übermorgen
вдругиден [vdr**u**giden]

Morgens
сутрин [s**u**trin]

Abends
вечер [v**e**čer]

Nachts
нощем [n**o**štem]

Montag
понеделник [ponedelnik]

Dienstag
вторник [vtornik]

Mittwoch
сряда [srjada]

Donnerstag
четвъртък [četvărtăk]

Freitag
петък [petăk]

Sonnabend
събота [săbota]

Sonntag
неделя [nedelja]

Wochenende
неделна почивка
[nedelna počivka]

Ferien
ваканция [vakancija]

Öffentliche Verkehrsmittel

Bahnhof
гара [gara]

Haltestelle
спирка [spirka]

Flughafen
аерогара [aerogara]

Fahrkarte
пътен билет [păten bilet]

Rückfahrkarte
билет за отиване и връщане
[bilet za otivane i vrăštane]

Bahnsteig
перон [peron]

Muß ich umsteigen?
Налага ли се да сменям?
[Nalaga li se da smenjam?]

Liegewagen
вагон-кушет [vagon-kušet]

Speisewagen
вагон-ресторант [vagon-restorant]

Mit dem Auto

Benzin (bleifrei)
бензин безоловен
[benzin bezoloven]

Diesel
нафт [naft]

Einbahnstraße
еднопосочна улица
[edinoposočna ulica]

Parkplatz
място за паркиране
[mjasto za parkirane]

Parkverbot
забрана за паркиране
[zabrana za parkirane]

Tankstelle
бензиностанция
[bezinostancija]

Reisetips von A bis Z

Anreise mit dem Auto

Autofahrer benötigen bei der Einreise den nationalen Führerschein, die nationale Zulassung und die grüne Versicherungskarte. Falls diese nicht vorhanden ist, muß an der bulgarischen Grenze eine Haftpflichtversicherung abgeschlossen werden (teuer!). Bei der Einreise wird eine pauschale, bei der Ausreise nochmals eine an die gefahrenen Kilometer gebundene Straßenbenutzungsgebühr erhoben.
Tempolimits für PKW: innerorts 60 km/h, Landstraßen 80 km/h, Autobahnen 120 km/h. PKW mit Wohnwagen und Motorräder dürfen entsprechend 50 km/h, 70 km/h und 100 km/h fahren.
Es besteht ein absolutes Alkoholverbot und Anschnallpflicht. Abgesehen von den großen Autobahnen sind die Straßen eher in schlechtem Zustand, an riesige Schlaglöcher muß man sich gewöhnen. Mit EU-Geldern werden derzeit Ausbesserungsarbeiten an den internationalen Verbindungsstraßen durchgeführt. Aber das wird wohl noch einige Zeit in Anspruch nehmen.
Tankstellen existieren in ausreichender Menge. In den größeren Städten und an internationalen Verbindungsstraßen haben diese auch 24 Stunden geöffnet. Die Pannenhilfe ist unter Tel. 142 bzw. Tel. 12 86 (Sofija) zu erreichen.
Für die Anreise aus Deutschland, Österreich und der Schweiz empfehlen die Automobilclubs folgende Routen: von Berlin über Dresden, Prag, Brno, Bratislava, Györ, Budapest, Szeged, Novi Sad, Belgrad, Nis nach Sofija (etwa 1650 Kilometer); von Wien nach Györ, von dort weiter wie oben nach Sofija (etwa 1000 Kilometer); von Zürich über München, Salzburg, Klagenfurt, Lubljana, Zagreb nach Belgrad, von dort weiter wie oben nach Sofija (etwa 1650 Kilometer von Zürich, etwa 1350 Kilometer von München). Für die Republik Serbien-Montenegro wird ein Transitvisum benötigt.

Anreise mit der Bahn

Aus Westeuropa bestehen derzeit keine direkten Bahnverbindungen nach Bulgarien. Reisende aus Deutschland, Österreich und der Schweiz müssen bei einer Zugfahrt nach Bulgarien mindestens einmal umsteigen. Die günstigste Strecke von Berlin, München, Wien und Zürich nach Sofija führt durch die Republik Serbien-Montenegro, Umsteigebahnhof ist Belgrad. Für dieses Land wird ein Transitvisum benötigt. Die Fahrt dauert von München etwa 26, von Berlin (über München) 35, von Wien 22 und von Zürich 32 Stunden. Es gibt täglich Verbindungen. Infos: www.bahn.de, www.oebb.at oder www.sbb.ch.
Innerhalb Bulgariens existiert ein relativ gut ausgebautes Schienennetz. Bis auf die Stadt Smoljan und Umgebung (in den Rhodopen) sind alle regionalen Zentren an das Schie-

nennetz angeschlossen. Auf den Hauptstrecken wie Sofija–Plovdiv–Burgas oder Sofija–G. Orjachovica–Varna verkehren auch Nachtzüge (mit Schlaf- und Liegewägen) und teilweise Autozüge. Die Zugfahrt von Sofija nach Burgas dauert etwa fünf Stunden. Zugauskünfte erhält man an den Bahnhöfen, Fahrkarten können auch im Zug gelöst werden.

Anreise mit dem Bus

Buslinien nach Bulgarien gibt es in Deutschland, Österreich und der Schweiz. Das Unternehmen Eurolines bietet zahlreiche Verbindungen von Deutschland, Österreich und der Schweiz in zahlreiche bulgarische Städte. Deutsche, Österreichische und Schweizer Staatsbürger benötigen ein Transitvisum für die Republik Serbien-Montenegro. Die Busfahrt nach Sofija dauert ab München 22 bis 24 Stunden. Es gibt täglich Verbindungen.
Kontakt: Eurolines (www.eurolines.com).
Deutschland: Deutsche Touring, Am Römerhof 17, Frankfurt am Main, Tel 069-79 03-50, Fax –219, service@deutsche-touring.com, www.deutsche-touring.com.
Österreich: Eurolines Austria-Blaguss, Busbahnhof Wien-Mitte, Schalter 2, Wien, Tel 01-712 04 53, Fax 01-580 02 57 34, eurolines@blaguss.at, www.blaguss.at/eurolines.
Schweiz: Alsa & Eggmann, Rue du Mont-Blanc 14, Genf, Tel. 09 00-57 37 47, Tel. 022-716 91 10, Fax. 022-7169115, geneve@alsa-eggmann.ch, www.alsa-eggmann.ch.
In Bulgarien existiert ein sehr gutes Netz an öffentlichen Bussen. Busfahren ist sehr preisgünstig und auf den meisten Strecken schneller als Bahnfahren. Zwischen den größeren Städten bestehen mehrmals täglich Busverbindungen. Hier werden zum Teil auch Expressbusse und Nachtbusse eingesetzt. Die meisten touristisch interessanten Orte (auch abseits gelegene), können mit öffentlichen Bussen erreicht werden. Auskünfte werden an allen größeren Busbahnhöfen erteilt, Fahrkarten sind auch in den Bussen erhältlich.

Anreise mit dem Flugzeug

Mit Sofija, Plovdiv, Varna und Burgas gibt es vier internationale Flughäfen in Bulgarien. Bulgariens nationale Fluggesellschaft Bulgaria Air bietet Direktverbindungen von Frankfurt am Main, Berlin, Wien und Zürich. Auch Austrian Airlines, Lufthansa und Swiss Air haben Bulgarien im Programm. Günstige Linienflüge bieten MALEV Hungarian Airlines und Czech Airlines. In der Urlaubssaison können Charterflüge von mehreren Flughäfen in Deutschland, Österreich und der Schweiz an die bulgarische Schwarzmeerküste gebucht werden. Die Flugzeiten nach Sofija betragen von Frankfurt und Zürich etwas mehr als 2 Stunden und von München und Wien etwa 1 Stunde 45 Minuten.

Bulgaria Air bietet Inlandsflüge von Sofija in alle anderen größeren Städte des Landes und in die Badeorte an der Küste. Die Flugzeit von Sofija nach Varna oder Burgas beträgt weniger als eine Stunde.

Autovermietung

In allen größeren Städten und in den touristischen Zentren sind Mietwagen erhältlich. Benötigt wird der nationale Führerschein. Außerdem haben manche Verleiher ein Mindestalter festgelegt. Mietwagen sind im Vergleich zum landesüblichen Preisniveau teuer. Man sollte mit den gleichen Preisen wie in Deutschland, Österreich und der Schweiz rechnen, für einen Kleinwagen muß etwa 45 Euro (72 Franken) pro Tag bezahlt werden. Die meisten Autoverleihfirmen akzeptieren die gängigen Kreditkarten als Zahlungsmittel, Barzahlung läuft mit Devisen. In allen größeren Städten bieten lokale Unternehmer Autos bis zu 30 Prozent billiger als die großen internationalen Vermieter wie Avis oder Hertz an. Allerdings sollte man dann in der Landeswährung zahlen, da bei Kreditkartenzahlung ein beachtlicher Aufschlag fällig wird.

Botschaften und diplomatische Vertretungen

Botschaft der Bundesrepublik Deutschland
ul. Frederik-Joljot-Curie 25
BG-1113 Sofija
Tel. 003 59/(2)/91 83 80, 963 45 18 oder 963 41 01, Fax 963 41 17
www.Sofia.diplo.de,
gemb@vilmat.com.
Öffnungszeiten Mo–Do 8–17,
Fr 8–13.30 Uhr.

Botschaft der Republik Österreich
ul. Sipka 4
BG-1000 Sofija
Tel. 003 59(2)981 17 21,
Fax 981 05 67
www.bmaa.gv.at,
Sofia-ob@bmaa.gv.at
Öffnungszeiten der Konsularabteilung Mo–Fr 10–12 Uhr

Botschaft der Schweizerischen Eidgenossenschaft
ul. Sipka 33
BG-1504 Sofija
Tel. 003 59(2)943 30 68,
Fax 946 11 86
chembg@inet.bg
Öffnungszeiten der Konsularabteilung Mo–Fr 10–12 Uhr

Bulgarien im Ausland
Botschaft der Republik Bulgarien in Deutschland
Mauerstraße 11
D-10117 Berlin
Tel. 030/201 09 22-26,
Fax 208 68 38,
Konsularabteilung:
Tel. 030/208 21 78, 20 64 89-35, -36,
Fax 208 61 24
Bbotschaft@myokay.net
Mo–Fr 8.30–12 u. 13.30–17.30 Uhr,
Konsularabteilung Mo, Di, Do, Fr
9–11.30 Uhr

Außenstelle der Botschaft der Republik Bulgarien in Deutschland
Auf der Hostert 6
D-53173 Bonn
Tel. 02 28/36 30 61-5, Fax 35 82 15, Konsularabteilung: Tel. 02 28/ 351 07 12, 363 06 15, Fax 35 10 28
Bulbot@aol.com
Mo–Fr 8.30–12.30 u. 13.30–17.30 Uhr, Konsularabteilung Mo, Di, Do, Fr 8.30–11.30 Uhr

Generalkonsulat der Republik Bulgarien
Walhallastraße 7
D-80639 München
Tel. 089/15 50-26/-29(AB), Fax 15 50 06, Konsularabteilung: Tel. 089/17 11 76 14, 089/15 50-26/-29(AB), Fax 15 50 06.
genkonslbg@aol.com,
Mo–Fr 9–13 Uhr, Konsularabteilung Mo, Di, Do, Fr 10–12 Uhr.

Ein Honorargeneralkonsulat gibt es auch in Hamburg: Neue Rabenstraße 28, D-20354 Hamburg, Tel. 040/410 35 12, 410 44 62 (AB), Fax 41 19 37 64; Di, Do 10–12 Uhr.

Botschaft der Republik Bulgarien in Österreich
Schwindgasse 8
A-1040 Wien
Tel. 01/505 31 13, Fax 505 14 21
bulembassy@eunet.at
Öffnungszeiten Mo–Fr 8.30–17.30 Uhr

Botschaft der Republik Bulgarien in der Schweiz
Bernastraße 4
CH-3005 Bern
Tel. 031/351 14 55, Fax 351 00 64, Konsularabteilung: Tel. 031/351 13 67
bulembassy@bluewin.ch
Öffnungszeiten Mo–Fr 9–12 Uhr

Donauschiffahrt

In einigen Städten wie Ruse oder Vidin werden Boots-Ausflüge angeboten. Büros gibt es eher selten, meist muß man sich an den Häfen durchfragen.
Deutsche und österreichische Anbieter fahren mittlerweile von Passau oder Wien bis zur Mündung.
Dunav Tours, ul. Olimpi Panov 5, Ruse, Tel. 082/82 50-51, Fax -64, office@dunavtours.bg, www.dunavtours.bg
Allgemeine Auskunft zum internationalen Donautourismus und eine Übersicht mit Donaureiseanbietern gibt es bei: Die Donau, Internationale Touristische Werbegemeinschaft, Wien, Tel. (+43)/01/588 66–264, Fax –20, danube@austria.info, www.danube-river.org.

Einreise

Reisende aus Deutschland und Österreich können sich bis zu 90 Tage, Reisende aus der Schweiz bis zu 30 Tage ohne Visa in Bulgarien aufhalten. Zur Einreise wird ein Reisepass benötigt, der noch mindestens 6 Monate gültig ist. Ein Personalausweis ist nicht ausreichend. Der deutsche Kinderausweis wird mit Lichtbild anerkannt, Jugendliche ab 16 Jahren müssen mit dem eigenen Reisepass einreisen. Ein für längere Aufenthalte erforderliches Visum erhält man bei den diplomatischen Vertretungen Bulgariens im jeweiligen Heimatland.

Elektrizität

Steckdosen und Stromspannung (220 Volt bei 50 Hertz) sind wie in Deutschland, Österreich und der Schweiz.

Feiertage

1. Januar: Neujahr
3. März: Tag der Nationalen Befreiung
März/April: Ostern, (in der Regel eine Woche später als in Deutschland, Österreich und der Schweiz)
1. Mai: Tag der Arbeit
6. Mai: Tag des Heiligen Georg
24. Mai: Tag der bulgarischen Kultur und des slawischen Schrifttums
6. September: Tag der Wiedervereinigung Bulgariens
22. September: Tag der Unabhängigkeit
1. November: Tag der Volksaufklärer
25./26. Dezember: Weihnachten (die meisten Familien feiern am 25. Dezember, auch wenn das traditionelle orthodoxe Weihnachten am 7. Januar ist)

Geld

Die bulgarische Währung unterteilt sich in Lev (Mehrzahl Leva) und Stotinka (Mehrzahl Stotinki). Ein Lev sind 100 Stotinki. Im Gebrauch sind Münzen im Wert von 1, 2, 5, 10, 20 und 50 Stotinki, Geldscheine gibt es im Wert von 1, 2, 5, 10, 20 und 50 Leva. Es gelten nur die neuen Geldscheine und Münzen, die seit Juli 1999 im Umlauf sind. Der Umtauschkurs von Euro in Lev beträgt etwa 1 zu 2 und von Schweizer Franken in Lev etwa 1 zu 1,25.
Die Ein- und Ausfuhr der Landeswährung ist bis zu einem Betrag von 5000 Leva erlaubt. Umtausch ist in Bulgarien in den meisten Banken (übliche Öffnungszeiten: Mo–Fr 9–16 Uhr), größeren Hotels, Tourismusbüros und in privaten Wechselstuben möglich. In den Wechselstuben erhält man in der Regel den günstigsten Kurs. Allerdings sollte man beim Umtausch

unbedingt auf die Höhe der Kommission bzw. Wechselgebühr achten!
In großen Hotels und Restaurants, in Reisebüros, an manchen Tankstellen und bei Autoverleihfirmen werden die gängigen Kreditkarten akzeptiert (v.a. American Express, Visa, MasterCard). In Geschäften ist dieses Zahlungsmittel noch nicht verbreitet.
Reiseschecks und Euroschecks (bis zu 200 Euro pro Scheck) werden nur bei bestimmten Banken, Hotels und Wechselstuben gegen Gebühr umgetauscht. Die Verbreitung von Geldautomaten ist auf die größeren Städte beschränkt. Leva können nur gegen Vorlage der Umtauschbescheinigung (und meist zu einem ungünstigen Kurs) in Euro oder Schweizer Franken zurückgetauscht werden.

Gesundheit

Die medizinische Versorgung in Bulgarien ist ausreichend, in den Großstädten und Tourismuszentren gut. Eine ambulante oder stationäre Behandlung beim Arzt oder im Krankenhaus muß vor Ort bar bezahlt werden. Mit Bulgarien besteht kein Sozialversicherungsabkommen. Privatversicherte lassen sich die Kosten quittieren und bekommen die Rechnung zu Hause erstattet. Wer sich gegen Kosten für medizinische Versorgung absichern will, sollte eine Reisekrankenversicherung abschließen. Impfungen sind für Einreisende nach Bulgarien nicht vorgeschrieben, doch wird geraten, die Impfungen gegen Polio und Typhus aufzufrischen, falls der Impfschutz abgelaufen ist.
In manchen Flußniederungen und Waldgebieten besteht besonders im Frühsommer ein gewisses Risiko, sich mit der von Zecken übertragenen Meningoenzephalitis (die unter anderem auch Hirnhautentzündung hervorrufen kann) zu infizieren. Reisende, die sich in Risikogebieten aufhalten werden, sollten vorher unbedingt eine Schutzimpfung durchführen.
Das Leitungswasser in Bulgarien ist meistens gechlort und relativ sauber. Reisenden wird aber empfohlen, das Leitungswasser in den ersten Wochen ihres Aufenthalts nicht zu trinken.

Haustiere

Wer sein Haustier mitnehmen will, braucht einen internationalen Impfpass mit Tollwutimpfbescheinigung, die nicht älter als sechs Monate sein darf, aber mindestens 30 Tage zurückliegen muß. Ferner wird ein amtstierärztliches Gesundheitszeugnis benötigt, daß nicht älter als 14 Tage sein sollte.

Information

Deutschland:
Bulgarisches Fremdenverkehrsamt
Eckenheimer Landstraße 101
D-60318 Frankfurt am Main
Tel. 069/29 52 84, Fax 29 52 86

In Österreich und der Schweiz gibt es keine offiziellen bulgarischen Fremdenverkehrsämter. Touristische

Informationen sind bei den Botschaften (s.o.) erhältlich.

Bulgarien:
National Information and Advertising Center
ul. Sveta Sofija 1
BG-1040 Sofija
Tel. 003 59/02/987 97 78,
Fax 989 69 39,
www.bulgariatravel.org,
info@bulgariatravel.org

Bulgarian Tourism Chamber (BTC)
ul. Sveta Sofija 8
BG-1000 Sofija
Tel./Fax 003 59/02/87 40 59,
003 59/02/986 32 74

Bulgarian Association of Travel Agencies (BATA)
ul. Triadica 4-II
BG-1000 Sofija
Tel./Fax 003 59/02/981 45 80,
Fax 981 41 96, 80 07 21
www.bata.bg, bata@mail.orbitel.bg

Bulgarian Hotel & Restaurant Association (BHRA)
ul. Sveta Sofija 2
BG-1000 Sofija
Tel./Fax 003 59/02/986 42 25

Bulgarian Association for Alternative Tourism (BAAT)
bul. A. Stambolijski 20
BG-1000 Sofija
Tel. 003 59/02/989 05 38, 980 32 00
www.alternative-tourism.org,
baat_bg@hotmail.com

Bulgarian Association for Rural and Ecological Tourism (BARET)
ul. Akademik G. Bončev 3-III
(Raum 320)
BG-1113 Sofija
Tel. 003 59/02/979 33 63,
Fax 971 34 85
baret@aster.net

Internet
In jeder größeren Stadt gibt es Internetservices. In den touristischen Zentren an der Küste haben viele Hotels eigene Interneträume. Die Nutzung kostet zwischen zwei und sechs Leva pro Stunde.

Karten
Stadtpläne sind für die Großstädte und die touristisch interessanten Städte in den örtlichen Touristeninformationen oder Buchhandlungen, meist auch mit lateinischer Beschriftung erhältlich. Offizielle Wanderkarten gibt es bisher nur für das Rilagebirge, das Piringebirge und die Rhodopen (östlicher und westlicher Teil). Diese kyrillisch und lateinisch beschrifteten Karten (mit grünem Einband) sind im Kartografia Verlag erschienen (s. Wandern). Bei den Touristeninformationen in den Wandergebieten oder den Nationalparkverwaltungen können zum Teil einfache Wanderkarten für die entsprechende Region erworben werden.

Klettern
Von der internationalen Kletterszene wurde Bulgarien bisher noch nicht

entdeckt. Dabei hätte das Land sowohl für Sportkletterer als auch für Alpinkletterer interessante Herausforderungen zu bieten.
Nur etwa zwei Autostunden nördlich von Sofija befindet sich an den bis zu 300 Meter hohen, verkarsteten Felswänden der Iskärschlucht bei Lakatnik eines der besten Sportklettergebiete des Landes. Dort gibt es unzählige Klettermöglichkeiten in allen Längen und Schwierigkeitsgraden, sowohl gut gesicherte Sportkletterrouten (mit einer Seillänge) als auch anspruchsvolle Mehrseillängentouren mit alpinem Charakter.
Teilweise gesicherte alpine Klettertouren aller Schwierigkeitsgrade findet man beispielsweise in den Granitsteinmassiven des Rilagebirges in der Gegend um Maljovica. Dieser Ort liegt etwa zwei Autostunden südlich von Sofija.

Leider gibt es über die bulgarischen Klettergebiete bisher – wenn überhaupt– nur Literatur oder Informationsmaterial in der Landessprache, so daß gerade ausländische Kletterfreunde auf ortskundige Bergführer angewiesen sind.
Informationen zu den Klettergebieten und die Möglichkeit, einheimische Bergführer zu buchen, bietet der Reiseveranstalter Odysseia-IN, bul. A. Stambolijski 20, BG-1000 Sofija, Tel. 03 59/02/989 05 38, Fax 980 32 00, odysseia@omega.bg, Mo–Fr 9–18.30 Uhr.

Nationalparks und Naturparks

Zwölf Gebiete in Bulgarien wurden zu Nationalparks oder Naturparks erklärt und stehen dadurch theoretisch unter besonderem Schutz. Hier sollten – zumindest offiziell – jegliche Tätigkeiten untersagt sein,

die den Erhalt der dort vorfindbaren Naturlandschaft sowie der Tier- und Pflanzenwelt gefährden könnten. In der Praxis sieht es häufig anders aus. Wirtschaftliche Interessen stehen vor dem Naturschutzgedanken. So entsteht mitten im Nationalpark Pirin, der als Weltnaturerbe in die UNESCO-Liste eingetragen ist, derzeit ein riesiges Skigebiet.
In den National- und Naturparks wurde versucht, eine touristische Infrastruktur zu schaffen, die es den Besuchern ermöglicht, diese Gebiete zu erkunden und erläuternde Informationen zu erhalten. Die Qualität der touristischen Infrastruktur in den einzelnen Parks ist dabei höchst unterschiedlich, generell aber eher einfach. Zwei der zwölf bulgarischen National- und Naturparks liegen in der Donauebene (Rusenski Lom, Persina), drei in der Küstenregion (Zlatni Pjasăci, Šumensko Plato, Strandža) und sieben in den Gebirgen (Vitoša, Rila, Rila manastir, Pirin, Centralen Balkan, Vračanski Balkan, Sinite Kamăni). Mehrere Gebiete, in denen sich wichtige Natursehenswürdigkeiten des Landes befinden (zum Beispiel in den Rhodopen), wurden bisher noch nicht unter Naturschutz gestellt.
Informationen zu den einzelnen Parks erhält man unter www.bg-parks.net oder bei der Bulgarian Park Association, ul. Antim I 17, BG-1303 Sofija, Tel. 003 59/02/989 53 77, 988 58 41, Fax 989 53 77, dppvitosha@nug.bg.

Notfall

Im ganzen Land gelten folgende Telefonnummern:
Notarzt: 150
Feuerwehr: 160
Polizei: 166
Pannenhilfe: 142, 1286 (Sofija)
Bergrettung: 963 20 00

Bei Verlust der Geld- oder Kreditkarte sollte man die jeweiligen Anbieter/Banken direkt informieren.
Deutschland: American Express: 00 49/(0)69/97 97-1000, -2000;
American Express Blue Card: 00 49/(0)69/9797-77 77;
Barclay Card: 00 49/(0)40/89 09-9899;
EC/Master: 00 49/(0)18 05/02 10 21;
Diners: 00 49/(0)69/7254 04 40;
Visa: 00 49/(0)69/7933 19 10.
Österreich: Bankomat Sperrtelefon: 08 00/20 48 80-0;
American Express: 08 00/20 58 66;
Diners: 00 43/(0)1/501 35-0;
EC/Mastercard: 00 43/(0)1/717 01-0;
Visa: 00 43/(0)1/711 11-0.
Schweiz: EC/Master: 00 41/(0)848/84 63 60;
Visa: 08 00/88 18 84 oder zentral (für alle Karten): (ohne Ländervorwahl) 008 00/24 80 08 00.

Öffnungszeiten

In Bulgarien gibt es für Geschäfte keine gesetzlich geregelten Öffnungszeiten. Die meisten Läden sind Mo–Fr 10–18 und am Sa 10–13 Uhr geöffnet. Teilweise wird auch am So geöffnet. Die Öffnungszeiten der

Banken sind Mo–Fr 9–16 Uhr. Ämter sind Mo–Fr 8.30–17.30 Uhr geöffnet, Postämter haben zusätzlich auch am Sa von 8.30 bis 17.30 Uhr offen. Bei den Banken und Ämtern ist eine einstündige Mittagspause üblich. Die Öffnungszeiten der Museen sind sehr unterschiedlich. Meistens sind sie jedoch am Mo und über Mittag geschlossen.

Preise

Abgesehen von den Übernachtungskosten in manchen Hotels (in den Großstädten oder den touristischen Zentren) und den Gebühren für ausländische Mietwägen sind die Preise für Touristen nach wie vor niedrig. Sie betragen etwa ein Drittel der Preise in Deutschland, Österreich und der Schweiz. Besonders günstig sind Nahrungsmittel, Elektrogeräte, und Kleidung (z. B. Schuhe).

Reiseveranstalter

Odysseia-IN
bul. A. Stambolijski 20
BG-1000 Sofija
Tel. 003 59/02/989 05 38
Fax 003 59/02/980 32 00
e-mail: odysseia@omega.bg
www.UniqueBulgaria.com
Bürozeiten: Mo–Fr von 9–18.30 Uhr
spezialisiert auf Abenteuer-, Aktiv- und Natururlaub in den bulgarischen Bergregionen

Alexander Tour
ul. Pop Bogomil 44
BG-1202 Sofija
Tel./Fax 003 59/02/983 33 22
e-mail: alextour@omega.bg
www.AlexanderTour.com
gestaltet für Reisegruppen individuell zugeschnittene Aktiv- oder Kultururlaube

Balkantourist
bul. Vitoša 1
BG-1040 Sofija
Tel. 003 59/02/980 23 24
Fax 003 59/02/981 01 14
e-mail: baltour@mail.techno-link.com
www.balkantourist.bg
ältester Reiseveranstalter des Landes; organisiert Rundreisen, Städtereisen, Wochenendprogramme, auch Kongresse und Geschäftstreffen

BG tours Reisen
Mariendorfer Damm 147
D-12107 Berlin
Tel. 030/706 20 20, Fax706 20 29
www.bgtours.de, info@bgtours.de
Spezialisiert auf Bulgarienreisen, hat auch Winterurlaub und Kururlaub in Bulgarien im Programm.

HUMMEL Reiseideen
Dieselstr. 2
D-76689 Karlsdorf
Tel. 072 51/34 96 58, Fax 44 03 79
www.hummel-reiseideen.de,
info@hummel-reiseideen.de
Bietet Wander- und Kulturreisen in kleinen Gruppen vor allem in die Bergregionen des Landes.
Wikinger Reisen
Kölner Str. 20
D-58135 Hagen

Tel. 023 31/90 47 41, Fax 90 47 04
mail@wikinger.de
Spezialisiert auf Natur- und Abenteuerreisen in den Bergregionen des Landes.

Studiosus Reisen München
Rießstraße 25
D-80992 München
Tel. 089/500 60-0, Fax 500 60-100
www.studiosus.de,
tours@studiosus.com
Bietet Kultur- und Wanderreisen im ganzen Land, mit kompetenter Reiseleitung, für gehobene Ansprüche.

bike adventure tours
Sagistraße 12
CH-8910 Affoltern
Tel. 01/761 37 65, Fax 761 98 96
www.bike-adventure-tours.ch
Spezialisiert auf Fahrrad- und Mountainbiketouren vor allem in den Bergregionen des Landes.

Restaurants und Kneipen

In fast allen Restaurants werden Salate, gegrilltes Fleisch und Spieße mit Beilagen serviert. Essen gehen ist in Bulgarien äußerst preiswert (etwa 3 Euro pro Person incl. Getränk).
Daneben gibt es kleine Wirtshäuser (Chan), die in rustikalem Ambiente auch einfache Speisen (Gegrilltes) anbieten. In der regulären Kneipe (Mechana) wird meist nur getrunken (Schnaps und Bier).
Selbstbedienungsrestaurants (ekspres restorant) sind günstig. In allen großen Hotels gibt es Restaurants mit internationaler Küche, Qualität und Preise sind entsprechend den Erwartungen. In den traditionellen Cafés (Sladkarnica) werden verschiedene Kaffees sowie Back- und Süßwaren serviert.

Souvenirs

Typisches Mitbringsel ist ein Fläschchen Rosenöl. Es ist relativ preiswert und in schönen Verpackungen

erhältlich. Wer an Kunsthandwerk interessiert ist, wird besonders an den landestypischen Stickereien, Holzschnitzereien und Keramikarbeiten gefallen finden. Auch Musikkassetten und CDs mit der eigentümlichen bulgarischen Volksmusik oder den extravaganten bulgarischen Gesangsstimmen sind in großer Auswahl günstig zu erwerben. In einem sehr guten Preisleistungsverhältnis werden qualitativ hochwertige einheimische Rot- und Weißweine angeboten.

Sprache

Die offizielle Sprache ist Bulgarisch. Es wird das kyrillische Alphabet benutzt. Hinweisschilder an den internationalen Straßen, auf Flughäfen, in Bahnhöfen und in den Tourismuszentren sind teilweise auch in lateinischer Schrift angegeben. Auch in den touristischen Gebieten kann man sich nur teilweise in Englisch und nur selten in Deutsch oder Französisch verständigen. Besonders außerhalb der touristischen Zentren ist die Verständigung für Touristen ohne Bulgarischkenntnisse schwierig.

Telefonieren

Internationale Gespräche kann man im Hotel oder – wesentlich preisgünstiger– in öffentlichen Telefonzellen führen. Die Telefonzellen funktionieren mit Karten, die an Kiosken, in Schreibwarenläden, in Hotels oder bei der Post erhältlich sind. Es ist zu beachten daß es mit Bulfon (rot) und Mobikom (blau) zwei Telefongesellschaften gibt, die jeweils eigene (rote bzw. blaue) Zellen und (rote bzw. blaue) Karten anbieten. Die Karten funktionieren jeweils nur bei den Fernsprechern des zugehörigen

Anbieters. Telefonkarten gibt es für 50 bis 400 Einheiten, 100 Einheiten kosten zwischen 6 und 8 Leva. Die meisten Mobiltelefone funktionieren auch in Bulgarien. Die Roaminggebühren sind allerdings teuer. Es empfiehlt sich auf jeden Fall, die öffentlichen Kartentelefone zu benutzen. Für internationale Telefonate gelten die üblichen Auslandsvorwahlen: Nach Deutschland 0049. nach Österreich 0043, in die Schweiz 0041. Von außerhalb nach Bulgarien: 003 59, anschließend wird die Vorwahl des Ortes ohne die erste Null gewählt (wichtige Telefonnummern siehe Notfall).

Trinkgeld

In Restaurants ist es üblich, guten Service mit einem Trinkgeld in Höhe von etwa zehn Prozent des Rechnungsbetrages zu honorieren. Auch Hotelpersonal, Reiseführer oder Reisebusfahrer erwarten für ihre Dienstleistungen ein Trinkgeld.

Umweltschutz

In Bulgarien sind mehrere nichtstaatliche Umweltorganisationen aktiv, die sich für die dringend nötige Forcierung des Umweltschutzes im Land einsetzen. Informationen über die bulgarische Umweltbewegung sind erhältlich bei BlueLink Information Network, ul. Caribrodska 59A, BG-1303 Sofija, Tel. 003 59/02/920 15 47, Tel./Fax 003 59/02/929 21 51, office@bluelink.net, www.bluelink.net oder bei der BALKANI Wildlife Society, bul. Dragan Cankov blvd. 8, BG-1421 Sofija, balkani@bluelink.net.

Weltkultur- und Weltnaturerbe

Die Organisation der Vereinten Nationen für Erziehung, Wissenschaft und Kultur (UNESCO) hat sich zur Aufgabe gemacht, ›Zeugnisse vergangener Kulturen und einzigartige Naturlandschaften, deren Untergang ein unersetzlicher Verlust für die gesamte Menschheit wäre‹, zu schützen. Seit der letzten Aktualisierung (Juli 2003), umfaßt die Liste des Welterbes 582 Kulturdenkmäler (K), 149 Naturdenkmäler (N) und 23 Denkmäler, die in beide Kategorien fallen. Seit 1979 wurden neun bulgarische Denkmäler in das Welterbe aufgenommen: die Kirche von Bojana (Sofija) (K/1979), das Felsenrelief des Reiters von Madara (K/1979), die Felskirchen von Ivanovo (K/1979), das Thrakergrab von Kazanlăk (K/1979), die Altstadt von Nesebăr (K/1983), das Biosphärenreservat Srebărna (N/1983), der Nationalpark Pirin (N/1983), das Kloster Rila (K/1983) und das Thrakergrab von Sveštari (K/1985).

Unterkunft

Neben den im Folgenden ausführlicher beschriebenen Unterkunftsmöglichkeiten in Hotels und Privatunterkünften sowie auf auf Campingplätzen bieten auch einige der über hundert Klöster des Landes einfache Übernachtungsmöglichkeiten für Pilger und Touristen an. Wanderer und Bergsteiger finden in den Bergregionen eine einfache Unterkunft in zahlreichen Berghütten. Offizielle Jugendherbergen gibt es in Bulgarien nicht.

Hotels

Bulgariens Hotellandschaft ist vielfältig, das Angebot reicht von der kleinen Familienpension bis zum luxuriösen Hotelkomplex. Zwar gibt es ein Sternesystem, das die Hotels in fünf Kategorien einteilt, doch können Ausstattung, Service und Preis auch bei gleich bewerteten Hotels höchst unterschiedlich sein. Die Standards, die westeuropäische Hotels gleicher Kategorie bieten, kann man in Bulgarien nicht unbedingt erwarten.

In den größeren Städten und touristischen Zentren sind in den letzten Jahren viele neue Hotels gebaut oder alte, meist in der sozialistischen Ära errichtete renoviert und modernisiert worden. Die Ausstattung der heute großteils privatisierten Hotels wurde an die Komfortansprüche westlicher Urlauber angepaßt. Das Personal der großen Hotels zeigt zum Teil noch eine sozialistisch geprägte Servicementalität, die von westlichen Gästen oft als unhöflich, unaufmerksam und unmotiviert empfunden wird. In den Hotels zahlen ausländische Touristen, ganz offiziell, meist einen höheren Übernachtungspreis als Einheimische. Einem neuen Trend im Hotelsektor des Landes folgend, eröffnen augenblicklich, vor allem in ländlichen Regionen, unzählige Familienbetriebe. Diese kleinen Pensionen stehen den großen Hotels bezüglich Ausstattung und Service häufig in nichts nach und bieten darüber hinaus oft noch ein besseres Preis-Leistungs-Verhältnis, mehr Gast-freundschaft, eine familiäre Wohnatmosphäre und die Möglichkeit, Kontakt zur einheimischen Bevölkerung zu bekommen.

In dem Buch ›National Guidebook for Bed and Breakfast and Guesthouses‹ ist eine große landesweite Auswahl solcher Familienhotels zusammengestellt, mit kurzen Beschreibungen (auch in Englisch) und mit Anfahrtsskizzen. Dieser Führer ist erhältlich bei der Bulgarian Association for Alternative Tourism (BAAT), bul. A. Stambolijski 20, BG-1000 Sofija,
Tel. 003 59/02/989 05 38,
Fax 980 32 00,
baat_bg@hotmail.com.

Campingplätze

In den letzten Jahren hat sich die Anzahl der Campingplätze in Bulgarien stark reduziert. Die Unterstützung der meist staatlich finanzierten Plätze blieb aus, viele mußten schließen, wenige wurden privatisiert. Vorsicht: Oft sind Campingplätze, die seit langer Zeit nicht mehr existieren, noch auf aktuellen Landkarten eingezeichnet!

Entlang der Schwarzmeerküste ist das Angebot am größten. Im Landesinneren gibt es in der Nähe größerer Städte und an touristisch interessanten Orten vereinzelt noch Plätze.

Der Standard der Plätze ist meist sehr einfach, die Sanitäranlagen sind häufig veraltet. Auf vielen Plätzen werden auch kleine, einfach ausgestattete Holzhütten vermietet. Der Großteil der Campingplätze hat nur in den Sommermonaten geöffnet. Wildes Campen ist in Bulgarien offiziell verboten.

Privatunterkünfte
Fast überall werden Privatunterkünfte vermietet. Sie stellen eine günstige und interessante Alternative zu Hotels dar: Man bekommt Einblick in den bulgarischen Alltag, und manchmal entwickelt sich zwischen Vermietern und Gästen eine Freundschaft. Das Angebot reicht von Gästezimmern in der Wohnung oder dem Haus des Vermieters mit Bad auf dem Flur bis zur Drei-Zimmer-Wohnung mit Terrasse und Blick aufs Meer. In allen größeren Städten und den touristischen Zentren gibt es Vermittlungsbüros für Privatunterkünfte. Etwas billiger ist es, direkt mit den Vermietern in Kontakt zu treten. Viele von ihnen werben mit Schildern an ihren Häusern oder warten an den Bahnhöfen in größeren Städten oder touristischen Zentren auf die ankommenden Urlauber und sprechen sie persönlich an. Frühstück ist normalerweise nicht im Preis inbegriffen.
Einige Punkte, die man vorab klären sollte: Mit wie vielen anderen Leuten muß ich Bad und WC teilen? Gibt es eine Kochgelegenheit? Wie weit ist das Zimmer vom Zentrum entfernt? Gibt es nahe Einkaufsmöglichkeiten? Gibt es Verkehrsanschluß? Was ist alles im genannten Preis inbegriffen?

Veranstaltungskalender
Das kulturelle Veranstaltungsprogramm ist ganzjährig bunt und vielfältig. Die folgende Auswahl jährlich stattfindender Feste ist chronologisch geordnet:

Februar
Trifon Zarezan (Tag der Weinbauern, 14. Februar), Feierlichkeiten in den Weinbaugebieten des Landes, unter anderem in Melnik, Mitte Februar

März
Kukeri (Beginn der Fastenzeit, Männer in Tierkostümen ziehen tanzend durch den Ort), unter anderem in Široka Lăka, am Monatsanfang
März-Musik-Tage (klassische Musik) in Ruse, zwei Wochen am Monatsende

April
Festival der Nationaloper in Sofija
Musik-Festival (traditionelle bulgarischer Musik) in Široka Lăka, eine Woche Mitte April

Mai
Internationales Puppenfestival für Kinder in Silistra
Tag des Heiligen Georg (orthodoxes Fest und offizieller Feiertag), Festlichkeiten im ganzen Land, 6. Mai

Chidrelez, wird im ganzen Land von den bulgarischen Muslimen gefeiert, 6. Mai
Internationale Plovdiver Messe (Gebrauchsartikel), am Monatsanfang
Karneval in Grabovo, Ende Mai, mit Biennale für Humor (alle zwei Jahre, ungerade Jahreszahlen)
Buchmesse in Sofija, zweite Maihälfte (oder Dezember)
Sofioter Musikwochen, zweite Mai- bis zweite Junihälfte
Operntage in Plovdiv, Ende Mai bis Anfang Juni

Juni
Festival der europäischen Koproduktionen (internationales Filmfestival) in Sofija
Internationales Kammermusik-Festival in Plovdiv
Die goldene Fiedel (Folklore-Festival) in Ruse
Schwarzmeerstern (Internationales Festival für europäisches Kino) in Albena
Rosenfest in Kazanlăk, am Monatsanfang
Internationales Kinderfestival in Balčik, am Monatsanfang
Festival zeitgenössischer klassischer Musik in Sofija, erste Monatshälfte
Varnaer Sommer (klassische Musik, Theater, Jazz) in Varna, Mitte Juni bis Mitte August
Verdi-Operntage in Plovdiv, am Monatsende
Festival der Romamusik in Stara Zagora, am Monatsende
Peterstag (Folklore-Festival) in Etăr, am Monatsende

Juli
Internationales Folklore-Festival in Veliko Tărnovo, zweite Monatshälfte

August
›Pirin singt‹: Folklore-Festival in Bansko, alle zwei Jahre (ungerade Jahreszahlen, das nächste 2005)
Internationales Folklore-Festival in Plovdiv, erste Augustwoche
Folklore-Musik-Festival in Koprivshtica, erstes Wochenende (alle fünf Jahre, das nächste 2005)
Internationales Jazz-Festival in Bansko, eine Woche in der ersten Monatshälfte
Fest zum Geburtstag des Heiligen Johannes von Rila (Ivan Rilski) im Rila-Kloster, 18. August
Internationales Festival der Folklore in Burgas, in der zweiten Monatshälfte
Rožen Folklore-Festival in der Nähe von Pamporovo, Ende August (alle zwei Jahre zu geraden Jahreszahlen, das nächste 2004)

September
Pirin Folklore Festival in Sandanski, zweites Septemberwochenende
Internationale Plovdiver Messe (Industriegüter), Ende September bis Anfang Oktober

Oktober
Internationales Jazz Festival in Sofija, zweite Oktoberwoche
Weinfest in Melnik, 18. Oktober
Fest zu Ehren des Heiligen Johannes von Rila (Ivan Rilski) im Rila-Kloster, 19. Oktober
Internationales Jazz-Festival in Ruse, letzte Oktoberwoche

November
Kinomanija (internationales Filmfestival) in Sofija, dreiwöchig
Internationales Jazz-Festival in Sofija, zweite Novemberwoche

Dezember
Ende des Ramadans (Beginn 9. November), wird im ganzen Land von den bulgarischen Muslimen gefeiert, 27. bis 29. Dezember
Kukeri (Beginn der Fastenzeit, Männer in Tierkostümen ziehen tanzend durch den Ort) unter anderem in Blagoevgrad am 25. Dezember, in Sandanski am 31. Dezember
Silvester, Feierlichkeiten im ganzen Land (31. Dezember)

Vogelbeobachtung
Die interessantesten Gebiete zur Vogelbeobachtung liegen an der östlichen Donau (Naturreservat Srebärnasee bei Silistra und Naturpark Rusenski Lom südlich von Ruse) und an der Schwarzmeerküste, vor allem rund um Burgas (Burgas Seen, Pomorie See und Naturreservat Ropotamo). Weiter Informationen und Führungen erhält man bei folgenden Veranstaltern, sowie auf deren Websites.
Bourgas Wetlands (Feuchtzonen Burgas), Ljubomir Profirov, ul. Ferdinandova 78, 1. Eingang, 1. Stock, Tel. 84 54 75 oder Tel./Fax 84 46 17, e-mail: bw@bsbcp.org, www.pomonet.bg/bourgaslakes, Rusi Todorov (Bootstouren), 056-89 21 19. (auch via Bourgas Wetlands erreichbar)
Via Pontica, ul. Demokracija 6/13, Burgas, e-mail: office@birding-in-bulgaria.com, www.birding-in-bulgaria.com.
Explorer 2000, Julija Stojanova, bul.. Evlogi Georgiev 120, Sofija, Tel./Fax 02-843 08 52, e-mail: explorer@mail.bol.bg.
Pandion – D, Spezialtourismus, Nikolaj Dilčev, bul. Černi Vrăch 20a, Sofija, Tel./Fax 02-963 04 36, e-mail: pandiond@einet.bg, www.birdwatchingholidays.com.
Neophron, Dimităr Georgiev, ul. Rakovski B/12, Varna, Tel. 052-30 25 36, Fax 052-63 45 84, e-mail: neophron@dir.bg, www.neophron.com

Wandern
Wandern und Bergsteigen ist in Bulgarien eine beliebte Freizeitbeschäftigung. Die besten Wander- und Bergsportgebiete des Landes sind das Rilagebirge, das Piringebirge, die Rhodopen und der Balkan. Während das Rila- und das Piringebirge Massive mit hochalpinem Charakter sind, deren Gipfel Höhen von annähernd 3000 Metern erreichen,

sind die Rhodopen und der Balkan eher sanfte Mittelgebirgslandschaften. Vor allem in den Nationalparks Rila, Pirin und Centralen Balkan – die große Teile der gleichnamigen Gebirgszüge unter besonderen Schutz stellen – sowie in der Gegend um Smoljan in den Rhodopen finden Wanderer und Bergsteiger ein gut beschildertes und markiertes Wegenetz vor. In diesen Gebieten gibt es auch zahlreiche staatliche und private Unterkunftshütten. Vor allem die staatlichen Hütten leiden aber häufig unter einem sehr schlechten baulichen Zustand und unmotivierten Hüttenwirten.
Auf den Hütten werden Getränke und teilweise auch einfache Speisen verkauft.
Durch die bulgarischen Bergregionen führen drei europäische Fernwanderwege (E3, E4 und E8). Der E3 durchquert den Balkan, der E8 die Rhodopen und der E4 das Rila- und Piringebirge. Der relativ gut beschilderte und markierte E4 ist dabei der spektakulärste Weg. Er erreicht die höchsten Höhen der bulgarischen Berge. Für die Begehung des E4 ist daher aber entsprechende Ausrüstung und Bergerfahrung notwendig.
Bei den Touristeninformationen in den Wandergebieten sind zum Teil einfache Wanderkarten für die jeweilige Region erhältlich. Für das Rilagebirge, das Piringebirge und die Rhodopen gibt es offizielle Wanderkarten (mit grünem Einband) in kyrillischer und lateinischer Schrift: Rila, Kartografia Verlag, Maßstab 1:55 000; Pirin, Kartografia Verlag, Maßstab 1:55 000; Rodopi (westlicher Teil), Kartografia Verlag, Maßstab 1:100 000; Rodopi (östlicher Teil), Kartografia Verlag, Maßstab 1:100 000. Diese Karten sind bisher nur in Bulgarien erhältlich, in gut sortierten Buchhandlungen oder bei dem Reiseveranstalter Odysseia-IN, bul. A. Stambolijski 20, BG-1000 Sofija, Tel. 003 59/02/989 05 38, Fax 980 32 00, odysseia@omega.bg, Öffnungszeiten Mo–Fr 9–18.30 Uhr.
Bei Odysseia-IN ist auch weiteres Informationsmaterial zum Wandern und Bergsteigen in Bulgarien erhältlich. Ferner können bei diesem Reiseveranstalter kompetente, einheimische Bergführer gebucht werden.
Die bulgarische Bergrettung ist unter Tel. 963 20 00 zu erreichen.

Weine

Die Bulgaren trinken gern ein Glas Wein aus heimischer Produktion zum Essen. Und der hat sich in den letzten Jahren zum Qualitätsprodukt gemausert. Fast in allen Gegenden des Landes wird Wein angebaut: Burgas, Pomorie und Varna sind die drei Hauptzentren des bulgarischen Weinanbaus. Im Norden des Landes wird vorwiegend Weißwein angebaut, im Süden dominiert der Rotwein. Leichter Weißer, der Misket (Muscatel), kommt aus dem Rosental, schwerer Roter aus Melnik. Reine Dessertweine hingegen sind der Mavrud aus

Asennovgrad und der Misket aus Slavjanska.

Wellness und Kuren

Mehr als 500 Mineralquellen mit gesundheitsfördernder Wirkung, üppige Limam- und Heilschlammvorkommen und optimale klimatische Bedingungen haben dazu geführt, daß in Bulgarien viele Kurorte entstanden sind. Die heißen Mineralquellen in den Bergregionen im Südwesten des Landes wurden schon in der Römerzeit für Kuren genutzt. In einigen Kurorten ist es gelungen, mit der Modernisierung der benötigten Infrastruktur und der Entwicklung zeitgemäßer Wellness- und Kurangebote auch vermehrt ausländische Touristen anzusprechen. Vor allem die noch günstigen Preise der Angebote werden geschätzt.

Das beliebteste Mineralbad des Landes ist Sandanski im Piringebirge. Die namhaftesten Luft- und Höhenkurorte sind Borovec im Rilagebirge, Pamporovo in den Rhodopen und Bansko im Piringebirge. An der Schwarzmeerküste sind die Seebäder Albena, Zlatni pjasăci, Slănčev brjag und Sveti Konstantin i Elena die besten Adressen für Wellness und Kuraufenthalte. Informationen und Angebote gibt es bei BG tours Reisen, Mariendorfer Damm 147, D-12107 Berlin, Tel. 030/706 20 20, Fax 706 20 29, info@bgtours.de. Informationen sind auch erhältlich bei der Bulgarian Association for Balneology (BAB), bul. Javorov 40A, BG-8200 Pomorie, Tel. 003 59/05 96/20 04, Fax 52 36.

Zeit

In Bulgarien gilt die Osteuropäische Zeit (MEZ + 1 Stunde). Die Uhr muß daher bei der Einreise aus Deutschland, Österreich und der Schweiz um eine Stunde vorgestellt werden. Dies gilt auch für die Sommerzeit, die in Bulgarien zeitgleich zu Deutschland, Österreich und der Schweiz herrscht.

Zoll

Persönliche Gegenstände (z. B. Fotoapparat, Radio, Laptop, Sportgeräte, Campingausrüstung) dürfen ohne Beschränkungen ein- und ausgeführt werden. Zollfrei können pro Person zwei Liter Wein, 1 Liter Spirituosen und 200 Zigaretten, 50 Zigarren oder 250 Gramm Tabak ein- und ausgeführt werden.

Bulgarien im Internet

Allgemeine Kataloge und Linksammlungen

www.bulgarien-inside.de
Umfangreicher Bulgarienkatalog mit den Rubriken: Gesellschaft und Politik, Business und Wirtschaft, Kunst und Kultur, Urlaub und Reisen, Ausbildung und Wissenschaft, Allgemeine Infos, Unterhaltung und Service.

www.ewis.de
East West Information Service: Umfangreiche Linksammlung zu Osteuropa allgemein sowie zu einzelnen osteuropäischen Ländern vom Ost-West-Institut an der Uni Köln.

www.osteuropa.ch
Schweizer Portal zu den Ländern Mittel- und Osteuropas mit Links zu Kultur, Geschichte, Sprache, Politik, Wirtschaft, Tourismus und Wissenschaft.

www.slavophilia.com/pages/Country_Focus/Bulgaria
Englischsprachiger Katalog mit Suchmaschine für slawische Länder zu Themen wie Bildung, Kunst, Kultur, Gesellschaft, Gesundheit, Reise, Sport und Wirtschaft.

Touristische Informationen

www.bgglobe.net
Hervoragend gemachtes, nützliches, vielseitiges und reich bebildertes multimediales Portal mit Infos über Orte und Regionen in ganz Bulgarien. Auch Spezialthemen wie Ökotourismus und Skifahren, Hotelsuche und Wetter (engl).

www.bulgaria.domino.bg
Bebilderte Infos und Stadtpläne auch zu vielen kleineren Orten (engl).

www.bulgariatravel.org
Offizielle Homepage der bulgarischen Tourismuswerbung mit allgemeinen Informationen und Links zu Unterkunft, Veranstaltungen, Transport, Reiseveranstalter und touristischem Angebot (engl.).

www.travel-bulgaria.com
Umfangreicher Katalog zum touristischen Angebot, Service und Regionen (engl.).

http://visit.to/bulgaria
Ausführliche Infos zum touristischen Angebot, sortiert nach Themen wie Berge, Küste, Gesundheit, Land oder Business, sowie nach Städten und Regionen (engl.).

www.discover-bulgaria.com
Websites eines bulgarischen Reiseveranstalters, der Reisetips und Routenvorschlage macht (engl). Gibt auch eine schöne Zeitschrift heraus,

die beim Büro des Wirtschaftsministeriums kostenlos zu haben ist. Schöne Bilder, solide Information.

Kultur

www.art.bg
Portal, das u.a. zeitgenössische Künstler aus verschiedenen Gebieten vorstellt, u.a. Ikonenmalerei, Kunsthandwerk, Malerei, Fotographie, Musik, Literatur und Theater.

www.bulgarien-web.de
Interessantes Bulgarien-Forum mit Diskussionsforum, Literaturtip und Empfehlungen zu Reisezielen, Kultur, Essen und Trinken.

www.bulgarianmonasteries.com
Die bulgarischen Klöster in Wort und Bild: Geschichte, Ausstattung und Tourangebote (engl.).

Medien/Nachrichten

www.bulgariadaily.com
Online-Zeitung in englischer Sprache mit Meldungen und Berichten zu bulgarischen und internationalen Themen.

www.onlinebg.com
Nachrichten aus Bulgarien in Englischer Sprache.

Freizeit und Natur

www.birding-in-bulgaria.com
Auf der Website des Veranstalters Via Pontica werden die besten Beobachtungsgebiete und Touren vorgestellt sowie verschiedene Vogelarten in mehreren Sprachen aufgelistet (dt., engl, franz.).

www.bg-parks.net
Homepage des Dachverbandes der bulgarischen Natur- und Nationalparks mit allgemeinen Informationen sowie Details und Links zu den einzelnen Parks (teilw. engl.).

www.bspb.org
Bulgarische Gesellschaft für Vogelschutz, u.a. mit Infos zur Vogelbeobachtung (teilweise engl.).

www.pomonet.bg/bourgaslakes/en
Infos über die Feuchtgebiete und Projekte rund um die Burgas-Seen (engl.).

Unterkunft

www.hotelbg.com
Hotelsuchmaschine mit detaillierten Suchformular (engl.)

http://get.info.bg
Suchmaschine für Hotels, Campingplätze, Restaurants und Museen nach Namen oder Region (engl.).

Literaturhinweise

Belletristik

Saprjanov, Christo, Der gehäutete Hund, Verlag Neue Kritik, Frankfurt 1994.
Der Roman über das Verkümmern des Menschlichen unter unmenschlichen Bedingungen konnte die Zensoren nicht begeistern, schließlich ist die Handlung nicht im dekadenten Westen angesiedelt, sondern im fortschrittlichen Ostblock. Nach der Wende erhielt Saprjanov den Nationalen Literaturpreis Bulgariens.

Schrobsdorff, Angelika, Granhotel Bulgaria, Heimkehr in die Vergangenheit, dtv, München 1997.
Acht Jahre ihrer Jugend verbrachte die 1927 geborene Schriftstellerin in Sofija. Im Dezember 1996 besucht sie zum ersten Mal wieder die Schauplätze jener Tage. Dort trifft sie auf ›ein unkompliziertes, lebenslustiges Volk. Ein Volk, dem man den Boden unter den Füßen weggezogen hatte.‹ Ein großartiger Reisebericht voll amüsanter, grotesker und trauriger Anekdoten, der einen tiefen Einblick in die Zeit nach dem Kommunismus gibt.

Trojanov, Ilija, Hundezeiten. Heimkehr in ein fremdes Land, Hanser Verlag, München 1999.
Im Jahr 1989, unmittelbar nach dem Fall des Kommunismus in Osteuropa, kehrt der weitgereiste Autor Ilija Trojanov erstmals in seine Heimat zurück, aus der er 1972 auswanderte. Das zentrale Thema seines Reiseberichts ist die wirtschaftliche und soziale Katastrophe, die sehr rasch die Freude über neue Freiheit überschattete.

Zacharieva, Rumjana, 7 Kilo Zeit, Horlemann Verlag, Bad Honnef 1999.
Schon mit 14 Jahren hatte die 1950 geborene Autorin in Bulgarien Gedichte veröffentlicht, mit 20 ging sie nach Deutschland, wo sie seither lebt und schreibt. ›7 Kilo Zeit‹ ist ein autobiographisch gefärbter Roman über eine Kindheit und Jugend im kommunistischen Bulgarien, über die täglichen Grenzen der Freiheit, und von Träumen, die sich von diesen Grenzen nicht aufhalten lassen.

Zacharieva, Rumjana, Bärenfell, Horlemann Verlag, Bad Honnef 1999.
Ein ebenfalls stark autobiographisch inspirierter Roman über eine junge Frau, die aus Bulgarien nach Deutschland kommt, begierig, alles über die neue Kultur zu lernen, aber erfahren muß, daß man sich dort nicht für ihre Kultur interessiert. Ein Buch mit höchst aufschlußreichen Einblicken in die deutsche und bulgarische Kultur.

Sachbuch

Knaus, Gerald, Bulgarien, München 1997 (Beck'sche Reihe Länder).
Interessant und kompetent geschriebener Beitrag zu Geschichte, Wirtschaft, Politik und Gesellschaft Bulgariens.

Sympathie Magazin: Bulgarien verstehen, herausgegeben vom Studienkreis für Tourismus und Entwicklung e.V., Ammerland/Starnberger See, 2003.
Wie alle Sympathie-Magazine läßt dieses Heft neben den eigenen viele einheimische Autoren zu Wort kommen. Die Themen streifen alle Bereiche des Lebens, z.B. das Märchen der Leistungsgesellschaft, die Bedeutung des Abiturballs, die Kunst, eine Familie zu ernähren, die Hürden der Bürokratie, die Hoffnung auf Europa und die trotzige Lust am Feiern. www.studienkreis.org.

Die Bulgaren und Europa von der Nationalen Wiedergeburt bis zur Gegenwart, hg. v. Harald Heppner und Rumjana Preshlenova, Akademieverlag, Sofija 1999.
Der Herausgeber hat Beiträge zu den Themen Europa, Bulgarien, Internationale Beziehungen, Beziehungen zwischen ethnischen/religiösen Gruppen, Geschichte, Krieg, Politische Geschichte, Nationalstaat, Politisches System, Kommunismus, Verwaltung, Regionalverwaltung, Wirtschaft, Schulsystem und Presse gesammelt.

Glossar

Aga: türkische Anrede für einen vornehmen Herrn.
Baschi-Bosuks (deutsch: Tollköpfe): Türkische Banditenbanden, die sich auch anheuern ließen, christliche Rebellen für ihren Widerstand gegen osmanische Gesetze zu bestrafen.
Bey: Moderne türkische Anrede für einen Herrn, früher auch Titel der türkischen Provinzgouverneure.
Bogomilen: Im 10. Jahrhundert in Bulgarien aus Protest gegen die feudale Ausbeutung gegründete christliche Sekte, die außerhalb der Kirche stand.
Bojare: Bezeichnung für die osteuropäischen Adeligen des Mittelalters.
Čednik: Mitglied einer Widerstandsgruppe.
Čerkva: Kirche.
Čerga: handgewebter Teppich.
Černo More: Schwarzes Meer.
Čorbadži: Angehörige der bulgarischen Bourgeoisie, z. B. Ortsvorsteher und Gutsherren.
Džamija: Moschee.
Dupka: Höhle.
Gagausen: türkischsprachige Christen.
Guberi: Flauschiger Teppich.
Heiducken: Freischärler, die sich im 17. Jahrhundert in den Balkanländern bildeten und unter osmanischer Herrschaft in Bulgarien als räuberische nationalistische Freiheitskämpfer agierten.
Hesychasten: Asketen, die in Gebeten und stillen Meditationen die Natur Gottes suchen.
Janitscharen: Türkische Nachwuchs-Truppen.
Ezero: See.
Kardžali: Geächteter, vogelfreier Türke.
Kašta: Haus.
Kiril i Metodi: Kyrill und Method, Erfinder der Glagolica-Schrift, einem Vorläufer der kyrillischen Schrift.
Konak: türkische Hauptverwaltung mit Gefängnis und Gouverneurssitz.
Kukeri: Karnevalartiger Brauch mit Maskenumzügen.
Machala: Stadtviertel, in dem meist eine bestimmte ethnische Gruppe lebt.
Manastir: Kloster.
Mechana: Gasthaus.
Nos: Kap.
Osvoboždenie: Befreiung von der Fremdherrschaft.
Pascha: Hoher Beamter.
Planina: Gebirge.
Ploštad (Abk. pl.): Platz.
Pomaken: muslimische Bulgaren.
Rakija: Schnaps.
Reka: Fluß.
Selo: Dorf.
Šopska salata: Bauernsalat.
Stara Planina: Altes Gebirge, Balkangebirge.
Tekke: Haus eines Derwisch.
Thraker: Einwohner Bulgariens (damals Thrakien) in vorchristlicher Zeit.
Varoš: Altstadt.
Văzraždane: Nationale Wiedergeburt.
Vojvoda: Anführer einer Widerstandsgruppe.

Die Autoren

Beate Kirchner, Studium der Politikwissenschaften in Florenz und München. Freie Journalistin und Autorin in München, arbeitet für verschiedene Lifestyle- und Reisemagazine, gibt Reisebücher heraus.

Bettina Poteschil, geb. 1957 in Berlin, nach Schulabschluß diverse Reisen (Europa, Nordafrika, USA) und Auslandsaufenthalte (Niederlande, USA, Asien), 1986–1989 Sprachenstudium. Seit 1990 Bayerischer Rundfunk, Fernsehen, freie Autorin, Übersetzerin und Co-Autorin verschiedener Filme – ›Schneeleoparden in der Mongolei‹, ›Die Erde bebt: Popocatepetl‹, ›Fernweh: Mexiko‹ – und Bücher: ›APA Guide Südamerika‹, ›London, more than royals & fish & chips‹, ›Kroatien entdecken‹.

Jonny Rieder, freier Buch- und Magazin-Autor, lebt in München.

Stefan Zölch, geboren 1973, Co-Autor von ›Kroatien entdecken‹.

Danksagung

Vielen Dank an:
Redaktion: Patrizia Zugmann, München, Susanne Herrmann, München
Fotos: Robert Pupeter, München, Karl Weidemann, München

Besonderen dank für Tips, Infos und Unterstützung:
Petar Barth, Dipl.-Ingenieur; Mihail Boevski, Kameraassistent; Diana Emile; Brian Bergman, USA, Volunteer im Naturpark Strandja; Emiliya Boeva, Public Relations, Naturpark Sinite Kamani; Boshidar Bashkov, Smoljan; Boshnakov, Tourist Agency Rossiyana, Dospat; Bozkova, Tourismusverein Gabrovo; Kostadin Dimov, Künstler, Kazanlak; Familie aus Varna: Lidia Draganova, Ancho Draganov, Todor Anchew Draganov; Tsonya Drageva, Direktorin Regionalmuseum Burgas; Gergana Fyrkova und Alexander Donev, Sofia; Mariana Gamizova, Verein Altstadt Plovdiv, Plovdiv; Tanya Gradinarova, Rechtsanwältin; Ignat Ignatov, Hotelmanager Albena; Assja Jossifova, National Tourism Promotion and Information Agency, Tourismusministerium Sofia; Lubomir Popiordanov und sein Team, Odysseia-in und ZigZag Holidays, Sofia; Emil Mitoff und Vlayimir Tchakalski; Restaurant Uno, Sofia; Seva Nentcheva, Kirchenexpertin, Burgas und Nessebar; Andreas Poteschil, Fernsehautor; Milen Radev und Prof Norbert Randow (Berlin); Katerina Rakovska, Vitosha Park; Lyubomir Profirov, Ornithologe (Burgas Wetlands) und Familie; Rafael Smirnoff, Museumsführer; Meglena und Marusia Slavova; Stefcho und Stanislav Slavov, Burgas und Sliven; den Bewohnern des Dorfes Stoilovo, Naturpark Standja; Daniela Stoycheva, Plovdiv; Janislav Tantor von bgglobe; Teodor Todorov, Bergführer, Sofia; Russi Todorov, Tourguide, Pomorie (Burgas Wetlands); Zvetana Tomova, Balkan Tourist, Sofia; Radostina Tzenova, Ornithologin (Burgas Wetlands), Burgas; Stefan Zlatarov, Direktor Naturpark Strandja; Spas Uzunov, Naturpark-Experte, Malko Tarnovo.

Ortsregister

Personenregister

Kartenregister

Regionalkarten

Stadtpläne

Fotonachweis

Ts. Balkandjiev/Odyssea In (202); BG-Globe (19, 111, 172, 161, 177, 219, 234, 235, 237, 245, 246, 247, 253, 257, 309, 335, 341, 375); Ivan Hristov (108, 380); M. Katrandjiev/Odyssea In (223); Beate Kirchner (79, 114, 127, 134, 135, 419); L. Popiordanov/Odyssea In (121, 131, 173); Bettina Poteschil (55, 137, 193, 211, 226, 228, 241, 319, 328, 331, 343, 357, 359, 363, 364, 388, 389, 392, 395, 398, 400); Robert Pupeter (47, 51, 146, 215, 230, 239, 353, 413, 416, 420); Jonny Rieder (10, 14/15, 18, 21, 23, 40, 57, 58, 65, 66o., 66u., 67u., 68, 71, 149, 152, 224, 249, 264, 265, 269, 270, 272, 273, 276, 278/79, 283, 284, 290, 291, 294, 295, 297, 298, 301, 302, 303, 305, 306); Tom Schulze/transit (48, 82, 116, 124, 128, 151u., 196/97, 201, 204, 208, 222, 252, 260, 261, 307, 313, 316, 317, 325, 346, 349, 350o., 350u., 351o., 351u., 352, 360, 366, 372, 376, 385, 250u.); Klaus Thiele (64, 67o., 88, 92, 94, 95, 97, 101, 250o., 251); Kalina Todorova (100); Karl Weidemann (20, 63, 72, 80, 90, 138/39, 140, 141, 144, 147, 148, 150o., 150u., 151o., 155, 156, 158, 160, 163, 165, 167, 169, 171, 175, 179, 182, 185, 188, 189).